清言百種

'3부자 記者'
100년의 글자취

박규덕

박종권

박종률

인문과원

신문기자는 생각났을 때 써버리거나 해버리는 속성이 있습니다. 그렇기 때문에 상당한 경솔과 시행착오를 범하게 마련입니다. 이 拙著 또한 그 범주를 크게 벗어나지 못하고 있다는 점을 솔직하게 시인하려 합니다. 다만 저는 무엇을 꼭 관철해 보겠다는 생각보다는 성실하게 양심을 속이지 않겠다는 다짐을 하려 합니다. 저는 대학과정에서 新聞學을 맨 처음 전공한 사람입니다. 江湖諸賢의 뒷받침이 이어질 때 저는 直筆을 계속해야 할 의무를 새삼 두렵게 가지려 합니다.(「廣場의 메아리」 서문 中)

비록 굴절된 진실에의 접근이 언어의 유희로 포장됐다 하더라도 거기에는 몸부림이 숨겨져 있습니다. 새벽에 글줄을 엮을 때마다 부딪치는 고뇌는 때로 여러 시간을 두고 머리를 쥐어뜯게도 했습니다. 더러는 방향 선회를 택한 적도 숨길 수 없습니다. 흔히 글을 쓴다는 것은 뼈를 깎는 작업이라고 합니다. 글재주가 없는 사람에겐 더욱 그렇습니다. 긴 내용을 한정된 짧은 문장으로 압축한다는 것은 더더욱 短見을 통감케 했습니다.(「斷面의 屈折」 서문 中)

욕심과 겸양이 실종된 시대에서 태어나 양태는 조금씩 다르지만 지금도 그러한 세태에서 살고 있습니다. 어찌 저 혼자뿐이겠습니까마는 대부분의 국민들이 당하지 않아도 될 굴욕과 치욕의 음지에서 오금을 펴지 못했습니다. 저는 40여년의 신문기자 생활과 30여년 강의를 하는 동안 봐서는 안 될 '여러 가지'를 현장에서 목도했습니다. 때로는 거꾸로 돌아가는 역사 속에서 자신감을 잃은 적도 한 두 번이 아니었습니다. 양심이 갈기갈기 찢어지면서도 치밀어 오르는 분노를 삼켜야만 했던 과거는 잊을 수가 없습니다. 탈진된 뭉클함이 가슴팍을 헤집고 상처가 아무리 도져도 포기하지는 않았습니다. 두 아들이 記者가 된 데는 아비가 걸어온 歷程이 약간은 영향을 미쳤으리라 생각합니다. 그 동안의 기자생활이 크게 자랑스러울 것도 없지만, 또 그토록 부끄럽게도 여기지 않습니다. 앞으로 이 길이 아무리 험난하다 해도 갈 수 있을 때까지 가는 데 마다하지 않을 것입니다. (「뒤돌아 보았더니」 서문 中)

牧原 박규덕

—

그를 기리며

신문은 골칫덩이였다. 조간, 석간, 우편으로도 왔다. 늘 대여섯 종류는 구독했다. 한자투성이라 어린 나로서는 독해불능이지만, 잘 모아 두어야 했다. 며칠만 게으름 피우면 무릎 높이로 쌓였다. 뒤늦은 신문철은 귀찮은 일이다. 간격을 맞춰 송곳질하기도 쉽지 않지만, 가끔은 철끈도 닳아 끊어졌다. 정말 하기 싫은 '홈 워크'였다.

어머니는 다른 이유로 불평하셨다. 매달 신문철을 풀어 다락에 쌓아야 했다. 포장지로도, 화장지로도, 불쏘시개로도 쓸 수 없었다. 신문은 감히 훼손할 수 없는 신성한 존재였다. 해마다 전세방을 전전했는데, 그때마다 천장까지 쌓인 신문을 끌어안고 이사해야 했다.

한번은 어머니께서 눈물을 흘리며 사정하셨다. 아이들은 크는데, 신문을 모셔 둘 공간이 부족해진 것이다. 결국 폐지로 넘겼다. 문제는 정리하기까지 상당한 시일이 필요했다는 점이다. 주요 사설과 칼럼을 스크랩해야 하는 것이다. 물론 그 일도 내 몫이었다.

신문 대신 스크랩북이 쌓였다. 나의 한자 실력도 자연스럽게 늘었다. 선친은 때때로 신문들을 방바닥에 죽 늘어놓고 비교 품평하셨다. 혼잣말인지, 들으라는 말인지, 둘 다인지 모르겠다. 그렇게 신문에 싸여, 잉크 냄새에 젖어 살았다.

하지만 기자가 되리라 생각한 적은 없었다. 두 가지였다. 박봉으로 살림살이가 너무 어려웠다. 지금도 선친의 떨리는 음성이 귓가에 맴돈다. "뒤주 속에 쌀이 있는지 없는지 알면 선비가 아니지!" 가정경제는 오롯이 어머니 몫이었다. 보릿고개를 맨주먹으로 넘기기 일쑤였다. 기자는 돈보다 명예라고 강조하셨지만, 그만큼 어머니는 힘드셨다. 다른 하나는 자존심 문제였다. 고교 때였다. 어느 날 선친은 집에 들어오시지 않았다. 거의 보름이 지나서야 초췌한 모습으로 오셨다. 중앙정보부에 끌려가 치도곤을 당하셨다. 신문 편집과 관련해 정권의 눈에 밉보인 것이다. 내 손을 잡고 분노의 눈물을 흘리셨는데, 나는 어찌할 줄 몰랐다. 이후 번번이 사표를 냈지만, 그때마다 동료들이 찾아와 집에서는 밤샘 울분의 술판이 이어졌다.

언론인에겐 엄혹한 시절이었다. '행간'이란 말을 그 무렵에 알게 됐다. 곡필과 절필 사이에서 고뇌하던 선친은 "날카로운 비수를 수건에 싸서라도 들이대야 하겠다"고 말씀하셨다. 당시 철없던 나는 선친의 가슴에 못을 박았다. 수건에 싼 비수로 무엇을 자르겠느냐고. 세월이 흘러서야 깨달았다. 선친은 행간이나마 진실을 위해 고뇌했는데, 과연 나는 진실과 얼마나 씨름했는가. 그가 언론의 정치적 자유를 향해 몸부림쳤다면, 나는 언론의 사회적 자유를 향해 얼마나 밤을 지새워 번민하고 자신을 던졌나. 오히려 안주한 것은 아니었나. 중앙일보 노조 발기인과 전임으로, 또 기자협회 수석부회장으로 공정보도와 언론노조 운동에 참여했다고 마음의 짐을 덜 수는 없다. 마샬 맥루한이 지적한 것처럼 언론의 정치적 자유에 못지않게 언론의 사회적 자유에도 넘어야 할 벽, 끊어야 할 사슬이 있지 않은 가. 부끄러웠다. 죄송했다. 언론인이라면, 칼보다 강한 펜을 가지려 면, 스스로를 끊임없이 벼려야 했다. 돌아보면 세월에 모서리가 닳 아 뭉툭한 글이다. 폐부는 고사하고 살갗이나마 찔렀을까. 역사 발 전에 '이름 없는 작은 몸짓'보다 기여한 바가 있었던가. 문득 회한이 앞선다.

아우까지 3부자 기자 100년이다. 공통점이라면 모두가 '기자'로 출발해 '논설위원'을 거쳤다는 것이다. 언론인으로 입문한 신문사나 방송사를 옮긴 적도 없다. 모두가 내조의 덕이다. 특히 어머니의 공 이다. 더불어 선후배 동료의 격려 덕분이다. 언론인의 아들 언론인 으로서 나는 호부견자(虎父犬子)라 여기지만, 아우는 청출어람(靑出於藍) 이라 생각한다. 언론 가문의 홍복이다.

한국기자협회 회장을 지낸 박종률 논설실장이 애썼다. '3부자 언 론 100년'도 그의 기획이었다. 쑥스러움을 무릅쓰고 과거 글을 모 아보니 모두가 '이적지문(耳赤之文)'이다. 귀밑이 붉어진다. 선대의 글 자취에 흔적이나마 더할 수 있다면 다행이다. 표제 '청언백년(淸言百 年)'을 광개토대왕비체로 휘호해 주신 하석(何石) 박원규 숙부께 감사 드린다. 선친의 20주기를 즈음해 졸고집을 바친다.

2018. 2. 27
박종권

—

아버지와 두 아들의 以心傳心

아버지의 방은 늘 담배 연기로 자욱했다. 바닥 장판은 담뱃불에 그을린 자국들로 얼룩졌다. 막걸리와 김치 냄새는 고약했다. 앉은뱅이책상 옆에는 구겨진 원고지들이 수북했다. 매일 아침 목격하는 장면이다. 동 트기 전까지 머리카락을 뜯어내며 세상의 굴곡과 싸운 흔적들이다. 아버지의 방은 치열한 전장터였다. 글을 쓰느라 무릎과 허리 통증을 달고 사셨다.

그러나 아버지의 자존심은 항상 빳빳했다. 옳음을 실천하는데 굽힘이 없었다. 서슬 퍼런 군사정권 시절 아버지는 軍과 탱자를 말씀하셨다. 탱자나무는 땔감이나 건축자재로 쓸 수 없다. 가시가 많아 울타리로 제격이다. 軍은 정치가 아니라 나라를 지키는 울타리처럼 국방의 의무를 다하는 탱자나무여야 한다고.

언론인으로서의 고뇌와 번민은 몸속에서 암 덩어리가 됐다. 아버지는 너무 일찍 돌아가셨다. 어릴 적 주전자 막걸리 심부름이 제일 싫었다. 양손에 풀과 가위를 들고 신문 스크랩을 하는 것도 귀찮았다. 하지만 '기자 아버지'를 둔 덕분이었나보다. 지금도 신문지 냄새가 좋다. 저널리즘이 무언지도 모를 때 막연하지만 올곧게 바로 서는 것이겠거니 생각했다. 아버지가 당신의 뒤를 이으라고 두 아들에게 말씀한 적이 없다. 그런데 형님과 나는 기자가 됐다. 아버지와 두 아들의 以心傳心이다. 아버지는 돌아가시기 한 해 전인 1997년 서울언론인클럽으로부터 향토언론인상을 수상했다. 당시 서울경제신문에 '3부자 현역 기자'라는 제목의 칼럼이 실렸다. 아버지와 오랜 친분을 나눠 오신 오소백 회장님의 글이다.

이후 '3부자 기자'는 자랑이자 부담으로 다가왔다. 기자생활을 하면서 아버지와 형에게 누가 되지 않아야 한다고 스스로를 채찍질했다. 3부자가 '同時代의 기자'로서 취재 현장을 지킨 때는 필자가 기자가 된 1992년부터 아버지가 돌아가시던 1998년까지 7년간이다. 3부자가 '현직 기자'로 뛰면서 발을 디디고 선 곳은 서로 달랐다 하더라도 같은 곳을 바라보며 언론인의 길을 걸었던 것은 무척이나 가슴 벅차고 멋진 일이다.

몇 해 전 형님과 술잔을 기울이다 '3부자 기자 100년'을 얘기했다. 당시에 구체적인 계획을 세우고 말했던 것은 아니었다. 그런데 시간이 흐르면서 '3부자 기자 100년'은 반드시 만들어 내야할 숙제가 됐다. 형님과 내가 언론계를 떠나서는 안 되는 영광의 족쇄로 작용한 셈이다.

솔직히 이런저런 유혹도 있었다. 아버지가 일찍 돌아가시지만 않았어도 100년을 빨리 채울 수 있었을 텐데 하는 불평이 든 때도 있었다. 세상의 굴곡에 어금니를 악물고 마침내 '3부자 기자 100년'을 만들어냈다.

「청언백년(淸言百年)」은 3부자 기자인 박규덕·박종권·박종률의 '글자취'를 접할 수 있는 책이다. 아버지의 글은 선친의 저서인 廣場의 메아리(1984), 牧原의 合唱(1987), 斷面의 屈折(1991), 뒤돌아 보았더니(1994)에서 일부를 발췌했다. 형님의 글은 중앙일보의 '분수대' 칼럼, 내일신문의 '박종권 칼럼', 아주경제의 '박종권의 酒食雜記'에서 선별했다. 솔직히 아버지와 형의 글은 선택하기보다 제외하기가 힘들었다. 필자의 글은 CBS의 방송프로그램과 인터넷 노컷뉴스에 실린 '오늘의 논평', '기자의 창', '특파원 리포트'에서 일부를 가져왔다.

존경하는 아버지와 형님의 珠玉 같은 글에 필자의 拙文이 빌붙어 송구스러울 따름이다. 매일아침 속풀이 해장국으로 '기자 남편'을 내조하고, 남편을 떠나보낸 뒤에는 홀로 지내신지 20년이 됐지만 감사하게도 건강을 유지하시면서 항상 자식들만을 위해 기도하시는 어머니 서삼순 여사께 「청언백년(淸言百年)」을 드린다.

2018. 2. 27
박종률

時代의 屈折을 이겨낸
'3부자 記者'의 맑은 소리

　민주(民主)는 국민이 주인이라는 뜻입니다. '주(主)'는 '왕(王)' 위에 점을 찍은 형태입니다. 임금이 백성 위에 군림하는 것이 아니라, 국민이 대통령보다 높은 최고 권력의 위치에 있음을 의미하는 것입니다. 우리 헌법은 대한민국의 주권은 국민에게 있고, 모든 권력은 국민으로부터 나온다고 명시하고 있습니다. 이것이 바로 민주주의의 본령입니다. 국민의 대표기관인 국회가 존재하는 이유도 국민을 위하고 국민의 뜻을 실천하는 데 있습니다.

　논어에 '민무신불립(民無信不立)'이라는 글귀가 나옵니다. '백성의 믿음이 없으면 나라가 바로 서지 못 한다'는 경구(警句)입니다. 사실 국민의 신뢰가 없으면 정치는 제대로 설 수 없습니다. 언론도 마찬가지입니다. 국민을 맨 앞에 두어야만 국가도 정치도 언론도 본래의 역할과 기능을 수행할 수 있습니다. 국민에게 힘이 되는 국회, 국민에게 힘이 되는 언론이어야만 하는 것입니다. 모든 문제와 답은 국민이 처한 삶의 현장에 있습니다. 국민의 눈물을 닦아주고 국민과 함께 꿈을 꾸며, 국민의 불안을 해결해야 합니다. 비가 내리면 우산을 건네주는 대신 국민과 같이 빗방울을 맞는 공감(共感)의 호흡이 필요한 것입니다.

국회의장을 영어로 '스피커(Speaker)'라고 부릅니다. 국민의 목소리를 크게 대변하는 스피커인 것입니다. 국민의 눈과 귀를 대신하는 언론도 스피커가 돼야 합니다. 불의에 침묵하지 않고 부조리와 비정상을 정론직필(正論直筆)로 고발해야 합니다. 그래야만 정의와 상식이 강물처럼 흐르고, 특권과 부패가 사라진 대한민국을 만들 수 있습니다. 정치와 언론이 절망의 걸림돌이 아닌 희망의 디딤돌이 돼야 하는 이유인 것입니다. 대한민국 민주주의의 새로운 이정표가 된 촛불 시민혁명은 국민의 믿음을 저버린 배부른 정치와 게으른 언론에 대한 엄중한 경고이기도 합니다. 국민의 신뢰를 회복하고 기대에 부응하는 각고의 노력은 시대적 과제인 것입니다.

민주 국가에서 국민과 정치, 언론과 권력 사이에는 항상 복잡한 갈등과 팽팽한 긴장이 존재합니다. 그러나 권력과 언론은 서 있는 곳은 달라도 같은 곳을 바라봐야 합니다. 바로 국민입니다. 국민의 반대편에서 정치와 언론이 제 역할을 할 수는 없기 때문입니다. 민주주의와 정치를 논하는 데 말과 글은 필수 기재입니다. 이상과 현실이 조화를 이루고 이론과 실제가 접목된 말과 글이야말로 민주적이고 생산적인 정치를 견인할 수 있습니다. 말은 마음의 소리요, 글은 마음의 그림이라고 합니다. 정치와 언론에 등장하는 말과 글이 성숙한 민주주의와 고품격 저널리즘의 토대가 되길 소망합니다.

대한민국 정치인의 한 사람으로서 저 역시 항상 낮은 자세로 국민의 목소리를 경청하고 섬기기 위해 '초심(初心)의 신독(愼獨)'을 간직하고 있습니다. 또한 국민의 눈과 귀를 대신하는 언론의 날카로운 비판을 겸허하게 받아들이고 있습니다. 지금은 '정치 1번지'로 불리는 서울 종로에서 대표 일꾼으로 봉사하고 있지만 어머니 품 같은 고향(故鄕) 전북의 따스함을 한시도 잊은 적은 없습니다. 오늘의 저를 있게 한 전북은 고향 그 이상입니다.

이번에 전북 출신 '3부자 기자(記者)'의 글자취를 엮은 「청언백년(淸言百年)」이 출간됐습니다. 사실 '3부자 기자'는 우리 주변에 흔하지 않습니다. 더욱이 3부자가 현직 언론인으로 활동한 기간이 무려 100년이라니 놀라울 따름입니다. 당연히 기념하고 축하할 일입니다. 특히 고(故) 박규덕 주필은 시대의 아픔과 굴절(屈折)을 오로지 강직함으로 이겨내며 주위의 존경을 한 몸에 받았던 언론인입니다. 강산이 네 번이나 변하는 40여 년을 오직 전북일보에만 몸담으며 일선 기자로부터 편집국장, 주필 등의 경륜을 쌓으면서도 드러내기를 멀리 하면서 신문 문장으로만 모든 것을 말했습니다. 두 아들은 각각 중앙일보와 CBS에서 기자로 입문(入門)한 이래 수많은 취재 현장을 누비며 뛰어난 활약상을 선보였습니다.

이 책에는 제목에서처럼 맑고 깨끗한 말과 글인 '청언(淸言)'을 국민에게 전하려는 '3부자 기자'의 고통과 안목이 담겨 있습니다. '3부자 기자'와 함께 격동의 대한민국 반세기를 찬찬히 뒤돌아보는 기회를 갖는 것도 무척 의미 있는 일이라 생각됩니다.

2018. 2. 27
국회의장 정세균

疏通에 눈 맞춘
'3부자 記者'의 是是非非

　'호모 커뮤니쿠스(homo communicus)'는 소통하는 인간을 말합니다. 인간은 소통 없이는 생존이 불가능합니다. 인간이 사회적 동물이자 소통의 존재로 불리는 이유입니다. 눈을 맞추고 얼굴을 마주보는 면대면(面對面) 대화에서부터 인터넷 공간에서 이뤄지는 디지털 미디어 시대의 쌍방향 대화에 이르기까지 인간은 항상 소통을 합니다. '통즉불통 불통즉통(通卽不痛 不通卽痛)'과 같이 '통하면 아프지 않고 통하지 않으면 아프기 때문'입니다. 4차 산업혁명 시대에도 사람과 사람, 사람과 사물의 소통이 관건입니다.

　소통(疏通)에 해당하는 영어는 커뮤니케이션(communication)입니다. 그런데 커뮤니케이션은 언론과 불가분(不可分)의 관계에 있습니다. 언론이 소통의 매개 역할을 하는 때문입니다. 저널리즘의 목적은 본질적으로 소통입니다. 막힌 것을 트고 서로 오가는 상황을 만드는 것입니다. 어두운 장막을 걷어내고 사실의 이면(裏面)에 감춰진 진실을 드러내는 언론 본연의 역할이 바로 소통입니다. 불의(不義)한 권력을 부릅뜬 눈으로 감시하고 국민의 목소리를 있는 그대로 전달하며, 옳은 것은 옳고 그른 것은 그르다고 말하는 시시비비(是是非非)야말로 본연(本然)의 소통입니다. 소통은 권력에서도 중요한 영역입니다. 우리가 경험한 권력의 몰락이 단지 불통(不通) 때문만은 아니겠지만 불통이 몰락의 원인이라는 사실은 부정할 수 없습니다.

소통의 궁극적 목적은 공감(共感)입니다. 공감은 닫힌 공간이 아니라 열린 광장에서 가능합니다. 민주주의의 핵심 거점인 하버마스의 공론장(公論場·public sphere)처럼 언론은 온·오프라인 상에서 국가와 시민사회를 공감으로 매개하며 여론을 형성하고 결집시키는 역할을 수행해야 하는 것입니다. 그러나 안타깝게도 소통의 SNS 시대에 오히려 일그러진 저널리즘이 민주주의를 위협하고 있습니다. 거짓과 가짜가 난무하는 '탈(脫) 진실'의 언론 정파성은 건전한 여론 형성을 방해하고 대화와 통합보다는 분열을 촉발시키고 있는 것입니다. 저널리즘을 복원하는 것은 언론의 사회적 책임이자 의무입니다. 권력의 부정과 사회의 비리를 고발하고 소외된 약자에게 따뜻한 손을 내밀며, 자본권력으로부터 독립하는 자유로운 언론의 모습으로 돌아가야 합니다.

디지털 미디어 시대의 척박한 생태계 속에서도 우리와 함께한 '3부자 기자의 100년'은 저널리즘에 대한 희망과 기대를 불러일으킵니다. 고(故) 박규덕 주필은 신문학(新聞學)이 한국 사회에 뿌리를 내리기 시작하던 초창기에 대학에서 신문학을 전공한 정통파 언론인입니다. 향토를 사랑하고 지방신문을 발전시키겠다는 일념으로 갖은 유혹을 뿌리치고 고집스럽게도 지방언론을 지킨 전북 언론의 파수꾼으로 기억되고 있습니다. 큰 아들인 박종권 기자의 칼럼에는 차별화된 깊이 있는 한학(漢學) 지식이 바탕에 깔려 있습니다. 작은 아들인 박종률 기자는 저를 사사(師事)하며 언론학 박사학위를 받은 애제자(愛弟子)이기도 합니다.

'3부자 기자'의 논평과 칼럼을 발췌 수록한 「청언백년(清言百年)」은 현직 언론인으로서 3부자가 실제 경험하고 목도했던 역사적 사실에 대한 소통의 기록입니다. 물론 3부자가 써내려간 '청언(清言)'에는 언론에 대한 열정과 남다른 자존심, 떨리는 번민과 답답한 고통이 고스란히 녹아 있습니다. 그 누구도 쉽게 만들어낼 수 없는 '기자(記者) 100년'을 일궈낸 3부자에게 뜨거운 박수를 보냅니다.

2018. 2. 27
방송통신위원회 위원장 이효성

記者 박규덕 편

記者 박종권 편

記者 박종률 편

故 목원(牧原)

박규덕(朴圭德·1935~1998)

記者 : 1957~1998

學歷

홍익대학교 신문학과 졸업

중앙대학교 대학원 신문방송학과 석사

經歷

전북일보 기자(1957)

　　　　편집국장(1980)

　　　　주필(1986)

　　　　논설고문(1991)

전북대학교 정치외교학과 강사(1966)

전주대학교 강사(1966)

우석대학교 신문방송학과 강사(1980)

賞勳

전북문화상 · 언론부문(1960)

서울언론인클럽 향토언론인상(1997)

著書

廣場의 메아리(1984)

牧原의 合唱(1987)

斷面의 屈折(1991)

뒤돌아 보았더니(1994)

記者 박규덕 편

「신문의 날」의 올바른 인식

또 신문의 날을 맞았다. 이 날은 1896년 우리나라 최초의 일간신문인 독립신문의 창간을 기념하기 위해 제정됐다. 우리 신문은 조국과 榮辱을 같이 하면서 올바른 문제의식과 방향감각을 갖고 負荷된 막중한 사명과 책임을 다해야 한다. 우리 신문은 민주사회의 구현과 경제적 번영, 사회·문화발전의 嚮導的 역할을 했으며, 민족과 국가 이익 우선의 부끄럽지 않은 전통을 세웠음을 自負하면서 自省하는 마음가짐을 다져야 한다. 해방 이후 좌익 정치세력의 반민족적 妄動이 있었고, 4·19 이후 사이비 언론이 사회의 구석구석까지 깊숙이 만연되기도 했다. 최근에는 진실 보도에 미흡했다는 독자로부터의 준엄한 질책을 받았고 국회에서조차 논란의 대상이 됐다. 따라서 약육강식의 국제정치 소용돌이 속에서 나라의 독립을 지켜 자주발전을 이룩하려는 의지로서 선각자들이 독립신문을 창간했던 그 숭고한 뜻을 생각할 때 착잡한 감회를 되씹지 않을 수 없다.

독립신문 창간 당시와 지금의 상황은 여러 가지로 다르다. 국제정치의 역학이나 자원 내셔널리즘의 파도가 판이한 양상을 보이고 있는 것이다. 해마다 신문의 날을 맞아 제정되는 표어만 봐도 알 수 있다. 표어에 함축된 그 내용을 보면 그 시대에 제기된 문제점과 신문의 役能이 과연 어떠해야 할 것인가를 드러낸다. '신문의 責任',

'신문의 誠實', '국민의 알 권리', '신문의 국제화 시대'를 거쳐 올해는 '현대화를 다짐하는 신문'으로 轉移되고 있다. 과연 신문의 현대화란 어떤 측면에서 고려될 수 있을까. 기술의 현대화와 함께 意識의 현대화로 집약될 수 있을 것 같다.

현재 우리나라의 신문 제작과정은 한마디로 한심한 실정이다. 지금 선진 외국에서는 전자신문을 개발하고 있다. 안방에 앉아 원하는 뉴스를 골라 읽도록 돼 있다. 이에 따라 납이나 종이가 없는 신문이 등장하게 된 것이다. CTS(컴퓨터식자시스템)는 이제 옛말이 됐다. 신문은 4세대, 5세대 제작을 위해 줄달음치고 있다. 신속한 제작으로 신속한 정보를 독자들에게 제공해야 한다는 것이다. 그러나 우리는 아직도 鉛版을 사용하는 1세대의 제작을 하고 있다. 첨단기술 등 다른 분야에서는 그토록 전산화가 가속화되면서도 신문 제작 면에서는 제자리걸음을 면치 못하고 있음은 안타까운 노릇이다.

그에 못지않게 중요한 것은 意識의 현대화라 할 것이다. 기술적 현대화는 따지고 보면 2차적인 문제다. 신문지에 담겨진 내용이 무엇이냐가 첫 번째로 꼽혀야 한다. 아무리 시설이 훌륭해도 알맹이가 보잘 것 없으면 인쇄소에서 발행한 것만 못하다. 흔히 외국학자들이 지적하듯 '건물이 우람한 것과는 반비례로 紙面이 너무 좁고, 특징이 있다면 특징이 없는 것이 특징이다'는 정곡을 찌르는 비판을 깊이 새겨들어야 한다. 획일적이라는 따끔한 一鍼인 것이다. 특히 뉴스면의 경우 체제에서 내용까지 모두 엇비슷해서야 讀者들은 食傷하기 마련이다.

우리는 독자들의 판단력이 예민해졌다는 사실을 간과해서는 안 된다. 신문을 보고 안 보고의 최후 결정자는 독자들인 것이다. 독자들이 없는 신문은 결국 존재할 필요를 잃게 된다. '현대화를 다지는 신문'은 결국 이러한 맥락에서 생각돼야 한다. 신문은 의견과 비판, 감시기능, 그리고 사실보도를 외면하면 존립이 위태롭게 된다. 한가지 예로 2차 대전 당시 일본이 진주만을 기습 공격했을 때 미국 신문들은 선전포고도 없는 간사한 왜놈들에게 虛를 찔렸다고 대중들과 함께 흥분했었다. 그러나 뉴욕 타임스만은 조금도 흥분하지 않고 공정하고 객관적으로 자세하게 사실보도를 했었다. 큰 사건이 발생하거나 국제 외교관계가 악화되는 경우 신문들이 정부나 대중의 편에 서서 똑같이 흥분하는 예를 흔히 볼 수 있다. 정부의 편에 서는 것이 반드시 國益은 아니라는 점을 깊이 생각해야 한다. 신문이 눈감으면 대중은 誤導되는 것이며 따라서 대중들도 신문을 감시해야할 의무가 있는 것이다.

흔히 정부와 언론의 관계에 대해 선진국에서는 '협조적 대립관계'를 내세운다. 협조할 것은 협조하되 견제기능만은 후퇴할 수 없다는 立論이다. 토머스 제퍼슨 미국 대통령의 "신문 없는 정부보다 정부 없는 신문을 택하겠다"는 말도 따지고 보면 그 眞意는 그것이 아니었다. 친구에게 보낸 편지 내용이 去頭截尾되고 언론의 중요성을 강조하는 부분만이 부각된 사실을 잊어서는 안 될 것이다. 현대의 국가사회에서는 적어도 정부가 없어서도 또 언론이 없어서도 올바로 이뤄질 수는 없는 것이다. 그래서 '제4부'라는 말도 생겨났다. 입법, 사법, 행정 이외에 언론을 끼워 넣은 것은 여론을 그만큼 중요시 여겼기 때문이다. 지금 우리 정부도 '여론수렴'이라는 말을 흔히 쓰고 있음을 본다. 여론은 公論이라 했다. 공론은 여러 사람들의 공통된 의견을 말한다. 司憲府·司諫院·弘文館의 직제에서 보듯 조선시대에 '言官제도'가 있었던 것도 바로 이 때문이다.

결국 언론의 현대화는 어느 한쪽만의 强調로써는 원만한 성과를 거둘 수 없다. 言路는 물 흐르듯 자연스러워야 한다. 그것이 막힐 때 뒤틀리기 마련이고 유언비어가 난무한다는 것은 널리 알려진 바와 같다. 신문의 날을 맞아 정부와 언론, 그리고 독자들이 '協調的妙'를 살릴 때 언론은 현대화를 다질 것이라 확신한다. (1984.4.7)

지방신문의 進路와 責任

전북 도내의 3개 신문사가 통합해 새로운 '전북신문'으로 발족한 지 오늘로 4주년을 맞았다. 유구한 역사의 한 토막으로 볼 때 4년이란 세월은 찰나에 불과하지만 그 동안에 경험한 것은 質量面에서 그 이전의 수 십 년에 匹敵하리만큼 엄청난 변화 그 자체였다. 어지럽게 소용돌이 친 내외정세의 격변은 어제가 다르고 오늘이 다르게 시간의 개념에 가속도가 붙었다. 이러한 시점에서 4년 전 창간 당시에 보내주었던 전북 도민들의 뜨거운 격려와 성원에 얼마만큼 보답했는지 겸허한 자세로 自省하려 한다.

과연 전북신문은 사회의 거울로서 負荷된 사명을 다했다고 자신

있게 장담할 수 있는가. 과연 그 記錄者的 證言에는 유감이 없었던가. 과연 도민의 기대에 추호라도 어긋남이 없었던가. 과연 正論을 신념으로 최후의 一刻까지 최선의 노력을 다했는가. 과연 선량한 시민에게 累를 끼친 사례는 없었던가. 또 스스로의 편안을 貪하여 의식적으로 筆鋒을 무디게 한 일은 없었던가. 愛國으로 이어지는 愛鄕, 국가 발전으로 이어지는 지역사회 발전을 위하여 무엇을 얼마나 기여했는가. 이러한 自問을 놓고 反芻하면 할수록 낯 뜨겁고 부끄럽게 여기면서도 가시밭길을 헤치는 整地작업을 위해 피나는 노력만은 결코 게을리 하지 않았다고 自負하고 싶다.

객관적 여건은 잠시 뒤로 하고라도 어쩌면 동질적인 것 같으면서도 이질적인 3社의 물리적 통합이 애초부터 후유증을 잉태했다고 봐야 옳다. 그것은 오히려 당연한 귀결이었을지도 모른다. 대식구의 한 가족이 合睦하기가 그리 쉽지 않은 터에 3세대가 합산하고 조용하기를 기대하는 것은 오히려 비정상적일 수도 있기 때문이다. 솔직히 말해 지난 4년은 이러한 와중에 휩싸여 홍역을 치렀던 진통기였던 만큼 사회에 투영된 전북신문의 모습이 약간은 훼손되고 일그러졌으리라는 것을 否認하려 하지 않는다. 그러나 우리는 산모의 심한 진통이 있고서야 새 생명이 태어나는 평범한 이치를 깨닫지 않을 수 없다. 마치 비 온 뒤에 땅이 더 굳어지는 이치와도 같다. 물정 모르고 溫床에서 자란 苗는 한갓 나약한 것으로 되기 쉽지만 모진 비바람과 雪寒風에 시달리며 자란 苗는 어떠한 시련에 직면하더라도 곧고 꿋꿋하게 자라나는 법이다. 이제 전북신문은 유년기의 風霜을 이겨냈다. 黎明의 曙光이 동트기 시작한 것이다. 舊殼을 벗고 새 술을 새 부대에 담게 된 지금 언론의 책임과 의무를 다하는 데 精進할 것을 다짐한다. 그렇게 하는 것만이 신뢰를 바탕으로 내일의 도약을 기약할 수 있으리라 확신하기 때문이다.

그동안 내외의 소용돌이에서도 道民의 이익을 위한 일이라면 한 치의 뒷걸음도 치지 않으려 안간힘을 써왔지만 설혹 그 결과가 微微했다 할지라도 우리의 노력은 끈질기게 계속 될 것이다. 더구나 전북신문은 도내 唯一의 신문이라는 데서 더욱 무거운 책임감을 갖는다. 과거에도 노력했듯 앞으로도 지역특성을 살리면서 진실을 추구하며 독자들에게 친절히 접근할 것이다. '唯一'을 앞세워 군림하거나 전횡하거나 독선하려 아니할 것이다. 도민들의 진실한 협조자요 반려자가 되도록 정성을 쏟을 것이다. 외람되나마 이 같은 우리의 충정을 도민들은 십분 이해하리라 의심치 않는다. 오늘의 성장이 있기까지 도민들의 성원과 격려가 지속됐음은 주지의 사실이다. 이에 우리는 흰 종이에 활자와 사진으로 엮어내는 기사와 논평이 왜곡되지 않게, 죽은 글이 아니라 살아 있는 글로, 정확하게는 역사의 起伏을 사실 그대로 기록하고 굽이치는 역사의 흐름을 嚮導함으로써 애독자에게 보답할 수 있도록 한층 새롭게 마음을 가다듬으려 한다. 또한 우리는 社會萬般의 움직임을 보는 입장에 서있는 동시에 萬人으로부터 보이는 입장에 서있다는 사실을 잊지 않을 것이다. 그와 함께 우리는 萬人의 視線을 두려워할 줄 아는 용기를 갖고 더욱 공부하고 노력할 것을 약속한다. (1977.6.1)

기자의 역할과 지역신문의 위상

진실한 언론은 우상을 섬기지 않는다. 키우지도 않는다. 언론의 良識은 무엇보다 진실에의 접근에 기초한다. 특히 신문에만 한정해서 말한다면 마땅히 인쇄돼야 할 모든 뉴스는 인쇄돼야 한다. 이 명제에 그 어떤 聖域도 끼어들 여지는 없다. 이것이 바로 언론이 갖는 근원적 기능이며 사명이다. 인쇄매체의 경우 향토신문(town paper)이든 지방신문(local paper)이든 중앙신문(central paper)이든 전국신문(national paper)이든 그 기능과 사명에서 다를 것이 없다는 의미다.

언론은 편견을 배제한다는 사실의 보도에 '양보 없는 專念'을 다해야 한다. 언제나 그 전념의 모자람을 걱정해야 하며, 수용자들에게 어떠한 고정관념을 주입시키려는 과욕은 극도로 자제해야 한다. 흔히 말하는 언론의 신뢰도는 專念과 自制 위에서만 자라난다. 그러나 월터 리프만이 지적한 것처럼 언론은 사건을 보도한다면서 '擬似의 사건'을 전하기 일쑤다. 결국에는 우리 사회에 '거짓의 환경'이 만들어지게 되는 것이다.

언론 종사자들은 이와 같은 '擬似의 함정'을 끊임없이 경계하지 않으면 안 된다. 새삼스럽지만 언론의 良識은 自省과 自愧 위에서 거론돼야 하는 것이다. 6공화국에 들어서면서 언론사들이 부쩍 늘어났다. 충분하진 않지만 어느 정도 언론자유를 누리게 된 것은 그나마 다행스런 일이다. 하지만 일부 似而非 기자들이 저지르는 비리는 차마 눈 뜨고 볼 수가 없다. 기자는 항상 앞서 가면서도 겸손

해야 한다. "신문기자와 거지는 사흘만 하면 평생 버릴 수 없는 직업이 된다."는 말이 있다. 조금은 점잖지 않은 말이지만 따지고 보면 생활이 자유스럽고 거추장스럽지 않다는 점에서 유사점이 없는 것도 아니다.

신문과 신문기자의 속성을 비유하는 유명한 우화가 있다. 19세기 초에 나폴레옹이 유배지 '엘바'섬에서 탈출했을 때의 이야기다. 파리 신문들은 처음에는 "코르시카의 모반인, 엘바를 탈출하다."라고 대서특필했다. 하지만 나폴레옹이 프랑스 해안에 상륙해 파리로 진격하자 신문 논조는 "보나파르트 나폴레옹 장군, 파리를 향해 진군"으로 바뀌었다. 이어 나폴레옹이 시민들의 환영을 받으며 파리에 입성하자 신문제목은 "황제폐하 환궁"으로 대문짝만하게 실렸다. 이 얘기는 신문과 기자들이 비겁하게 時流에 영합한 사례를 지적할 때 곧잘 인용된다.

기자는 어떤 경우에라도 不正과 야합해서는 안 된다. 항상 약자의 편에 설 줄 아는 결연한 용기가 있어야 한다. '抑强扶弱'이 바로 그 것이다. 강한 자를 누르고 약한 사람을 도와야 하는 것이다. 不條理와 不正의 大河가 흐르는 세태라 해도 그 물결을 거슬러 올라가는 '연어 記者'가 필요한 시대다. 기자는 국민을 올바로 이끄는 嚮導的 역할을 수행해야 한다. 그러기 위해서는 꾸준히 새로운 문화를 흡수하는 노력도 게을리 해서는 안 된다. 행여 으스댈 생각은 말아야 한다. 아는 척 하는 것은 더더욱 禁物이다.

필자가 아는 週刊 전주신문의 제작진들이 겸허한 자세로 신문을 만들고 있지만 경험부족과 시행착오도 잇따르고 있다. 창간호는 그야말로 '엉성함' 그 자체였지만 불과 1년 만에 長足의 발전을 거둔데 격려와 축하의 박수를 보내고 싶다. 다만 개선해야 할 점도 있다. 우선은 절실하게 지역주민의 삶을 파고들지 않고 있다는 점이다. 일간신문을 흉내 내서는 홀로서기가 어렵다. 방송매체나 일간신문들이 손대지 않는 구석을 깊숙이 파고들어 주민들과의 연대감을 높여야 한다. 둘째는 편집기술의 미숙함이다. 편집은 변화가 있어야한다. 버라이어티쇼를 연상하면 쉽다. 너무 단조로우면 독자의 시선을 끌 수 없다. 제목을 붙일 때도 말을 걸 듯 해야 한다. 독자들이 본문을 읽을 수밖에 없도록 유도하는 것이 궁극의 목표여야 한다. 지역주민들의 사랑을 받는 전주신문으로 성장하길 기대한다.

대통령에게 보내는 신문기자의 편지

金泳三 대통령께. 새해에는 복 많이 받는 한 해가 되길 기원하는 全北의 한 記者입니다. 福은 '機會'라고들 합니다. 金대통령께서는 기회와 복은 얻었지만 감히 외람되오나 '德治'에는 미흡하다는 일부의 評을 부정적으로 받아들이기에는 힘든 입장에 있습니다.

결론부터 말하면 '약속위반'을 밥 먹듯 해도 괜찮은지 정치적 도의를 따지지 않을 수 없는 허물을 혜량해 주시기 바랍니다. 일반적 상식으로 대통령에게 먼 앞날을 내보다는 炯眼처럼 중요한 것은 없다고 듣고 있습니다. 아직은 평가하기에 이르지만 苦言을 하지 않을 수 없습니다.

그동안 우리의 정치풍토는 권위주의와 경직된 틀을 벗지 못했습니다. 유신 이후 직접적으로든 아니 간접적으로라도 대통령을 건드리는 것은 '絶對禁忌'였던 점은 주지의 사실입니다. 칼럼은 물론이고 보다 자유로운 표현양식인 만평에서조차도 대통령은 등장해서는 안 되는 대상이었습니다. 그러나 지금은 'YS는 못 말려'를 비롯해 대통령을 풍자한 책자가 40여건에 이르는 것은 정치적으로 큰 발전이라 할 수 있습니다.

생각하면 할수록 해괴한 정치풍토이고 언론의 기막힌 작태였지요. 그 때와 비교하면 많이 달라졌다는 사실을 피부로 느끼고 있습니다. 그러나 겉과 내용이 과연 얼마나 달라졌는지는 곰곰이 생각해야할 과제인 것 같습니다. '人事는 萬事'라고 항상 강조한 대통령의 소신이 꼭 옳았는지도 깊이 새겨볼 필요가 있습니다. 거창하게 생각할 것도 없이 경제 쪽으로 눈을 돌려봅시다. 국내외의 경제 상황은 잠깐 뒤로 하고 우선 '장바구니 경제'를 살펴봅시다. 1만 원짜리 한 장을 가지고 시장에 간 주부들의 시름 찬 주름살을 떠올려 본 일이 있습니까.

예로부터 잘하는 정치는 백성들의 등을 따뜻하게 만들어 주는 것이었습니다. 하루가 다르게 뜀박질하는 물가고에 국민들의 시름은 나날이 늘고 있습니다. 대통령께서 후보로 나섰을 때의 화려한 '公約'을 우리는 잊지 않고 있습니다. 하루아침에 예고도 없이 손바닥 뒤집듯 '空約'이 된 것을 보면 가슴 안창에서 뒤틀리는 배신감을 억누르기 힘들 때가 많습니다. 이미 빗장이 풀려버린 허망한 얘기지만 우루과이라운드에 대해서 특히 전북에서 두 손을 힘 있게 번쩍 들고 "쌀 개방만은 어떤 일이 있어도 기어코 막겠다."던 그 약속이 허물어질 때 국민들은 金대통령에 대한 신뢰를 어떻게 생각하겠습니까. 최고의 통치자가 믿음을 잃었을 때 그 결과가 어떻게 투영될 지는 불을 보듯 뻔한 일입니다.

이럴 때 전쟁보다 무서운 정치의 모습을 어렴풋이 짐작케 합니다. 정치는 기본적으로 국민을 위한 것이지 몇몇 정치인을 위한 것이 아니라는 것은 더 말할 나위가 없습니다. 그들이 자기욕심 때문에 백성을 희생시켜도 좋다고 생각한다면 원천적으로 자격미달입니다. 춘추시대에 魯나라의 국정을 마음대로 요리하며 권세를 누리던 李康子가 착하고 유식한 사람의 흉내를 내며 孔子에게 정치의 大道를 물었습니다. 이에 공자는 "정치는 바름을 행하는 것(政者正也)"이라고 말했습니다. 그러면서 "그대가 솔선해서 마음을 바르게 가지면 누가 감히 부정을 저지르겠는가"라고 덧붙였습니다.

투명해야 하는 정치가 얼마나 중요한 것인가를 웅변해주고 있습니다. 그러나 정략적으로 단행된 인사 등 부정적 요인을 지적하지 않을 수 없습니다. 깊게 골이 팬 호영남의 지역감정은 굳이 거론하지 않겠습니다. 다만 국토의 균형개발에만은 신경을 써야겠다는 소신에는 변함이 없습니다. 새만금사업 등 지지부진한 전북의 현안들이 산적해 있습니다. 대통령께서 약속했던 선거공약을 일일이 들추고자 아니합니다. 지난 세월 일부 대통령들이 '특정지역의 대통령'이라는 汚名을 익히 기억하실 줄 압니다. 대통령은 우리나라의 대통령입니다. '信'을 다시 생각합니다. 나라를 경영하는 데 있어 孔子는 식량과 군비, 신의 가운데 최고를 신의로 꼽았습니다. 金泳三대통령의 건투를 빌면서 거꾸로 돌아가는 우리의 정치시계가 제대로 돌아가도록 하는 역량을 기대합니다. (1993.1.3)

새해의 黎明은 밝았는데

瑞氣어린 새 아침의 해가 불끈 솟아올랐다. 새해를 맞는다는 것은 時間規定의 한 매듭에 불과하지만 이번 새해가 여느 때의 1년이 아니라 우리의 소망들이 알알이 영그는 복된 새해가 되기를 바라는 마음 간절하다. 그러나 결코 평탄치 않은 새해 아침이라는 사실을 그냥 넘겨버릴 수는 없다. 우리가 서둘러야 할 숱한 과업들이 무겁고 클수록 우리를 시험하려는 시련도, 우리의 중단 없는 전진의 발걸음을 가로막으려는 도전도 크고 많을 것이 틀림없다. 인내로 견디며 슬기로 이기고 땀으로써 이룩하려는 끈질긴 의지를 寸時도 잊어서는 안 되겠다는 생각이다. 이토록 강조하는 데는 그럴만한 이유가 있어서다.

인류의 장래와 세계정세에 대한 1970년대의 불확실성은 1980년대 들어서도 변함없이 지속되고 있으며 사안에 따라서는 더욱 악화되고 있는 느낌이다. 또 강대국은 강대국대로, 약소국은 약소국대로 자국이 이익을 위해 발버둥치고 있다. 뿐만 아니라 우리의 주변 정세는 한시도 마음을 놓을 수 없는 상황이 전개되고 있다. 소련의 끊임없는 팽창주의, 우리와는 대화마저 끊고 있는 북한이 中共과 밀착하고 있는 등 국제정치의 역학은 내일을 점치기 어렵게 만들고 있다. 이러한 정세와 상황일수록 우리가 다져 두어야 할 것이 있다. 일취월장하는 세계사의 進道에 주체적으로 참여하며 물샐틈없는 안보태세로 國基를 다지고 선진국으로 나아가는 데 박차를 가해야 한다. 무엇보다 국력은 경제력에 비례한다. 이미 수출 신장에서 우리는 북한을 16배나 앞지르고 있고, GNP도 5배 앞서고 있다. 이 같은 남북의 격차가 커지게 되면 북한은 언젠가는 협상 테이블에 나오지 않을 수 없을 것이다. 올해의 수출목표는 작년보다 10%쯤 늘릴 방침이다. 우리의 경제구조는 어차피 수출 이외에 다른 대안이 없다. 비록 전북의 수출실적이 미미하다 하더라도 전력투구해야하는 所以가 바로 여기에 있다.

사람들은 가는 해보다 오는 해에 더 많은 마음의 설렘을 느낀다. 그러나 시간의 흐름에는 새롭고 낡은 것이 따로 없다. 끊임없이 낡은 시간인가 하면 끊임없이 새로운 시간이 달려온다. 이러한 흐름 속에서 새해를 맞는 아침에는 자기 성찰을 거듭하는 마음의 자세가 중요하다. 이제 우리에게 요청되는 것은 오직 자주적 선택이요, 자주적 결단이며, 민족적 자긍임을 스스로 깨달아야 한다. 개방시대를 헤쳐 나가 선진국에 돌입하기 위해서는 수 천년동안 지켜온 민족적 창조정신에 바탕을 둔 발전의지와 개척정신이 넘쳐흐르는 미래지향적인 한국인상을 정립하지 않으면 안 된다. 아직도 우리 사회에 비리와 폐습이 남아 있다면 그것은 성숙한 시민의식이 뿌리내리지 못한 채 출세주의와 편의주의가 팽배해 있다는 증거가 될 것이다.

이제 우리는 개발연대의 양적 성장의식에서 벗어나 질적 성장의식으로 전환해야 할 시점에 있다. 86 아시안 게임과 88 올림픽을 앞두고 우리 사회의 질서의식 高揚은 아무리 강조해도 지나치지 않다. 질서가 바로 잡혀 사회의 모든 관계가 적절하게 조화를 이룰 때 그 사회의 내적 역량이 크게 발휘되는 것은 당연한 이치다. 있어야 할 곳에 있어야 하는 位置질서는 지위의 문제뿐 아니라 장소의 이용, 차례를 지키는 일, 경제적인 처지를 올바로 인식함으로써 분수에 맞게 살아가는 일 등이 포함된다. 조화된 사회를 이뤄 나가기 위해서는 위치질서와 함께 役割질서도 중요시 된다. 각기 다른 직분에 따라 자기가 맡은 일에 최선을 다할 때 역할질서는 확립되고 사회 발전의 원동력은 샘솟는 법이다.

로마제국이 한창 융성했을 때, 대영제국이 해질 날 없을 정도로 영토를 확장했을 때, 미국이 세계의 領導國으로 浮上했을 때 그 나라의 지도층이 어떠했고 국민성이 어떠했는가를 살펴본다면 국민성과 국가발전의 함수관계를 알 수 있을 것이다. 전통적인 국민성과 새로 개발되는 국민성 사이에 합치점을 발견하고 자발적인 개조가 이루어질 때 역사는 비로소 기운을 얻고 불 같이 일어나는 상승세를 타게 된다. 그리고 이 같은 상승세는 민족 대화합의 합창으로 이어질 것이다. '어느 시대의 사람이든 자기 세대가 가장 큰 위기에 놓여 있으며, 과거를 황금시대처럼 찬란하게 느끼지 않는 사람은 한 사람도 없다'는 칼 야스퍼스의 말을 반추하면서 자기성찰을 새해 새 아침에 또 한 번 다짐한다. (1983.1.1)

政治의 조건

2차 대전이 한창일 때 영국 수상 처칠은 한 기자회견에서 政治와 戰爭을 비교해달라는 요청을 받았다. 처칠은 "정치는 거의 전쟁 못지않게 사람들을 흥분시키는 것이며 전쟁과 같이 위험하기도 하다. 다만 전쟁에서는 단 한 번 죽으면 되지만 정치에서는 여러 번 희생당해야 하는 것이 둘의 차이점이다"라고 말했다. 전쟁보다 두려운 정치의 모습을 어렴풋이 짐작할 만하다.

그러나 정치를 너무 어렵게만 생각하는 것은 오히려 정치를 나쁘게 만들 수 있다. 정치는 기본적으로 국민을 위하는 것이지 몇몇 정치인을 위한 것이 아니다. 그들이 자기 욕심 때문에 국민을 희생시켜도 좋다고 생각한다면 원천적으로 정치인의 자격미달이기 때문이다.

春秋時代에 魯나라의 국정을 마음대로 독단하며 권세를 누리던 李康子가 착하고 유식한 사람을 흉내 내며 孔子에게 정치의 大道를 물었다. 그 때 孔子는 "정치는 바름을 행하는 것이다(政者正也). 그대가 솔선해서 마음을 바르게 가진다면 누가 감히 부정을 저지르겠는가"라고 말했다.

얼굴이 두꺼웠던 李康子는 그런 孔子의 말을 이해하지 못하고 다시 정치의 책임을 백성에게 돌리려 했다. "무도한 자들을 죽여서 모두 바르게 하도록 하면 될 것 아닙니까?" 孔子의 대답이 명언이다. "정치를 하겠다면서 어찌 죽이는 방법을 생각하겠다는 것인가?(爲政焉用殺)" 정치에는 유연이 있을 뿐 강경은 안 된다는 의미다.

스티븐 솔라즈 미국 하원의원의 말대로 마주 달리는 열차의 破局은 너무도 명백하다. 어려운 처지에 처할수록 유연하고 여유 있는 度量의 정치가 더욱 절실한 것이다. 老子에는 '柔弱勝剛强'이라는 말도 있다. 세상 사람들은 강한 자가 약한 자를 이긴다고 생각하지만 유약한 것은 사실은 강한 것을 이기는 법이다. 부드럽고 약하기로 물보다 더한 것이 없지만 물은 巨艦을 띄우고 쇠를 썩게 하며 돌에 구멍을 뚫는다.

그런데 요즘 돌아가는 우리의 정치 현실은 '눈에는 눈, 이에는 이'와 같다. 매사가 강경일변도의 극한대립 뿐이다. 국회 대정부질문은 이틀간의 공전 끝에 난장판이 되고 말았다. 여야 극한 대결의 직접적 고리는 대통령 선거를 앞두고 이뤄진 서울시 예산 일부의 전용이었다. 문제가 불거진 만큼 진상은 명명백백하게 밝혀져야 하겠지만 멱살을 잡고 입에 담지 못할 욕설의 정치판은 가관이었다.

물론 우리네 정치판의 추잡한 몰골은 어제 오늘의 일은 아니다. 걸핏하면 난장판이고 몸싸움이다. TV를 보는 국민들의 눈에 어떻게 투영되는지 정치인들은 무관심인 듯하다. 구태의연한 작태는 한마디로 국민을 깔보는 처사가 아닐 수 없다.

살아있는 모든 것은 生物만이 아니다. 정치도 경제도 문화도 모두 살아 움직인다. 움직여야 발전도 있고 생명도 있다. 그 가운데 우리의 정치를 움직이는 '政治時計'는 지금 몇 시를 가리키고 있는가. 불행하게도 그 시간을 정확하게 알아맞히는 사람은 아무도 없다. 그저 한 가지 분명하게 알 수 있는 사실은 우리의 정치시계가 거꾸로 돌고 있다는 점이다.

우리 정치의 총체적 난맥상은 대화와 타협의 기술이 모자라는 데서 基因한다. 명분이 어디에 있든 현재로서는 여야 간 협상의 물꼬를 트는 것도 쉽지 않다. 이 점에서 정치문화의 수준을 되돌아보게 한다. 정치인들의 언행이나 성명서를 보면 논리와 설득력은 뒷전이다. 언제나 감정과 흥분이 앞서 상대의 기분부터 상하게 만든다. 요즘과 같은 살얼음판 정국에서 그런 언행들은 사태를 더욱 꼬이게 할 뿐이다.

서로 異見이 있을 때에는 자신의 주장만을 고집하려고 '꼭'이나 '반드시' 같은 언사를 앞세우는 것은 피해야 한다. 대신 '제 의견이 틀리지 않는다면…', '저는 이렇게 생각합니다', '아마 그럴 수도 있겠지만…' 쯤의 어휘 구사를 못하는 것이 안타까울 뿐이다. 격앙된 언쟁만 한다면 결국은 시간만 낭비하는 꼴이다. 유럽 古都의 길거리에서 만난 塔時計가 떠오른다. 시침 위에 적혀있는 글귀가 인상적이었다. '지나간다. 그리고 심판을 받는다.'라고 적혀 있다. 정치하는 사람들은 이 글귀를 마음에 새기길 바란다. 시간을 낭비하면 심판을 받는다는 각오가 없기 때문에 나라 곳곳마다 삐거덕 소리가 나는 것이다.

孔子는 국가 경영에 있어서 食·兵·信을 들었다. 이 가운데 제일은 信이라 했다. 국민이 정치권이나 정부를 믿지 못하고 교수와 학생, 이웃이 서로에게 믿음이 없다면 그 결과는 어떻겠는가. 不信의 만연처럼 무서운 것은 없다. 신뢰회복은 빠를수록 좋다. 民心의 소재를 정확히 파악하는 정치가 중요한 것이다.

우리의 政治時計는 그럼에도 부끄러운 줄을 모르고 거꾸로만 돌고 있다. 우리의 政治時計가 제 방향을 찾을 때 국민들은 내일에의 무한한 희망을 안고 살아갈 수 있을 것이다.

政治 그리고 '風向'

요즘 일련의 움직임들은 알게 모르게 '바람'을 일으키고 있다. '선거'와 '바람'은 깊은 함수가 있는 듯 심상치 않다. 왜 그럴까를 따진다면 오히려 그것이 바보일 수 있다. 무슨 모임이다, 관광이다 하는 곳에 '누가 끼었다'는 것은 오히려 촌스럽다. 어떤 의미에서는 차원 높은 '요구'도 얼마든지 있는 것이 오늘의 현실이라면 우리는 멈칫 생각을 달리해야 한다.

경우야 어떻든 '바람'에 휩싸이는 못난이가 돼서는 곤란하다. '바람~'으로 시작되는 우리말 어휘는 대략 40여개가 된다. 반대로 우리말 역순사전을 보면 '~바람'으로 끝나는 어휘는 80여개에 이른다. 모두 '바람'이라는 단어와 연결된 합성어이거나 파생어라고 할 수 있다.

느닷없이 '바람'타령을 하는 데는 그럴만한 이유가 있다. 특정 지역이나 방향과 관계없이 부는 바람이 있다. '돌개바람'은 회오리바람이고, '꽃샘바람'은 이른 봄 꽃필 무렵에 부는 쌀쌀한 바람이다. '소소리바람'도 있다. 역시 이른 봄 살 속으로 기어드는 맵고 찬 바람이다. '명지바람'은 보드랍고 화창한 바람이다. 바람이 은은하게 그리고 속절없이 퍼지기를 왜 이리 바라는 것일까.

그동안의 실망이 너무나도 응어리진 탓일까. 날씨가 스산함과 같이 정당에서의 公薦이라는 것에 선뜻 공감이 가지 않는다. 사실상 이미 예고된 결과를 보면 국민들의 생각과는 상반되는 경우가 수두룩하다. 오히려 떠도는 풍문은 정치의 空洞化 현상을 낳기에 충분하다. 그런데도 우리 정치판은 '나 몰라라'며 국민의 따가운 시선도 아랑곳하지 않는다. 문제는 간단하다. 어려운 상황을 올바로 판단하고 유권자들을 섬기는 사람이 공천돼야 한다. 우리는 '정치철새'를 기억한다. 적어도 이번만은 국민들이 정치권에 무시당해서는 안 된다. 정당이 특정인을 공천하는 것은 자유겠지만 국민을 얕잡아보는 태도는 반드시 결과가 입증할 것이다.

각 신문의 신년호를 보면 '누가 어디서' 출마한다는 명단이 줄줄이 나와 있다. 긍정과 부정의 반응이 엇갈리는 듯해 보이지만 그 자체를 나무랄 필요는 없다. 다만 납득할만한 기준도 없이 '너도 나도'라고 한다면 용납하기 어렵다. 조그마한 권력을 함부로 휘둘렀던 사람, 음모와 비리를 能事로 했던 사람, 해바라기性 출세주의자나 충성심을 겨루는 따위의 작태는 한마디로 한심하다.

적어도 전천후 해바라기性 출세주의자나 자기만이 가장 충성심 강하다는 양 살벌하게 좌충우돌하며 무리하게 밀어붙이는 것은 옳지 않다. 感性이 理性을 앞지른 결과를 모르지 않기 때문이다. 이제는 곰곰이 생각할 때다. '내가 과연 출마해도 괜찮은 사람인가'를 스스로에게 물어봐야 한다. 정당도 마찬가지다. 그 사람을 내세워 한 점 부끄러움이 없는가를 숙고해야 한다. '누구를 내세워도 걱정 없다'는 식의 발상은 옛말이 됐다. 시민의식의 놀랄만한 변혁을 의식하지 못한다면 그것은 처음부터 실패작이다. '돈만 있으면'이라는 그 생각이 이제는 시대착오라는 여론조사 결과도 여러 가지를 생각하게 만든다.

올해는 4대선거가 치러지는 해다. 孔子가 말했듯 公明正大는 아무리 강조해도 지나침이 없다. 새로운 한 해를 맞으면서 첫 번째로 다짐해야 할 德目이다. 그것은 마치 썩은 나무에 조각을 할 수 없고 썩은 흙으로 미장을 할 수 없음의 이치다. 문제는 '바람'을 막는 데 있다. (1992.1.3)

애가 타는 '農心'을 알긴 아는 것인가

지금 農心은 애가 타고 있다. 망연자실하는 농민들의 심정을 제대로 읽는 政客은 과연 있는가. 농민들의 아우성은 정치인들에게는 관심 밖의 일이다. 그들은 다음 선거를 의식하면서도 농업정책에 대해서는 그토록 소홀할 수가 없다. 秋穀價를 7%만 인상하기로 결정한 閣議의 의결이 그것을 입증한다. 물론 국회의 동의를 얻어야 하는 만큼 '어떤 배려'가 있을 것임을 모르는 바 아니다. 축산파동이 있었을 때 한 농민은 가축들을 묻어버린 뒤 자신도 스스로 목숨을 끊었다. 기르던 소를 성당 안으로 끌고 와 땅을 치고 통곡하는 농민도 있었다.

왜 우리 농민들은 이토록 서글픈 삶을 살아야만 하는가. 인간이 살아가는 데 필수적인 요건은 식량이다. 밥을 먹어야 살 수 있다. 그런데 그 식량을 생산하는 농민들이 한없는 천대를 받고 있는 것이 현실이다. 올해에도 채소 가격이 폭락하리라는 전망이다. 우루과이라운드 태풍이 불어 닥칠 마당에 농민들의 가슴은 그야말로 먹먹하다. 물론 정부의 事情을 전혀 모르지는 않는다. 정부가 해마다 쌀과 보리를 수매하면서 발생하는 엄청난 규모의 糧特赤字(양곡관리특별회계적자)는 충분한 고려 대상이다. 그러나 문제는 여기에 있지 않다. 문제 해결의 열쇠는 다른 곳에서 찾아야 한다. 지난 1973년 오일쇼크 때 거리의 네온사인을 끄는 등 법석을 떨었지만 정작 국민식량이 부족해 양곡의 절반을 외국 수입에 의존하고 있다는 사실을 심각하게 여기지 않았다. 農政을 이끈 당국자들의 계산착오에서 비롯된 탓이다.

'孟子'에 인간은 현명한 것 같으면서도 어리석은 존재라는 구절이 있다. 손가락에 병이 났을 때는 부리나케 병원을 찾으면서도 심령에 병이 들었을 때는 바로 옆에 良醫가 있어도 가지 않는다는 것이다. 바로 우리 농업정책이 그런 것은 아닌지 생각해볼 일이다. 열 번을 숙고해도 농업은 우리가 소홀히 해도 무방한 영역이 아니다. 아직은 우리가 農本國이라는 사실을 외면할 수는 없다. 농촌인구가 점점 감소하고 農道인 전북의 농업인구도 격감한 현실을 모르고 있지 않지만 그래도 농업은 '제자리'를 유지해야 한다.

흔히 '돈을 많이 벌어 식량도 수입하면 된다.'는 주장을 하는 사람이 있다. 중공업만 육성하면 나라의 경제를 원만하게 해결할 수 있다는 立論의 근거인 셈이다. 그렇게 된 것도 부인할 수 없다. 이미 밀과 목화가 없어졌고, 옥수수도 자취를 감췄다. 우리 서민들과 그토록 수많은 애환이 서린 낭만이 사라진 것이다. 미국 코넬대학의 멜라 교수는 한 국가의 경제가 제대로 발전하지 못한다면 '농업우선론자'와 '공업우선론자'에게 모두 책임이 있다고 지적한다. 농업과 공업은 자체 발전을 추구하면서도 서로 상대에게 발전의 추진력을 제공해야 한다는 것이다. 불행하게도 우리의 형편은 이렇지 못하다.

허리가 휘어지도록 농사를 지어도 타산이 맞지 않아 정든 고향을 떠나는 離農民들이 속출하고 있다. 농민처럼 땅에 애착을 갖는 사람은 없다. 爲政者들은 男負女戴한 채 어린 자식들을 데리고 정든 산천을 떠나는 농민들의 심정을 헤아려야 한다. 농민들의 사기를 북돋아줘야 하는 것은 정부의 急先務 과제여야 한다. 정부와 여당은 허공을 응시하는 간절한 '農心'을 읽어야 한다. 11년째 '풍년'이라지만 농민들의 마음이 '흉년'이 안 되게 특단의 대책을 마련해야 한다. 더 이상 농민들을 서글프게 해서는 안 된다. (1991.10.28)

越南 비극의 교훈

내일 4월 30일은 自由越南 공화국이 '自由'라는 冠詞에 마지막

弔鐘을 울린 날이다. 그와 함께 인도차이나 반도 전역이 붉게 물들여진 날이기도 하다. 3년 전 처절한 비극적 정경을 되새기자는 것은 그럴만한 이유가 있어서다. 이른바 3자 회담, 美·북괴의 '핑퐁' 외교 가능성, 중공 화국봉의 북괴 방문, 브레진스키 美대통령 특보의 중공 방문 등 어지럽게 소용돌이치는 국제기류에 우리의 자세는 어떤 것이어야 하는가를 심각하게 생각해 볼 필요성을 느꼈기 때문이다.

사이공을 향해 공산군이 파죽지세로 진격해 올 때, 곳곳에서 피난민들이 울부짖을 때, 당시 티우 대통령은 피를 토하는 告別辭를 해야 했다. 미국의 배신행위를 신랄하게 비난한 것은 물론이다. 그로부터 꼭 3일 만에 민족화해세력의 두옹반민은 1분간의 짤막한 방송으로 공산군 앞에 무릎을 꿇었던 것이다. 1976년 4월 17일 이웃 국가인 크메르가 白旗를 든 지 13일만의 일이요, 1973년 1월 파리 휴전협정이 성립된 지 2년 3개월만의 일이다. 그 때 포드 미국 대통령은 고되고도 지루한 전쟁의 마지막 작전인 철수 지시를 내린 뒤 "우리의 마지막 헬리콥터는 떴다. 이것으로 미국의 월남전 개입은 막을 내렸다"고 간단한 성명을 발표했다. 당시 우리의 충격은 실로 컸었다. 세계의 여론이 한반도로 초점을 옮겼을 때 우리는 냉정을 잃을 뻔 했다. 여기에 때 맞춰 북괴의 김일성은 북경을 방문해 "남조선 인민들의 혁명을 좌시하지 않을 것이며, 잃는 것이 있다면 군사분계선이요, 얻을 것은 조국통일"이라고 호언장담을 서슴지 않았다.

그러나 우리는 이러한 충격을 극복했고 꾸준히 국력을 길러왔다. 떠나는 헬리콥터에 매달리던 월남 피난민들의 모습과 갑판 꼭대기까지 피난선에 필사적으로 기어오르던 처참한 대열의 광경은 그야 말로 값진 교훈이었다. 우리가 맞아들인 월남 피난민들의 허공에 뜬 눈동자에서 봤듯이 우리도 이 땅을 잃게 되면 桎梏속에서 신음하게 된다는 절실한 인식이 우리로 하여금 월남 충격을 극복할 수 있도록 용기와 의지를 불러 일으켜 준 것이다. 그와 더불어 서로가 서로를 믿는 풍토의 바탕에서 국민의 일체감 형성에 촉진제가 된 것이다. 위기를 당할 때 피부와 피부를 연결하는 연대의식은 그래서 값진 교훈이 된 것이고 앞으로도 이 같은 일체감을 잊어서는 안 되는 것이다. 월남이 패망한 이유도 바로 여기에 있다. 장비가 부족한 것도 아니었고 인원이 모자란 것도 아니었다. 국민들의 일체감 의식, 즉 總和를 못한 때문이다.

작금의 주변정세는 波高가 거세다. 열강들의 이해에 얽힌 냉혹한 현실은 분명히 亂氣流다. 물론 미국 수뇌부가 월남의 비극 이후 한국에 대한 방위공약을 번갈아 강조함으로써 북괴의 배후세력을 강력하게 견제해온 것은 아무도 부인할 수 없다. 주한미군의 철수에 따른 보완책을 둘러싸고 약간의 잡음이 없었던 것은 아니지만 중공 방문을 앞두고 브레진스키 美대통령 특보가 밝힌 "한반도에서 紛爭이 일어나면 기동타격대를 즉각 투입하겠다"는 선언은 고무적이다. 특히 이번 발언은 미국 고위관리가 밝히기로는 처음이라는 데서 더욱 의미가 크다. 또 이에 앞서 카터 미국 대통령이 撤軍 계획의 일부를 수정했고, 미 하원 군사위원회가 보완책이 없을 경우 추가 철군을 중지하도록 한 수정안을 통과시킨 직후에 나왔다는 점에서 血盟의 우의를 다시 한 번 확인했다고 볼 수 있다.

그렇다고 방심해서 좋다는 말은 아니다. 북괴집단은 꾸준하고 끈질기게 미국과의 단독 접촉을 추구하고 있으며, 이 같은 획책은 앞으로도 계속될 것이다. 一方으로는 주한미군을 비난하면서 또 한편으로는 위장된 평화공세를 펼 것이다. 이것이야말로 공산당들의 상투적인 방법이다. 중공의 화국봉이 평양을 방문하면 한반도 문제가 주된 토의 대상이 되리라는 것은 짐작하기에 어렵지 않다. 어떤 꿍꿍이속에 토의될지 몰라도 김일성이 고무돼 우쭐댈지 모른다. 한시도 우리가 경계를 풀지 말아야 하는 까닭이 여기에 있다. 어제는 또 북괴에서 南派된 간첩선이 우리 해군함정에 의해 격침되는 사건이 발생했다. 간첩이나 간첩선의 南派는 綠陰期를 틈타 부쩍 늘어날 것이 틀림없다. 이 같은 상황에서 우리의 자세를 재점검하는 것은 당연하다. 一體感을 갖는 것이 무엇보다 중요하다는 점을 강조하지 않을 수 없다. 공산주의자와의 대결에서는 '이겨서 사느냐, 져서 죽느냐'라는 절박한 선택만이 있을 뿐이다. (1978.4.29)

秋夕의 斷想

바람결은 속이지 못한다. 朝夕으로 살갗에 스치는 바람 속엔 가을의 입김이 물씬 풍긴다. 엊그제까지만 해도 그렇게 무더운 날씨더니 잠깐 사이에 공기의 냄새와 느낌이 달라졌다. 놀라운 것은 天地의 운행이다. 우리나라의 가을은 누가 千金을 준대도 바꿀 수 없다. 하늘이 맑고 깨끗하기는 말할 것도 없고 공기마저 알맞게 건조해 기분을 마냥 상쾌하게 해준다. 가을을 느끼는 사람들은 모르는 사이라도 길에서 만나면 서로 눈인사를 나누고 싶을 정도다. 이렇게 우리의 가을은 마음을 안온하게 만든다.

그러나 우리는 이 좋은 계절을 잊은 지 오래다. 공기가 맑은 것은 어느 산골의 얘기로 소문이나 들어야 하고, 하늘이 깨끗한 것은 태풍이 휩쓸고 지나간 다음의 일이다. 시도 때도 없이 최루탄이 飛散하는 오늘의 하늘인 것이다. 우리가 잊어버린 것은 하늘과 공기만이 아니다. 가을날의 그 靜寂을 어디에서 찾아야 하는가. 어쩌다가 들리는 새벽녘의 귀뚜라미 소리는 차라리 정적을 알리는 유일한 신호다. 마음조차 설렁설렁해진다.

이러는 사이 속절없니 秋夕이 며칠 앞으로 다가왔다. 水害는 컸지만 平年作을 웃돈다니 다행이다. 伍穀百果가 탐스럽게 영그는 풍요로운 계절이지만 마음은 결코 풍요롭지 않다. 농민은 농민대로 망연자실이다. 추곡가가 한 자리 숫자에서 맴돌고 우루과이라운드가 성난 파도처럼 엄습하기 때문이다. 도시 서민들의 형편도 마찬가지다.

漢字에서 '庶'字는 '屋下에 빛(燈)이 있다'는 뜻이다. 등잔불이 밝혀진 酒幕은 말하자면 서민의 哀歡이 교차하는 곳이다. 필경 그런 情景을 염두에 두고 '庶'字가 생겨난 것 같다. 庶民과 諸民이 같은 의미를 갖고 있는 것을 보면 동양사회의 바탕을 짐작할 수 있다.

지난 몇 년 동안 미국에서는 그래스루트(Grassroots)라는 말이 유행했다. 닉슨에 대항했던 맥거번 후보가 자주 사용한 말이다. '풀뿌리'

라는 뜻이다. 이 말은 미국 사회의 바탕을 이루는 庶民을 지칭한 것이기도 하다. 맥거번은 미국의 부유층에게 重課稅를 매겨 그래스루트에게 나눠 주겠다는 선거공약을 내걸었다. 서민들이 환호하기는 말할 것도 없었다.

그런데 우리나라의 서민들에게 추석은 어쩌면 고통스런 명절이다. 미국 사회가 안정된 것은 중산층 혹은 소시민들의 생활안정과 깊은 연관이 있다. 미국에서는 인플레가 3%선만 넘으면 술렁거린다. 집권당은 불안에 빠진다. 그래스루트들이 조용히 있지 않기 때문이다. 우리의 처지와는 비교가 안 된다.

우리는 어떤가. 黨利黨略에 얽힌 정치인들은 서민들을 떠난 지 오래 됐다. 빼앗기느냐 빼앗느냐의 진흙탕 속 싸움의 연속일 뿐이다. 필경 오를 수밖에 없는 석유 값, 여기에 내년에는 公共요금의 인상 경주가 벌어질 판이다. 이러한 처지에서 祭床을 앞에 두고 하늘과 조상의 은덕에 감사할 사람이 얼마나 될지 의문이다. 그럴 마음의 여유가 있을 까닭이 없는 것이다. 설상가상으로 祭需 등 추석물가는 뜀박질을 한다. 시장 가기가 무섭다는 주부들의 장탄식이 나온 지도 오래다. 物價가 萬病의 원인이라는 것은 일찍이 미국의 경제학자 프리드먼도 갈파했다. 물가가 오르면 봉급이 올라야 하고, 봉급이 오르면 또 물가가 오르기 때문이다.

이번 추석을 맞으면서 특기할 사항은 닷새 연속 휴무는 사실이다. 공휴일 규정에 관한 한 정부는 일관성이 없다. 관공서 공휴일에 관한 규정을 바꿀 때의 일이다. 舊正과 秋夕 3일 連休制는 말이 나오기가 무섭게 후다닥 확정됐다. 미국의 경우는 전국적인 연방 공휴일을 제외하고는 州의회의 토론에 부쳐 공휴일을 정한다. 아무리 놀기 좋아하는 미국인들이라도 신중을 잃지 않는다. 국회 심의는 고사하고 공청회 한 번 거치지 않고 공휴일을 마치 공짜 배급 주듯 하는 나라는 드물다.

한 때 총무처가 만든 언론 보도 자료를 보면 우리나라는 連休 후진국임에 틀림없다. 미국, 영국, 독일 등의 선진국 공휴일수는 실제로 연간 평균 1백10일이며, 일본이나 홍콩, 대만도 우리보다 훨씬 많다. 세계 주요 80개국의 공휴일 평균치 95일과 비교해도 우리는 71일에 불과하다고 총무처는 강조했었다. 그러던 총무처가 이번에는 느닷없이 국군의날과 한글날을 공휴일에서 제외하기로 했다가 대통령 裁可 과정에서 반려돼 원상으로 되돌아왔다. 우스개로 넘기기에는 문제가 심각한 것이다.

連休 바람의 타격을 가장 많이 받는 곳은 역시 財界다. 말이 닷새 연휴이지 오고가고 그 동안 일손이 풀어질 생각을 하면 공치는 날은 1주일이다. 제 아무리 坦坦大路를 가는 경제라고 해도 빈자리가 생기기 않을 수 없다. 게다가 하루 벌어 하루 먹는 사람들은 어쩌란 말인가.

그래도 우리는 실망하기엔 아직 이르다. 추석에 떠있는 휘영청 밝은 보름달같이 욕심 없고 성실한 민초들이 더 많기 때문이다.

未曾有의 폭발 참사

어젯밤 裡里驛 구내에서 폭발사고가 발생해 1천여 명의 死傷者와 헤아릴 수 없는 재산 피해를 냈다. 未曾有의 끔찍한 참변으로 말미암아 무고한 피해자들의 非命橫死와 受難을 생각할 때 실로 어처구니없는 사고인 것이다. 우선 전혀 他意에 의해 숨져간 영령들에게 弔意를 표하며 부상자들에게는 심심한 위로를 보낸다. 그와 함께 삽시간에 이리市를 생지옥으로 만들어 目不忍見의 아비규환으로 휩싸이게 한 無知와 無責任에 대해 놀라움을 금할 길이 없다.

보도에 따르면 이날 밤 9시 15분쯤 다이너마이트를 滿載하고 인천을 출발해 광주로 가던 화물열차가 원인 모르게 폭발하면서 地軸을 뒤흔드는 굉음과 불기둥으로 직경 8km 이내가 박살이 났다. 더욱이 폭발 사고가 발생한 시간은 때마침 월드컵 축구 韓·이란 예선전 중계로 많은 대다수 시민들이 집안에서 TV를 시청했던 탓에 인명피해 규모가 한층 컸다. 확인된 사망자만 50여명에 중경상자가 1천여 명이나 되는 사고의 大型化에 다시 한 번 경악하지 않을 수 없다. 그것이 天災가 아닌 人災라는 데서 더욱 그렇다.

도대체 어떻게 해서 19t의 화약을 실은 열차에 단 한 사람의 감시원 밖에 없었다는 것인가. 심지어 만취 상태에서 오늘 아침까지도 깨어나지 못하고 있다는 報道는 노여움이 아니라 치솟는 울분을 억제하기 힘들게 한다. 문제는 또 있다. 어찌하여 그러한 위험물을 오랜 시간 역구내에 대기시켜 놓았느냐는 점이다. 영등포驛에서 7시간, 이리驛에서는 무려 22시간이나 멈췄다는 것이다. 위험물을 그것도 인구가 밀집된 도시 한복판에 장시간 방치해 놓았다는 것은 건전한 상식으로는 도무지 이해가 가지 않는다. 한국화약측의 무책임하고도 소홀했던 안전관리를 罵倒하지 않을 수 없다.

사람이 사는 곳에는 으레 사고와 사건이 일어나게 마련이다. 어떤 이는 우리나라와 같이 좁은 국토에서는 많은 인구가 밀집해 치열한 경쟁 속에서 삶을 영위해야 하는 만큼 그럴 가능성이 높을 수밖에 없다고 말하기도 한다. 一理 있는 말 같기도 하다. 그러나 생각해 보면 이것은 논리적인 얘기라기보다는 다분히 自慰 위주의 체념이다. 天災地變이 아닌 이상 인구밀도 그 자체가 참사의 원인일 수는 없기 때문이다. 태풍과 호우가 휩쓸어 둑과 길이 끊기고 집이 떠내려가는 天災를 당해도 그에 대비하는 예방을 충분히 하지 않았다는 점에서 이를 '人災', '不作爲'로 규정짓는 현대 선진국의 기준에서 본다면 이 같은 사고야말로 실로 어처구니없는 일인 것이다. 두말할 필요도 없이 사람들의 無知와 不注意, 태만과 無理 이외의 다른 그 무엇도 아니다. 그러나 더 큰 문제점은 사고와 사건이 발생할 가능성을 예견하면서도 설마하고 충분한 예방대책을 세우지 않았다는 데 있다.

어젯밤 사고도 예외가 아니다. 충분한 감시원을 두었거나 그토록 오랜 시간 대기시키지 않았더라면 끔직한 사고는 피할 수 있었다. 다시 말해 오늘날 거의 대부분의 사고는 어떤 惡德者가 자기이익을 위하여 다른 사람들의 생명을 고려하지 않고 태만과 無理를 범함으로써 일으키고 있는 사회문제인 것이다. 사건과 사고가 빈발하는 것은 동물적인 私益群이 公共의 이익을 압도하고 있다는 것을 의미하며 그러한 不條理를 국가의 公權力이 충분히 견제하지 못하고 있다는 것을 뜻한다. 자타가 공인하는 行政權이 肥大化된 사회에서 살고 있는 국민으로서는 답답하고 안타까운 일이 아닐 수 없다.

　人命은 지구보다 무겁다는 말이 있듯이 사람의 목숨은 생각할수록 귀중하다. 이 세상에 오직 하나밖에 없고 한 번밖에 없다는 점에서도 그렇고 그와 맺어져 있는 가족관계까지 생각하면 그 존귀함은 더욱 더하다. 한 家長이 희생된다는 것은 그의 부양 아래 있는 부모와 아내와 자녀들이 하루아침에 支持를 잃는 비극의 주인공이 될 뿐만 아니라 조만간 사회문제를 加重케하는 요인이 된다는 것을 헤아려야 한다. 하물며 느닷없이 부모를, 혹은 사랑하는 자녀를, 또 집까지를 잃어버린 피해자들에게 생각이 미칠 때 가슴이 철렁 내려앉는 감정의 격차를 느끼게 된다. 이런 때 우리는 무엇을 어떻게 해야 할 지를 차분하게 생각해야 한다. 우선 한사람의 희생자도 더 늘지 않도록 최선을 다할 일이요, 신속한 피해복구에 행정력을 동원해야 할 것이다. 이와 함께 유가족이나 피해가족을 따뜻하게 위로하고 감싸는 국민적 溫情이 밀물 쳐야 할 것이다. 우리 국민은 큰 變을 당할 때마다 그래왔지만 이번 사고는 너무나 엄청난 것이기 때문에 더욱 시급한 구호의 손길이 아쉬운 것이다. 전북도민은 말할 것도 없고 온 국민이 나서 피해자들이 失意를 딛고 再起할 수 있도록 용기를 북돋아 줘야 한다. 더불어 이 기회에 강조하고 싶은 것은 안전성의 철학이다. 문명이란 빌딩을 많이 짓고 工場數를 늘리는 것으로만 이룩되는 것이 아니다. 넥타이를 맨 야만인이 있듯 겉치레 文明

속에도 무서운 未開後進이 있다는 점을 알아야 한다. 안전이 최우선으로 추구되길 거듭 강조하는 바이다. (1977.11.12)

뿌리 없는 나무는 없다

‘故鄕’. 나직하게 불러본다. 그 낱말 속에는 연기가 모락모락 피어나는 눈 덮인 초가지붕 밑에서 할머니의 옛 이야기를 듣는 듯, 어머니의 평화롭고 포근한 젖가슴에 묻혀 행복이 넘치도록 흐르는 情感들이 가슴에 저리는 듯, 그러한 것들이 아스라한 옛날을 되살아나게 무딘 신경을 마구 후벼 판다. 뿌리 없는 나무가 없듯 故鄕 없는 사람도 없다. 그래서 고향은 영원한 정신적 지주가 된다. 타향살이 몇 해던가… 哀想 곁들인 우리 가요는 애가 자지러지는 鄕愁를 단적으로 웅변해 준다. 어찌 그 뿐이랴. 「고향 생각」은 현제명의 가곡 제1집(1931)에 수록된 노래다. 기본적인 두 토막 형식의 소곡으로서 미국 유학 시절에 고향 생각이 간절하여 즉흥적으로 작사·작곡한 것이다.

한국의 대표적 童謠로 홍난파 작곡, 이원수 작사의 「고향의 봄」이 있다. 과거 반세기 동안 나라를 잃은 成人들의 심금을 울려주던 명곡이었다. 이외에도 고향을 소재로 한 노래는 많다. 「고향의 옛 집」, 「내 고향으로 날 보내주」, 「고향을 떠나」, 「꿈속의 고향」, 「고향초」

등 헤아릴 수가 없다. 그토록 고향은 우리들 마음의 기둥이 되었던 것이다. 옛말에 '호랑이도 죽을 때엔 제 굴을 찾아 간다'고 했다. 하물며 인간은 더 말할 나위도 없다. 末年이 되면 고향에 뼈를 묻는 것이 마지막 소원이었다. 그토록 고향은 소중한 안식처라 생각했던 것이 동양의 윤리였던 것이다.

이러한 동양적 사상의 배경이 아니더라도 자기 고향을 아끼고 섬기는 일은 여간 바람직스러운 일이 아니다. 이러한 뜻에서 최근 열린 「전북 愛鄕운동 발족대회」가 갖는 의미는 근래에 드물게 보는 새 里程標를 마련한 것이다. 그것도 官이 主導한 것이 아니라 民間이 主導했다는 점에서 평가받을 만하다. 솔직히 말해 지금껏 우리는 '협동'보다는 '개인'을 앞세웠고, '더불어 살아가는 자세'보다는 '나만 살면 그만'으로 살아왔다. 서구 문명의 移入과 함께 동양에 수입된 서양문명의 산물인 개인주의는 요즘 달갑지 않게도 우리 사회의 구석구석에까지 너무 팽배해 있다고 해도 過言이 아니다. '나만 알고 남은 모르겠다'는 관념들이 너무 강해지면서 전통사회의 철학이었던 '우리'라는 의식이 점점 희미해진 것이 현실적 상황이다. 이런 관점에서 볼 때 晩時之歎의 부끄러움일지언정 전북 愛鄕운동본부 발족으로 우쭐댈 일은 결코 아니라는 점을 간과해서는 안 된다.

실제로 우리는 他道에서 하지 않고 있는 일을 해야 할 처지에 직면하고 있다. 실은 투자 액수로는 별 차이가 없다고는 하지는 도로포장 등 가시적인 면에서 볼 때 전북 도민들은 소외감을 느껴왔던 게 사실이었다. 그래서 한 때 '푸대접'이니 '무대접'이니 하는 항변이 잇따랐던 것을 기억한다. 물론 우선순위를 정하다보니 불가피하게 그리 됐으리라 믿고 싶은 심정이지만 한 가닥 고개를 갸우뚱하게 하는 것만은 잊어서는 안 될 줄 안다. 우리는 결코 小兒病에 걸린 환자가 아니다. 더구나 초비상 시기에 總和를 깨고 싶은 심정은 추호도 없다. 이러한 前提를 해 두는 것은 그럴만한 이유가 있기 때문이다. 심지어 TV나 라디오 드라마에서조차 밑바닥 인생은 전라도 사람을 앞세운다. 그것이 많이 시정된 것은 사실이지만 아직도 뿌리 깊게 도사리고 있다. 과연 그렇다면 그 원인이 무엇인가를 심사숙고 해야 할 단계에 이르렀다고 볼 수 있다,

허나 그것은 차라리 약과라고 노골적으로 비판하는 사람도 있다. "전북 출신의 고위 공무원이나 장성이 얼마나 있느냐"고 핏대를 올리는 사람도 없지 않은 것이다. 정부의 偏愛라고 생각하고 싶지 않지만 당국은 귀를 기울여야 한다. 흔히 자학적으로 '庶子 취급'을 한다고 하지만 庶子일수록 庶子라는 말을 입 밖에 내지 않으려는 것이 人之常情이다. 이와 관련해 전북 愛鄕운동본부가 채택한 「愛鄕憲章」은 큰 의미가 있다. 특히 '남을 헐뜯지 않는 전북인'이 된다는 대목이 그렇다. 사실 전북 사회에서 제일 고질적인 것이 誣告였다. 참으로 부끄럽고 낯 뜨겁다. 그 이유를 두고 어떤 이는 조선시대 四色黨爭을 언급하기도 하지만 결국은 우리의 '合意'가 이뤄지지 않으면 안 된다. 우리 道民 모두가 주인이라는 의식을 가져야 하는 것이다. 서양의 慈善이 베푸는 쪽은 베풀었다는 자기만족을 느끼고 받는 쪽은 받았다는 비굴감을 일견 풍기는 데 비해 동양의 連帶意識은 '함께 산다'는 데 뿌리를 두고 있다. 우리가 갑자기 외국인이 될 수 없는 바에야 곱든 밉든 결국 내 고향이고 내 조국인 것이다. 故鄕의

발전은 국가 발전과도 직결된다. 愛鄕운동이 탐스러운 열매를 맺도록 우리 모두 능동적 참여를 아끼지 말아야 한다. (1977.9.14)

대학 졸업생들에게

어떤 삶을 살게 될 지 기약이 없는 채로 새로운 목숨이 탄생하고, 어떤 삶을 살았는지 가림 없이 모든 목숨에 死別이 찾아오는 것이 세상에 매듭을 주는 自然의 儀式이다. 이와 비슷하게 어떤 대학생활을 영위하게 될지 확실한 기약이 없는 채로 입학식이 거행되고, 어떤 학창생활을 했는지 가림이 없는 4년이 지나면 그 學窓을 告別하는 졸업식이 거행되는 것이 캠퍼스의 儀式이 되고 있다. 지금 京鄕 각지에서는 대학교 졸업식이 한창이다. 먼저 역사적 전환기에 졸업의 영광을 누리게 된 것을 진심으로 축하코자 한다. 그러나 졸업이라는 것이 '業'을 마치는 일이 아니라 새로운 '業'의 시작이라는 데서 의미를 찾아야 한다.

개중에는 어수선한 4년을 되돌아보며 벌써 졸업이냐고 쏜살같이 빠른 시간의 흐름에 새삼 感懷에 젖을 졸업생도 있을 것이다. 그런가 하면 무엇인가 '이것이다'라고 내놓을 만큼 터득한 것이 있느냐면서 지난 학창생활에 대해 懷疑에 잠길 졸업생도 있을 것이다. 어떻든 그와 같은 개별적인 感懷나 懷疑와는 관계없이 대학은 졸업생들을 내보내야 하고 사회는 그들을 받아들여야 한다. 그렇다면 정녕 사회는 원래 냉엄하고 차가운 것인가. 學園은 따스한 체온을 느끼며 성장을 재촉하는 溫室이었고, 사회는 찬바람만이 살갗을 에는 曠野라 할 것인가. 사회에 첫 발을 내딛는 젊은이들의 희망에 찬 의욕을 꺾으려는 생각은 추호도 없지만 학창생활과 사회생활이 근본적으로 커다란 차이가 있음을 강조하려 한다. 그것은 바로 새로운 책임과 의무다.

그대들의 교육을 위해 온갖 고초를 감내하며 정성을 쏟아온 것이 부모들의 의무와 책임이었다면 이제 졸업이라는 이 엄숙한 순간부터는 사회인으로서 생산하고 봉사하는 의무와 책임이 따른다는 사실을 가슴 속에 깊이 새겨야 하는 것이다. 사회에서의 의무와 책임은 캠퍼스에서처럼 이해와 너그러운 양보로 휩싸여 있지 않다. 잠시도 放心할 수 없는 긴장과 창조적인 활동, 그리고 냉혹한 경쟁 속에서 인생의 喜怒哀樂을 씹어가며 하루하루 가시밭길을 헤쳐 나가야 하는 것이다. 어쩌면 그것이 곧 인생을 살아가는 하나의 시련이자 斷層일 수 있다.

이제 교문을 나서는 대학생들에게는 과거의 대학 졸업생들이 막연히 품었던 生의 목표와는 좀 더 다른 데가 있어야 한다. 흔히 대학을 마친다는 것은 자기 일신의 출세와 영달을 위한 과정의 하나로만 인식되기도 했다. 남이야 어찌되든 나만의 立身 出世를 위해 수단과 방법을 가리지 않으려 했고 利己的 個人主義에 사로잡히기 일쑤였다고 해도 지나친 말은 아니다. 그러나 이제 졸업하는 젊은이들은 사회나 국가가 요청하는 새로운 人間型을 깊이 깨달아야 한다. 그것은 국가,

민족, 사회 속에 융합된 '우리'로서의 自己가 '우리 모두'의 번영과 행복을 위해 끊임없이 움직여 나가는 인간형이어야 한다는 말이다. 졸업이란 중단되거나 마무리를 짓는 '피리어드'가 아니다. 무엇인가 대학생활에서 갈고 닦은 지식과 자기 세계관을 사회를 위해 공헌하는 일이다. 만일 이러한 신념이 없다면 대학이란 한낱 학문이라는 이름을 빌린 허영의 낭비장소가 되고 만다는 것을 알아야 한다.

특히 이번에 대학을 나오는 젊은이들은 역경과 시련 속에 다져진 차돌과 같이 단단하고 믿음직한 세대라 아니할 수 없다. 戰亂 後의 어둡고 어려운 가운데 幼年期를 보냈고, 국내외의 다사다난함 속에서 번민하며 배워왔다. 때로는 사회 현실에 과감히 참여했고 社會 不條理에 저항하기도 했다. 그러나 이제는 시대 상황이 많이 달라졌다. 더 이상 방관자일 수 없고 가정과 사회에서 보호받을 처지에 있지도 않다. 그렇다면 끈질긴 鬪志와 忍耐로 무장한 채 현실 사회에 뛰어들어 하나의 成員으로서 역할을 해야 한다. 專攻 분야의 실력을 유감없이 발휘하고 악착같은 용기로 사회에 대한 깊은 성찰을 게을리 해서는 안 된다. 배움에 끝이 없듯이 세상살이도 자기의 마음가짐과 실천 여하에 따라 달라지는 것이다.

더러는 냉엄한 현실 앞에 좌절할 수도 있고 失意에 빠져 방황할 수도 있다. 경우에 따라서는 과거에 쌓았던 인생관에 근본적인 修正을 강요당할 수도 있을지 모른다. 그러나 그 때 만일 주저앉는다면 영원한 패배자가 될 수 있다. 물론 그렇다고 해서 현실과의 타협을 선택하거나 체념하라는 뜻이 아니다. 삶이란 완벽할 수 없는 것이고, 죽는 날까지 불완전한 것이다. 그러기에 삶에는 無限한 不可性

의 地平이 열린다. 현실을 현실대로 인식하되 그것을 冷笑하지 않으며 발전적 가능성에 적극적인 자세로 임해야 한다. 아무쪼록 矜持와 自負를 갖고 오늘의 국가적, 시대적 요청에 부응하는 대학 졸업생이 되기를 거듭 당부한다. (1976.2.23)

山, 山, 山…나무, 나무

5일은 淸明·寒食이자 植木日이다. 해마다 되풀이되는 식목일을 맞아 새삼 山을 생각해 본다. 우리나라는 전 국토의 7할이 山이다. 우리에게 주어진 富源의 7할이 山인 것이다. 우리는 그 귀중한 資源을 資源으로 여길 줄 몰랐고 목적을 위해 가꾸고 활용할 줄도 모르면서 살아왔다. 우리는 자연을 천대해 왔다. 그래서 홍수, 산사태 등 자연으로부터 엄청난 보복을 당해야 했다. '赤山 밑에 홍수 나고 靑山 밑에 쌀이 난다'는 말을 끌어다 댈 것도 없이 山은 푸르러야 한다. 그런데도 인위적인 加害 등으로 괄목할 성과를 거두지 못하고 있음은 안타까운 일이다. 몰지각한 일부 등산객들의 부주의에 따른 산불로 불사르고, 病蟲害로 말라 죽고, 盜伐과 許可伐로 '人間 송충이'가 광막한 면적을 蠶食하고 있다. 나무심기를 한다고는 하지만 과연 벗겨지는 면적을 따라가는지 의문스럽기도 하다. 특히 올 봄에는 산불이 잦았다. 참으로 애석한 일이다. 盜伐 건수도 낯 뜨겁게 늘어나는 추세에 있다. 전북도에는 산림경찰이 모두 2백5명으로 각 시,군별로 따지면 고작 10명꼴이다. 더구나 機動性조차 없는 이들에게 광활한 산을 지키라고 하는 것부터가 無理라고 하겠다.

나무를 심는 정성 못지않게 철저한 사후관리가 중요하다. 솔직히 '人間 송충이'들만 없었더라면 우리 山野의 色彩는 훨씬 푸르렀을 것이다. 일본은 1ha의 산에 71%가 아름드리 나무로 덮여 있다. 그런데 우리는 1ha당 10%만이 立木 면적이다. 그것도 나무 나름이다. 다른 나라처럼 값비싼 나무가 아니라 왜소하고 쓸모없는 나무들이 대부분인 것이다. 그렇다고 한탄만 하고 있을 수는 없다. 정부는 정부대로 적극책을 펴야 하고 국민은 국민대로 大惡覺醒하며 愛林 사상으로 무장해야 한다. 아무리 생활이 과학화돼도 治山治水가 국가 살림의 요체임은 조금도 달라지지 않고 있기 때문이다. 더구나 우리처럼 耕地 可用면적이 협소한 입지조건에서는 단지 山을 가꾸는데 그치지 않고 그것을 적극적이고 다각적으로 개발·활용함으로써 국가 경제에 충족시켜야 할 當爲마저 안고 있기도 하다. 이러한 前提 아래 지난 1973년 治山綠化 10개년 계획이 마련된 것으로 안다.

이 계획은 오는 1982년까지 전 국토를 녹색혁명으로 바꾼다는 것이다. 그러나 무엇보다 치산녹화의 敵은 농촌의 땔감이라 할 수 있다. 이를 해결하지 않고 소망스런 열매를 기대하는 것은 성급한 일일지 모른다. 이와 관련해 야심적인 녹색혁명 사업의 成敗는 지방 행정 책임자들의 성의와 노력에 크게 달려 있음을 강조하고 싶다. 治山綠化 10개년 계획에 따른 연료대책을 보더라도 시장, 군수, 읍·면장들에게 계획 수행의 재량이 상당히 맡겨져 있기 때문이다.

山이 메말랐다고 하지만 10년 전과 비교하면 樹林은 불어났다. 값싼 電氣, 메탄가스 개발, 석탄 등 대용 연료의 공급으로 농촌 연료를 해결하고, 인위적인 加害만 없다면 治山綠化의 전망은 밝다고 할 수 있다. 여기에 병행해야 할 것은 造林의 경제적 動機를 북돋는 일이다. 경제적 誘引이 충분하다면 훨씬 앞당겨질 것이고 山地개발도 가능할 것이다. 현재도 경제성이 있는 분야에서는 조림 사업이 이뤄지고 있는 사실이 이를 증명한다. 정책과 행정은 과감하게 이를 뒷받침하는 賢策을 보일 일이다. 또 하나 治山綠化의 전망을 밝게 보는 이유 중의 하나는 국민 植樹기간을 설정했다는 점이다. 식목일을 전후로만 나무를 심는 것은 자칫 행사위주로 끝날 수 있는 것이다. 또 강우량과 같은 기상 조건이 맞지 않으면 100%의 活着을 기대할 수도 없다. 따라서 올해처럼 한 달 가량의 식수 기간을 따로 정해 각 지방의 기후조건에 따라 실효성 있는 식수를 하게 한 것은 한 발짝 진전을 보인 着想이라고 평가할 만하다.

나무를 심어 成長을 지켜본다는 것은 첫째 자연에 대한 愛情을 기르는 것이 된다. 이는 현대의 결여된 情緖를 기르는 일이 될 것이다. 자기가 사는 고장에 나무를 심는 것은 그 지역에 대한 애정을 낳게 한다. 즉, 植樹를 媒介로 하여 鄕土愛, 나아가 國土愛로 확대되는 것이다.한 그루의 나무일지라도 정성을 쏟아 심고 꾸는 것은 愛國하는 일로도 통한다. 나무에 대한 새로운 인식과 함께 우리 모두 治山綠化를 위해 발 벗고 나서야 한다. 울창한 산림 밑에 푸른 강물이 유유히 흐를 때 우리의 國基는 반석 위에 올려 지게 될 것이기 때문이다. (1976.4.5)

遺骸의 無言還國

국가 大任을 수행하다 유명을 달리한 나라의 큰 재목들이 먼 나라로부터 말없이 돌아왔다. 때와 장소를 가리지 않는 北傀 테러집단의 천인공노할 만행으로 버마 랭군에서 순국한 16位의 遺骸가 無言의 還國을 한 것이다. 하늘도 울었고 땅도 울었고 국민들도 가슴 안창에서 우러나오는 오열을 터뜨려야 했다. 목적을 위해서는 수단과 방법을 가리지 않는 이북의 냉혈동물들을 또 한 번 규탄하지 않을 수 없다. 끓어오르는 痛恨을 어찌 참을 수 있을까마는 그렇다고 망연자실 슬픔만을 짓씹고 있을 수는 없다.

우리 국민은 이 엄청난 시련을 당하여 조금도 흔들리지 않고 의연하게, 그리고 냉철하게 가시밭길을 헤쳐 나가야 한다. 이런 때일수록 온 세계에 우리의 진면목을 보여야 한다. 우리 민족은 그러한 저력이 있다. 지난 1천여 년 동안 무려 9백여 차례에 달하는 크고 작은 外侵을 받아왔지만 끈질기게 살아남은 민족이다. 이번 시련에도 결코 좌절하거나 굴복하지 않을 것이다. 이것이야말로 순국희생자들의 넋을 달래고 유가족의 슬픔을 위로하는 길이라고 믿는다.

그러기 위해서는 우리의 국력을 한층 조직화해야 한다. 현충문 폭파기도, 대 구문화원 폭파사건, 아웅산 묘지 암살폭파사건 등을 같은 맥락에서 생각할 때 북한이 언제 어디서 또 어떤 만행을 저지를지 예측할 수 없는 상황이다. 따라서 추호의 행정공백도 있어서는 안 되며, 혹여 국민들의 정신적 해이는 더 큰 재앙을 초래할 수 있다. 끔도 꿀 수 없는 돌발 사태에 대처하는 온 국민의 자세는 그래서 마음 든든하다.

9일 전국에 갑호 비상령이 내려지자 일반 시민, 군과 경찰, 공무원들이 한 몸이 돼 더 큰 '만일'에 대비하는 모습을 보였기 때문이다. 특히 전 장병들은 만일의 사태에 대비해 국방태세를 한층 강화했다. 문제는 국방과 치안업무가 군과 경찰에 의해서만 되는 것은 아니라는 점이다. 휴가 나온 군인들이 자진 입소했고 긴급 반상회를 열어 경비업무를 지원하는 등 관·민이 혼연일체가 되어 비상사태에 신속하게 대처한 것은 국가관에 입각한 성숙한 시민의식의 발로라 할 것이다. 어려운 일을 당했을 때 덤벙대지 않고 한 덩어리가 되는 실증을 보인 것이다. 아웅산에 뿌려진 고귀한 피가 헛되지 않도록 우리 모두가 마음가짐을 새롭게 해야 한다. 국민적 합의가 지금처럼 중요한 때도 없다는 점을 새삼 강조해 둔다. (1983.10.11)

독도 영유권의 妄言

지리적으로는 '가장 가까운 나라' 일본이 심리적으로는 '가장 먼 나라'가 되는 감정의 落差를 禁할 수 없다. 억지도 유분수지 엄연한 우리나라의 영토 독도를 자기네 것이라는 후꾸다 일본 수상의 발언은 느닷없이 양국 간 우호에 찬물을 끼얹고 있는 것이며, 경우에 따라서는 엉뚱한 방향으로 平地風波를 일으킬 소지가 다분하다는 점에서 우리는 문제의 중대성을 충격적으로 받아들이지 않을 수 없다.

후꾸다 일본 수상은 최근 참의원 본회의에서 "독도가 일본 고유의 영토임을 전제로 영해 12海里를 설정하겠다"고 발언했다. 독도를 둘러싼 양국 간의 영유권 분쟁은 과거 수십 년간 심심찮게 계속돼 왔으나 이번 후꾸다의 발언은 영해 설정 문제와 관련된 것이어서 단순한 領海權 주장의 성격을 벗어났다는 점에 관심의 초점이 모아진다. 그러나 아무리 自國 內의 정치 사정에 따른 '底意 있는 발언'이라 해도 이 같은 妄言은 있어서도 안 되고 있을 수도 없다. 제국주의의 망령이 되살아난 침략 근성의 잔재가 아니라면 도저히 상상할 수도 없는 일이기 때문이다. 따라서 이 문제에 대해 '一考의 가치도 없는 虛構의 발언'이라고 단호한 결단을 보인 우리 정부의 태도는 너무도 당연하다. 외무부 고위당국자는 "독도는 역사적으로나 국제법상으로나 엄연한 대한민국 영토"라고 말하고 "앞으로 우리 영토인 독도에 대한 일본 정부의 주장이나 관할권 행사를 인정할 수 없다는 것이 우리 정부의 일관된 입장이며 今後로도 이런 입장에 변함이 없을 것"이라고 공식 논평했다.

영토 확장을 노린 정치적 伏線이 깔려 있는 것이나 2백 海里 선포에 따라 漁撈에 심각한 타격을 받고 있는 마당에 궁여지책으로 내놓은 일본의 黑心을 모르고 있지 않다. 차제에 정부는 다시는 이런 문제가 거론될 수 없도록 보다 더 강경한 조치를 취해야 할 것이다. 후꾸다의 속셈을 看破하는 것은 그리 어렵지 않다. 잠잠하던 독도 문제를 다시 들고 나온 첫째 이유는 경제적 측면으로 볼 수 있다. 미국, 소련, 캐나다, 멕시코 등의 2백 해리 경제수역 선포에 따라 단백질 섭취의 막대한 비율을 최대 어장인 北海 및 태평양 연안에서 잡히는 생선에 의존하고 있는 일본으로서는 심각한 문제가 아닐 수 없었을 것이다.

다음으로는 거기에서 한 걸음 더 나가 정치적 흥정을 계산했을 것이라는 사실이다. 이제까지 소련과의 최대 현안으로 돼있는 북방 4개 島嶼 이외에 중공과 영토 분쟁 상태에 있는 센카쿠 열도까지 포함시킴으로써 한국과는 물론이고 소련, 중공과도 정치적 문제를 야기하자는 저의인 것이다. 이 같은 배경을 감안한다면 일본은 미국의 新政權이 들어선 이후 충동적인 아시아 정책에 편승해 주변 국가들과 연관된 현안을 한꺼번에 제기함으로써 모종의 정치적 타결을 시도하려는 속셈일지 모른다.

이렇게 볼 때 신라시대부터 독도는 우리의 영토였다는 考證이나 국제법상으로도 어김없는 사실을 놓고 군이 이러쿵저러쿵 입 섞어 말할 필요를 느끼지 않는다. 다만 한 가지 분명히 해두고자 하는 것은 평화로운 隣邦관계로서 공존은 하되 그 이상의 엉뚱한 욕구는 버리는 것이 장차 友好親善을 위해 有益하리라는 것이 후꾸다 발언을 계기로 도달한 우리의 견해라는 점을 거듭 강조하는 바이다. (1977.2.8)

주변 정세와 외교의 방향

우리 외교의 당면 과제는 너무도 착잡한 국제정세의 변화에 슬기롭게 대처하면서 북괴에 대해 역공세를 취하는 일이다. 어떤 나라의 외교정책도 추구하는 목적이 국가이익의 신장에 있다는 것은 상식에 속하는 일이지만 우리의 경우는 나라의 안전보장과 경제발전이라는 어려움을 안고 수행해야 하는 불가피한 측면이 있는 게 현실이다.

돌이켜보면 지난해 우리 외교는 苦戰을 면치 못했었다. 인도차이나 반도의 赤化와 左傾 비동맹 세력에 편승한 북괴의 국제무대 진출로 우리는 버마, 싱가포르, 수리남 등 3개 국가와 斷交를 하는 쓰라림을 맛보았다. 수교국가 숫자도 우리는 1개국이 줄어 93개국이 된 반면, 북괴는 새로 13개국과 외교관계를 맺음으로써 83개국으로 늘어났다. 이러한 상항 변화를 감안할 때 국제적 정통성과 국력을 바탕으로 한 능동적 외교의 총력전을 추구하지 않을 수 없다. 물론 지난해와는 달리 올해의 국제정세는 우리에게 유리하게 전개될 가능성이 크다. 올해 있을 미국, 소련, 중공 등 주변 강대국들의 권력구조 개편 과정에서 우리에게 불리한 변화의 조짐은 없을 것으로 예상되기 때문이다.

그렇다고 낙관은 禁物이다. 필시 북괴는 유엔에서 표 대결을 시도해 주한미군 철수를 주장하는 결의안의 통과를 획책할 것이고, 우리가 동유럽 국가들과 접촉하는 것을 막고 비정치적인 교류까지 차단하면서 한국의 고립화를 노릴 것이며, 미국 의회의 일부 세력을 책동해 한미 간의 이간책을 弄하면서 일본과는 집요하게 경제교류를 추진할 것이라는 점은 예측하기에 어렵지 않다. 이 같은 일련의 책동을 推斷할 때 정부가 중립국, 미수교국 등에 대한 외교관계 강화 방침을 발표한 것은 매우 적절한 조치로 평가된다. 그렇지만 북괴의 필사적인 방해공작이 뒤따를 것인 만큼 이에 대응하는 강력한 외교 포석이 필요하다고 본다.

또한 정부는 비록 유엔을 한국의 안전보장기구의 위치에서 제외시킨다는 입장을 취한다 하더라도 통상적인 국제기구 참여를 위해 올해에도 유엔 가입을 다시 신청할 것이라고 한다. 그러나 우리의 견해로는 유엔 得票를 위해 지나친 노력을 쏟는 것은 국력의 소모라고 보는 것이고 그보다는 쌍무적인 관계 정상화를 펴나가는 것이 오히려 실리적인 방향이라고 생각한다. 제3세력들의 정치선전장이 돼버린 유엔에 더 기대를 걸 필요도 없거니와 한국 문제는 유엔 밖으로 끌어내 당사자들끼리 해결해야 할 성질의 것이기 때문이다. 어떤 나라도 국제정치 영역에서 그을 수 있는 행동반경은 국력의 강약에 따라 결정되는 만큼 한국이라고 해서 지혜와 기술만으로 국제관계를 해결할 수는 없는 노릇이다.

외교의 成敗는 특히 약소국의 경우 크든 작든 국제정세 변화에 영향을 받기 마련이다. 이런 점에서 지난해의 시련과 시행착오를 거울삼아 북괴를 단호히 壓倒하는 외교적 우위를 확보한다는 굳은 결의와 각오가 그 어느 때보다도 緊要한 것이다. (1976.1.8)

세금 문제와 關心

稅金은 최대의 경제문제인 동시에 정치문제로 일컬어진다. 이것은 어느 나라를 막론하고 세금문제에 대한 국민적 관심이 높아지고 있는 추세를 반영하는 것이다. 요즘 우리 주변에서 일고 있는 세금에 대한 관심은 전례 없는 것이라 해도 過言이 아니다. 이러한 관심은 날이 갈수록 더욱 높아지리라고 보아 틀림이 없을 것이다. 稅金이나 稅制가 지녀야 할 올바른 모습은 여러 각도에서 설명될 수 있다. 그 가운데 무엇보다 두드러지게 나타나는 것은 세금으로 나라 살림에 필요한 財源을 조달해야 한다는 점이다.

나라의 財政이 세금으로 충족되고 自立度가 확립돼야만 비로소 나라의 완전한 자립성과 독립성이 보장된다는 것은 구태여 강조할 나위도 없다. 그러나 세금의 중요성이 강조된다고 해서 그것이 국민들의 의욕을 저해하는 결과로 이어져서는 곤란하다. 말하자면 세금이나 세제는 국민의 사기와 의욕을 자극할 수 있는 것이 돼야 한다는 뜻이다. 이를 위해서는 국민들의 조세부담과 그 한계성을 명확하게 인식하지 않으면 안 된다.

말할 것도 없이 우리의 담세비율은 선진국에 비하면 훨씬 낮은 편에 속한다. 하지만 세금이 여러 가지 국민 복지사업에 투입되는 선진국과 우리의 경우는 다르다. 또한 담세비율이 16%를 넘어서면 조세저항을 느낀다는 일반론을 원용하지 않더라도 우리의 세금 부담은 벅찬 실정이라고 봐야 한다. 실제로 현행 조세구조는 전문가들

사이에서도 혼선을 빚고 있다는 관점에서 볼 때 이를 개선 보완하는 것은 중요한 과제다. 이러한 의미에서 최근 전주 상공인들이 건의한 문제점들은 時宜에 적절하고 문제의 핵심을 지적한 것이라 볼 수 있다.

자칫 세금 자체가 국가 운영의 목적인양 착각하는 경우가 있다. 그러나 세금이란 국가 운영을 위한 하나의 수단일 뿐이며, 그것이 겨냥하는 목표는 어디까지나 국민을 잘 살게 하는 것이라는 점을 재인식해야 한다. 특히 말썽이 되고 있는 認定課稅는 더욱 귀담아 들어야 한다. 근거 과세가 원칙임에도 불구하고 신고비율을 일방적으로 책정함으로써 신고자가 거래 사실대로 성실신고를 하고서도 최대 150%까지 신고비율을 높이도록 압박을 받는다면 이는 즉각 시정돼야 한다. 마찰이나 저항이 없는 租稅의 구현이 '명랑 稅政'의 변함없는 이상이라는 점에 비춰 관계 당국의 깊은 자성을 촉구하는 바이다. (1978.2.20)

學歷과 學力의 函數

우리의 교육은 그동안 방황했다는 표현이 차라리 옳다. 교육 당국의 책임자가 바뀔 때마다 교육정책도 지그재그 현상을 답습해 왔다. 적어도 이것만은 아무도 부인 못할 엄연한 사실이다. 여전히 지금도 제대로 갈피를 잡지 못하고 있는 듯하다. 교육 현장에서 불쑥 튀어나온 대학 졸업정원제도가 뜨거운 감자가 됐다. '졸업시키는 방향'에서 다시 급선회해 '그렇게 할 수는 없다'는 발표가 대표적 사례다.

당하는 쪽의 입장은 더 이상 당황스러울 수 없다. 前者의 경우를 감안한 학생들은 군에 입대하거나 전경으로 빠져 나갔다. 이런 까닭으로 정원미달의 기현상이 나타났다. 그런데도 석연한 한마디 해명조차 없었던 것은 비난을 받아 마땅하다. 문제의 핵심은 여기에 그치지 않는다. 입시 역사상 재수생 비율이 최대치에 이르렀다는 데에 있다. 1984학년도 대입 체력검사 수검자 77만여 명 가운데 재수생이 38.9%를 차지한 사실은 심각한 문제로 받아들여야 한다. 더욱이 해마다 재수생의 숫자가 늘고 있다.

이 같은 재수생의 격증은 대학 문호의 확대 시책이 한계점에 봉착한 데다 대학 정원 증원이 진학 희망자의 자연 증가치를 밑도는 때문으로 분석된다. 이러한 악순환은 앞으로도 계속될 전망일 뿐 아니라 악화될 전망조차 없지 않은 것이 오늘의 현실이다. 날로 높아지는 교육열과 인구의 자연증가가 이를 입증해주고 있다. 솔직히 한때 '牛骨塔'이라는 말이 있었지만 자식을 가르치겠다는 부모의 열망을 탓할 수는 없다. 못 배운 설움을 감수해야만 했던 슬픈 과거를 보상받고 싶은 부모들의 마음은 어쩌면 人之常情일 것이고, 국가의 백년대계를 위하는 것이 교육이라면 그보다 더 소망스러운 현상은 없다.

관건은 '學歷과 學力'을 어떻게 수용하느냐하는 사회적 관점에 관심을 기울이는 일이다. 여전히 대기업에서는 高學歷을 요구하고 있다. 대졸자와 고졸자의 임금격차도 현격하게 나타나고 있다. 여기에 전문대학생들에 대한 푸대접도 심각한 수준이다. 내년도 전문대의 신입생 모집정원이 격감된 것은 이를 입증한다.

學歷은 學力과 인격 수양을 가늠하는 하나의 척도일 수 있다. 그러나 단정적 판단을 내릴 근거는 못 된다. 과거 역사를 통해 우리는 정상적인 교육을 받지 못하고도 큰 足跡을 남긴 위인들을 많이 볼 수 있다. 바야흐로 우리는 교육의 목적이 무엇인가를 골똘히 생각해야 한다. 두말할 것 없이 그것은 사람다운 사람을 만드는 일이다. 시험에 합격하는 기계를 만들어서는 안 된다. 재수생 급증에 따른 사회적 문제에 대해서도 정말로 진지한 고민이 필요한 지금이 아닐까 싶다. (1983.9.24)

대학생의 의식구조

요즘 대학생들이 무엇을 어떻게 생각하고 있느냐 하는 문제는 매우 중요하게 다뤄져야 한다. 그들은 어차피 이 나라의 미래를 떠맡아야 할 주인공이기 때문이다. 최근 서울의 모 대학에서 학생들의 의식구조를 조사한 결과 긍정적 측면에서 큰 가능성을 발견할 수 있었지만 정반대의 근심스러운 一面도 없지 않다는 데서 관심을 끈다. 전국 27개 대학의 남녀학생 9백50명을 대상으로 한 이번 조사에 따르면 '성공은 곧 명예를 얻는 것'이며, 대학에 진학한 이유는 '풍부한 교양을 쌓기 위해서'로 나타났다. 또 응답자의 45.4%가 사회적 불만을 토로했다. 그러나 사회에 대한 대학생들의 불만 풍조를 접하면서 적지 않은 아쉬움이 든다.

대학생을 知性人이라고 칭한다면 모름지기 생각하며 행동하고, 행동하며 생각해야 하는 것이다. 그러한 思考와 討議에는 선배도 스승도 함께 참여해 의견을 교환하고 공통분모를 찾아야 하는 것이다. 그런데 왜 사회적 불만이 그토록 높아야 하는가. 젊은 세대는 순수한 까닭에 단순할 수 있고 動的이기 때문에 직선적일 수 있지만 대학생이라면 이미 事理判斷의 능력과 충분한 균형감각을 갖춘 연령으로서 아무리 理想을 추구하는 세대라 할지라도 원칙만 고집하는 것이 전부일 수는 없지 않은가.

흔히 젊은 세대가 내세우는 불만은 왜 교과서에서 배운 대로 되지 않느냐는 것이다. 그러나 교과서는 교과서일 뿐이다. 만일 사회의 모든 일이 교과서대로 된다면 그런 사회에는 신문도 잡지도 필요 없을지 모른다. 우리는 지금 너와 나를 떠나 냉철하게 현실을 직시하고 여러 번 음미해야 한다. 성공의 바로미터를 명예로 생각하는 것도 바람직스럽지 못하다. 聖賢들은 財物을 잃는 것을 아무 것도 아니라 했고, 名譽를 잃는 것도 그리 대수롭게 여기지 않았다. 오로지 가장 중요한 것은 勇氣를 잃는 것이라고 했다. 어찌 패기 발랄해야 할 대학생들이 명예를 그토록 중시한단 말인가.

젊은 대학생들이 그렇게 생각하도록 만든 기성세대들의 책임을 痛感하면서도 그것을 답습하지 말 것을 당부하고 싶다. 조금 지나면 여름 방학이다. 規律을 어기지 않는 범위 안에서 마음껏 뛰놀고 그리고 思索하라. 청춘은 고민해야 한다. 청춘의 아름다움은 뼈를 깎는 苦鬪 속에 있는 것이며 또한 煩悶 속에 있는 것이다. (1977.7.8)

우리의 글, 우리의 말을 찾자

　오늘은 10월 9일 한글날이다. 한글날의 역사적 유래는 1926년 음력 9월 29일 조선어학회가 日政 아래서 '가갸날'이라 하여 맨 먼저 기념식을 갖게 된 데서 비롯됐다. 이후 양력 10월 28일로 날짜를 바꿔 한글날을 기념해오다가 1935년께 경북 안동에서 발견된 훈민정음 解例本의 기록에 따라 양력 10월 9일로 바뀌게 됐다. 우리는 한글날을 맞아 새삼스럽지만 세종대왕의 거룩하고 높은 뜻을 되새기고 한글의 헤아릴 수 없는 문화적 가치를 인식할 필요가 있다. 만일 우리에게 한글이 없었다면 어떻게 됐을까. 한글이야말로 우리 민족의 보배요 자랑인 것이다. 그럼에도 이 날을 값지고 소중하게 여기는 국민들이 얼마나 되는가. 관계 기관이나 학생들이 모여서 기념식을 하는 것이 고작 아닌가. 공휴일이니 하루를 즐기는 정도이고 또 관심을 가졌다 해도 그 정도가 점점 엷어져 가는 게 사실 아닌가.

　한글날이 갖는 의의를 가슴 깊이 새긴다면 그 어떤 경축일보다도 온 겨레의 뜨겁고 한결같은 마음으로 잔치를 베풀어야 할 날인 것이다. 그런데도 외래어의 남용, 무슨 뜻인지 모를 즐비한 간판, 誤字투성이의 각종 간행물, 갈팡질팡하는 어문정책 등은 실로 부끄럽고 한심한 일이 아닐 수 없다. 뜻 깊은 한글날을 맞아 우리 모두 곰곰이 생각해야 할 것들이 너무 많은 것이다.

외래어는 威勢的 동기와 必要的 동기에 의해 차용된다고 한다. 前者의 경우는 자기 나라의 말로 충분히 표현할 수 있는데도 일부러 외국말을 사용해 거드름을 피우는 것, 즉 남이 잘 알아듣지 못하는 어려운 말을 써서 텅 빈 자기 자신을 보상하려는 심리를 뜻한다. '인구 조사'를 '인구 센서스'로 부르는 유형을 들 수 있다. 後者의 경우는 '라디오'나 '텔레비전' 같은 영어, '냄비', '곤로' 같은 일본어를 대체할 우리말이 없어 그대로 빌려 쓰는 것이다. 특히 공부 꽤나 했다는 지식인층인 체 자처하는 사람들이 함부로 외래어를 사용하는 것은 볼썽사납다. 가슴에 손을 얹고 깊이 반성할 일이다.

그래서 이날이면 생각나는 것이 語文 정화문제다. 우리의 말과 우리의 글은 곧 우리의 얼이 담겨 있는 표현의 정점이다. 그런데 학자들에 따르면 우리 국민들의 경우 맞춤법이 많이 틀리고, 사투리를 공식적인 자리에서 태연히 사용하며, 발음을 정확하게 하지 않고, 거칠고 상스러운 말을 자주 입에 올리며, 은어와 속어 등을 즐겨 사용하는 것으로 나타났다. 어문학자 뿐 아니라 문필인, 언론인 등이 정성어린 노력으로 우리의 말이 아름답고 깨끗하게 다듬어지도록 각별한 노력을 쏟아야 한다.

이 기회에 지적하고 싶은 것은 어문 정책이다. 정부의 어문 정책

은 '한글전용론'과 '한자병용론' 사이에서 갈팡질팡하다가 1970년
부터 학교 교과서에서 한자를 모조리 추방했었다. 그러나 이후 빗발
치는 여론으로 정부는 1972년 2학기부터 중·고등학교 한문교과용
기초한자 1천8백자를 가르치게 됐다. 그런데 납득하기 어려운 점은
한자교육을 실시함에 있어 한문 교과서를 만들어 따로 수업시간을
배정하면서도 무엇 때문에 일반 교과서에는 국·한문 혼용을 피하고
한글만을 전용케 하는지 모를 일이다. 한문을 익혀 고전 등을 읽게
하는 것도 뜻이 있겠지만 그 보다도 더 중요한 것은 한자를 일상생
활에서 활용케 해야 한다. 당국의 시정을 촉구한다. (1975.10.9)

宗敎와 社會…그 函數

　오늘날 종교의 사회적 역할이 크다는 것을 부인할 사람은 없다.
어쩌면 현대인은 靈的인 갈증을 느끼고 있는지 모른다. 나날이 젊은
층과 여성들 가운데 신앙인구가 늘고 있는 것은 결코 우연이 아니
다. 이 같은 현상은 여러 가지 측면에서 살펴볼 수 있을 것이다. 젊
은이들이 종교에 歸依하는 것을 어떤 학자는 젊은이들이 삶의 문제
를 궁극적으로 해결하려는 反證으로 본다. 어느 종교인은 격변과 혼
란에도 불구하고 꿋꿋하게 良心의 길을 걷는 기독교적 자세가 젊은
이들에게 많은 감동을 주기 때문으로 해석한다. 또 다른 종교인은

현대사회의 가치관 부재와 사회적 불안, 한국의 고유사상으로서의 불교철학의 재인식이 영향을 미쳤을 것이라고 설명한다.

최근 통계에 따르면 우리나라의 여성 信徒는 기독교 60%, 가톨릭 56%, 불교 82%를 차지하는 것으로 나타났다. 이 같은 비율은 여성이 남성보다 훨씬 感情的이어서 신앙에 의존하려는 경향이 많은 때문으로 풀이된다. 또 교육 조건, 사회적 관습, 가정 분위기 등의 환경적 요인에 따른 여성의 소극적 태도가 종교적 歸依心으로 이어진다는 분석도 있다. 어떻든 종교인구가 늘고 있는 상황은 전쟁을 기억하는 사람들이 전쟁의 위기 앞에서 자기보호를 위해 취하는 본능적 태도와 통한다고 할 것이다. 질서가 무너지고 不義와 不條理가 판을 칠 때 한 사회를 유지하고 균형을 지키려는 긴장 해소의 기능은 필연적으로 요구된다 할 것이다. 한국 종교의 무거운 책임이 실로 여기에 있다는 점을 강조하고 싶다.

그러나 한 가지 간과할 수 없는 것은 여기에 편승해 似而非 종교들이 발호한다는 사실이다. '天國行표'를 팔았던 교주가 구속되는 등 신흥 유사종교의 반사회적 범죄사건이 잇따르는 것을 重大視하지 않을 수 없다. 신흥종교들이 태동하는 요인은 일반적으로 생각하는 것처럼 그리 단순하지 않다. 이들 종교의 발생연대를 살펴보면 그 일치점을 발견할 수 있다. 구한말 을사보호조약, 이른바 韓日合倂, 3·1운동, 8·15광복, 6·25전쟁과 같은 굵직한 역사의 소용돌이 속에서 태어난 것이다. 격변기에 소외된 계층을 선동해 도덕률을 파괴하는 신흥 유사종교는 전국적으로 3백여 개 집단, 180만 명의 신도를 보유한 실로 무시할 수 없는 존재가 됐다.

내일은 예수가 십자가에서 처형된 지 사흘 만에 다시 살아났다는 부활절이다. 이 날을 맞으면서 우리는 종교인들의 사회적 기능과 그 파급 효과의 중대성을 새삼 강조하지 않을 수 없다. 이는 종교인구가 늘고 신앙에 의지해 가정의 평화와 안전을 희구하는 오늘의 한국인을 실망시켜서는 안 된다는 의미에서 더욱 그렇다. 어떤 이는 '종교 없는 사회는 暗黑'이라고 까지 말한다. 종교에 대한 간절한 염원, 그리고 갈구가 크면 클수록 그 책임 또한 비례해야 할 것으로 믿는다. (1977.4.9)

土地 公槪念의 도입

어머니의 사랑을 기억하지 못하는 자에게 고향은 없다고 했다. 말하자면 땅은 우리들의 어머니라고 할 수 있다. 땅에 뿌리를 내리고 사는 삶이란 따라서 어머니의 품속에서 편안하게 사는 삶이며, 그 삶은 언제나 행복한 것이다. 땅을 떠난 사람들이 겪는 고통은 어머니를 잃은 자의 아픔과도 같다. 그런데 이 땅은 또 탐욕과 무질서에 의해 얽히고 긁혀져 그 본래의 따뜻하고 사랑스런 모습을 잃어가고 있다. 마치 패륜아에 의해 고통 받은 어머니의 일그러진 모습처럼 무분별한 '개발'에 밀려 끊기고 할퀴며 난도질을 당하기도 했다. 그런가 하면 마침내 우리의 땅은 몇몇 재벌에 의해 점유 당했다. 돈을 가진 기업가들이 얼마나 많은 땅에 '말뚝'을 박아 놓았는지 토지의 전산화가 이뤄지기 전에는 그 규모를 파악할 도리가 없다.

　재벌들이 이른바 부동산 투자를 일삼고 있다는 사실은 물론 어제 오늘의 일은 아니다. 그들은 돈이 없다고 울상을 짓고 은행돈을 열심히 빌려가지만 다른 한편으로는 그들의 업무와 아무런 상관이 없는 땅을 사두는 데는 매우 민첩하게 움직였던 것이다. 이 같은 부작용을 막고 임대주택을 늘려 '소유'에서 '주거'로 방향을 바꾸는 정부 시책은 잘한 일로 평가된다. 토지 및 주택문제와 관련한 종합대책이 그것이다. 어제 발표된 종합대책은 현 시점에서 생각할 수 있는 정책수단을 한 데 모았다는 점에서 의의를 찾을 수 있다. 국토면적에 비해 인구가 너무 많은 우리 현실에 비춰 토지에 대한 '제한적 公概念'을 강화해 주택과 토지를 늘리고, 양도소득세를 보강해 투기수요를 억제하며, 현금이 부동산 투기로 몰리지 않도록 통화 금융정책을 안정적으로 운용한다는 것이 이번 대책의 골자다.

　가장 주목되는 부문은 개발 대상 토지의 '公營 개발'이라 할 수 있다. 대상 토지를 택지개발 예정지구로 지정해 공공기관이 매입 개발한 후 주택 및 아파트 등을 실비로 분양하는 방식이다. 선진 외국과 비교하면 토지 공개념 도입은 때늦은 감이 없지 않다. 영국은 개발용지세법에 근거해 토지소유는 원칙적으로 국유화를 추구하고 있고 先買權制를 실시해 개발예정지는 개인 소유라도 국가가 우선 매입해서 개발토록 하고 있다. 미국에서는 용도지역 규제, 토지분할 규제 등 토지 공개념을 도입하고 있으며, 일본도 국가의 토지 先買權을 주요 내용으로 하는 공유지 확대추진에 관한 법률로 도시계획구역에서는 토지거래 신고제를 실시하고 있다. 이러한 세계적 추세를 볼 때 사유재산권의 침해라기보다는 토지 공개념이 우선돼야 하는 것은 너무도 당연하다. 더구나 收用 대상 토지는 주로 구릉지나 매립지 등 쓸모없이 묻혀 있는 '不用地'를 중점 개발할 예정이기 때문에 민간의 피해는 그리 많지 않으리라는 전망이다.

결국 자기 나라 국토를 효과적으로 이용하는 나라는 잘 사는 나라, 그렇지 못하면 뒤떨어지는 나라가 된다. 우리나라처럼 좁은 땅에 인구는 많고 온 국민이 먹고 살기 위해 더 많은 농사를 짓고 더 많은 공장을 세우다보니 집 지을 땅은 자연히 옹색해진 것이다. 따라서 이번에 마련된 종합대책이 문제가 제기되면 보완을 거듭하면서 효율적으로 운용해 투기도 막고 금융정책에 기여하며 서민들의 주택 보급률을 늘릴 수 있는 다목적 대책이 될 수 있도록 바라는 마음 간절하다. 그렇게 될 때 우리의 갈라지고 척박한 땅은 다시 포근한 어머니의 품처럼 될 수 있기 때문이다. (1977.10.19)

퇴색한 '敬老'에의 想念

예의바르고 도덕을 으뜸으로 숭상했으며 傳來의 美風良俗을 지켜온 우리의 윤리관이 바야흐로 核分裂을 일으키고 있다. 어지럽게 내닫는 과학문명의 奔流속에서 戰亂에 의한 숱한 가족의 離散, 농촌의 家父長的 토대의 붕괴, 그리고 급격한 도시화가 몰고 온 核家族 제도의 등장은 敬老사상을 風化시키고 變質케 하고 있다. 이런 상황에서 최근 全州市가 마련한 '할아버지 교실'의 운영은 여간 흐뭇한 소식이 아닐 수 없다. 10期로 나눠 1期에 50명씩 모두 5백명의 老翁들이 '할아버지 교실'에 입교해 市政 현황과 당면한 국가안보, 노년의 건강관리 등 교양을 쌓는 이외에도 푸짐한 점심과 茶菓를 대접받는 가운데 '인생을 다시 사는 기분'으로 위로를 받았다고 한다. 마냥 정겹고 가슴이 뿌듯한 느낌이다.

황혼의 석양 길에서 고독을 씹으며 무미건조한 나날을 보내던 노인들에게 기쁨과 보람을 선사한다는 것은 참으로 뜻 깊은 일이다. 말로는 쉽지만 실천하기는 어려운 것. 한정된 예산을 쪼개 敬老사상을 고취하고 소외감을 해소시킴으로써 사회를 더 싱싱하고 윤기가 돌게 한 全州市 당국의 뜨거운 誠意에 찬사를 보내는 바이다. 사실 오늘날과 같이 능력 위주로 발전하는 사회에 있어서 노인들이 소외당하는 것은 어쩌면 불가피할 지도 모를 일이다. 더구나 우리나라가 광범한 사회복지 사업을 펴나갈 수 없는 개발도상국가의 실정이고 보면 노인들의 외로운 설움은 한결 더할 것이 뻔하다. 이런 어려운 여건을 헤치고 운영되는 '할아버지 교실'은 그래서 失意에 찬 그들에게 한 가닥 救護의 등불이 되기에 충분한 것이다.

요즘 '道義가 땅에 떨어졌다'는 말을 흔히 듣는다. 서양에서는 사람을 독립적인 개체로 思考하지만 동양에서는 다른 사람들과의 관계에서 파악하려 든다. 말하자면 어버이와 자식 같은 人倫관계에 기초를 둔다는 것이다. 그런데 이 같은 人倫관계가 곧잘 뒤틀린다. 자식들의 구박에 못 이겨 집을 뛰쳐나왔거나 심지어는 自殺했다는 記

事가 신문 사회면에 심심찮게 오르내리고 있다. 물론 局部的인 극소수의 일이긴 하지만 가정에서 소외당한 노인문제가 심각한 사회문제로 등장했다는 사실을 보여주는 것이다. 學術的인 조사 통계에 따르면 보호시설에 있는 무의탁 노인보다 가정에 있는 노인들이 더 소외감을 느끼고 우울증도 심하다는 것이다.

모두 같이 생각해 볼 일이다. 어버이가 자식을 생각하는 만큼 과연 자식도 어버이를 생각하고 있는가? 그렇지 않다는 비교가 뚜렷한 것이다. 사람은 그만큼 打算的이고 利己的이다. 웃어른을 받들기보다는 아랫사람, 즉 成長株에만 개발 투자하는 施惠를 볼 뿐이다. 全部는 아니더라도 우리 사회에 이러한 풍조가 팽배해 있다는 것만은 부인할 수 없다. 아무리 과학문명이 발달해 哲學마저도 數理로 풀고 컴퓨터 萬能시대라고 하지만 어버이의 자식에 대한 사랑을 딱 집어 이만한 것이라고 밝혀낼 수는 없다. 따라서 孝와 敬老는 원초적인 인간관계를 규범하는 동양의 기본 윤리인 것이다.

평균 수명의 연장과 함께 앞으로도 직업 없는 노인들이 늘어날 추세에 있다. 제도적 대책이 강구돼야 하겠지만 敬老의 현대적 해석과 실천이 先決 과제다. 이런 의미에서 '할아버지 교실'이 전북 도내는 물론이고 전국적으로 확대될수록 그만큼 우리 사회는 정신적 풍요를 누리게 될 것이다. (1975.10.28)

부푼 希望…挑戰의 열매

서해안 지역에 새로운 시대를 여는 大役事가 시작되었다. 錦江 하구 공사의 起工으로 이 고장 산업 부흥의 원동력을 마련해 서해안 시대의 門을 여는 발전의 서곡이 펼쳐진 것이다. 전북과 충남 도민들의 그토록 오랜 숙원이 이제 이 시대의 일꾼들에 의하여 풀리게 되며 선진조국 창조라는 역사의 章에 기록되었다. 총 공사비 9백29억 원을 계정하여 오는 1987년 까지 완성할 계획인 금강 하구의 둑은 1천2백m의 방조제를 폭 43m로 축조해 4차선 도로와 철도가 부설된다. 둑의 중간에는 50t급 선박이 왕래하는 通船門이 마련돼 소형 선박의 왕래가 가능하게 된다. 이 둑이 축조되면 만수면적 3천7백83ha의 담수호가 생기며 저수용량 1억4천2백만t으로 연간 1억6천만t의 각종 용수를 확보할 것이다. 그 성과는 전북과 충남의 생활용수를 비롯한 농·공업용수가 완전히 해결된다. 그 뿐 아니라 매년 바닷물이 넘쳐 피해를 당했던 금강 주변 7천ha의 농경지가 보호됨으로써 11만t의 식량증산을 가져오는 도움을 받게 된다.

특히 군산港은 상류에서 밀려오는 1백60만t의 浮游土砂가 방지돼 항만 浚渫費의 많은 절감을 기대하고 있으며 동북아시아 교역 基地港으로서 입지가 크게 강화될 것이다. 또한 이 하구 둑은 서해의 육로를 인천에서 목포까지 직선으로 연결시켜 줌으로써 산업발전을 위한 동맥을 이어 금강 유역의 農·工 분야를 비롯해 서해안 내륙에 새로운 활력을 안겨 주는 轉機가 되는 것이다. 서해의 중추항인 군산港의 교역 규모도 지금보다 더욱 크게 열릴 것이다. 하구 둑의 건설은 항구의 후방에 막힘없는 수송로와 풍부한 수자원을 갖게 됨으로써 발전 가능성이 무한해 지는 것이며, 동북아시아 진출에 관심을 두고 있는 제3국의 교역 발판으로서 기틀을 다지게 될 것이다.

강을 가로 막아 둑을 쌓아올리는 이 큰 役事는 완성의 그 날까지 道民 모두가 힘을 모아야 할 사업이다. 금강 유역의 개발은 바로 우리 모두의 사업이기 때문이다. 전북 옥구군 성산면 성덕리에서 충남 서천군 화양면 당선리까지 방조제를 축조하고 양편 진입로까지 개설하려면 5km 이상의 도로가 마련되는 것이므로 이 지역에서는 유례를 찾을 수 없는 큰 工事이다. 공사 추진과정에서 주민들의 협력이 중요한 것은 두말 할 나위가 없다. 생각하면 금강 하구 둑 건설 사업은 自由黨 때부터 거론됐었다. 선거 때마다 내걸었던 公約이 空約으로 흐지부지된 서글픈 사연을 안고 있는 사업이다. 그동안 말뚝도 여러 번 박았고 기공 테이프도 수 없이 끊었던 정치 선전장이었던 것이다. 그동안 속을 만큼 속았던 주민들이 실망과 환멸을 느끼는 것은 너무도 당연했었다. 그러나 이제 전북 도민들과 충남 도민들은 뿌듯한 감격과 희망에 부풀어 있다.

탁류로만 인식되어 온 강물의 색깔을 바꾸어 놓게 되는 이번 사업은 새로운 錦江의 문화를 꽃피울 것이라 확신한다. 아울러 계획된 工程에 추호의 차질도 없을 것을 기대하면서 지역 주민들의 전폭적인 협조도 병행돼야 할 것이다. (1983.12.6)

萬病通治藥

　인간에게 편리와 안락을 제공하는 물질문명의 발달은 적어도 한 가지 면에서는 致命的인 禍를 自招했다. 각종 기계문명은 사람들에게 안일한 생활을 영위케 해주는 한편으로 건강유지를 위해 최소한으로 필요한 신체 활동을 앗아간 것이다. 미국의 어느 학자는 현대인의 1주일 노동량이 옛날 사람들의 하루 노동량에 지나지 않는다고 지적한다. 30대는 40대의 체력을, 40대는 50대의 체력을 갖고 있다는 것이다. 말하자면 나이보다 몸이 10년이나 앞서 늙고 있는 셈이다.

　현대인의 운동부족은 신체기능을 둔화시켜 老化를 촉진시킬 뿐 아니라 각종 성인병의 원인이 되고 있다. 절대적으로 운동량이 부족한 현대인에게 있어서 운동은 경기나 취미의 범위를 벗어나 건강유지의 필수적인 요건이 되고 있다. 즉, 알맞은 운동은 질병의 예방이나 치료에까지 필수요건이라는 것이 定說로 되어 있는 것 같다. 그러나 비교적 자기 건강에 관심을 갖고 있는 사람들조차 운동을 소홀히 하고 있는 경향이 없지 않다. 인삼, 녹용이나 비타민 등 각종 보약에는 기를 쓰고 거금을 선뜻 투자하면서도 아침에 보건 체조 한 번 하지 않는 사람들도 있다. 심지어 건강에 좋고 精力에 좋다면 지렁이, 굼벵이조차 서슴없이 입에 넣는다. 한 때는 살아있는 월남파리도 얼굴 한 번 찡그리지 않고 먹어 치웠던 것이다. 한국판 '몬도가네'일 수밖에 없다.

이러한 비뚤어진 심리상태를 교묘히 이용해 단재미를 본 것은 가짜 녹용과 補藥商들. 저질 鹿角에 돼지 피를 묻혀 변조하는 등의 수법으로 무려 10억 원의 거액을 거든히 챙긴 일당이 결국 꼬리가 밟히고 말았지만 어쩐지 여운이 씁쓸하다. 원천적 잘못이 가짜 補藥을 만든 범인들이라고 해도 그 가짜를 먹고 으스댔을 그 몰골들이 처량하기조차 하다. 피둥피둥 살쪄 血壓으로 떨어지기는 해도 한 방울의 獻血조차 禁忌로 여기는 그들이기 때문이다.

프랑스의 생물학자 라마르크는 1809년 자신의 저서인 '동물철학'에서 "우리의 각 기관은 쓰면 발달하고 내버려두면 퇴화한다"는 그 유명한 「用不用說」을 발표한 바 있다. 다리는 자꾸 움직여야 튼튼해지는 것이다. 몸의 생리적인 기관도 마찬가지라는 이론이다.

요즘 근래에 보기 드물게 酷寒이 계속되고 있다. 이런 때일수록 우리의 몸은 움직여야 한다. 적당한 운동이야말로 어떤 보약보다도 좋은 만병통치약이라는 걸 다시 생각하자. (1984.1.26)

牛公 찬미

농경사회에서 소의 위치는 대단했다. '牛酒松三禁'이라 해서 국가정책으로 소를 잡는 일, 술을 빚는 일, 소나무 베는 일을 금지한 때도 있었다. 인도에서처럼 소를 神聖視하지는 않았어도 무척 소중하게 여겼던 것이다. 소에 대한 인식이 급격하게 달라져가고 있다. 경운기의 대량 보급 때문이다. 이제는 소 없어도 땅을 갈게 되었다. 이에 따라 營農上主 역할을 담당했던 役畜에서 돼지나 닭과 같이 소의 가치는 肉畜으로 전락하고 말았다. 수입 쇠고기가 판을 치고 있는 마당에서야 더욱 말할 나위가 없다. 그뿐이 아니다. 고기로서도 그 眞價를 점점 잃어가고 있다. 미생물을 이용해서 만든 쇠고기가 외국에서는 벌써 식탁 위에 오르고 있는 것이다. 영국의 한 종합식품회사는 특정 곰팡이의 菌絲를 가공해서 고기 대용품으로 개발한 것이다. 이것이 보편화되면 지금까지 농업이나 어업에만 의존해왔던 식품생산은 일대 변혁을 일으킬 것이 틀림없다. 미생물 식품이란 종전에 술이나 간장을 담글 때의 발효를 이용하는 것이 아니고 미생물을 번식시켜 그것을 바로 식품으로 이용하는 것이다. 우리나라에서도 이미 유전공학을 이용해 실험생산에 성공했다는 소식도 들린다. 클로렐라 식품이 그의 일종이라는 것.

이래저래 牛公이 천덕꾸러기가 될 날도 그리 멀리 않은 듯하다. 그러나 부유한 나라일수록 소가 많다는 사실을 간과해서는 안 된다. 소가 많기 때문에 잘 산다는 논리가 성립되기도 한다. 농경사회도 아닌 공업사회에서도 에너지원으로서 소가 중요시되는 것은 사료비용이 들지 않는 가축이라는 점 때문이다. 양돈이나 양계에서 가장 큰 문제점이 되는 것은 바로 경영상의 어려움인 엄청난 사료비용인 것이다. 그에 비해서는 풀만 먹이면 고기가 되고 우유가 된다. 전 국토의 70%가 山野인 우리나라의 실정에서 보면 소처럼 알맞은 가축도 없다. 물론 번식률이 낮은 단점이 있기는 하

지만 지금처럼 푸대접해서는 안 될 것 같다. 다섯 농가당 1대꼴로
영농기계화가 이뤄졌다 해서 소의 가치를 과소평가해서는 안 된
다는 말이다. 따라서 우리나라의 축산정책은 소의 增殖에 당분간
마음을 써야 할 것이다. (1984.1.8)

意味와 創造

  사람에 있어서 가장 중요한 것은 마음이라는 말이 있다. 서로 통
하는 마음은 서로 헤아리고 서로 용서하는 데서만 생기는 것이다.
이것은 삶의 실제와 동떨어진 것이 아니다. 어차피 엉켜 사는 사회
에 있어서 다스리는 사람과 다스림을 받는 사람들 사이에서도 깊은
감정의 貫流를 생각해야 할 것 같다. 罪는 法으로 다스린다 하지만
法으로 다스릴 수 없고 法으로만 다스려지지 않는 사람의 罪도 얼
마든지 있는 것이다. 어떻게 보면 그런 罪야말로 法으로 다스리는
罪보다 더한 罪일 수 있다. 그래서 우리 사회의 엉뚱한 變數가 있을
때 박수를 보내기도 한다. 이번에 除籍 학생 전원을 구제하기로 하
것은 그 좋은 예라 하겠다. 학원 사태와 관련한 1천3백63명에 대해
復學을 허용한 조치는 두 손 들어 환영할 일이다. 날씨조차 스산한
캠퍼스에 훈훈한 기운이 감도는 것 같은 느낌이다.
  제적 학생 복교 방침이 발표되자 당사자들과 학부모는 물론 시민

들까지도 "반갑고 기쁘다", "늦은 감이 있지만 막힌 곳이 뚫린 듯 가슴이 시원하다"며 마음을 열어 환영했다. 각 대학 당국도 정부의 조치에 호응해 제적 학생들의 복교 처리 등 실무 면에서 싱글벙글 하는 표정이었다고 한다. 학원 자율을 위한 하나의 큰 轉機라며 강경 처벌에서 선도 위주로의 청신호로 받아들여지고 있는 것이다.

까닭이야 어디에 있든 붙들려갔다는 말보다는 풀려났다는 말이 듣기에 훨씬 부드러운 법이다. 더구나 한 해의 마지막에 서서 생각하면 더욱 그러하다. 올 한 해야말로 격동과 시련의 연속이었다. 차라리 기억조차 되살리기 싫은 끔찍한 1년이었던 것이다. 때문에 이번의 조치는 한층 돋보인다. 해직 교수들의 복직과 함께 화합 분위기 조성을 위한 대합창인 것이다.

실존주의 철학자들은 어렸을 때부터 삶이 얼마나 귀중한 것인가를 가르쳐야 한다고 목소리를 높인다. 삶의 근원에 대한 각성이 이뤄지면 스스로의 進路를 터득하게 된다는 것이다. 말하자면 무엇이 보람되고 가치 있는 것인가를 알게 된다는 뜻이다. '역사적 창조'라는 거대한 포부가 없다면 오늘을 사는 價値는 희미하게 된다. 과거를 되새기며 오늘에 우뚝 서서 내일을 관조하는 반짝이는 눈초리야말로 내일을 기대하는 약속인 것이다. (1983.12.22)

教育의 참뜻

대학을 지원하는 자녀에게 "너는 졸업해서 선생질이나 하는 교육대학에 가라"고 말하는 부모가 있다. 선생이라면 몰라도 '선생질'이라는 말은 귀에 거슬린다. 본래 '질'이라는 말은 좋은 의미로 활용된 게 아니다. 工人과 奴婢를 賤視했던 조선사회에서 땜질, 바느질, 머슴질로부터 비도적적인 도둑질, 노략질 등으로 확대된 것이다. 여기에 그치지 않고 다듬이질, 톱질, 가래질, 매질 등 비천한 명사와 자연스럽게 연결되는 접미사가 됐다.

그런데 어찌해서 신성해야 할 선생이라는 명사 뒤에 '질'이 붙었는지 실로 알다가도 모를 일이다. 옛날 서당 교육을 하던 때에서 '訓長질'이라고 했던 것을 생각하면 이 또한 요즘의 '선생질'과 다를 바가 없다. 이렇게 보면 선생을 忽視한 역사는 꽤 오래된 것 같다. 이상한 대목은 士農工商의 순서였던 과거 신분사회에서 선비가 訓長을 겸했는데 '선비질'이라고 하지 않았다는 사실이다.

학문을 하는 선비는 인격자였으나 그 학문을 팔아서 생활의 방편으로 삼는 訓長은 선비와 商人의 중간쯤으로 본 것인가. 지나간 시대는 그렇다 할지라도 오늘의 현실에서는 좀 더 깊게 생각해야 할 것 같다. '선생질'이란 말은 왜 생겨난 것인가. 그리고 왜 그 말을 듣는 데 무신경해졌는가. '질'은 일종의 기능이란 뜻인데 교육의 목적이 기능에서 머무를 수는 없지 않은가.

교육의 궁극 목적은 성실과 신의에 바탕을 둔 정직한 인간의 창조에서 찾아야 한다. 이를 부정한다면 기능조차도 畢竟에는 무너지고 말 것이다. 그것은 '질'이 아닌 '質'로 승화될 때 가능하다. 오늘날과 같은 과도기 사회일수록 교육자는 존경받아야 하며, 흔들리는 가치 기준의 중심 역할을 해야 한다. 희생적인 師道를 지키면서도 몸가짐에 흐트러짐이 없어야 한다.

으레 어물전 망신은 꼴뚜기가 시키고 과물전 망신은 모과가 시키듯 일부 교사들의 탈선은 안타까운 노릇이다. 최근 서울지역의 한 담임 교사는 자기 반 학생을 유괴해 살해하는 끔찍한 범죄를 저질러 사형을 선고 받았고, 부안지역의 한 교사는 어린 학생을 養女로 입적시킨 뒤 친척에게 넘겨 4년간 가정부로 일하게 했다고 한다. 이래도 되는 것인가. '질'자를 없애는 일에 나서야 할 때다. (1983.8.4)

公約과 空約 사이

구약성서 창세기 1장에는 '말씀으로 빛과 어둠을 갈라놓고, 말씀으로 천지 만물을 창조했으며, 인간을 만들었다'는 대목이 나온다. 누가복음에도 '천지가 창조되기 전부터 말씀이 계셨다… 모든 것은 말씀을 통하여 생겨났고, 말씀 없이 생겨난 것은 아무 것도 없다'고 기록돼 있다. 그렇다면 말씀이란 본래 거룩한 것으로 말을 더럽힌 책임은 사람에게 있다는 의미가 된다. '말로써 말 많으니 말을 말까

하노라'는 옛 시조가 있다. 이와 비슷하게 서양 속담은 '침묵은 金이고 웅변은 銀이라'고 했다.

말은 다 같은 말이지만 그 말의 내용과 성격은 천차만별이다. 좋은 말이 있고 나쁜 말이 있으며, 해야 될 말이 있는가 하면 해서는 안 될 말도 있다. 말은 사람을 행복하게도 불행하게도 만든다. 말을 못하는 벙어리의 괴로움은 앞을 못 보는 장님의 괴로움보다 몇 갑절이나 더한 것이다.

하고 싶은 말을 참았기 때문에 禍를 입는 사람보다는 하지 않아도 될 말을 했기 때문에 곤경에 처하는 사람이 훨씬 많다. 이것은 역사의 교훈이기도 하다. 말에는 책임이 반드시 따라야 한다. 무책임한 말처럼 자신과 이웃과 사회에 害를 끼치는 것은 없다. 전쟁이 무섭고 경제 파탄이 무섭고 환경오염이 무섭다고 해도 무책임한 말보다 무섭지는 않다. 불신풍조가 만연하는 것은 무책임한 말에서 비롯된다.

신뢰가 없는 사회에는 소망이 없다. 신뢰가 있을 때만이 그 사회는 내일이 있고 윤기가 철철 넘치게 된다. 食言이란 말이 예로부터 내려오는 것을 보면 자신이 한 말에 책임을 지지 않았던 습관은 어제 오늘의 일이 아닌 것 같다. 말만 앞세우는 사람은 실속이 별로 없다는 뜻도 된다. 무책임한 말의 으슥한 구석에는 영웅심이나 허영심 같은 낮도깨비가 웅크리고 있을 것이다.

극한투쟁을 선언하고 끝까지 투쟁한 사람은 한 사람도 없었다. 목숨을 걸고 투쟁하지 못할 것이 분명한데 극단적인 말을 내세우는 건 누구를 속이자는 속셈인가. 특히 정치하는 사람들과 말은 함수관

계가 깊다. 선거철에 그들이 하는 말은 '公約'이 아닌 '空約'이 수두
룩하다. 훌륭하고 좋은 말만 골라서 했다. 그랬던 그들이 국민들의
한결같은 여망을 뭉개버린 채 국회를 空轉시키고 있다. 풍성한 말잔
치만 남겨 놓은 채…. 우리 모두는 확실하게 아는 사실만을 자신 있
게 말하고, 말을 했으면 책임을 져야 하는 것이다. (1983.8.11)

웃음의 리듬

웃음(笑)은 쾌감을 수반하는 감정반응, 즉 즐거워서 웃는 것, 우스
꽝스러워 웃는 것, 연기로서 웃는 것 등으로 대별된다. 즐거워서 웃
는 웃음은 미소와 같이 일종의 자연적 표출 운동이며 웃음의 원형
이라 할 수 있다. 연기로서의 웃음은 내면의 정서적 상태를 표현하
기 위하여 의식적으로 구사되는 상징이자 전달행위로 강한 사회적
성격을 띤다. 인사할 때의 미소, 아부할 때의 웃음은 이 분야에 속
한다.

비웃는 嘲笑나 冷笑, 苦笑 등을 제외한 본래적 웃음은 많을수록
좋을 것이다. 그것은 바로 和解로 연결될 것이기 때문이다. 그런데
요즘 사람들은 웃음과 유머가 적어진 것 같다. 어떤 학자는 그 이유
를 역사적으로 고찰한다. 고려시대에는 兵禍 때문에, 조선시대에는
내 편이 아니면 敵이라는 黨爭에 시달린 탓이라고. 게다가 일본 강

점기에는 親日-反日의 극한 대립, 해방 후에는 좌익과 우익의 융합될 수 없는 갈등 등을 원인으로 들기도 한다.

故事에 전하는 우리의 유머는 너무나 풍부했다. 삼국유사에 전하는 향가 중 處容설화도 널리 알려진 바와 같다. 자기 아내가 疫神과 간통하는 장면을 목격하고도 분노를 드러내는 대신 여유를 보인 것이다. "둘은 내 것이지만 다른 둘은 뉘 것이냐"고 말하며 춤추고 노래함으로써 疫神을 쫓아내고 감복시키는 줄거리는 한국적 유머의 白眉라 할 수 있다. 또 大院君의 일화 중 한 선비의 위트도 일품이다. 하루는 대원군이 책을 읽고 있는데 선비가 찾아와 절을 했다. 대원군은 못 본 체하고 책읽기를 계속했다. 이 때 선비는 아직도 자기를 알아보지 못했다고 생각해 다시 절을 했다. 그러자 대원군은 "산 사람에게 왜 두 번 절을 하느냐"고 버럭 화를 냈다. 그러자 선비는 "첫 번째 절은 문안인사이고 두 번째 절은 물러나기 위해 한 것입니다"라며 臨機應變의 실력을 보여준 것. 두 사람의 문답은 결국 화해로 연결되었다.

이토록 차원 높은 유머는 사회생활에 윤활유와 같은 역할을 해내며 갈등과 대립에서 동질성을 회복시킨다. '감 중에서 먹지 못하는 감은 뭘까?'라고 궁금증을 자아낸 뒤 '정답은 영감'이라고 상황을 반전시키면 이내 웃음의 평화가 찾아온다. 현대의 난센스는 퀴즈보다 훨씬 구수하다. 생활의 리듬에서 웃음은 창조의 활력소가 된다. (1983.3.10)

政治와 모럴

일본 검찰이 다나까 前 首相에게 수뢰와 외환법 위반혐의로 5년의 법정 최고형을 구형했다. 새삼 '정치적 모럴'의 의미를 생각해 본다. 모럴은 라틴어 'mos'에서 유래됐다. 慣習이라는 뜻을 갖고 있다. 관습이란 인간의 오랜 생활 속에서 우러나온 '인간관계에 관한 理致'라 할 수 있다. 倫理라는 말은 그러한 의미를 함축하고 있다.

그러나 동양과 서양은 이 윤리의 가치기준이 서로 다른 것 같다. 서양은 인간의 개인적인 자유와 평등의 기준에서 윤리를 생각한다. 반면에 동양은 인간관계에서 하나의 질서를 찾으려 한다. 서양의 경우를 '個人의 윤리'라고 한다면 동양은 '共同의 윤리'인 것이다. 닉슨의 途中下車와 다나까의 困境은 말하자면 동서양의 정치적 모럴이 요구하는 현실의 한 斷面인 것이다.

닉슨은 1972년 11월 대선에서 득표율 61%라는 압도적 다수의 유권자 찬성으로 대통령에 당선됐다. 그는 中共방문이라는 획기적인 외교성과를 올렸고, 소련과의 紐帶를 '3極 體制'의 균형을 이루는 새로운 국제질서의 기틀을 마련했다. 어둡고 길었던 越南戰을 축소시키며 휴전을 이룩한 것도 닉슨이었다. 그러나 그는 이러한 화려하고 역사적인 정치역정에도 불구하고 불명예 除隊를 하고 말았다. 政敵의 비밀을 캐는 盜聽 혐의는 서구적 윤리에 대한 정면도전으로 받아들여졌던 것이다.

사립공업학교를 나온 정도의 학력으로 27세에 국회의원, 30세에 법무차관, 39세에 郵政相, 그리고 前後 일본에서 최연소 기록인 54세에 내각 총리대신이 된 다나까. 일본사람들에게 그만큼 잘 알려는 정치인도 드물다. 이 때문에 길가는 사람들을 붙잡고 질문을 던지는 TV기자들에 대한 반응도 신문과 야당의 '反 다나까' 一色과는 달리 兩論으로 갈라진다. 대체로 젊은 층이나 다나까 故鄕의 반응은 동정적이다.

그러나 어찌됐든 다나까의 정치적 不道德性은 일본 사회에 큰 충격파를 던졌다. 일본 정치무대의 '金權정치'와 정치적 수단에 의한 致富가 만천하에 폭로되었다. 이것은 동양 윤리의 측면에서 보면 인간관계의 파괴를 의미한다. 달리 말하면 인간적 신뢰 대신에 金權을 가치 기준으로 삼은 것이다. 결국 어느 사회에서나 정치인에 대한 원초적인 기대는 '모럴'이라는 德性에 있음을 새삼 깨닫게 된다. (1983.1.27)

人間 상실

몇 해 전 미국 女大生들 사이에서 가장 인기가 높은 순회강연이 있었다. 학술강연이 아니었다. 강연의 주제는 '강간을 모면하는 방법'이었다. 연사가 여러 가지 열거한 방법 중에 살려달라고 절대로 소리 지르지 말라는 대목이 있었다. 소리를 지른다고 해서 비명을 들을 사람들이 구출하러 달려오지 않는다는 것. 오히려 비명이 범인을 더욱 광폭하게 만들 뿐이라는 것이었다. 미국의 사회문제 가운데 가장 심각한 것은 범죄의 증가율이 아니라 범죄에 대한 不感症으로 지적되고 있다.

언제가 미국의 한 도심 아파트 주변에서 살인 사건이 발생했던 때의 일이다. 피해자의 비명 소리가 동네의 정적을 깼다. 그런데도 경찰에 신고한 사람은 아무도 없었다. 범죄 현장을 목격한 사람은 범인의 모습을 보자마자 서둘러 아파트 창문을 닫았다. 말려들기가 싫고 무서웠던 것이다. 결국 '나만 피해가 없으면 그만'이라는 생각이 의협심이나 시민의식보다 강해진 것이다.

최근 TV에서 '요지경 세상'이라는 프로그램이 방송됐다. 세상의 온갖 珍奇한 일들을 엮은 내용이었다. 그 가운데 하나를 소개한다. 여섯 살쯤 된 꼬마가 뉴욕 맨해튼 번화가에서 길을 잃었다. 눈물범벅인 꼬마는 행인들을 붙잡고서 엄마를 찾아달라고 읍소했다. 그러나 거들떠보는 사람은 없었다. "아가야, 바빠서 미안"이 고작이었다. 한참 후에 어느 중년 여성의 도움으로 버스를 타기는 했지만….

고도로 발달한 산업사회의 삭막한 단면이 아닐 수 없다. 프랑스의 시인 폴 발레리는 도시를 怪物로 비유했다. 인간성이 사라지고 良心이 마비되고, 그러면서도 사람들은 인간으로서의 溫情이 없어지는 것을 의식하지 못한다는 의미에서다. 한마디로 무서운 현상이다. 물질문명이 사람들을 그렇게 만든 것이다.

무엇이 우리를 이토록 '추악한 방랑자'로 만든 것일까. 혼잡한 시내버스 안에서 소매치기범을 보고도 눈을 돌리고, 청소년들이 탈선해도 못 본체 한다. 나와 상관없으면 그만이라는 이기심의 발로는 아닐까. 正初에 어른들은 반성할 일이다. (1983.1.4)

금연과 끽연

우리 생활주변에는 相反되는 異說들이 분분하다. 좋다, 나쁘다, 그렇다, 아니다의 意見을 좇다 보면 어느 장단에 춤을 춰야할지 갈피를 잡지 못할 때가 많다. 담배만 해도 그렇다. '百害無益이며 죽음의 煙氣'라는 부정적 주장이 있는가 하면 '정신건강에 良藥보다 좋다'는 긍정적 주장도 있다. 담배에 관한 한 가지 분명한 사실은 '담배를 피우면 壽命이 짧아진다'는 숱한 警句에도 喫煙 人口가 늘고 있다는 점이다.

미국의 한 보험회사의 통계에 의하면 담배 한 개비는 인간의 수명을 9분가량 단축시킨다고 한다. 20개비들이 담배 한 갑은 약 3시간가량 생존기간을 줄이는 것이다. 그래서 끽연자의 사망률을 보면 담배를 피우지 않은 사람보다 2배가량 높고, 하루 40개비 이상을 피우는 '헤비 스모커'는 8.3배나 된다는 것이다.

뿐만 아니라 담배의 주성분인 니코틴은 혈관을 수축시켜 혈압을 높이고 관상동맥 경화증을 유발시킨다고 한다. 또 담배 연기는 기관지염, 肺氣腫을 일으키기도 한다. 그중에서도 건강에 가장 심각한 것은 肺癌이다. 우리나라에서도 해마다 늘고 있는 폐암의 비율은 끽연자가 일반인에 비해 2배 이상 높다. 더욱이 폐암은 조기에 발견되지 않을 경우 치명적이다. 담배 연기는 자살행위를 서서히 진행하는 것과 다를 바 없는 셈이다.

그런가 하면 적절한 흡연은 스트레스 해소 차원에서 웬만한 치료제보다 효과가 낫다는 주장도 있다. 담배 한 개비가 불안하고 초조한 마음을 달래주는 만큼 굳이 담배의 危害를 들이대지 않아도 된다는 것이다. 끽연 動機와 관련해서도 여러 주장이 있지만 口腔 욕구를 충족시키려는 행위라는 게 定說이다. 피우던 담배를 끊으면 구강 욕구를 충족시키기 위해 단 것 등을 섭취하게 되고 그 결과 肥滿症에 걸리기도 하는 것이다.

'허리띠의 길이는 수명과 반비례 한다'는 말처럼 禁煙이 초래한 비만증이 수명을 재촉한다는 주장이다. 어쨌거나 담배 찬성론자조차 지나친 흡연은 건강에 좋지 않다고 말한다. 그런데도 끽연 인구가 늘고 있는 것이다. 더구나 요즘에는 젊은 여성층에서 오히려 더 극성을 부리고 있다고 한다. 찻집과 다방 등이 고급화하면서 조명이 어둡고 칸막이까지 설치되는 바람에 여성들이 스스럼없이 담배를 피우는 데 안성마춤이라는 것이다. 아무래도 걱정이다. (1983.1.4)

까막까치의 작은 집

모든 사람들이 새 家口를 꾸미면서 가장 절실하게 생각하는 것은 주택문제가 아닐까 싶다. '까막까치도 집이 있다'는 우리 속담이 있다. 집 없는 설움이 어떠한가는 겪어보지 못한 사람은 잘 모른다. 남의 집 문간방에서 집 주인의 눈치를 살피며, 우는 아이의 입을 틀어막아야 하는 어미의 눈에서는 한 맺힌 이슬이 괴는 것을 모른다는 말이다. 예나 지금이나 도시에서 사는 사람들의 첫째 소원은 제 땅에다 제 집을 짓고 사는 것일 게다.

어느 나라나 주택문제는 정부 시책의 중요한 몫을 차지하고 있다. 歐美의 경우 주택 實價의 10% 정도면 우선 내 집을 가질 수 있다. 신용제도가 발달해 있는 것은 물론 정부에서 이를 보증해주기 때문이다. 나머지 부담은 적어도 10년 단위로 나누어 갚는다. 전국적으로 집 없이 사는 사람들이 50%나 되는 우리의 실정으로는 '그림의 떡'과 같은 얘기다.

西歐에서는 주택자재도 표준화돼있다. 따라서 대량생산이 가능하며 설계도 마찬가지다. 이른바 組立式住宅은 이 같은 아이디어의 종합산물이기도 하다. 그런데 우리의 현실은 집을 짓되 작은 집보다 큰 집을 많이 짓고 있다.

'伍間八作', '高臺廣室', '院落', '御間大廳', '金殿玉樓', '畫棟朱簾', '甲第', '黃金玉' 등은 모두 우리나라 사람들의 주택에 관한 의식이 유달리 호화롭고 사치한 데서 비롯된 것은 아닐지…. 그것도 외형에 지나치게 신경을 쓴다. 외형이야 어떻든 내부에 한층 관심을 쏟는 서구 사람의 사고방식과는 너무 대조적이다. 고급 주택이나 맨션아파트는 치열한 경쟁 속에 날개가 돋치는 반면 필요한 사람들이 구름같이 많은 서민주택은 정반대의 奇現象을 보이는 것에서 우리나라 사람들의 호화주택 선호 경향을 느낄 수 있다. 집은 대부분 건설업자들이 짓는다. 작은 집은 지어봤자 잘 팔리지 않는다고 업자들은 변명하기도 한다.

이렇게 되고 보니 주택은 지어도 부족함이 줄어들지 않는 것이다. 여기에다 投機까지 加勢를 한다. 요즘 서울 일부지역에서는 다시 주택과 토지에 대한 투기조짐이 보이는 모양이다. 투기행위는 국민의 不勞所得 심리를 조장하며 物價를 불안하게 만들고 가진 자와 못 가진 자의 違和感을 조장하는 원인이 된다. 집 없는 庶民들에게 한 가닥 희망을 안겨 주는 획기적 대책은 없을까. (1982.10.2)

獅子의 敎訓

밀림의 왕이라면 사자를 꼽는다. 따지면 그럴만한 충분한 이유가 있다. 사자는 새끼 교육에 관한 한 철저하다. 새끼가 어느 정도 걸음마를 하게 되면 높은 언덕으로 데려간다. 어미 사자는 거기에서 자기 새끼들을 언덕 아래로 밀어뜨린다. 악착같이 기어오르는 새끼가 있는가 하면 중도 포기하는 새끼도 있다. 어렵사리 정상까지 올라오면 어미 사자는 가차 없이 새끼를 또 밀어뜨려 버린다. 결국 몇 차례의 오르내림 끝에 마지막 정상을 밟은 새끼를 어미는 자식으로 받아들인다. 올라오지 못한 새끼들은 家門의 불명예(?)로 여겨 거들떠보지도 않는다. 죽든 살든 관여를 하지 않는다. 새끼 사자 대부분은 죽기 마련이다. 어미 사자는 이토록 새끼 훈육에 혼신의 노력을 기울인다. 지나치게 혹독하지만 어쩌면 어설픈 사람보다 나은 교육이 아닐까 싶다.

이 같은 훈육 방식은 사자에 국한되지 않는다. 사자가 밀림의 왕이라면 독수리는 하늘의 왕이다. 독수리도 새끼를 키우는 과정은 상상을 뛰어넘을 정도로 가혹하다. 새끼가 날갯죽지를 퍼드덕거릴 즈음이면 어미 독수리는 새끼를 병아리 채듯 두 발로 움켜쥐고 하늘 높이 치솟아 오른다. 그런 다음 어미 사자와 마찬가지로 어미 독수리는 새끼를 공중에서 내려놓는다. 새끼가 스스로 날려 노력하는지를 예의 주시하면서 말이다. 어미는 기어코 살아남으려 끝까지 날개를 퍼드덕거리는 새끼를 땅에 떨어지기 직전에 살려낸다. 그러나 어미를 의지하고 살려주겠지 생각하는 새끼들은 그대로 땅에 떨어져 죽도록 내버려둔다. 사자와 독수리의 교훈을 통해 사람들은 배워야 한다.

근래에 보기 드문 반가운 소식이 있다. 전주동물원 암사자 '은정'이 새끼 세 마리를 순산했다고 한다. '은정'은 지난 1978년 광주동물원에서 시집와 신랑 '일남'과 신방을 차리고 1백8일만에 새끼 세 마리를 낳은 것이다. 어미 사자 '은정'이 새끼들을 어떻게 훈육할 지는 짐작하기 어렵다. 언덕이 없는 철창신세니 말이다.

때마침 같은 날 보도는 부부싸움을 벌인 부모가 자녀들에게 화풀이를 한 탓에 4남매가 가출을 했다고 한다. 오죽했으면 아이들이 집을 뛰쳐나왔을까. 사자와 독수리만도 못한 부모가 아닌지 모르겠다. (1982.10.9)

3字풀이

농촌에서는 간혹 農穀의 豊凶을 占卜으로 짐작한다. 외출할 때도 日辰에 따라 행동하고, 꿈을 가지고 運數를 판단하는 재료로 삼는다. 그것이 非科學的인 迷信임은 두말 할 나위도 없다. 그런데도 그렇지 않은 것이 현실의 한 斷面이기도 하다. 소복차림의 여인이 앞길을 지나가면 그 날은 재수가 없다고 믿는다. 木手가 연장을 건너 넘지 않으며, 부인들은 바가지를 밥상 위에 올려놓는 것을 不吉하게 여긴다. 産時에 금줄과 黃土를 뿌리는 것도 흔히 볼 수 있는 광경이다.

이러한 미신적 요소가 서민층이 아닌 공공기관에서 버젓이 행해진다는 데 문제의 심각성이 있다. 군대의 편성을 보면 四字가 들어가지 않는다. 4小隊, 4中隊, 4聯隊 등의 명칭이 없다. 병원에서도 마찬가지. 입원실의 號數에 四字는 없다. '死字'와 音이 같다는 이유로 군인이나 환자의 정신력에 불길한 예감을 주지 않으려는 발상에서 비롯된 것 같다.

그러나 서양 사람들은 7字와 함께 4字를 상서로운 숫자로 받아들인다. 나폴레옹은 전투를 진두지휘하던 도중 문득 발아래에 피어난 '네 잎 클로버'를 발견했다. 하도 신기해 그것을 볼 양으로 허리를 굽히면서 때마침 날아온 총알을 피할 수 있었다는 얘기가 전해 내려온다. 실로 刹那의 움직임이 그를 죽음으로부터 보호할 수 있었다. 이로부터 '네 잎 클로버'는 행운을 상징하게 됐다는 것이다.

숫자풀이가 나왔으니 말이지 동양 사람들은 3字를 상서롭게 생각한다. 아들을 점지해달라는 여인들은 三神할머니에게 빌었고, 맹자의 어머니는 세 번 이사하면서(三遷) 아들을 교육시켰다. 이밖에도 三皇, 三代, 三姓穴, 三尺童子, 三省吾身, 三日雨, 三原色, 松都의 三絶, 고려말의 三隱 등 이루 헤아릴 수 없을 만큼 동양에서는 3字를 자주 쓴다.

이러한 동양의 비과학적 語源을 정확히 알 길은 없다. 허나 한 가지 분명한 것은 미신에 빠져드는 경향이 날로 늘고 있다는 사실이다. 해마다 그랬듯 올해도 정초가 되자 土亭秘訣이 불티나고 점술집이 門前成市를 이룬다. 여기에 한 술 더 떠 啓導機能을 망각한 일부 週刊誌에서는 '百發百中의 豫言'이라는 이름의 광고를 버젓이 싣고 있다. 입학 시즌에 선거까지 겹쳐 미신이 더욱 극성이다. 무언가에 의지하고픈 심리작용에서 비롯된 때문이겠지만 잘못돼도 크게 잘못돼가는 것이다.

배꼽이 더 크다

요즘 지인들로부터 자주 듣는 말이 있다. "여보게! 술값은 긋더라도 팁은 준비해야 하네."라는 말이다. 연말을 맞아 忘年會가 뭐다 해서 친구들끼리 어울리는 모임이 잦아졌다. 여기에는 반드시 不文律처럼 '팁'이 따라 붙는다. 그런데 팁의 액수가 1~2천 원이면 모른다. 어떤 사람들은 5천 원, 경우에 따라서는 1만 원짜리 지폐를 거침없이 뿌린다. 이렇게 호기를 부리지 못하면 술집 종업원에게 민망스런 편잔을 듣기도 하는 모양이다.

高物價에 비례한 탓일까. 언제부터 그랬는지 몰라도 조금은 지나친 것 같다. 때로는 팁을 공공연히 요구받는다. 불쾌감을 느낄 때도 생겨난다. 옥스퍼드 사전은 '팁'을 아랫사람이나 傭人에게 어떤 일을 시켰을 때 성의 표시로 건네는 적은 액수의 돈으로 설명하고 있다. 그렇다면 요즘의 '팁'은 원래적 의미와는 상당한 차이가 나는 것이다.

다만 옥스퍼드 사전에는 蛇足이 붙어 있다. '사례금 혹은 뇌물'이라고. 그러나 '팁'을 뇌물과 같은 등속으로 생각하는 것은 도덕성 당위성을 의심하는 뉘앙스가 강하다. 물론 이탈리아의 경우는 요즘의 우리나라와 비슷하게 팁을 주지 않을 때 봉변을 당할 수도 있다고 한다.

'팁'은 불어로는 'pourboire', 독일어로는 'trinkgeld'로 불린다. 모두 나를 위해 수고를 했으니 목이나 축이라는 뜻이란 것이다. 우리나라 돈으로 치면 소주 한 병 값 정도다. 따라서 '팁'으로 축재를 생각해서는 곤란하다. 신속봉사를 위한 일종의 急行料가 아닐까.

일본어 사전에서는 '팁'을 '고꼬로 사께(心付)' 혹은 '茶代'라고 한다. '마음의 표시'나 '茶값'으로 그다지 부담을 느끼지 않는 액수의 돈을 의미하는 것이다. 잘못된 우리의 '팁'문화를 생각해 본다.

民俗과 傳承

민족의 예술은 면면히 가꾸고 가다듬어야 할 當爲를 지닌다. 復古調가 아니라 固有의 우리 것을 길이 간직하자는 소박한 의도에서다. 역사의 흐름을 거슬러 보더라도 민족의 自己同一性이 확인되는 장소는 언제나 전통문화의 繼承 가운데 있었던 것을 想起하게 된다. 오늘에 傳承된 民俗예술도 민족의 핏줄기처럼 우리를 하나의 흐름 속으로 몰아넣는 감격을 주는 것이어서 더욱 근원의 힘을 북돋게 한다.

최근 한 출판사가 주최한 판소리 감상회가 예상을 깨고 젊은 대학생들의 인기를 모으고 있어 화제다. 이 같은 현상은 해를 거듭할수록 전통 판소리가 대학생 문화에 확산되는 추세를 반영하는 것이다. 실제로 각종 판소리 강습회와 감상회를 찾는 사람의 70% 가량이 대학생이라고 한다. 전문가들은 무분별하게 도입된 서양문화에 대한 젊은 세대의 주체적 自覺이라고 평가한다. 얄팍한 계산이 깔린 천박한 자본주의를 벗어나 민족혼이 담긴 옛 가락에 심취하려는 젊은 세대들의 경향은 근래에 보기 드문 낭보임에 틀림없다. 꾸밈없는 정서를 솔직하게 토론하는 民衆의 목소리와 몸짓이야말로 원초적이며 본질적인 인간의 모습을 가장 잘 나타내는 형식이기 때문이다.

더욱이 全北人으로서는 고마우리만큼 기특하게 느끼지 않을 수 없다. 판소리의 본 고장이 바로 전북이기에 더욱 그러하다. 風土學者들은 사람을 두고 青山人間과 非青山人間으로 구별하면서 예술은 青山人間의 소산이라 했다. 서민예술인 판소리가 싹트고 발달한 곳이 살찐 肉山인 智異山麓이고 판소리 人脈의 8할 이상이 전라도 사람이란 것은 이러한 풍토적 여건으로 미루어 결코 우연한 일만은 아니다.

大私習의 연유를 보아도 매우 實感이 있다. 大私習은 본래 哲宗 때부터 우리 고장 全州에 있어온 판소리 지망생들의 登龍門이었다. 송흥록, 신재효, 송만갑, 유성준, 이동백, 정정렬, 한성준, 임유전 등 기라성 같은 八名唱도 모두 大私習 출신의 후예들이다. 뒤늦게나마 젊은이들이 우리 것을 찾으려는 몸부림은 嘉尙할만 하다. 情緒마저도 서구화한 상황에서 주체적 의식을 逆流시키려는 움직임은 여간 소중한 일이 아니다.

개미의 哲學

국민성에 따라 돈을 쓰는 태도가 다르다. 프랑스인들은 돈이 있으면 우선 아름다운 의복을 장만하고 몸치장을 한다. 이태리인들은 맛있는 음식을 먹고 노래를 부르며 흥청댄다. 독일인들은 집치장을 하고 더 좋은 집을 마련하기 위해 저축을 한다. 독일인 못지않게 스위스인들도 저축열이 대단하다.

1981년 세계 절약의 날에 발표된 자료에 따르면 스위스인들의 1인당 저축 잔고는 우리 돈으로 1천만 원으로 가히 세계 1위를 자랑한다. 동양에서도 대만이나 일본인들의 저축성형은 널리 알려져 있다. 대만의 저축율은 33%, 일본은 31%로 높다. 1973년 석유파동으로 회오리 칠 때 물가가 크게 올라 저축이 줄 것이 걱정됐지만 일본의 경우는 오히려 상향 추세를 보였다, 他山之石으로 삼을 일이다.

말할 것도 없이 저축은 미래를 대비하는 지혜다. 사람뿐 아니라 개미 같은 微物도 먹이를 저장한다. 주름개미나 장구개미는 식물의 종자만을 먹고 저장하지만 高等한 개미일수록 먹이의 범위가 넓어진다. 고등 털개미나 스미드 개미 따위는 깍지벌레 등을 보호하면서 그 분비물을 먹이로 삼고, 거지개미와 일본 왕개미 등은 애벌레를 굴 안으로 운반해 놓고 먹이를 주어 키우면서 그 애벌레가 분비하는 액체를 먹는다.

먹이를 저장하는 동물은 개미뿐 아니다. 부지런하고 저축성이 높기로는 꿀벌을 빼놓을 수 없다. 특히 다람쥐는 먹이를 모아두는 습성에서 으뜸이다. 자기가 먹을 量의 10배를 저장고에 모아둔다. 高等動物인 사람일지라도 이들 微物에게서 지혜를 배워야 한다. 굳이 '개미와 베짱이'의 우화를 끌어다 대지 않더라도 말이다.

저축하고 儉約하는 것이 지금처럼 중요한 때도 없다. 우리나라는 불명예스럽게도 현재 세계 外債國 가운데 4위에 올라 있다. 걱정 없다던 정부도 외채 절감을 위해 全方位 비상을 걸고 나섰다. 1월중 經常 赤字만도 年間억제선에 육박하는 실정이다. 여기에다 수출전망도 먹구름이 오락가락하고 있다. 국민과 정부, 기업이 함께 허리띠를 졸라매야 할 때다.

上官 접대

장마가 걷히면 본격적인 바캉스 시즌에 돌입하게 된다. 이미 휴가 보너스를 지급한 회사도 있다. 바캉스는 본디 프랑스말로 '비어 있다(空)'는 뜻이다. 7월과 8월 두 달 동안 프랑스 파리는 텅텅 빈다. 휴가를 즐기러 모두 파리를 떠나기 때문이다. 이 통에 수난을 당하는 건 고양이와 개다. 줄잡아 파리에만 1천만 마리나 된다고 한다. 파리의 인구와 거의 맞먹는 수준이다. 여름 휴가동안 주인을 잃은 고양이와 개는 수없이 굶어 죽는다.

미국이나 유럽은 週5일 근무제를 실시하고 있다. 이태리는 예외지만 평일에도 공무원들은 오후 1시가 되면 손을 씻는다. 이 같은 제도의 도입은 휴식을 '확대 재생산의 기회'로 여기는 데서 비롯된다. 무더운 날씨에 불쾌지수가 높게 되면 일의 능률이 떨어지는 것은 不問可知다. 물론 우리의 실정과는 다르지만 그래서 잘 사는 나라들은 앞다퉈가며 휴가기간을 연장한다.

바캉스 기간에 영국과 이태리는 14%만의 생산 감소가 발생할 뿐이고, 벨기에와 서독은 9%, 미국은 1.5% 밖에 안 돼 평상시와 거의 다름이 없다. 따라서 파리는 항상 赤字예산을 편성해야 한다. 그래도 法定 휴일을 보면 프랑스는 次點이다. 스웨덴이 33일, 프랑스 30일, 벨기에 28일, 미국과 서독이 25일, 소련이 20일, 영국은 18일이다.

우리의 현실과 비교하면 부러울 수밖에 없다. 그러나 우리는 여전히 허리띠를 졸라매야 하는 처지다. 때문에 사회정화위원회에서 내건 캐치프레이즈가 돋보일 수 있다. '건전휴가 보내기' 권장이 바로 그것이다. 여름휴가 동안 사회 전반의 기강이 해이될 것을 우려해 공히 공직자들이 민폐를 끼치지 않는 모범을 보이도록 지시한 것이다.

이 말을 뒤집어보면 예전에는 공직자들이 민폐가 적지 않았다는 의미가 된다. 전북 도내의 경우만 봐도 변산 해수욕장을 끼고 있는 부안 군수와 山紫水麗한 덕유산을 낀 무주군수는 여름철에 녹아난다는 말이 있을 정도였다. 중앙 정부부처는 물론이고 道 단위 기관장들의 접대를 소홀히 할 수 없기 때문이다. 지금은 많이 개선되긴 했지만 앞으로는 있어서는 안 될 舊態다. 우리 모두가 여름휴가를 삶을 재충전하는 '확대 재생산의 기회'로 여겨야 하는 것이다.

멋이 담긴 結婚式

한창 결혼 시즌이다. 일요일이면 택시잡기조차 힘들다. 얼굴이 좀 알려진 인사는 하루에 몇 군데를 돌아야 한다. 결혼식장 측에서도 예식 시간을 빠듯하게 잡는다. 조금만 늦었다가는 어느 하객인데 뒤범벅이 되기도 한다. 예식 시간이 30분 정도면 오히려 넉넉할 수도 있다. 세계에서 가장 빠르게 결혼식을 마치는 곳은 미국의 라스베이거스. 10~20 달러 비용으로 불과 5분이면 결혼식이 끝난다.

모두 그렇다는 것은 아니지만 극히 기계적이어서 멋이 없다. 두 쌍에 한 쌍 꼴로 離婚을 하는 풍조도 이처럼 情이 없는 결혼식 때문인지도 모른다. 한 평생에서 가장 기념해야 할 날을 요식행위처럼 끝내버리는 것은 은은하게 전래돼온 傳統을 숭상하는 우리네로서는 쉽게 납득이 가지 않는 대목이다. 그래서 그런지 요즘 舊式 결혼식이 늘어나고 있는 추세가 바람직스럽기도 하다.

서울에 '한국의 집'이라는 곳이 있다. 사모관대에 족두리 나삼차림으로 전통 혼례를 올리는 곳이다. 한국 사람뿐 아니라 외국 사람들도 이곳을 애용하는 사례가 늘고 있다. 1년에 40쌍이나 된다는 보도다. 우리나라 커플이 이용하는 것의 10%에 해당된다. 이것은 꼭 어떤 호기심의 작용만은 아니라는 것이 분명하다.

세계에서 가장 멋있고 뜻있는 결혼식을 찾아 유랑하다가 한국의 전통 혼례를 했다는 독일계 미국인의 이유를 들어보면 이렇다. 평상복차림으로 동사무소에 가서 서명을 하고 반지만 교환하는 서독式

은 너무 사무적이고, 중매쟁이가 잠자리까지 찾아와 부부간의 매너를 가르쳐주는 이집트 결혼식은 프라이버시 침해라서 불쾌했다고 한다.

그런가 하면 달걀을 밟아 깬 신랑의 발을 신부가 닦아주는 것으로 혼인서약을 하는 인도네시아의 결혼식은 여자 측에서 반대했고, 강제로 옷이 벗겨진 차림으로 신랑이 신부의 집 앞에서 결혼 허락을 애원하는 아르헨티나 혼례는 자신이 반대했다고 한다.

이렇게 볼 때 우리의 전통 혼례처럼 정중하면서도 멋진 낭만이 넘쳐나는 예식은 없더라는 것이다. 시간에 쫓겨 主禮辭조차 기억하지 못할 것이 아니라 우리의 '전통적 뿌리'를 가까운 곳에서부터 찾았으면 싶다.

재치가 넘치는 말들

大學街에서 유행하는 俗語는 현실에 대한 날카로운 비판과 풍자를 담고 있다. 번뜩이는 재치가 생명인 이들 속어는 시간의 흐름 속에서 생겨나고 사라진다. 1980년대에 들어서는 물질만능을 비꼬고 있다. 시험 답안지를 일컫는 '허위 자백서'가 유행했고, 예쁜 딸이 없는 집안을 가리켜 '부실기업', 여러 명의 이성 친구를 사귀는 사람을 '문어발기업', 임시애인을 가리키는 '핀치 히터'가 생겨났다.

1985년에는 4枝選多型의 객관식 주입교육 실태를 꼬집는 것이 대표적이다. 학력고사에서 우수한 성적을 거둔 아들에게 아버지가 "맛있는 것을 먹을래, 영화를 관람할래, 선물을 사줄까"라고 물었더니 아들은 대답을 하지 못하고 고개만 갸우뚱거렸다. 도대체 무슨 걱정이 있느냐고 아버지가 묻자 아들은 "문항이 4개가 아니고 3개뿐이라서 그렇다"고 대답했다는 것이다. 기발한 해학이 아닐 수 없다.

1950년대로 거슬러 올라가면 6·25 전쟁 이후 군에 입대하기를 꺼려하는 당시의 사회풍조와 점차 번지기 시작한 자유연애를 풍자한 것들이 많다. 1954년에 대학생들은 징집영장을 '청춘 차압장'이라고 불렀다. 대학가에 休講이 잦았던 1955년에는 '흐르지 않는 강'이라는 말이 유행했다. 休講의 '講'을 '江'으로 풀이한 것이다.

1960년대에는 당시 어려웠던 생활 형편을 반영하고 있다. 시간을 잘 지키지 않는 우리나라 사람들을 빗댄 '코리언 타임'이 변형된 '구공탄 타임'이 유행했다. 1961년에는 주름살을 '인생 계급장'이라고 불렀다. 이는 어른에 대한 격하와 함께 당시 위세를 떨치던 군대 계급장에 대한 풍자의 의미도 담고 있다. 무허가 건축이 난립했던 1962년에는 못생긴 얼굴을 '무허가 건축'으로 부르기도 했다.

1970년대에는 대학생들의 정치참여에 대한 관심이 억제 당하면서 정치제도와 얼굴을 연결 짓는 말들이 많이 등장했다. 얼굴이 오목한 사람을 가리키는 '중앙집권제', 얼굴이 넓적한 사람은 '지방자치제', 몸의 균형이 맞지 않는 사람은 '삼권분립', 못생긴 사람은 '자유방임주의'로 부르기도 했다. 사회상을 풍자하는 속어에 깃든 우리의 문화도 한 번 쯤 되새겨봄직하다.

正直하게 사는 사람

삶의 즐거움이란 과연 무엇인가. 요즘 젊은이들에게 물어보면 태반은 이렇게 대답할 것 같다. '돈 있고 몸 건강하게 인생을 적당히 즐기는 것'이라고 말이다. 어느새 돈이 모든 가치를 판단하는 세상이 됐나보다. 가히 黃金萬能 시대에 살고 있음을 실감케 한다. 그러나 예전의 가치 기준은 달랐다. 특히 동양에서는 도덕적인 규범을 중시했다.

맹자의 '三樂論'이 이를 잘 대변한다. 맹자는 "兩親이 살아계시고 형제가 無故한 것이 첫 번째 즐거움이요, 하늘을 우러러 부끄럽지 않고 사람을 대할 때 떳떳한 것이 두 번째 즐거움이며, 천하의 英才를 모아 가르치는 것이 세 번째 즐거움"이라고 했다. 물질 우위의 황금만능 시대를 사는 우리는 이 가운데 두 번째 즐거움을 유의할 필요가 있다. 요즘 하늘을 우러르고 땅을 굽어보다 한 점 부끄럽지 않을 사람이 과연 얼마나 될까. 특히 공직자의 경우가 더욱 궁금해진다.

'淸廉은 牧者의 본분'이라고 茶山 정약용은 그의 牧民心書에서 강조했다. 茶山은 淸白吏의 유형을 3등급으로 구분했다. 봉급 이외에는 아무 것도 먹지 않고 남는 것은 반납하는 자를 上級, 명분이 바른 것만 가려 받는 자를 中級, 선례가 있는 것까지는 받되 직원을 이용한 비위는 저지르지 않는 자를 下級으로 나누었다. 조선시대 초기 정승인 柳寬처럼 비가 새는 방 안에서 우산을 받고 장마철을 보낸 청빈을 요즘 상상이나 할 수 있을까.

世祖 때의 이조판서 李承召는 초가삼간에 살았는데 당시 병조판서이던 某는 이웃에 호화주택을 짓고 살았다. 두 사람이 어느 날 함께 入侍하게 됐을 때 서로 모르는 체 했다. 이를 이상히 여긴 世祖가 "吏判은 兵判을 모르는가?"라고 물었다. 이에 李承召는 "알아도 모릅니다(知面不知乎)."라고 답했다. 이후 재물을 탐하는 신하나 관료들 사이에서는 '知面不知乎'가 유행어가 됐다고 한다. 오늘 淸白奉仕賞 수상자들이 발표됐다. 전국의 對民 행정기관에서 親切과 公正을 신조로 맡은 바 임무를 묵묵히 수행해온 숨은 民主公僕들인 것이다. 등불은 어두울수록 빛나듯이 濁한 세상이라 이들의 깨끗함이 더욱 돋보인다.

꿀이 너무 많으면…

미국의 大富豪인 록펠러가 사업상 어느 호텔에 투숙한 일이 있었다. 그 때 록펠러는 웨이터를 불러 이 호텔에서 가장 싼 방이 어디냐고 물었다. 이에 소스라치게 놀란 웨이터는 "사장님의 아드님께서는 지금 이 호텔에서 가장 비싼 방에 묵고 있습니다."라고 답했다. 그러자 록펠러는 "음. 그럴 수도 있지"라며 담담한 표정을 지었다. 그러면서도 한 가닥 서운함을 감추지는 못했다고 한다.

이 얘기는 돈의 씀씀이에 대한 경각심을 일깨운다. 돈이 많다고 해서 함부로 쓰는 일부 족속들에 대한 警句이기도 하다. 그렇다면 우리의 실정은 어떤가. 돈을 어떻게 버는지도 모르는 재벌 2세들의 흥청거림을 볼 수 있다. 대부분의 우리 기업들이 그렇듯 자식들에게 물려주는 병폐의 일단이다.

가까운 주변에서 이러한 상황은 얼마든지 접할 수 있다. 고급 요정이나 커피 전문점을 가보면 바로 알 수 있다. 아버지가 막걸리를 마실 때 그 자녀들은 비싼 양주를 서슴없이 들이킨다. 과연 이러한 모습을 어떻게 받아들여야 할까. 한마디로 이러한 作態는 가치판단의 顚倒라고 할 것이다. 아무리 산업사회에 따른 물질주의가 팽배한 사회라 할지라도 이토록 거꾸로 가는 현상은 결코 바람직스럽지 않은 것이다. 원인은 어디에서 찾을 것인가. 이른바 한탕주의가 우리 사회의 기풍을 멍들게 한 것으로 돌려야 한다. 따라서 이 같은 상황의 전개는 전적으로 어른들이 깊이 반성하고 책임져야할 문제다.

벌은 꿀을 먹고 살지만 꿀이 너무 많아 넘쳐흐르면 날개에 붙어 벌이 죽게 되는 이치다. 사람이 살아가는 데 돈은 필요한 수단이지만 돈이 너무 많으면 오히려 그 돈으로 인해 피해를 입는 경우가 茶飯事다. 돈에 대한 가치와 의미를 다시 생각해야 할 것 같다.

百行의 根本

孔子는 "옆집의 羊을 훔친 아버지의 죄는 자식으로서 이를 고발하기보다 숨기는 것이 더 도덕적이다"라고 論語 子路篇에서 말했다. 또 爲政篇에서는 "요즘은 부모에게 물질로써 봉양함을 효도라 하지만 개나 말도 집에 두고 먹이지 않는가. 공경하는 마음이 여기에 따르지 않는다면 무엇으로써 구별하랴"고 지적했다. 好衣好食을 시켜드리는 것이 효도가 아니라 마음이 중요하다는 의미다.

효도관광이다 뭐다하여 물질만능의 풍조에 병들어 가고 있는 우리에게 크게 뉘우침을 주는 말이다. 특히 유교적 덕목이 엄격한 동양인들에게 있어 孝는 百行의 根本으로 여겨져 왔다. 그러나 오늘날과 같은 동양 문명의 쇠락기에는 孝가 매우 어설프고 시대에 뒤떨어진 윤리의식으로 치부되기 일쑤다. 核가족시대가 그것을 가속화하고 있는 것이 오늘의 양상이다.

마지못해 자식을 따라 이민을 간 노파가 투신했다는 언론 보도도 이러한 맥락에서 생각되어야 한다. 우리나라의 性理學을 집대성한 退溪 이황도 孝와 관련한 일화를 남겼다. 그는 노년에 벼슬자리에서 물러나 고향으로 내려 보내줄 것을 임금에서 탄원했다. 그 이유를 묻는 임금에게 "얼마 남지 않는 어머니의 여생을 보살피고 싶다"고 말했다. 한양으로 모시라는 임금의 말에는 "평생을 흙과 더불어 살아온 어머니는 한양생활이 불편하실 것"이라고 사양했다.

이처럼 예전에는 효도를 나라에 대한 충성보다 더 중히 여겼다. 孟子는 盡心篇에서 "聖天子인 舜이 만약 자기 부친이 살인죄를 저지르게 되면 그는 즉시 임금을 그만 두고 물러나 아버지를 등에 업고 세상 끝까지 몸을 피한 뒤 아버지를 즐거이 모시며 살아갈 것이다"고 말했다. 孝의 실천이 중요하다는 의미다.

孝는 '子'와 '老'의 두 글자가 합해진 문자다. 자식이 老親을 받들고 순종함을 뜻한다. 오늘은 '어버이날'이다. 얼마만큼 부모를 섬기고 공경했는지 우리 스스로를 반성해봐야 한다. 부모의 은혜는 河海와 같다고 했다. 자가용으로 여행을 보내드리는 것이 진정한 孝는 아니다. 공자와 맹자의 말을 빌릴 것도 없이 효도는 마음의 문제인 것이다.

말은 正確하게

"3루에 공을 뿌렸지만 세이프 됐습니다". 야구 경기를 중계 방송하는 아나운서의 입에서 나온 말이다. 아나운서는 '뿌리다'를 연발했다. '뿌리다'가 문헌에 쓰인 용례를 보면 가랑비 뿌리고, 물을 뿌려 비를 쓸고, 눈물을 뿌리고, 甘露를 뿌리고와 같이 비, 물, 눈물 등에 붙여 쓴다. 일본어에서는 비가 오는 것을 '아메가 후루'라고 한다. '후루'는 비가 '오다'는 뜻이다. '후루'는 '부루'가 변한 말이고, '부루'의 語根은 '블'이다. 일본어 '후루'는 우리말 '비'의 옛말인 '블'이 일본으로 건너가 동사로 바뀐 것이다. 결국 우리말 '뿌리다'와 일본말 '후루'는 모두 '비'에서 비롯된 말이다. 이러한 語源을 통해 볼 때 '공을 뿌리다'는 표현은 얼토당토않은 것이다.

'공을 던지다'에서 '던지다'의 옛말은 '더디다'이다. 이후 '더디다

→ 더지다 → 던지다'로 변했다. '더디다'의 어근은 명사인 '덛'이고 여기에 '이다'라는 접미사가 붙은 꼴이다. 원시인들이 던졌던 것 가운데 가장 일반적인 것은 무엇이었을까. 아마도 돌이 아니었을까 싶다. 전쟁의 초기 형태가 돌을 던지는 것(石戰)이었던 점에 비춰 '더디다'는 돌과 관련된 단어임이 분명하다. 따라서 '공을 던지다', '물을 뿌리다'고 해야 옳은 표현이다.

그런가 하면 신문이나 방송용어에 '다르다'와 '틀리다'를 혼동하고 있음을 흔히 접한다. '다르다'는 같지 않다는 뜻이고 '틀리다'는 옳지 않고, 맞지 않은 것을 뜻한다. '너와 나는 다르다'고 말해야 할 것을 '너와 나는 틀리다'라고 한다면 결국 '너와 나는 옳지 않다'는 말이 되고 만다. 요즘 날씨가 쌀쌀해지자 '冷害피해'라는 말이 곧잘 등장한다. 여름 장마철 '水害피해'와 같은 잘못이다. '역전앞', '처가집', '광교다리' 등과 같은 겹말이다. 대중매체의 영향력을 생각한다면 언론 종사자들의 정확한 어휘 선택과 사용은 아무리 강조해도 지나치지 않다.

說得의 묘미

'연약한 자는 여자다. 여자는 長壽한다.' 이 말을 듣고 누가 시비를 걸었다. 長壽하는 자는 연약하다는 말인가라고. '세상에 고급 물건은 흔치 않다. 10원짜리 빵도 흔치 않다.' 그렇다면 10원짜리 빵은 고급이란 말인가. 논리학에서는 이런 경우 誤謬라고 한다. 말꼬리를 잡기로 들면 한도 끝도 없다. 대화나 협상이 이뤄질 수 없는 이유다. '현명한 사람과 마주 앉아 나누는 대화는 10년간의 독서보다 낫다.' 미국의 유명한 시인 롱펠로우가 한 말이다. 또 철학자 아리스토텔레스는 '인간은 사회적 동물'이라고 말했다. 얼마나 많은 사람과 얼마나 깊은 대화를 나눌 수 있느냐에 따라 그의 사회적 능력이 평가된다고 할 수 있다. 대화 없는 조직은 時限 爆彈이 장치된 빌딩보다 더 위험하다는 말도 있다.

지금 우리의 상황은 대화와 타협이 진정 필요할 때다. 그러나 양측의 벌어진 틈이 너무 크다. 政府와 국민, 與·野, 勞·使, 조직의 上下에서 나타난 틈 말이다. 대화가 없는 곳에 신뢰가 쌓일 리 만무하다. 오히려 불신과 반목만이 무성할 뿐이다. 결국 사회 기강이 흔들리고 무질서가 난무하게 된다. 대화란 당사자끼리 답답증을 느끼지 않을 만큼의 목소리면 된다. '큰소리를 쳐야만 통한다.'고 생각하는 것은 안타깝다. 낮고 부드러운 목소리가 熱辯보다 효과적일 때가 많다. 일본 NHK의 스즈끼 겐지는 半音을 주장한다. 가장 설득력 있는 음성은 자기 음성의 25%라는 이론을 제시한다. 어쨌거나 막힌 대화는 터야 한다. 전국교직원노동조합의 대화 요구를 정부 당국은 일축하고 있다. 여·야간 대화도 그동안 서경원 의원의 방북사건으로 꽉 막혀 있다. 대화의 가능성은 있다지만 전망은 불투명하다.

大安協이라는 것도 결국 대화 없이는 불가능하다. 세상에 흔한 말이지만 말처럼 무서운 것도 없다. 상대의 눈을 맞추고 목소리는 낮추는 설득의 자세로 툭 트고 대화를 나눠야 한다. 소통은 설득의 노력으로부터 가능하다.

政治家와 政治꾼

'白馬고지'는 세계 전쟁사에서도 유례가 드문 6·25 전쟁의 최대 격전지다. 한국군 제 9사단이 지키고 있던 이 고지를 中共의 정예부대인 제 38군이 공격함으로써 死鬪는 시작됐다. 서로 물고 물리는 血戰으로 고지의 주인이 무려 24차례나 바뀌었을 정도다. 人海戰術을 펼쳤던 中共軍은 1개 사단 병력을 잃고서야 물러났다. 국군도 3천4백여 명의 사상자를 냈지만 고지는 死守했다. 이번 4·26 총선도 전국적으로 보면 백마고지의 血戰 못지않은 스릴이 가득한 곳이 많았다. 전북의 경우는 '黃色바람' 탓에 스릴 만끽의 선거구는 별로 없었다. 익산과 전주甲의 2위와 3위 다툼이 약간 손에 땀을 쥐게 했을 뿐이다. 어쩌면 싱거운 한판이었는지 모른다. 平民黨의 당선자조차 "예상 밖의 일"이라며 놀라는 표정을 지었다.

R. B 서리던은 "인생에서 가장 견딜 수 없는 것, 그것은 라이벌의 희열"이라고 했다. 그러나 경쟁자에게 희열은 안겨주지 않는 노력은 어디까지나 正正堂堂한 방법으로 이뤄져야 한다. 라이벌적 存在가 있음으로써 더욱 분발하고 정열을 태우며 끊임없는 자기 수련과

정진을 계속하게 된다. 사실 경쟁 없는 곳엔 勞力도 없게 마련이다.

라이벌(Rival)이란 본래 라틴어에서 온 말로 '같은 江 주변의 거주자'라는 뜻이다. 이웃이란 말인데, 이웃 간의 반목은 흔히 있는 일이다. 이것이 경쟁자, 대항자의 의미로 변한 것이다. 라이벌 의식은 지니되 보다 자기 발전적으로 투지를 발휘해야 한다. 그런데도 이번 총선의 양태는 이기기 위해 수단과 방법을 가리지 않았다. 금품제공, 폭력, 중상모략의 선동이 판을 쳤다.

정치꾼은 다음 선거를 생각하고 정치가는 다음 시대를 생각한다고 했다. '꾼'과 '家'를 가려내야 했었다. 특히 선동가는 다음 선거조차 생각하지 않는다. 당장의 이익에만 血眼이 된다. "나라를 망치는 지름길은 煽動家에게 일을 맡기는 것"이라고 일갈했던 디오니소스의 名言을 음미했어야 했다.

候補의 資格

지금 대다수 국민들은 지방자치제가 장차 틀림없이 실시될 것으로 믿고 있다. 믿고 있는 정도가 아니라 이미 지방자치 시대의 선풍이 불어 닥치고 있다고 생각하는 사람들마저 있다. 弄牛眞牛으로 道의회 진출을 은근히 표명하는 사람도 있고, 실제로 그에 대비해 직간접으로 '조직' 활동에 나서는 사람도 있다. 참으로 우리나라 사람들의 정치 관심과 정치 의욕은 다른 나라보다 훨씬 높은 것 같다.

물론 사회적으로나 개인적으로나 정치과열 성향을 반드시 나쁘다고 할 수는 없다. 이런 에너지는 그것이 건전하고 정당하게 분출될 때 오히려 성장 발전의 활력소가 된다. 국민이 정치나 의회에 관심을 갖는다는 것은 민주주의의 기본 토양이기도 하다. 지역과 주민들을 위해 헌신 봉사하겠다는 사람이 많을수록 좋은 것이다.

그러나 이러한 기본 논리를 수긍하면서도 지방자치제 실시를 앞두고 걱정이 태산이다. 과연 우리가 기대하고 상상하는 것처럼 의미 있고 생산적인 지방자치제 시대로 진입할 수 있을까하는 老婆心이 크다. 다른 이유에서가 아니다. 그러한 과정을 밟아가자면 여러 차례의 선거를 치러야 하는데, 과연 깨끗하고 공정하며 축제분위기를 느끼게 하는 선거가 이뤄질 것인가 하는 걱정인 것이다.

강원도 동해市의 국회의원 재선거를 바라본 국민들의 실망감은 너무나 크다. 부정선거의 압권이라고까지 혹평을 받는 동해市의 선거를 목격한 우리는 민주주의의 失踪을 우려하지 않을 수 없다. 앞으로 도의원을 뽑고 시의회를 구성하고 단체장을 直選할 때 동해市의 再版이 없으라는 보장을 누가 하겠는가. 실제로 우리의 뇌리 속에서는 '선거'와 '不正'이 연결되는 경향성이 크다.

그렇다 하더라도 민주주의 발전 과제의 하나인 지방자치제는 반드시 실현돼야 할 시점에 와있다. 이것은 시대적 요청이요, 역사발전의 필연적인 과정이다. 따라서 우리가 지금 분명하게 다듬어 놓아야 할 것은 선거문화의 도덕성이다. 깨끗하고 공명한 선거풍토를 전제로 하지 않고서는 지방자치제의 참 뜻을 구현할 수 없기 때문이다. 진정한 민주주의는 그 도달 수단인 선거를 만점짜리를 치를 수 있어야만 마침내 우리의 것이 될 수 있다.

優柔不斷의 참 뜻

語源이 같은데도 의식구조가 다른 나라에 들어가면 말의 뜻이 전혀 달라지는 경우가 있다. 이를테면 '直情徑行'이라는 말도 그렇다. 이 말은 감정의 충동대로 생각하지 않고 솔직하게 취하는 행동을 뜻한다. 마치 검으면 검고, 희면 흰 것이라는 극단적 사고와 행동인 것이다. 그런데 이 말이 일본에 들어가자 武士道의 정신으로 찬양을 받는 좋은 말로 둔갑했다. 즉, 일본 사람들에게 '直情徑行'은 긍정적으로 받아들여진 것이다. 그러나 이 말의 본고장인 중국에서는 부정적으로 인식된다. 孔子의 두 제자 有若과 子遊가 禮에 관한 논쟁을 벌였다. 그 논쟁의 초점은 이렇다. 부모의 죽음에 즈음하여 어린이처럼 엉엉 울어대는 어른이 있었다. 有若은 이를 보고 감정의 솔직한 표현이라며 좋은 일이라 했다. 반면 子遊는 "直情으로 徑行하는 것은 오랑캐의 도리"라며 찬성하지 않았다. 아무리 애통해도 감정의 표현에는 절도가 있어야 한다는 것이었다.

중국 사람에게 '直情徑行'은 경솔하고 얄팍한 어린애 같은 행동으로 괄시받는 데 반해 일본에서는 경의를 갖고 받들어 모신다. 따라서 '直情徑行'의 반대말에 대한 두 나라 사람들의 수용 태도도 정반 대다. 그 반대말은 두 말 할 것도 없이 '優柔不斷'이다. 결단을 내리지 못하고 우물쭈물한다는 뜻으로 받아들인 일본 사람들에게 이 말은 무조건 惡이다. 우리나라의 경우도 일제 치하에서 이 말을 익혔음인지 이미지가 좋지 않다. 그러나 원래 이 말은 나쁜 것이 아니다. 孔子家語에서 '優柔'란 군자가 백성을 대하는 신중하고 사려 깊은 태도를 뜻한다. 비판의 소리도 겸허하게 받아들이는 태도다. 春秋左氏傳에도 '優柔不斷'은 겉만으로 성급하게 事理를 보지 말고 여유를 갖고 유연하게 판단하는 자세를 담고 있다.

名宰相 황희 정승의 일화에서도 이와 유사한 장면을 엿볼 수 있다. 이렇게 말하는 사람도 옳다. 저렇게 말하는 사람도 옳다. 그런 대답이 어디 있느냐는 아내의 핀잔에 그 말도 옳다고 했던 것. 황희 정승은 中庸을 강조하면서 '優柔'를 내세운 것이었다. '不斷'은 단정을 내리지 못한다는 뜻도 있지만 단절되지 않는다는 의미도 갖는다. '優柔不斷'에는 여유와 신중, 思慮가 깃들여 있다. 昨今의 政局은 '直情' 일변도로 치닫는 느낌이다. 왜곡되지 않은 '優柔'가 아쉽다.

뺨의 受難

얼굴의 볼은 정신력과 靈力이 가장 예민하게 집결돼 있는 인체의

聖所다. 또 볼에 분포돼 있는 세포에는 인간의 때 묻지 않은 가장 순수하고 원초적인 정서가 알알이 배어있는 곳이다. 어린 아이와 오랜 기간 떨어져 있던 어머니가 다시 만났을 때 아이를 끌어안고 볼부터 비벼대는 것은 이 세상 어느 나라건 다를 것이 없다.

우리나라의 볼때기가 그것이다. 원초적 사랑의 결속을 볼때기로 재확인하는 것이다. 악수며 포옹이며 키스며…. 인간이 몸을 접촉해 나타내는 친밀행위 가운데 가장 다정하고 순결하며 고귀한 것이 볼 비비기다. 오묘하고 신비한 모나리자의 웃음을 '볼로 웃는 웃음'이라고 하지 않았던가. 시인 예이츠는 볼에 오목하게 팬 보조개를 가리켜 '天使의 실수'라고 칭했다. 경주박물관에 놓여 있는 돌로 만든 아기부처상은 통통한 뺨을 어루만지는 관람객들의 손때에 찌들어 까맣게 반들거린다.

그러나 볼은 귀여움만 받는 것은 아니다. 분노와 적대감으로 毒이 오른 손바닥의 공격 목표가 되기도 한다. 막스 셸러는 그의 '羞恥論'에서 볼을 한 번 맞는 것은 엉덩이를 열 번 맞는 것보다 치욕감을 더 유발한다고 했다. 인간의 原罪와 가장 직결된 부위이기 때문이다. 그만큼 뺨은 인간의 죄의식과 表裏관계에 있다. 전경환씨가 검찰에 출석할 때 한 시민으로부터 뺨을 맞았을 때 치욕감과 분노가 뒤엉킨 그의 모습은 지금도 생생하다.

뺨을 때리는 습성은 東西古今을 가릴 것이 없다. 마태복음에서 예수는 누가 오른 뺨을 때리거든 왼 뺨마저 내주라고 말했다. 엊그제 국회의원이 경찰 간부의 뺨을 때려 平地風波를 일으켰다. 경찰관 집단사표 파동은 정치문제로까지 번질 조짐이다. 이유야 어찌됐건 국회의원이 공무집행 중인 경찰관에게 손찌검을 한 것은 비난받아 마땅하다.

自然과의 속삭임

'지각추위'의 심술로 온 大地가 꽁꽁 얼어붙었기에 立春이라 말만 들어도 귀가 번쩍 든다. 오늘이 바로 立春. 입춘은 4계절에 세워진 4기둥 가운데 하나다. 자연의 섭리는 궤도를 어기지 않는다. 한밤이 지나면 해가 솟아오르는 봄은 기약을 지키기 위해 찾아온다. 回歸의 봄이지만 사람들에게 있어선 더 없이 소중한 계절이다. 蘇生의 계절이기 때문이다.

입춘을 하루 앞둔 어제 아침 도내 평균기온이 영하 10도 아래로 곤두박질쳤다. 그래도 마음의 봄은 이미 꽃을 피웠고, 머지않아 따뜻한 내일이 있음을 믿기에 새 희망과 싱싱한 용기가 샘솟는 것이다. '얼어붙은 입춘'이라고 기상대쪽에 눈을 흘길 건 없다. '酷寒立春'도 가능하다는 우리에게 내린 警覺인지 모른다.

예로부터 입춘이 되면 저마다 한 해의 萬事亨通을 빌었다. 집집마다 대문이나 기둥에는 봄이 시작되니 크게 길하고 경사스러운 일이 많이 생기기를 기원하는 의미에서 '立春大吉 建陽多慶'을, 또 문을 활짝 여니 만복이 들어오고, 마당을 쓰니 황금이 나오다는 '開門萬

福來 掃地黃金出'이라는 조금은 황당하고 웃음 짓게 하는 春聯을 써 붙였다. 이 얼마나 소박하고 느긋한 풍경인가. 이러한 풍습들이 언제부터인가 자취를 감춘 것은 아쉽기조차 하다.

그런데 '가게 기둥에 立春'이라는 말이 있다. 그 흔한 春聯도 가게 기둥에 붙이면 格에 어울리지 않는다는 뜻이다. 24節侯가 農耕文化의 산물이기 때문일까. 밭에 씨앗을 뿌리는 날은 입춘으로부터 88일째 되는 날이며, 2백10일째는 태풍의 시기라고 한다. 하지만 누구에게 있어서나 봄을 기다리는 마음은 한결같다. 그것은 꿈이며 희망이며 기대와 再起의 계절인 것이다.

정녕 봄은 자연과 인간의 속삭임이 이뤄질 때 움트나 보다. 더구나 사람끼리는 그 '마음속 얼음'을 깨고 나누는 봄의 대화가 실현될 때 비로소 참다운 봄이 열리며 꽃피게 되는 것은 아닐까. 머지않아 花信이 봄바람을 타고 소리 없이 빙그레 웃으며 사뿐사뿐 달려오리라. 우리 주변도 훈풍에 눈 녹듯 했으면 오죽이나 좋을까.

귀뚜라미의 思惟

이 강산 가을 길에 물 마시고 가보라/ 水晶에 서린 이슬을 마시는 산뜻한 상쾌이라/ 이 강산 가능 하늘아래/ 田園은 풍양과 결실로 익고/ 빨래는 기어이 白雲처럼 바래지고/ 고추는 날마다 太陽을

앗아간다. 이 고장의 愛國 詩人 韓何雲이 노래했다. 伍穀百果가 영

그는 계절에 무언가 겸허하게 생각하는 자세는 결코 뒤로 미룰 수

가 없다. 헤르만 헤세는 그의 시 「9월」에서 '정원이 슬픔을 안고 있

다. 차가운 꽃 속에 비가 가라앉는다. 여름이 살짝 몸서리친다. 그

종막을 향하여…'라고 읊었다. 생각하면 지난 8월은 기억에 되살리

고 싶지 않다. 태풍으로 엄청난 인명과 재산피해가 발생했고, 정치

와 경제의 굴절도 심각했다.

자연의 섭리는 어김없어 좋지만 지금의 시대적 상황은 긍정적 측

면보다는 부정적 측면이 더 부각되고 있다. 귀뚜라미의 울음이 그토

록 서글프게 들리는 의미를 곰곰이 되새겨야 한다. 기나긴 가을밤의

벌레소리와 凋落하는 나뭇잎들은 한없는 사유의 세계를 펼쳐주지

않는가. 思惟의 세계처럼 인생을 값지게 하는 것도 없다. 조용히 自

問自答하면서 결실의 계절에 무엇을 어떻게 했는지 결산해야 한다.

더러는 허송세월을 했다고 후회하거나 보람찬 생활을 했다고 으스

대는 사람도 있을 것이다. 9월이 결실의 계절이라면 영근 수수목처

럼 고개를 숙여야 한다.

빈 수레가 요란한 법이다. 속이 비었기 때문이다. 어차피 人命은

有限하다. 어떻게 살아왔느냐 못지않게 어떻게 살아갈 것인가도 중

요하다. 그 어떤 변화도 거부할 것 같은 樹木들도 계절의 변화에는

어쩔 도리가 없다. 단풍으로 변하고 낙엽이 되는 것이 자연의 섭리

다. 엄숙한 마음으로 자신을 되돌아보는 가을이어야 한다.

낚시道

그렇게 새로운 얘기는 아니다. 낚시꾼과 사냥꾼의 대화다. 사냥꾼은 낚시꾼을 향해 '비겁한 짓'이라고 했다. 낚시 바늘이 보이지 않도록 미끼를 달아 물고기를 잡는 것은 詐欺라는 주장이다. '페어플레이'가 아니라는 것이다. 그러자 낚시꾼은 사냥꾼에게 一喝했다. 산짐승을 총으로 쏴 죽어가는 꼴을 좋다고 하는 것은 잔인함의 극치라고 반박했다.

누구의 말이 옳은지 얼른 판단하기는 쉽지 않다. 論語에 이런 구절이 있다. '물고기를 잡되 그물질을 하지 않고, 나는 새는 쏘더라도 잠자는 새는 쏘지 않는다.' 이 말에는 멋있는 含蓄이 있어 좋다. 물고기를 잡기로 말하면 '막고 품으면' 된다. 그 짓을 하지 않고 姜太公처럼 미끼가 없는 곧은 낚시를 드리우는 데는 그럴만한 철학이 있다. 갖은 방법을 동원해 물고기를 잡는다면 그것은 삶을 영위하는 漁夫이지 낚시꾼은 아니다. 낚시꾼에게 고기를 잡거나 잡지 못하는 것은 그리 큰 문제가 아니다. 도시의 騷音에서 벗어나 조용하게 자연을 관조하는 것이 낚시꾼의 참다운 모습이기 때문이다.

지금은 그것이 아닌 데서 문제가 있다. 보트를 타고 다니면서 江心을 마구 휘젓는가 하면 高聲放歌를 예사로 한다. 이들에게서 '낚시道'를 찾아볼 수는 없다. 道樂에 대한 예의는 아무리 강조해도 지나치지 않는다. 미국은 재미있는 나라다. 몇 cm 이하의 어린 물고기를 잡으면 벌금을 물린다. 작은 물고기는 잡은 즉시 풀어줘야 벌금을 모면할 수 있다. 소련의 체홉은 낚시를 너무 즐겨 자기 아내를 '물고기'로 불렀다고 한다. 그것이 대견스러운 일은 아니다. 다만 순수하게 자연을 사랑한 방식이 부러운 것이다. 주위의 모든 것을 잊고 드리운 낚시에 심취할 수 있다면 그 순수성은 인정해야 한다. 모든 私心을 버리고 江心을 낚는 것은 그래서 한없이 유쾌한 일이다.

成人禮

成人禮는 예로부터 4禮에 포함되는 큰 예절이었다. 사람은 세상에 태어나면 누구나 冠婚喪祭의 禮制와 함께 사람 된 도리를 지키게 마련이다. 成人禮는 4禮의 첫 번째인 '冠'의 예절로 인생의 첫 關門을 들어서는 儀式이다. 남자의 경우는 冠禮, 여자는 笄禮(계례)라고 불렀다. 성년이 되면 남자는 冠을 쓰고, 여자는 쪽진 머리에 비녀를 꽂는다는 뜻으로 쓰인 말이다.

남자는 冠禮를 마치면 신분과 복장이 달라진다. 차림새는 도포에 성인복장을 하며 댕기머리를 올려 상투를 틀었다. 兒名을 버리고 평생 동안 쓸 새 이름도 갖는다. 字와 號는 冠禮에 참석한 유명한 선비나 벼슬을 가진 집안 어른이 하나씩 지어 주기도 한다. 남자는 비로소 결혼 할 자격과 벼슬에 오를 권리를 가질 수 있다.

冠禮나 笄禮를 올리는 나이는 15세와 20세다. 이 의식을 앞두고는 사흘 전에 하객을 청한다. 成年을 맞은 사람은 前日에 깨끗이 목욕하고 감은 머리로 상투를 틀어 올린다. 하객들은 일제히 일어나서 그 의식을 지켜본다. 婉者는 의식이 끝나면 尊長과 내빈을 찾아 인사를 다닌다. 이 같은 번거롭고 엄숙한 의식은 成人이 되는 것이 얼마나 중요한가를 상징한다. 言行과 예의범절에서 成人이 되면 그 만큼 구속을 받게 된다. 어리광이나 응석은 통하지 않는다. 교복을 벗은 학생이 학생취급을 받지 못하는 것과 같다. 따라서 成人禮는 까다로운 禁忌와 制限으로부터의 해방을 뜻하기 보다는 더욱 무거운 責任으로의 새로운 구속을 의미한다.

권리와 책임의 균형은 예로부터 우리 선조들의 슬기 속에 자리하고 있다. 그것은 오늘날의 시대감각에서도 마찬가지다. 법적 지위의 변화 속에는 언제나 책임이라는 저울추가 달려있다. 오늘은 성년의 날이다. 지금 이 땅에는 민주화의 파고가 거세게 일고 있다. 이를 극복하는 슬기도 젊은이가 원동력이 돼야 한다. 成人이 된 젊은이들에게 영광이 있기를 소망한다.

單色 문화

지구촌을 東方, 中方, 西方으로 나누어 볼 때 동방지역이 공업화를 재빨리 이루지 못한 채 특색 있는 문화 정체성을 갖게 된 것은 쌀을 主食으로 해왔기 때문이라는 주장이 있다. 水耕을 해야만 하는 벼농사는 당의 傾斜度에 따라 경지면적이 제한되면서 기계화를 하는 데 어려움이 따른다. 또 벼는 단순 搗精 과정만 거치면 바로 먹을 수 있어 加工의 필요성이 밀보다 적었고 이에 따라 공업화도 부진할 수밖에 없었다는 해석이다. 이렇게 생각하며 白衣民族을 자랑하는 우리 겨레가 평상복으로 흰옷을 즐겨 입던 衣生活에서도 이 같은 정체성의 원인을 살필 수 있다. 염색 과정을 도외시한 단조로운 문화의 일면이 엿보이는 것이다. 舊韓末 우리나라에 들러 高宗의 초상화를 처음 그린 네덜란드의 화가 휴버트 보스는 그의 紀行文에서 "흰옷을 입은 사람들이 유령처럼 걸어 다녔다"고 묘사했다.

미학적으로는 흰색 기호도가 예찬될 수 있을지 몰라도 한사코 흰옷만을 좋아했던 전통적 성향은 '單色 문화'의 상징일 수밖에 없다. 우리 생활 속에 알게 모르게 자리 잡은 단색 문화 현상은 나열하기 어렵지 않다. 문화의 달 10월을 맞아 우리 민족 고유의 멋과 흥의 신명난 잔치인 제 29회 전국민속경연대회가 전주공설운동장에서 진행 중이다. 이 대회는 겨레의 생명력에 새로운 활력을 불어놓고 문화발전을 위한 창의의 샘이 넘쳐나도록 해야 한다. 그런데도 농악대의 요란한 징소리와 장구소리만이 울려 퍼진다면 단색 문화의 씁쓸한 여문만을 남길 뿐이다.

그렇다고 민속예술을 과소평가하겠다는 뜻은 아니다. 역사의 흐름을 거슬러 보더라도 민족의 自己回省이 확인되는 장소는 언제나 전통문화의 계승에 있었다. 오늘에 전승된 민족예술도 면면히 흐르는 민족의 핏줄기처럼 우리를 한 흐름 속에 몰아넣는 감격을 맛보

게 한다. 민속의 발굴과 보존, 전승에 눈을 돌리면서도 단색 문화는
止揚돼야 한다. 행사를 위한 官주도의 劃一性이 그 대표적 사례다.

自殺은 비겁하다

어느 고등학교 교사가 수업을 시작하기에 앞서 칠판에 詩를 써내
려갔다. 성적이 그대를 속일지라도/ 슬퍼하거나 탓하지 말라/ 성적
나쁜 날엔 가만히 누워 견뎌라/ 즐거운 날이 찾아오리니…. 푸슈킨
의 詩 '삶이 그대를 속일지라도'를 재미있게 바꿔 쓴 것이다. 각박하
기만 한 고등학교 교실에서 작은 여유와 낭만을 접할 수 있어 다행
이다. 이와는 대조적으로 최근 사회문제로 떠오른 고교생들의 잇단
자살은 여러 가지를 생각하게 만든다. 무엇보다 자살의 원인이 진학
문제와 관련한 학업성적이 저조한 데 있다는 점이 심각한 문제다.
흔히 "자살만큼 용기 있는 행위는 없다."고 말한다. 자살할 용기가
있다면 이 세상에서 못할 게 없다는 의미다. 그러나 반대로 생각하
면 자살만큼 비겁한 행위도 없다. 자살은 그 자체가 이미 모든 것의
포기를 뜻한다. 그래서 자살은 가장 용기 있는 행위라기보다는 가장
비겁한 행위라고 해야 한다.

생명에 대한 畏敬은 동양의 전통이다. 論語에서는 '志士와 仁人은
살기 위해 仁을 해치지 않는다.'고 밝히고 있다. 우리 先人들의 自殺

觀은 '적이나 반대 세력의 손아귀에 넘어가는 절박한 상황을 회피하기 위해' 택했다는 보고가 있다. 학업성적이 스스로 목숨을 끊을 만큼 그토록 절박한 것인가. 이 경우 그렇게 몰아간 학부모와 학교 측에 의해 他殺된 혐의조차 없지 않다. 이 시대 우리 사회가 학생들로 하여금 그 같은 '작은 苦痛'조차 극복하지 못하게 했기 때문이다. 어린 학생들에게 저항력을 길러주기 위해서는 학업성적이라든가 진학 따위의 문제가 우리들의 삶에 있어 그리 큰 의미를 갖지 못한다는 것을 일깨워줘야 하는 것이다.

엉겅퀴와 고슴도치

'풀이면 엉겅퀴만 되지 말라'는 옛말이 있다. 엉겅퀴는 우리 山野에서 자라는 다년생 草花. 억세고 질긴 줄기와 잎에는 빈틈없이 가시가 돋아있고, 진한 자주색의 꽃 끝과 꽃술에도 가시가 돋아있다. 벌과 나비는 얼씬 못 한다. 풀을 뜯던 소도 엉겅퀴만은 피해 간다. 쇠꼴 속에 엉겅퀴가 섞여 있으면 소는 아예 입을 대지도 않는다.

말하자면 엉겅퀴는 그 어떤 것의 접근도 거부하는 대단한 고립주의자인 셈이다. 그래서 '엉겅퀴 같은 놈'이라고 하면 타협을 모르는 고집쟁이요, 양보를 모르는 욕심쟁이며, 남과 어울리지 않는 외톨박이를 일컬었다. 그래서 옛 시인들은 세도나 당파에서 소외받고 낙향해 원한을 품고 있는 신세를 곧잘 엉겅퀴로 비겨 읊기도 했던 것이다.

이와 비슷한 비유는 서양에도 있다. 현대인을 온 몸에 가시가 송송한 고슴도치에 비긴 사람은 실존주의 철학의 선구자로 불리는 키에르케고르다. 자기 본위로만 살려하기에 이기적 자기를 보호하려는 방어본능이 날카로운 가시를 돋게 했다는 것이다. 추운 겨울날 체온이 아쉬워 고슴도치끼리 접근하면 서로가 서로를 찔러 피를 흘리기에 敵意 속에서 살아야 한다. 현대인의 갈등과 고독, 반목과 불안을 고슴도치의 딜레마로 비유하고 있는 것이다.

현대인은 어쩌면 이기주의 때문에 이러한 고통에 시달리는지도 모른다. 작게는 개인관계에서부터 집단이기주의 나아가 국가 간의 관계에서도 이런 악순환은 끝없이 반복된다. 조금만 양보하면 될 일을 '내 편'에 끌어들이거나 '내 이익'만을 위해 한없이 평행선을 달리는 것이다. 여·야 정치권의 협상만 해도 서로가 유리한 쪽으로 밀고 당기는 실랑이를 벌인다. 그토록 타협과 양보가 어려운 것인지 의문이다. 엉겅퀴와 고슴도치의 교훈을 한 번쯤 생각할 때다. (1994.2.28)

사장님과 사모님

호칭 인플레가 심해도 너무 심하다. 연탄을 몇 개만 놓고 사는 형편에도 남편은 회장, 아내는 사장, 아들은 부사장으로 부르는 시대가 됐다. 그 어디를 가도 대부분의 호칭이 '사장님'이다. 사장이라는 말을 우리나라처럼 선호하는 나라도 없을 것 같다. 의당 사장이라는 호칭을 받을 사람이 있고 그렇지 못한 사람도 있다.

'전국에 계신 주부님들', '방청석에 나오신 기사님'…. TV 프로그램 사회자들이 드물지 않게 내뱉는 말이다. '주부 여러분', '기사 여러분'으로 불러도 거부감이 없는 말인데도 굳이 '님'자를 붙인다. 지금은 다소 줄어들긴 했지만 젊은 나이의 판사나 검사를 '영감님'으로 부르고, 장성은 '각하'로 호칭했다. 이발소나 술집의 손님은 으레 '사장님'이고, '사모님', '기사님' 등 불필요한 호칭도 예사롭게 통용된다. 일정한 직업도 없는 사람이 유흥업소에서 팁을 물 쓰듯 하면 사장님이 된다. 하기야 고위 관리나 부잣집만 골라 억대의 금품을 훔친 도둑을 '大盜'라고 치켜 올리는 우리 사회다.

지난 1986년 7월에는 국무회의에서 외래어와 부르기 어려운 근로자 직업 명칭을 변경하는 개선안이 의결된 바 있다. 가령 도축업(백정), 작업반장(십장), 운반원(짐꾼), 묘지관리인(묘지기사), 환경미화원(청소부) 등이 그것이다.

하지만 아직도 여전히 호칭들이 제대로 정착되지 못한 현실이다. 노인이라기에는 이른 50대 남성도 '아저씨', 스무 살을 갓 넘은 장병들도 '군인 아저씨'라고 부른다. 흔해 빠진 사장님, 사모님 이외에도 우리의 호칭문제를 재검토해야 할 단계에 이르렀다. (1993.11.5)

기회와 우연

'새해 福많이 받으세요.' 正初 인사는 모두 福타령이다. '福'字는 원래 종교적 의미를 지닌다. 글자의 형상을 보면 神主 앞에서 잘 익은 곡식을 두 손으로 올리고 있는 모양이다. 따라서 福은 하늘에서 뚝 떨어지는 것이 아니다. 땀 흘려 가꾼 곡식을 하늘에 바치고 代價로 받는 것이 福이다. 서양 사람들의 福은 좀 다르다. 'Happy New Year'라는 인사말의 우연(Hap)이 그 語源이다. 행운을 뜻하는 'Fortune'도 그렇다. '기회', '우연'이라는 말이 그 어원인 것이다. '우연한 기회'에 얻은 福은 마치 복권에 당첨된 듯해 크게 평가할 것이 못 된다. 반면 동양 사람들의 '福'觀은 진지하다. 호박이 넝쿨째 들어오는 행운과는 다른 차원이다. 그런데 時俗이 바뀌어 요즘 사람은 福을 노고의 대가로 생각하지 않는 것 같다. 이 점은 안타깝다. '한판 승부'에 모든 것을 거는 작태가 얄밉도록 싫다면 여기에 반기를 드는 사람은 많지 않을 것이다.

사실 사회가 안정되고 경제가 정상인 상태에서는 하늘의 구름처럼 둥둥 떠다니는 福이란 있을 수 없다. 요즘의 상황은 과연 어떠한가. 불안과 초조의 나날을 보내고 있다. 장바구니 경제가 그토록 주부들의 마음을 서글프게 하는 것이다. 정치를 한다는 사람들이 그토록 무감각해도 되는 것인지 묻지 않을 수 없다.

결국은 땀 흘려 일하고 창의력을 발휘한다면 무지갯빛 내일이 약속되지 않을까. 새해에 福을 많이 받기 위해 모두가 분발해야 한다.

그렇게 얻은 福은 날아가지도 않는다. 福은 밖에 있지 않고 모든 사람의 용단과 의지 속에 있다. 새삼 스스로를 성찰하면서 福에 대한 개념을 되새길 때다. (1994.2.14)

못 참는 1秒

요즘 도심에는 상당수의 고층아파트와 빌딩들이 즐비하다. 5층 이상 건물에는 으레 엘리베이 터가 설치돼 있다. 엘리베이터를 이용하는 예절을 어른이나 아이들은 얼마나 알고 있을까. 일단 탔다하면 '닫힘' 버튼부터 누르는 것이 보통이다. 조금만 지나면 저절로 닫히는 것을…. 미국 사람들은 엘리베이터를 타면 문이 스스로 닫힐 때까지 기다리며 누구도 버튼에 손을 대지 않는다. 비단 미국뿐 아니다. 외국의 엘리베이터 버튼은 깨끗한 데 비해 우리의 그것은 반질반질하거나 손때가 묻어 있다. 1초를 기다릴 수 있는 여유를 허용하지 않는 각박한 세태 때문이다.

서양 사람들은 엘리베이터에서 내릴 때에도 먼저 움직이지 않는다. 어린이나 여성이 먼저 내리도록 기다린다. 친절한 남성들은 여성이 내리는 동안 문이 닫히는 것을 막기 위해 엘리베이터 문에 손을 대고 기다린다. 마치 우리나라에서 아랫사람이 윗사람 모시듯 행동하는 것이다. 연약한 여성들을 보호해서 나쁠 까닭이 없다.

건물을 드나들면서 문을 열고 나가는 경우에도 우리는 뒷사람을 생각하지 않는다. 그러나 외국 사람들은 자기 뒤에 사람이 뒤따라오면 그 사람이 문을 나설 때까지 문을 붙잡는다. 아예 습관처럼 몸에 밴 간단한 예절이 그 사회를 아름답게 지탱해주는 것이다.

과연 우리는 자녀들에게 엘리베이터를 이용하는 예절을 제대로 가르쳐준 적이 있는가. 같은 아파트에서 그것도 같은 엘리베이터를 이용하는데 인사는 고사하고 어른이 내리기도 전에 나이 어린 젊은 이들이 쏜살같이 튀어나가는 것을 흔히 경험한다. 기초적인 예의만 알아도 우리 사회는 한결 부드러워질 것이다. (1993.8.27)

부채는 八德

올 여름같이 부채가 동이 난 적이 없다. 복고풍이 일어 옛것을 그리워해서가 아니다. 에너지 절약의 일환으로 자연풍을 즐기자는 운동이 확산되면서 공급이 수요를 따르지 못하고 있는 것이다. 제조업체는 주문이 밀려 즐거운 비명이다. 부채의 기능은 作風에만 있지 않다. 예부터 여덟 가지의 소용이 있다하여 이를 부채의 八德이라 칭했다. 비올 때 갓을 젖지 않게 해주니 그것이 一德이요, 파리와 모기를 쫓아주니 二德이며, 요긴할 때 땅에 깔고 앉으니 三德이고, 따갑게 비치는 햇빛을 가리니 四德이요, 이것저것 일을 시킬 때 가리켜주니 五德이고, 먼 데 사람을 불러들일 때 십상이니 六德이며, 빚쟁이를 만났을 때 얼굴을 가려주니 七德이요, 남녀가 내외할 때 가려주니 八德이다.

옛날에는 부녀자들이 나들이할 때 반드시 부채를 가지고 다니도록 했다. 더위를 쫓기 위해서가 아니라 伍遮(오차)라 하여 다음 다섯 가지 경우에 얼굴을 가리는 효용 때문이었다. 사내들 눈살을 가릴 때, 안 보는 척하고 보고 싶을 때, 얼굴 붉힐 때, 귓속말을 할 때, 웃고 싶을 때가 그것이다. 머리댕기를 붙잡으려는 총각 놈 손을 치는 효용도 있었을 법하다. 판소리나 춤 무당굿을 할 때도 부채는 필수 불가결한 존재다. 더워서 부채질하려고 들고 나오는 건 물론 아니다. 우리 전통예술에서 부채가 차지하는 상징효과는 절대적이다. 이를테면 방자의 전갈을 받고 그네 뛰던 춘향이가 얼굴을 붉히는 대목이 있다. 이 때 소리꾼은 들고 있던 부채를 절반쯤 펴고 얼굴을 반쯤 가리는 동작을 한다. 이로써 판소리 사설은 춘향의 마음이 반쯤 열렸다는 사실을 시각적으로 표현한다.

기쁜 대목에서는 부채를 활짝 펴고 성난 대목에서는 부채를 접어 앞으로 찔러 뻗으며, 안절부절못하는 대목에 가서는 부채를 닫았다 폈다 번갈아 한다. 이처럼 부채는 우리의 전통 예능에 있어 말이나 소리, 동작을 도와주는 보충역할을 했다. 여유로운 부채질 속에 우리 고유의 멋을 생각하면 선조들의 예술적 지혜가 대단하다. (1992.7.20)

아기에게 왼 젖을 먹이는 理由

아기는 어머니 뱃속에서 태어나자마자 목 놓아 운다. 왜 우는 것일까. 셰익스피어는 리어王으로 하여금 이렇게 설명한다. 바보들만이 사는 커다란 무대에 他意에 의해 밀려 나오게 된 것이 억울해 울어댄다는 것이다. 실은 그게 아니다. 탯줄로 연결됐던 어머니의 맥박소리가 단절됨으로써 엄습하는 인생 최초의 불안감 때문에 우는 것이다.

태아는 자궁 속에서 어머니의 동맥을 통해 羊水에 전달되는 심장의 고동소리를 듣고 자란다. 따라서 갓난아기에게는 자궁 속에서 들었던 맥박소리를 어떤 방식으로든 들려줘야 한다. 어머니들이 젖을 먹일 때 왼쪽으로 안고 왼 젖을 먹이는 것은 상식이다. 심장의 고동소리를 가장 효과적으로 전달하기 위한 무의식적인 동작인 것이다.

일단의 미국 여성들이 판문점을 돌아보고 오는 때였다. 이들은 일을 하다말고 농로에서 아기에게 젖을 먹이는 한국 어머니의 평화로운 모습을 보게 되었다. 그들은 귀국 보고에서 한국의 여인상을 극찬했다. 맥박이 상통하는 母乳 수유는 몸매관리를 뛰어넘는 母情이라 했다. 젖을 빨다 쌔근쌔근 잠이 든 아기를 고즈넉이 바라보는 어머니의 모습에는 잔잔한 미소가 있다. 최근 여성단체들과 일부 병원을 중심으로 모유먹이기 운동이 벌어지고 있는 것은 그래서 바람직하다. 모유는 신비의 액체인 것이 분명하다. 분유업계에서 피나는 경쟁을 하고 있지만 모유를 따라갈 수는 없다. 그들로 말하듯 분유는 모유에 접근하는 상품일 뿐이다.

모유 수유는 질병 예방은 물론이고 두뇌까지 좋아진다는 학계의 보고에 유념할 필요가 있다. 어떤 성분이 좋은 지는 아직 밝혀지지 않고 있다. 다만 영국의 정신의학자 메라니 클라인은 모유를 수유했을 때 사랑과 신뢰, 감사 등의 善良치가 높다고 발표했다. 당연한 결과를 놓고 몸매 관리에만 알레르기 반응을 보이는 어머니들이 반성할 차례다. (1992.9.14)

너털웃음을 웃자

웃음의 정의는 무엇인가. 국어사전에는 기쁨이나 즐거움, 만족을 얼굴에 나타내 보이거나 그와 동시에 소리를 내는 것이라 했다. 그러나 우리의 전통 웃음에는 소리가 감추어진다. 內面의 웃음, 靜的인 웃음이 한민족의 웃음인 것이다. 조용하게 웃는 웃음, 이를테면 웃음의 절제를 강요당해 왔다. 요즘 주위를 살펴보면 어느 구석도 너털웃음 한 번 웃을 일이 없는 것 같다.

오늘은 6월 1일. 여름이 시작되는 날이다. 이 맘 때면 농촌에서는 눈코 뜰 새 없이 바빠지게 된다. 모내기도 서둘러야 하고 보리도 베어야 한다. 그래도 가을의 풍성한 수확의 꿈을 안고 고되더라도 재미있는 마음으로 농사를 지었다. 그런 농민들이 지금은 초점 잃은 동공으로 망연자실해 있다. 農政의 거듭된 실패가 그렇게 만든 것이다.

논밭을 休耕地로 내팽개친 채 농사짓기를 포기한 농가가 부쩍 늘어났다. 재배면적이 2년 새 1억4천만 평이나 줄어들었다. 마지못해 모를 심는 것 대신 잔디나 蓮을 재배하기도 한다. 웃돈을 주고도 일손 구하기가 하늘의 별따기다. 농약이나 비료 등 자재 값도 올랐다. 그러니 농사를 지어봤자 수지가 맞지 않는다. 여기에다 穀價는 하향곡선이다. 농지를 외면한다고 누가 탓할 수 있겠는가.

정치권을 둘러보아도 웃을 일은 별로 없다. 여당이든 야당이든 국민을 실망시키기는 마찬가지다. 서로가 자기 앞에 더 큰 감을 놓으려는 욕심 때문이다. 성숙한 경륜은 찾아보기 힘들다. 말하자면 '좁쌀정치'를 하고 있는 것이다. 대통령 선거에 정신이 팔려 국회도 開院이 불투명하다. 국민을 두려워하지 않는 소치다.

경제계로 눈을 돌려도 역시 웃을 일이 없다. 중소기업은 줄도산이고, 수출실적도 신통치 않은 터에 外債는 눈덩이처럼 불어나고 있다. 북한 쪽은 한심의 극치다. 핵사찰을 요리조리 피하면서 엉뚱한 야욕에 가득 차 있다. 어디 그뿐인가. 舊소련에까지 수용소를 만들고 북한 주민 2만2천명을 노역장에 내몰고 있다. 人權은 인간이 향유해야 할 최고의 가치인데 같은 민족으로서 창피할 따름이다. 건강에 좋다는 너털웃음은 과연 언제 한번 웃어볼 수 있을지 오늘이 답답하다. (1992.6.1)

박종권(朴鍾權·1958)

記者 : 1986~2018 현재

學歷

전주고등학교 졸업
전북대학교 사학과 졸업
UCLA 한국학 방문연구원
아주대학교 대학원 경영학과 석사

經歷

중앙일보 기자(1986)
       중앙엔터테인먼트앤드스포츠 대표이사(2005)
       일간스포츠 편집인, 제작총괄(2006)
       논설위원, 사회선임기자(2009)
JTBC 시청자정책심의실장, '사건반장' 앵커(2015)
내일신문, 아주경제 칼럼니스트(2018 현재)

한국기자협회 수석부회장(1998)
백상예술대상 심사위원(2007)
대종상 영화제 집행위원(2008)
행정안전부 정책자문위원(2009)
다산연구소 이사(2010)

賞勳

과학기술부 장관 표창(1999)
중앙인상(2008)
전북대 언론인상(2011)

記者 박종권 편

곡절에서 변곡점으로 −내일신문 '박종권 칼럼'

　외교적 언어는 어렵다. 민감한 사안의 경우 특히 그렇다. 1990년 5월 아키히토 일왕이 과거 침략에 대해 "통석(痛惜)의 념(念)을 금할 수 없다"고 했다. 이게 사과이냐 아니냐 언론의 해석이 분분했다. 통석은 사전적으로 몹시 애석하고 아깝다는 뜻이다. 직접적인 사과를 거북해 한 일본이 찾은 우회적 표현일 게다.

　앞서 1989년 히로히토 일왕이 죽었을 때는 한국 언론이 고민에 빠졌다. 비록 우방이지만, 침략 원흉이 아닌가. 별세나 서거는 높이는 것 같고, 사망은 거칠다. 궁리 끝에 도출한 표현이 '일왕 사거(死去)'이다. 죽어서 세상을 떠났다는 뜻으로, 실생활에선 거의 쓰지 않는 사어(死語)에 가까운 단어다.

　국제 관계에서는 자구 하나에도 이처럼 복잡하고 미묘한 계산이 숨겨져 있다. 분명하게 결정지을 수 없는 경우 흑색이나 백색 대신 회색을 택한다. "공감대를 형성했다" "상호 입장을 이해한다" "노력하기로 합의했다"는 식이다. 필요에 따라 일부러 모호함을 취하기도 한다. 한중 정상회담 과정도 그랬다. 시진핑 주석이 사드(THAAD)를 직접 거론하는 대신 "누구나 아는 이유"라고 에둘러 말한 것이 대표적이다. 롯데 제재와 여행 제한도 "곡절이 있었다"고 넘어갔다.

　곡절(曲折)은 굽고 꺾였다는 뜻이다. 순조롭지 않게 얽힌 이런저런 복잡한 사정이나 까닭이다. 여기에 주어는 없었다. 이에 문재인 대통령은 "각각의 입장이 있으며, 역지사지하는 계기가 됐다"고 말했다. 주어가 있지만, 한쪽인지 양쪽인지 분명하지 않다. 해석의 회색지대인 셈이다.

문 대통령은 유독 한자성어를 많이 구사했다. 상대국 언어와 문화에 대한 배려였겠지만, 숨은 의도를 갈무리하는 데 유용하기 때문은 아니었을까. 예컨대 "두 사람이 마음을 함께하면, 그 날카로움은 쇠를 절단할 수 있다"며 양국의 협력을 강조했다. 이는 "진정에서 우러난 말은 난초같이 향기롭다"는 말과 대구를 이뤄 '금란지계(金蘭之契)'가 된다. 맥락상 "드러내지는 못하지만 단단하면서도 그윽한 친구가 되자"는 뜻으로도 읽힐 수 있다. 북경대학교 연설에선 루쉰의 글을 인용했다. "본래 땅 위에는 길이 없었다. 걸어가는 사람이 많으면 그게 곧 길이 되는 것"이라며 미지의 길을 개척하는 도전정신을 강조했다.

사실 루쉰에게 길은 희망을 설명하는 상징이다. 1921년 단편 '고향'의 마지막에서 "희망은 본디 있다고도 없다고도 할 수 없다. 마치 땅 위의 길과 같다"고 했다. 즉 도전정신보다 "더불어 꿈꾸면, 함께 희망하면 이뤄진다"는 뜻에 가깝다. 이는 "한국과 중국이 함께 가지 않으면 평화와 번영의 희망도 어렵다"는 경고로도 읽힌다. 역지사지(易地思之)도 본디 뜻이 미묘하다. 맹자가 치세의 우(禹)임금과 난세의 제자 안회를 비교하며, 이들의 처지가 바뀌었어도 상대처럼 살았을 것이라고 말한 데서 비롯됐다. 곧 처지를 바꿔 생각한다는 뜻을 넘어 북핵 위협으로 어려운 한국과 상대적으로 성장을 구가하는 중국을 암시한 것으로도 비친다.

역지사지의 반대가 아전인수(我田引水)이니, 짐짓 중국의 일방통행을 지적한 것으로도 보일 수 있다. 문 대통령이 선물한 신영복의 '통(通)'이란 글씨도 '궁하면 변하고, 변하면 통하며, 통하면 오래 간다'는 주역 사상에서 따온 것이다.

변해야 통하니, 중국도 좀 변하라는 주문 아니었을까. 묘한 부분이 삼국지이다. 문 대통령은 유비가 신야에서 급급히 달아나면서도 백성을 챙기는 자세가 '사람이 먼저'라는 자신의 정치철학과 통한다고 강조했다. 당시 유비는 조조에 쫓겨 위기에 처했지만, 민심과 제갈공명을 얻으면서 조조에 맞서는 나라를 세우게 된다. 유비에게 신야는 삼국 정립의 시발점이다. 문 대통령도 이런 함의를 알 것이다.

이 대목에 제갈공명이 지은 노래가 나온다. "하늘은 둥그런 덮개, 땅은 바둑판 같구나. 사람들은 검은 돌 흰 돌을 갈라, 오가며 영욕을 다투네." 권력다툼이 하찮다는 뜻이다. 때마침 시 주석이 옥으로 만든 바둑판과 바둑돌을 선물했다. 숨은 뜻보다 바둑애호가에 맞춤형 선물이겠지만.

모두 강박적인 해석일 수 있다. 분명한 것은 강연도 고사성어도 선물도 용의주도한 설정이 있었을 것이다. 물밑과 커튼 뒤 살바 싸움도 뜨거웠을 것이다. 굴욕감을 삼키며 자존심과 계산서를 대조했을 것이다.

여하튼 한반도 평화 4대 원칙, 교류협력 재개 합의는 전 정권이 남긴 질곡을 벗는 계기이다. 진정한 진전은 숫자와 실제 상황으로 확인될 것이다. 곡절 끝 변곡점이다. 굽고 꺾인 곳은 펴야 한다. 위

기를 기회로 바꾸는 행마를 기대한다. (2017.12.18)

개혁보수와 죽음의 계곡

개혁이 혁명보다 어렵다고 한다. 제대로 보수하기가 허물고 다시 세우기보다 힘들다고도 한다. 개혁 보수의 기치를 높이 들고 바른정당을 창당한 게 지난 1월24일. 그로부터 10개월도 지나지 않아 반쪽이 됐다. 이제 의석도 불과 11명으로 원내교섭단체의 지위마저 잃었다. 많은 사람들이 기대를 품었다. 지역에 기반한, 상대에 기댄 정당정치에 신물이 났었다. 그래서 한때 '새 정치'에 열광했던 국민들이 '올바른 정당'의 가능성에도 솔깃했다. 하지만 '혹시나' 하는 기대는 '역시나'로 끝나기 마련인가.

유승민 신임 대표는 "똘똘 뭉쳐 강철 같은 의지로 죽음의 계곡을 건넌다면 어느새 겨울은 끝나고 따뜻한 새 봄이 와 있을 것"이라고 했다. 과연 그럴까. 말은 자각의 반영이다. 그는 자신이 이미 '죽음의 계곡'에 떨어졌음을 실토하고 있다. 그런데 그가 말한 '죽음의 계곡'은 어떤 의미일까.

'300'일까. 영화 '300'에서 스파르타의 레오니다스는 소수 병력으로 페르시아의 대군에 맞선다. 애초 승리의 희망조차 없었다. 결국 테르모필레 협곡에서 전원이 쓰러진다. 그러나 패배가 승리의 씨앗인가. 그와 그의 군대는 '죽음의 협곡'에 누웠지만, 머지않아 플라테이아 전투에서 승리의 원동력이 된다. 마라톤 경기의 발상이 된 그 전투이다.

'600'일까. 크림전쟁 중 한 장면이다. 영국군 지휘관의 잘못된 명령에 673명의 경기병대가 중무장한 5240명의 러시아군 한복판으로 돌격한다. 그 결과 245명의 사상자를 내고 60명이 포로로 붙잡힌다. 불과 20분 만의 일이다. 이를 본 프랑스 피에르 보스케 장군은 "위대했지만, 전쟁이 아니다. 미친 짓이다"고 평했다. 하지만 경기병대의 '미친 짓'에 러시아군의 놀라 멈칫했고, 마침내 크림전쟁은 영국과 연합군의 승리로 끝난다.

사실 '죽음의 계곡'은 영국 시인 알프레드 테니슨의 시 '경기병대의 돌격'으로 유명세를 탔다. "누군가 실수를 저질렀네/ 그들은 대꾸하지 않았네/ 이유도 묻지 않았네/ 그들은 명령에 따랐고 죽었네/ 죽음의 계곡 속으로 600명이 달려갔네." 역사는 늘 아이러니를 갈무리한 채 결과로써 과정을 설명하지 않던가.

아니면, 경제 용어로 '데스 밸리(Death Valley)'일까. 창업한 기업이 연구개발에 성공한 후에도 자금 부족과 시장진입에 실패해 고난을 겪는 기간을 말이다. 연구개발에 자본을 투자하느라 적자가 누적돼 은행 대출이 막히고, 빠른 시간 내에 기업공개를 할 가능성이 희박해 투자자들로부터 외면당하면서 생기는 현상 말이다.

유승민 대표는 정치인이자 경제학자이다. 어쩌면 그가 말한 '데스 밸리'는 경제학적 자가 진단일 수 있다. 지금 바른정당의 형세가 그렇다. 개혁 보수의 기치를 내걸고 '박근혜당'에서 뛰쳐나왔을 때는 무척 신선해 보였다. 대한민국은 민주공화국이라는 헌법 제1조를 강조한 그이다. 헌법 가치를 앞세운 진정한 보수의 거푸집으로서 상당수 국민이 기대와 희망을 품었다. 하지만 뿌리 깊은 지역기반 정치에 치이고, 불투명한 전망에 지지세력 결집도 어려움을 겪었다. 결국 1년도 지나지 않아 당이 반쪽이 됐다. 말 그대로 '죽음의 계곡'의 한 복판에 떨어진 것이다. 경제학에서 '데스 밸리'는 창업 이후 3~7년 사이에 찾아오는데. 한국의 창업 기업이 이 기간에 주저앉는 비율이 41%(2013년 기준)이다.

그는 애써 미소를 짓지만, 낙담했을 것이다. 그래도 아직 희망은 있다. 수많은 기업이 '데스 밸리'를 거쳐 초대형 기업이 되지 않았나. 세계 굴지의 IT기업인 애플과 페이스북도 창업 초기 투자자들의 의심쩍은 눈길에 어려움을 겪었다. 멀리 갈 것도 없다. 우리나라 IT 공룡인 네이버 역시 초창기 자금 확보에 어려움을 겪었다.

몇몇 언론사를 찾아가 5억~10억원의 투자를 간청(!)했으나, 철저히 외면 받았다. 이들 언론사는 뒤늦게 땅을 치며 후회했고, 지금은 모두 네이버가 조성한 미디어 생태계에 반강제로 편입되지 않았나.

본디 죽음의 계곡은 삶의 기회이다. 산이 높으면 계곡도 깊다. 계곡은 '상선약수(上善若水)'의 정신까지 담아내지 않던가. 물은 가장 낮은 곳에 처하는데, 그곳이 바로 계곡이 아니겠나. 그 깊은 계곡의 바닥에서, 넓은 강의 한가운데서 할 일은 한 하나다. 부단히 올라가거나 열심히 건너가는 것이다. 멈추거나 머뭇거리면 죽음의 계곡에 묻히고, 망각의 강에 떠내려가는 것이다.

도돌이표 정치 시대이다. 촛불 열기에도 퇴행적 적폐 정치는 여전하다. 진보가 진보다울 때, 보수가 보수다울 때 우리 정치는 힘차게 날아오를 것이다. (2017.11.17)

논공행상 인사

목하 중소벤처기업부 장관은 신발 속 모래알 신세다. 양말과 바닥에 붙어 털어도 잘 떨어지지 않는다. 애써 갈아 신었는데 다시 벗으려 하니 멋쩍다. 그냥 이대로 걷다가 적당한 기회에 바꿔 신고 싶다. 그래도 신경이 쓰인다.

홍종학 장관 후보자 이야기다. 문재인 대통령은 답답할 것이다. 장관 인사 마지막 퍼즐 조각으로, 우여곡절 끝에 맞춤으로 내세웠는데 또 구설에 올랐다. 드러난 경력으론 안성맞춤이다. 경제정의실천시민연합 정책위원장을 지낸 경제학 박사다. 민주통합당 정책위의장과 비례대표 국회의원을 지냈다. 현재 여당 디지털소통본부장이다.

문제는, 문제가 없는데 문제가 되고 있어 문제라는 인식이다. 무엇보다 '부의 대물림' 논란이다. 홍 후보자는 13살 중학생 딸에게 서울 중심지에 4층짜리 상가 지분을 증여했다. 문제는 증여세인데, 전문적인 방법을 동원한다. 엄마와 딸 사이에 '금전소비대차계약'을 맺은 것이다. 일종의 차용계약으로 2억2000만원을 받아서 증여세를 완납한 뒤, 엄마에게 매년 1000만원 안팎의 이자를 지급한다는 것이다. 이를 야당은 막대한 증여세를 피하기 위한 꼼수라고 주장한다. 법적으로는 문제가 없을 것이다. 딸이 엄마와 금전과 관련해 계약서를 만드는 것은 권장 사항일 수 있다. 성인이 돼도 캥거루족은 안 된다는, 어떻게든 독립하라는 자립 떠밀기로 비친다. 자녀의 출생부터 결혼까지 무한 보육 시대를 감당하는 우리네 부모들에게 '생활의 지혜'일까.

하지만 민심은 불편하다. 부의 대물림을 비판하면서 상속세와 증여세 인상을 외쳐온 그가 아니던가. 비록 절차를 거쳤다고 하지만, 중학생이 매년 월세로 4950만원을 챙긴다는 사실에 서민들은 억장이 무너진다. 보건복지부에 따르면 2017년도 4인 가족의 중위 소득이 5360만원이다.

게다가 그 딸은 사립 국제중학교에 다닌다. 연간 학비만 1500만원이다. '삼수 사수를 해서라도 서울대에 가라'는 책을 썼던 홍 후보자다. 비록 내용은 반어법이지만. 또 '해외유학 자율화에 앞서 국내 유학부터 개방하라'고도 주장했으니 언행일치로 볼 수도 있다. 그런데 과연 특목고와 자사고 폐지를 주장하는 정권과 박자를 맞출 수 있을까. 대표 논문이 '석차 제도의 비효율성에 대한 경제학적 분석'인데, 국제중학교 입학과의 상관관계도 궁금하다.

사실 이쯤으로 중도 사퇴해야 한다는 볼멘소리도 많다. 절세를 가장한 탈세 아니냐, 특목고나 자사고를 겨냥한 '학벌테크' 아니냐, 재벌을 성토하더니 욕을 하면서 편법상속 비법을 배운 것 아니냐는 것이다. 한편 여당은 이쯤으로 낙마시킨다면 그 누구도 통과할 수 없다고 버틴다.

문제는 추천 배경일 것이다. 박성진 후보 중도 탈락 때 임종석 비서실장은 "27번째 후보자였다. 한국 벤처의 새로운 아이콘을 찾아 모시려고 했다"고 밝혔다. 사실이라면, 홍 후보자는 어쩌면 27번째 이전일 수 있다. 이런저런 검증에 포기했다가 다시 불려나온 경우일 수 있다. 아니면 28번 이후일 수도 있다. 이전 번호였다면 뱉었다 다시 삼키는 형국이고, 이후 번호였다면 좁은 인재 풀이 문제다.

사실 어느 정권이나 논공행상은 있었지만, 잘못된 경우 국가적 비극을 불렀다. 임진왜란 이후 선조는 공신을 치하했다. 전장에서 적을 무찌른 선무(宣武)공신은 18명. 1등은 이순신, 권율, 원균이다. 세 부자가 순국한 의병장 고경명과 홍의장군 곽재우는 3등에도 끼지 못했다. 반면 전란 중에 왕만 따라다닌(백성의 눈으론 도망만 다닌) 호성(扈聖)공신은 86명이나 됐다.

1등공신은 이항복, 류성룡과 이원익은 2등이다. 그런데 3등공신에 내시가 29명이나 포함됐다. 왕의 말을 관리하던 이마(理馬) 6명도 받았다. 결국 가까운 거리의 측근만 공신이 됐다. 그래서 정묘호란이나 병자호란 때 의병활동이 적었다고 일부 학자들은 보고 있다. 삼전도 굴욕은 치우친 인사와 논공행상도 먼 원인으로 작용한 셈이다. 상도 벌도 그래서 어렵다.

현재 마지막 장관직도 진통 중이지만, 공기업과 산하 기관장의 자리도 어정쩡하다. 능력이냐, 친분이냐. 이런저런 연고와 특보 명함을 받은 1000여명의 교통정리에 부심하고 있다고 한다. 눈 딱 감고 투명하게 공모하면 되련만.

인사는 정권의 얼굴이자 메시지다. 이명박 정권이 특정지역 출신을 챙기며 패거리 정치의 암운이 드리워졌고, 박근혜정권이 검찰과 군 출신을 내세우며 퇴행 정치가 시작됐다. 진정 촛불을 받든다면, 시민이 정권창출의 1등공신이라면 제대로 폭넓게 인재를 구하라. 그러면 장관직 하나에 정권의 정체성이 흔들리지는 않을 것이다.

(2017.10.31)

이런 검찰

그는 잘 나가던 공직자였다. 서울시 고위 공무원을 거쳐 민선 구청장이 됐다. 거기까지였다. 관할 지청의 신임 검사의 눈 밖에 난 것이다. 먼지떨이 수사가 이어졌고, 뇌물 혐의로 기소됐다. 시쳇말로 "검사는 불러 조지고, 판사는 미뤄 조진다"고 했던가. 대법원에서 최종 무죄가 확정되기까지 긴 세월이 흘렀다.

공직 이력은 구겨지고, 목민관 포부는 물거품이 됐다. 명예와 세월을 잃은 대가로는 구속 기간에 대한 쥐꼬리 형사 보상금. "젊은 검사의 공명심이거나 우월 의식이었겠지. 그래도 여전히 잘 나가던데." 주름 깊은 얼굴에 쓴웃음이 흘렀다.

사실, 이쯤은 약과다. 1975년 인혁당 사건으로 사형당한 8명이 있다. 2007년 재심을 통해 무죄가 됐지만, 지구보다 무거운 목숨을 되살릴 수 없지 않나. 10억 원 남짓 배상금과 위자료로 보상과 위로가 되겠나.

멀리 갈 것도 없다. 지난 8일 문무일 검찰총장이 2000년 약촌 오거리 택시기사 살인 사건에 대해 공식 사과했다. 살인범으로 몰린 최 모씨는 징역 10년을 다 채운 뒤 출소했고, 지난해 재심을 통해 무죄가 확정됐다. 16세 홍안의 소년은 지금 33세가 됐다. 잃어버린 청춘과 젊음에 대한 보상은 8억4000만원이다. 일급 최저임금(4만8240원)의 5배에 만족하라는 것인가.

이런 일은 비일비재다. 구속됐다가, 또는 재심을 통해 무죄가 확정돼 정부가 지급한 형사보상금이 어마어마하다. 대검찰청에 따르면 2011년 1만4252건에 221억 원이던 것이 2014년에는 3만38건에 851억 원으로 늘었다. 액수가 문제가 아니다. 억울하게 구속되거나 형기를 마친 경우가 해마다 수만 명에 이른다는 사실이다. 열명 범인을 놓치더라도 한명 억울한 죄인을 만들지 말라는 법언은 어디로 갔나.

심각한 문제는 그 이면이다. 문 총장은 사과했지만, 담당 검사들은 여전히 잘 나가는 것이다. 자백한 진범을 풀어준 검사는 이번에 법무부 과장으로 영전했다. 진범을 무혐의 처리한 검사는 서울중앙지검 부부장으로 승진했다.

사건을 맡았던 변호사가 페이스북에 토로했다. "검찰총장의 사과는 당시 수사 책임을 인정한다는 뜻인데, 책임 있는 사람을 어떠한 문책도 없이 영전시키는 것은 사과가 형식적이란 사실을 스스로 인정하는 것이다." 그는 몰랐을 것이다. 사과의 방점이 경찰의 강압수사에 찍혔고, 그 대책으로 검찰이 인권 감독관제를 신설했다는 점을 과시하려는 것임을. 그래서 수사권 조정에서 기득권을 지키려는 복선이 깔려 있었음을.

게다가 서울시 공무원 유우성씨 간첩조작 사건의 담당 검사들도 은근슬쩍 수사 일선에 복귀했다. 광우병을 다룬 PD수첩 제작진에 대해 기소가 무리하다고 버텼던 검사는 옷을 벗고, 정권 입맛에 맞춰 대법원까지 끌고 간 검사는 정권이 바뀌어도 영전한다.

검찰은 이 모두가 "네 탓"이라고 보는 듯하다. 경찰과 국정원과 정치권력이 문제이지 자신들은 잘못이 없다는 듯이 말이다. 무죄가 확정돼도 "분명 유죄인데, 법원이 잘못 판단한 것 같다. 그럼에도 법원 판단을 존중한다"며 어물쩍 넘어간다.

그래서 문제다. 무소불위 권한만 있고, 그에 상응하는 책임은 지지 않는다. 최소한 무죄가 확정된 사건의 담당 검사에 대해서는 피해자의 '인생 손실' 무게에 비례해 책임을 물어야 하는 것 아닌가. 아니, 그 전에 개인적으로라도 미안함을 표시해야 하는 것 아닌가. 그것이 염치를 아는 권력, 정의로운 공권력 아닌가.

최근 검찰은 민간인으로 자체 개혁위원회를 구성했다. 그런데 '셀프 개혁'이 가능할까. 과연 스스로 환부를 도려낼 수 있을까. 수사 검사는 자신을 외과의사가 아니라 '칼잡이'라 부른다.

한편으론 솔직하다. 훌륭한 외과의사는 사전에 환자의 상태를 파악해 순식간에 환부만 도려낸다. 반면 칼잡이는 "여긴가, 저긴가" 마구 쑤신다. 무능과 비겁에서 비롯된 '별건 수사'가 그렇다.

스포츠카 제작사는 속도와 순간 가속에 온갖 기술력을 동원한다.

그 중에서도 가장 중요한 부품이 브레이크이다. 최고 속도는 브레이크 성능에 달린 것이다. 제어되지 않는 속도의 종착점은 파국이다. 브레이크 없는 벤츠는 달리는 흉기일 뿐이다. 검찰도 마찬가지다.

그런 점에서 공직자비리수사처는 '이검제검(以檢制檢)'의 한 방식이다. 차제에 '이경제검(以警制檢) 이검제경(以檢制警)'의 장치도 확실히 해야 한다. 맹견은 함부로 물지 못하도록 입마개를 씌우고 목줄을 채운다. 날뛰는 망아지는 재갈을 물리고 고삐를 맨다. 막강한 검찰도 견제와 제어장치가 시급하다. 그게 천박한 힘자랑을 접고, 진정으로 존경받는 길이다. (2017.8.18)

문재인의 바둑 정치

"기회는 평등, 과정은 공정, 결과는 정의로울 것이다." 문재인 대통령이 취임사에서 날린 '사이다' 구절이다. 시민들은 가슴이 찌르르 했다. 촛불 민심의 정곡을 찌른 것이다. 누가 썼는지도 궁금해했다. '노무현의 필사' 윤태영 전 청와대 대변인이 한때 스포트라이트를 받았다.

하지만 오롯이 문 대통령 본인의 목소리였다. 5년 전 한 매체와 인터뷰에서다. "바둑의 세계가 보여주는 평등한 기회, 공정한 과정, 정의로운 결과는 '사람이 먼저인 나라'의 모습"이라고 했다. 똑같은 표현이다. 그때나 지금이나 변함없이 관통하는 철학이다. 그는 아마추어 바둑 4단이다.

작년 7월29일 한국기원에서 바둑 국가대표들을 상대로 '나의 삶과 바둑'을 주제로 특강도 했다. 국내 최고수 박정훈 9단과 21수까지 정선으로 시범 대국을 두기도 했다. 그러면서 복기(復碁)를 강조했다. 왜 그런 수를 두었는지, 더 나은 대안은 없었는지 반성하다 보면 같은 실수를 반복하지 않는다는 것이다. 그는 스스로 '장고형'이라 했다. 시간을 들여 모든 경우의 수를 검토한다는 것이다. 직관적으로 두지 않는다고 했다.

그래서일까. 천재형 조훈현보다 '잡초류' 서봉수를 좋아한단다. 뚝벅이 노력형 말이다. 그러고 보니 이해할 수 있겠다. 답답할 정도로 느릿한 행보, 우직할 정도로 원칙을 따지는 정공법, 좌고우면으로도 비치는 신중함. 모두가 그의 바둑 스타일과 닮았다.

이번 트럼프 미국 대통령과 정상회담이 그랬다. 트럼프가 발 빠르게 실리를 추구했다면, 문은 둔중하게 가치를 지향했다. 트럼프가 한미FTA 재협상과 방위비 분담으로 '현찰'을 챙기려 한 데 대해 문은 북한 문제에 대해서는 대한민국의 주도권이란 '가치'를 취한 것이다. 바둑으로 표현하면 '실리 대 세력'이다.

실리 바둑은 눈앞의 짭짤한 소득이 자랑이다. 그러나 대세를 그르치기 쉽다. 소탐대실(小貪大失)이 될 수 있다. 세력은 당장 집(현찰)이 되지는 않는다. 언젠가 그 이상의 가치를 가져다 줄 가능성을 보는 것이다. 따라서 느긋한 인내심이 필요하다. 결정적인 단점은 대박이 날 수도 있지만, 자칫 빛 좋은 개살구 신세로 전락할 수도 있다는 것이다.

한편으론 서생(書生)과 상인의 대결이었다고도 볼 수 있다. 고 김대중 대통령 말마따나 정치인은 문제의식과 현실감각을 두루 갖춰야 하겠지만, 굳이 협상의 달인이라는 트럼프에게 똑같이 상인처럼 접근할 필요는 없었을 것이다.

여하튼 문 대통령은 방미 성과로 "한반도 문제를 대한민국이 대화를 통해 주도해 나갈 수 있도록 미국의 지지를 확보했다"고 강조했다. 나름대로 중원 경략에 성공했다는 만족감이 묻어난다.

어쩌면 문정인 특보의 지난달 워싱턴 방문도 이를 위한 '포석'이었을 것이다. "사드 때문에 깨지면 그게 한미동맹인가. 북한이 핵을 동결하면 전략 자산을 축소할 수 있다"는 발언은 상대의 응수를 타진하며 자신의 의지를 분명히 하는 착점이다.

사실 문 특보의 '한반도 주도권' 주장은 돌출발언이 아니다. 지난해 6월 미국 스탠포드대학 학술회의에서 조지 슐츠 전 미국 국무장관이 조언한 해법과 일맥상통한다. 그는 첫째, 북한에 분명한 메시지를 보내라. 비핵화를 우선으로 해 단계적으로 접근하라. 둘째, 현실적으로 접근하라. 핵포기가 아니라 상황 악화를 막아야 한다. 셋째, 유연한 대북정책이 필요하다고 했다.

예컨대 2015년 1월 9일 북한이 미국에 "한미 연합 군사훈련을 잠정 중단하면, 북한도 핵과 미사일 실험을 중단하고 국제원자력기구 사찰 허용과 그 이상의 '알파'까지 제공할 수 있다"고 제안했다. 이런 연장선에서, 미국 핵심들의 기류를 읽은 문 특보가 '실용적 관여'를 제시한 것이다.

이에 대해 바둑 고수인 한 외교안보 전문가는 "수순(手順)에 문제가 있다"고 진단했다. 원론적으로는 맞지만, 때와 장소가 문제라는 것이다. 바둑에서 수순이 틀리면 멀쩡히 살아 있는 돌도 죽는다. 바둑은 아직 진행 중인데, 그가 이번 방미 결과를 어떻게 평가할지 궁금하다. 문 대통령의 국내 정치도 비슷해 보인다. 전광석화처럼 인사를 단행했다가 국면의 흐름이 이상하다 싶으면 한없이 뜸을 들인다. 취임한 지 두 달이 되도록 내각을 꾸리지 못하고 있다. '장고형' 답게 서두르지 않는 듯하다.

하지만 현대 바둑의 대세는 속기(速棋)이다. 무한정 기다려주지 않는다. 대세를 위해서라면 요석이라도 버리는 사석(捨石)작전이 필요하다. 바둑 격언에 신물경속(愼勿輕速), 가볍게 서두르지 말라고 했다. 하지만 오히려 장고(長考) 이후 악수(惡手)를 걱정한다. (2017.7.3)

국방부 장관직

2006년 8월 말, 열린우리당 장영달 국회의원에게 한 통의 전화가 걸려온다. 노무현 대통령이다. "국방부 장관 취임 준비를 철저히 하세요." 장영달은 곧바로 김관진 3군사령관을 찾았다. 초특급 인사 기밀을 공개하고는 국방 현안을 논의한다. 장영달은 "국방의 첫째 요건은 국민과 군이 일심동체가 되는 것"이라 했다. 베트남 전쟁은 민심을 잃은 쪽이 패배한 역사를 되짚었다. 사실 장과 김은 중학교 동창으로, 오랜 친구이다.

당시 김관진의 반응은 모른다. 친구의 장관 취임이 반가웠을까, 아니면 대장도 아닌 일개 병장 출신이 국방의 책임자로 부임한다는 데 자존심이 상했을까. 비록 월남 참전용사에 국회 국방위원장도 역임해 군 사정에 밝다고는 하지만 말이다.

박정희 군사쿠데타 이후 첫 문민 국방장관이란 파격적 시도는 북한 김정일에 의해 무산된다. 그 해 10월 9일 풍계리에서의 제1차 핵실험으로 장영달은 기회를 잃는다. 비상시국에 '문민 카드'는 부담스러웠던 것이다. 세월이 흘러 '문민' 장영달은 야인이 됐다. '강골' 김관진은 최장수 국방장관을 거쳐 국가안보실장으로 승승장구했다. 아이러니한 것은 김대중 햇볕정책의 신봉자로 대북송금 주역인 박지원 의원이 이명박 정권의 2인자인 이재오 당시 특임장관에게 김을 추천했다는 사실이다.

김은 2011년 '장관 서신 1호'에서 "원수를 무찌른다면 지금 죽어도 여한이 없다"고 했다. 북한정권에 대한 증오가 물씬 풍긴다. 이후에도 대북 강경발언을 쏟아냈다. 햇볕정책 산물인 개성공단의 폐쇄도 지난해 2월 그가 주재한 국가안보회의에서 결정했다. 이런 그가 바로 얼마 전까지 국군 최고통수권자가 빈 자리를 사실상 꿰찼다. 그러고는 미국과 '사드 알박기'를 밀어붙인 정황이 드러나고 있다. 그는 미국정부로부터 공로훈장을 받은 첫 국방장관이기도 하다. 친구로서 견디기 힘들었을까. 장영달이 지난 4월 말 공개 충고를 띄운다.

"김관진 안보실장, 이러시면 안 되네"로 시작하는 글은 밀어붙이기 식의 사드 배치에 대한 우려로 가득하다. 요약하면, 국민의 자존심과 존재감을 짓뭉개는 진행방식으로는 북한 핵을 막지 못하고, 한미동맹을 어렵게 하며, 안보도 힘들게 하는 하수(下手)란 것이다. 이어 "국방과 안보는 국민과 함께하는 것이지 자네 혼자 머리로 하는 게 아니다"고 끝을 맺는다. 그래도 메아리가 없었나. 사흘 후 "안보실장 친구야. 군사독재 시절처럼 안보겁박으로 속일 수 없네. 깊이 생각하여 절대 변명하지 마시게. 정말로 후회하시게 되네"라며 친구를 걱정한다.

장영달은 사드 배치 자체보다 절차와 과정을 더욱 문제시했다. "국민의 이해를 구하는 데 최선을 다한 흔적이 없다. 그러면 안보는 필패(必敗)한다. 민심을 무시하면서 어떻게 전쟁에서 이길 수 있느냐"는 것이다. 이는 기도비닉(企圖秘匿)을 중시하는 강골과 투명공개를 강조하는 문민의 차이일 수 있다.

공자(孔子)는 국가 운영에 중요한 세 가지로 풍족한 양식, 충분한 군비, 백성의 신뢰를 들었다. 이 중 하나를 버린다면 군비, 다음이 양식이다. 마지막까지 지킬 것이 백성의 신뢰인데, 이를 잃는다면 국가가 존립할 수 없다고 했다.

무신불립(無信不立)이다. 손자병법도 '싸우지 않고 이기는 것'을 최고의 전략으로 꼽는다. 비록 승리한다고 해도 "여러 번 이기면 나라가 망한다"고 했다. 전쟁에는 대가가 따른다.

그런 점에서 안보와 국방이 총칼로만 지켜질 수 있다는 믿음은 위험하다. 최근 사드가 비밀리에 추가 도입된 사실이 드러났다. 국방부는 청와대에 보고하지도 않아 문제인 대통령이 격노했다고 한다. 그 밑바탕에 문민을 배제한 그들만의 '국방 독점' 의식은 없었을까. 혹은 몇몇의 '국방 농단'은 아닐까.

11년 전 장영달 식 '문민 국방'과 김관진 식 '강골 국방'이 엇갈렸다면 어땠을까. 미 국무부의 '2016 세계 군비지출 보고'에 따르면 2004~2014년 한국 군사비는 평균 301억 달러로 북한(35억 달러)의 8.5배이다. 그럼에도 '강골 국방'은 전시작전권을 감당하지 못한다. 국민에 부끄럽지 않나. 차제에 '문민 국방'은 어떤가. 국방부 최장수 대변인도 민간인 김민석씨다. 2010년부터 5년 2개월 재직했다. 그는 군대를 가지도 않았다.

미국의 국방장관 도널드 럼즈펠드는 사업가이자 정치인, 로버트 게이츠는 대학총장, 척 헤이글은 투자은행 대표, 애슈턴 카터는 물리학자이다. 그런데도 세계 최강 군대를 운용하는 데 아무런 문제가 없다. 우리도 충분히 그럴 수준이 됐다. 선진형, 미래형 '문민 국방'을 검토할 때다. (2017.6.1)

긴 말없이 떠나라

말없이 떠나기란 어렵다. 분함을 머금고 토하지 않기가 어디 쉬운가. 그래서일 게다. 굳이 한마디 덧붙이는 것은. 결국 췌언이고, 사족이더라도 말이다.

황교안 전 총리는 하고 싶은 말이 많았던 것 같다. 대통령 권한대행으로 밤잠 못 이루고, 간절히 기도하는 마음으로, 노심초사를 거듭했다고 한다. 안보와 경제와 민생과 안전을 위해 모든 힘을 쏟고, 진력해왔으며, 최선을 다했다고 한다. 그러면서 새 정권에 당부도 곁들인다. 모두가 행복한 나라를 만들어야 하고, 배려와 관용의 정신으로 함께 나아가야 하며, 사회적 대통합과 각계각층의 합심협력이 필요하다고 했다.

한마디로 "나는 열심히 했다. 앞으로 잘 해라"는 말이다. 듣는 이에 따라선 고개를 갸웃할 수 있다. 본인이야 부인하겠지만, 어쩐지 향후 행보를 위해 한 자락 깔아놓은 느낌도 든다. 사실 "고민 끝에 출마하지 않기로 했다"는 발언도 이번 대선을 저울질했다는 고백 아닌가.

김수남 전 검찰총장도 그렇다. "검찰로서 보람과 긍지를 느꼈고, 바르게 처신하려 노력했으며, 정도를 걷고자 했고, 최선을 다했다"고 한다. 그럼에도 검찰에 대한 불신과 개혁 요구를 외면할 수 없었나. 새 정부에 '올바른 방향의 검찰개혁'을 주문하며 검찰의 단결을 촉구한다. 말미에 '소금'이란 시를 인용하며 검찰에 소금이 돼라 주문한다. 아마도 짜지 않은 소금, 권력 입에 달디 단 설탕이었다는 고백쯤으로 들린다.

떠날 때 말이 많은 것은 미련이 그만큼 남아 있기 때문이다. 권력의 뒷맛일까. 회한일 망정 꾹 누르고 뒤돌아 묵묵히 걸어가는 모습은 기대하기 어려운가.

그런 점에서 소위 '삼철(이호철·전해철·양정철)'의 맏이인 이호철씨가 표표히 떠난 것은 인상적이다. 그는 지인들에게 남긴 메시지를 통해 "자유를 위해 먼 길을 떠난다"고 밝혔다. 권력이나 명예보다 자유를 원했기에 촛불대선에 참여하면서부터 떠날 준비를 했다고 밝혔다. 비행기표는 올해 초 예약했다고 한다.

그도 하고픈 말이 많았을 게다. 이루고픈 일도 적지 않을 게다. 정권교체를 이룸으로써 '자유'를 얻었다는 말은, 그간 속박되어 있었다는 고백이다. 짐작하건대 노무현 전 대통령이 남긴 업(業)이었을 게다. 한편으론 그의 깊은 번민과 고독이 느껴진다. '사람 사는 세상'을 원했다면, 그래서 현실정치에 참여했다면, 지금은 떠날 때가 아닐 수 있다. 문재인 시대를 열었다고 해서 목표가 이뤄진 것은 아니지 않은가. 지금은 그저 씨앗이고, 기미일 뿐이다. 일깨우고 들이대고 다그칠 일이 산더미일 수 있다.

그럼에도 떠나는 건 노자가 말한 공수신퇴(功遂身退) 이치를 깨달았음이리라. 공을 이루었으면 몸은 물러나는 것이 하늘의 도(道)라 했다. 채근담도 사람의 마음은 변하기 쉽고, 세상 길은 험난하다고 이른다. 전우는 전쟁이 끝난 후 뭉치지만, 동지는 혁명이 끝난 후 배신한다는 말도 있다. 그래서 공을 사양하고 한걸음 물러나는 퇴일보법(退一步法)일 터이다.

그가 남긴 메시지에 진짜 중요한 대목이 있다. 문재인 대통령의 세 가지 소원이다. 첫째는 정권교체, 둘째는 세상 바꾸기, 셋째가 자유란다. 그러면서 문 대통령의 자유는 임기를 마치고 반려견인 마루와 뒷산을 산책하고 들꽃을 보는 것이라 했다. 첫째는 이뤄졌고, 둘째는 진행 중이다. 셋째는 아마도 매우 어려울 것이다.

창고와 화장실의 쥐에서 깨달음을 얻었던, 진시황을 도와 중국을 천하통일한 이사의 꿈도 소박했다. 자유였다. 누렁이를 앞세워 아들과 고향 뒷산에서 토끼를 사냥하는 것이었다. 그가 아들과 목 놓아 울면서 허리가 잘리고, 삼족이 멸문지화를 당한 것은 '미련' 때문이었다. 권력의 단맛에 취해 사슴을 말이라 하는데도 짐짓 고개를 돌렸던 것이다.

한때 세상을 흔들었던 영웅들과 제후의 말로가 대체로 비극적인 건 나설 때와 물러설 때를 가늠하지 못했기 때문이다. 더러는 잘못된 깃발 아래 서 있다가 그르쳤다. 그래서 문 대통령에게 '자유'를 일깨운 것은 실로 어려운 조언이자 고언이다. 문 대통령은 취임사에서 "기회는 평등, 과정은 공정, 결과는 정의"를 외쳤다. 그렇게 하리라 믿는다. 또 그래야 한다.

부디 잊지 말 것이 '자유'라는 세 번째 소원이다. 자유는 거저 주어지지 않는다. 고통스럽게 마음의 사슬을 끊어낼 때, 미래를 위해 용서할 때, 채우기보다 비우고 날카롭기보다 무디게 대처할 때 비로소 '자유'를 얻을 것이다.

그러면 떠날 때 "미안합니다. 감사합니다"만으로도 충분하다. 사람 사는 세상이면, 구구절절 말하지 않아도 모두가 이해할 것이다. 눈빛으로. 가슴으로. (2017.5.17)

'차악(次惡)'의 함정

"치과의사는 이를 통해 세상을 본다. 입 속을 보곤 그의 성격과 습관, 건강 상태와 사회적 지위까지 가늠한다. 신경을 건드릴 때 찡그리면 '흠, 술과 담배에 커피를 너무 마셨군' 짐작한다. 이빨이 고르지 못하면 '불쌍한 친구, 어렵게 자랐군' 생각한다." 영국 수필가 알프레드 가디너가 '모자의 철학'을 통해 풀어낸 '직업적 선입견'이다.

구두수선공은 구두의 질과 상태로 그의 지적 수준과 사회경제적 위치를 잰다. 재단사는 입고 있는 옷으로 평가한다. 모자제작자는 머리 모양으로 그 사람의 '생각의 폭과 깊이'를 가늠한다. 준거는 이랬다. "변호사의 머리가 특히 크더라. 많은 생각이 머리를 크게 한 것 같다. 선원들도 봤는데, 선장의 머리가 컸다. 항해하다 보면 조수와 빙산 등 걱정과 근심이 많아서 그런 것 같다."

가디너는 웃었다. 생각이 많기로는 정치인이 아니겠나. 실제 독일의 철혈재상 비스마르크와 영국 수상 글래드스톤은 놀라울 정도로 머리가 컸다. 그런데 과연 머리가 크면 생각도 깊을까. 괴테가 "셰익스피어 이후 가장 좋은 머리 소유자"로 격찬한 바이런은 머리가 매우 작지 않았나.

사람들은 자신의 직업을 통해 터득한 '눈'으로 세상을 보지만, 그것이 진실에 가까운 것은 아니다. 예를 들어 낡은 구두에 크고 멋진 모자를 썼다면, 구두수선공과 모자제작자는 정반대의 평가를 내릴 수 있는 것이다.

19대 대통령선거에 무려 15명이 후보 등록했다. 정치가 '허업'이라는데도 너도나도 나선다. 그 중에서 기호 1,2,3번의 본디 직업이 변호사, 검사, 의사이다.

시쳇말로 고교생이 가장 되고 싶어하는, 가장 부러워하는 직업들이다. 과연 이들도 직업적 선입견이 있을까. 어쩐지 변호사 출신 후보의 '적폐청산'에 법률의 시퍼런 칼날이 어른거린다. 검사 출신 후보의 '스트롱맨'에서는 무소불위 검찰의 송곳니가 느껴진다. 의사 출신 후보의 '통합과 치유'에도 날 선 메스가 숨어 있는 듯하다. 이들 직업이 비록 정치인으로 바뀌었지만, 주인이 되기 위한 머슴 행세나 '동냥 벼슬'을 위한 표 구걸 외에 서민들의 피폐한 일상을 가슴으로 알 수 있을까.

어쨌든 현실적으로 이들 중 한명이 대통령이 될 것이다. 여기서 퀴즈 하나. 방 안에 개가 두 마리 있다. 하나는 똥이 묻었다. 이름하여 '분구(糞狗)'이다. 다른 쪽은 겨가 묻었다. '강구(糠狗)'이다. 주인은 과연 어느 개를 쫓아낼까.

정답은 '둘 다'일 터인데, 현실은 그렇지 않다. 겨 묻은 개가 쫓겨난다. 이유는 이렇다. 주인도 처음에는 코를 싸매고 똥 묻은 개부터 내쫓으려 한다. 그런데 '분구'는 "왜 나만 쫓아내느냐"며 버틴다. 겨를 흘리는 '강구'를 손가락질하며 물고 늘어진다.

'분구'는 자신이 풍기는 악취를 맡지 못할 수 있다. 묻은 채로 살다 보니 적응됐다고 할까. 정확히는 후각이 마비된 것이다. 물론 알면서도 모르는 체하는 경우가 대부분일 터이다. 여하튼 실랑이하던 주인의 눈길이 문득 '강구'를 향한다. 겨 흘리는 모습이 지저분하게 느껴진다. 몽둥이 들어 '강구'를 내쫓는다. 왜 그럴까. 주인도 어느덧 악취에 익숙해진 것이다. 재래식 화장실을 생각하면 된다. 처음엔 악취가 코를 찌르지만, 시간이 지나면 차차 감각이 무뎌진다. '분구'보다 '강구'가 눈에 거슬리는 이유이다. 결국 '강구' 떠난 방에서 '분구'가 짖는다. 그래서 똥 묻은 개가 당당히 겨 묻은 개를 나무란다.

불쌍한 쪽은 겨 묻은 개가 아니라 주인이다. 방 안도 자신도 온통 악취인데, 마비된 후각 때문에 알아채지 못한다. 더욱이 주머니를 털어 값비싼 사료까지 댄다.

다름 아닌 우리네 선거 이야기이다. 본디 최선이 아니라 차악(次惡)을 선택하는 것이 선거라 했다. 그런데 지나보면 종종 최악을 뽑고 후회한다. 문제는 이런 상황이 거듭되는 것이다. 그러니 부정부패로 악취가 나는 정치인이 여전히 설치는 것이다. 프랑스 정치가 클레망소가 "이 사람이 가장 최악이라고 생각한 순간 더 최악의 인물이 나타나더라"라고 말한 배경이다.

앞으로 3주가 지나면 선택의 순간이다. 프랑스의 드골 말마따나 정치란 정치인에게 맡겨놓기엔 너무 심각한 문제이다. 디지털시대 '직접적 민주주의'를 우리는 경험했다. '시민의 힘'도 확인했다. 이제 투표와 정책에 적극 개입해야 한다. 공약(公約)이 공약(空約)으로 바뀌면 바로 탄핵감이다. 정치 환경이 그렇게 변했다.

"이상과 현실 사이에 다리를 놓는 것이 정치(헨리 키신저)"라 했다. 이는 몇몇 정치인이 아니라 '참여하는 시민'들 몫이다. 바야흐로 시민정치의 시대이다. (2017.4.17)

촛불은 망각이 두렵다

인간에게 가장 고통스러운 것은 아마도 잊혀지는 것이 아닐까. 프랑스 시인 마리 로랑생은 이렇게 읊었다. "권태보다 더한 것이 슬픔, 슬픔보다 불행, 불행보다 고뇌, 고뇌보다 버려지는 것, 버려지는 것보다 고독, 고독보다 추방, 추방보다 죽음, 죽음보다도 더한 것이 잊혀지는 것"이라고.

제목이 '진통제'이니 가장 아픈 게 망각, 즉 기억에서 지워지는 것이란 통찰이겠다. 종종 '잊혀진 여인'이란 제목으로 번역되는데, 시인이 여류이기 때문일까. 하지만 잊혀지는 것이 고통스럽고 두려운 이가 어디 그뿐이랴.

영화 '300'의 주인공인 스파르타의 왕 레오니다스가 마지막으로 바랐던 것은 '기억'이었다. 그는 페르시아의 크세르크세스가 요구한 '한줌의 흙'을 거부한다. 사자를 구덩이에 차넣고 감연히 맞선다. 복종을 거부한 것이다. 크세르크세스는 "모든 그리스 역사가의 눈과 혀를 뽑아 역사에서 지워버리겠다"고 분노한다. 스파르타와 레오니다스의 존재까지도 기억의 저편에 묻어버리겠다는 것이다. 결말은 모두가 안다. 레오니다스는 죽었지만, 역사로도 문학으로도 영화로도 기억된다. "지나가는 나그네여, 가서 전하라. 당신들의 명령을 이루고 여기 누워 있다고"라는 비문과 함께.

초원의 정복자 징기스칸도 '기억'의 엄중함을 알았다. 자신을 배신한 호라즘을 멸망시키면서 기념비적 건축물들을 모래바람 속에 흩뜨려버렸다. 아예 인류의 역사에서 지워버리려 한 것이다. 이렇듯 '기억 지우기'는 한 개인을 넘어 민족과 국가와 문명에게 파멸적이다.

그래서 기억은 존재이다. 어제를 잊은 사람에게 내일이 없고, 과거를 잊은 민족에게 미래가 없다고 하는 배경이다. 호랑이는 가죽을 남기지만, 사람은 이름을 남긴다는 말도 물질보다 기억의 엄중함을 강조한다. "현세의 즐거움이냐, 역사의 영광이냐" 갈림길에서 아킬레스가 후자를 선택한 이유이다. 화려하지만 짧은 생보다 오래도록 자신의 이름이 기억되기를 더 바랐던 것이다.

기억은 본디 회상과 망각의 상호작용에 따른 결과이다. 되돌아보고 불러내는 회상과 자아방어기제로서 망각 사이에 자리한다. 불편한 기억은 기억의 저편에 갈무리되는 것이다. 그런데 '사회적 기억'은 "우리는 무엇을 하려 하는가"라는 근본적인 질문에 대한 동시대의 답변이다. 따라서 '사회적 망각'은 기억력 문제가 아니라 의도적으로 배제된 기억일 수 있다. 불편해서, 혹은 부끄러워서.

우리는 지금 기억의 갈림길에 서 있다. 길었던 지난해 겨울 밤, 뜨겁게 밝혔던 촛불을 어떻게 기억할 것인가. 그때의 염원과 함성을 과연 언제까지 잊지 않고 기억할 것인가. '집단 건망증'으로 잘못을 되풀이해온 자학의 쳇바퀴에서 과연 벗어날 수 있을 것인가.

촛불의 다짐은 분명했다. 바꾸고 고치자는 것이다. 대통령의 파면과 구속은 상징일 뿐이다. 불의의 구체제를 깡그리 불태우고 정의로운 신체제를 세우자는 것이다. 지역주의와 기득권을 바탕으로 한 '그들만의 리그'를 해체하자는 것이다. 정치인과 기업인과 관료의 삼각동맹을 깨고 공정사회를 만들자는 것이다. 100% 국민주권, 민주공화국을 이루자는 것이다.

　이런 '집단 기억'이 망각의 덫에 치일 위기이다. 이름만 바꾼 정당, 설탕만 뿌린 정책, 화장만 바꾼 얼굴들이 '집단 망각'을 유도하고 있다. '그 나물에 그 밥'인데도 울긋불긋 양념만 뿌리고는 '음식물 재활용'이다. 이번엔 다를 것이라고 홀리듯이 유혹하며 집단 최면을 걸고 있는 것이다. 더러는 박근혜 동정론을 편다. 더러는 그로써 매듭짓자고 한다. 그를 앞세우고 이용하며 단물을 빨아왔던 무리들은 의리론 뒤에 숨거나 짐짓 모르쇠로 시간을 벌려 한다. 시간은 늘 망각 편이었으니까.

　우리는 그렇게 잊어왔다. 잊어주었고, 잊어버렸다. 어제의 잘못을 징벌하지 않음으로써 내일의 잘못에 용기를 줬다. 그리하여 그들만의 정치는 달콤한 망각을 자양분으로 박테리아처럼 끈질기게 살아남았다. 박근혜 전 대통령도 기억의 미로에 갇혀 있을 것이다. 오늘도 슬금슬금 기어오르는, 돌이키고 싶지 않은 기억에 고통스러울 것이다. 그보다도 갇힌 자신이 잊혀지는 것이 더욱 두려울지 모른다. 아마도 그에게 역사의식이 있다면, 부친과 자신이 기대와 다르게 기억될 게 가장 고통스러울 터이다.

　촛불이 태워버린 들녘에 꽃피는 4월이 왔다. 시커먼 잔재 사이로 푸르른 초목들이 아우성치며 일어설 것이다. 그 사이로 독초도 돋아날 것이다. 늘 그랬듯이 망각의 발자국 뒤에서 슬그머니 고개를 들 것이다. 기억하고, 또 기억하자. 촛불은 바람에 꺼지지 않는다. 망각에 사위는 것이다.(2017.4.3)

황교안 총리의 경우

너도나도 김칫국을 마신다. 떡 줄 사람은 생각도 않는데 말이다. 아니, 떡이 빚어지지도 않았는데 말이다. 황교안 대통령권한대행 국무총리도 그 중 하나이다.

그가 어제 임시 국무회의를 열어 19대 대통령선거일을 5월 9일로 확정했다. 그런데 귀를 의심케 하는 말이 나왔다. "고심 끝에 대선에 출마하지 않기로 했다"는 것이다. 바꾸어 말하면, 상당 기간 대선출마를 저울질했다는 '자백'이다.

그가 누구인가. 박근혜 정부를 처음부터 탄핵에 이르기까지 꼬박 보좌한 인물이다. 법무부 장관 2년 3개월에 국무총리 1년 9개월이다. 박근혜정부의 기둥이자, '여왕'의 영의정이다. 옛날이면, 왕 대신 잘릴 '흉년 모가지' 쯤이다. 그러기에 연초 황 총리 대선 출마설이 나왔을 때 양식 있는 사람들은 "말도 안 된다"며 일축했다. 이유는 기각이든 인용이든 출마는 불가능하며, 그가 철면피도 아니라는 것이다.

먼저 탄핵이 기각될 경우다. "박근혜씨가 가장 미워할 사람이 누굴까. 황 총리 아닐까. 자신은 아무 책임이 없다는 듯, 마치 탄핵을 기다리기라도 했다는 듯, 대통령 코스프레를 즐기는 듯하지 않았나. 권한대행 '기념' 시계도 돌렸다. 이미 휴대폰 메시지로 해임을 통보했던 터, 아마도 복귀하자마자 맨 먼저 자를 것이다."

그런 그를 대선에 박근혜의 '아바타'로 과연 내세울까. 오히려 권한대행 기간에 송구스런 자세로 납작 엎드려 있지 않았던 것을 '배신'으로 여겼을 공산이 크다. 지금 돌이켜보면 그의 행적에 고개가 끄덕여진다. 연말연시 자선냄비를 찾고, 불우이웃을 격려하고, 전방을 살피는 모습에서 무언가 한 자락 깔아놓은 느낌이 들었다. 마치 대통령인 듯, 대권주자인 듯, 미디어를 통해 자신을 부각시켰던 것이다. 그때는 설마 했는데, 정말로 출마를 고심했다는 것 아닌가.

이는 한편으론 탄핵이 인용될 것을 확신했다는 방증이다. 기각이나 각하를 예상했다면 그러한 불경(?)스런 코스프레를 못했을 것이다. 그 역시 뛰어난 '법 기술자'여서 분명 탄핵되리라 판단했을 것이다. 여하튼 기각됐다면, 그의 대권도전은 봄날의 개꿈으로 끝났을 것이다.

다음 탄핵이 인용된 지금이다. 그가 출마한다면 과연 대다수 국민들이 쌍수를 들어 환영할까. 반대일 것이다. 일부를 제외하곤 손가락질하며 비난했을 것이다. 박근혜정부 '기둥'인 그가 나서는 것 자체가 헌법재판소의 결정과 촛불민심에 정면으로 도전하는 격이 아니겠나.

그는 국정을 총괄하는 총리로서 박근혜정부의 실정과 국정농단에 일정 부분 책임이 있다. 다만 대통령이 궐위된 비상한 시국이어서 어쩔 수 없이 권한대행 직을 맡긴 것이다. 그런 그가 출마한다면 "박근혜정부는 아무런 잘못이 없다. 헌재의 결정에 불복, 국민투표로 심판 받겠다"는 것으로 비치지 않겠나.

박근혜 폭주에 제동을 걸지 못한 그 역시 '역사의 죄인'이다. 자리를 걸고 "안됩니다"라고 한번이나 해봤나. 그는 최순실도, 비선도 몰랐다고 했다. 직무유기 대신 무능을 택한 듯하다. "내 탓"은 없고 "네 탓"이나 "그 탓"뿐이다. 의전과 권리만 누릴 줄 알고 책임질 줄 모르는 이는 박근혜로도 족하다.

만성 두드러기로 병역을 면제받은 것은 논외이다. 물론 필자는 지금까지 만성 두드러기를 달고 살지만, 신검 군의관은 "군대 밥 먹으면 깨끗이 사라진다"고 격려(!)했었다. 당연히 그 때문에 죽지도 않았다. 여하튼 남북의 극한 대치상황을 감안하면, 병역미필 후보는 상대적으로 감점이다.

결론적으로 탄핵이 기각돼도, 인용돼도 그에게 기회는 없었다. 문제는 "대선 참여를 바라는 목소리를 알고 있으며, 고심 끝에 출마는 적절하지 않다고 판단했다"고 버젓이 발표하는 뻔뻔함이다.

탄핵 상황이면 스스로 석고대죄하면서 "책임지고 물러나야 마땅하나 어쩔 수 없이 대선까지 관리하겠다"고 해야 하는 것 아닌가. 그런데 출마를 고심했다니. 도대체 현 정부에는 책임지는 선비, 사퇴하는 장부가 한명도 없나. 출마 포기를 대단한 결단인 양 발표하는 것도 부적절해 보인다. 마치 5년 후를 기약하는 포석으로 보인다.

어찌됐든 그가 출마를 고심했다면, 그것은 나라가 아니라 자신을 위한 것일 터이다. 진정 나라를 위했다면 출마가 아니라 사죄의 방법을, 정책 강행이 아니라 일단 멈춤을 고심했어야 했다. 자신도 적폐의 일부가 아닌지 돌아봐야 했다. 법을 공부한, 법으로 출세한 인사들의 맨 얼굴을 보면서 문득 슬퍼진다. 황 총리도 그렇지만, 국정농단을 묵인하거나 방조한 이들 역시 '법꾸라지'와 '법 기술자'가 아니던가. 정말 이런 법이 있나. (2017.3.16)

박근혜의 적(敵)

"울지 마라. 외로우니까 사람이다." 정호승 시인의 '수선화에게' 첫 연이다. 사람이란 본디 외로운 존재이다. 함께 이런저런 관계를 맺고 사는 것 같지만, 문득 돌아보면 혼자인 자신을 발견하게 된다. 더군다나 대통령이랴. 권력의 속성은 '절대 고독'이다. 누구와도 어깨동무를 허락하지 않는다. 게다가 배신이란 정신적 외상(外傷)도 있다. 아무도 믿지 않고, 오로지 자신만 믿고 지탱했을 것이다. 나름대로 열심이었을 것이다. 그런데 결과는 탄핵이라니.

'상실수업'의 저자 엘리자베스 퀴블러 로스는 극단적인 상실의 상황에 처한 사람에게서 다섯 단계의 심리변화가 나타난다고 했다. '부정-분노-타협-우울-수용' 순이다. 먼저 자신이 처한 상황을 부정하고, 이어 분노를 터뜨린다는 것이다. 다음엔 타협하면서 우울해지고, 마침내 받아들인다는 것이다.

그도 처음엔 부정했을 것이다. "오해가 있을 거야. 잘 설명하면 되겠지." 자신의 진정성이면 통하리라 믿었던 것 같다. "대한민국과 결혼했다. 죄라면 열심히 일한 것뿐이다." 그는 몰랐던 듯하다. 결혼한 사람도 더러 이혼하며, 도둑도 나름대로 열심히 한다는 것을. 결혼생활은 어느 일방이 아니라 상호신뢰로 지속가능하며, 열심히 하는 것보다 잘 하는 것이 중요하다는 것을.

설마 했던 것 같다. 그러다 친박 쪽에서 "자진 사퇴, 정치적 해결"이란 말이 나오자 심각성을 느꼈을 것이다. 기대했던 탄핵 기각이나

각하가 아니라, 인용 가능성이 높다는 말에 격분했을 것이다. 분노의 표적은 최순실이나 고영태였을 수 있다. 몇몇 종편채널과 진보신문일 수 있다. 특검과 헌법재판관일 수도 있다. 하지만 틀렸다. 표적은 따로 있다. 적(敵)은 늘 가까운 곳에 있다. 알아챘을 때는 이미 늦다. 일본 역사소설 '대망(大望)'의 주인공 오다 노부나가는 부하의 배신에 걸려 자결했다. 혼노지(本能寺)에서다. "적은 혼노지에 있다"는 경구는 여기서 나왔다.

박정희도 그랬다. 일본 혼노지는 한국의 궁정동 안가였다. 그로선 믿는 도끼에 발등 찍히고, 기르던 개에게 물린 격이다. 그런데 김재규만 박정희 사거(死去) 원인일까. 이른바 '박정희의 사람들' 모두가 최소한 원인(遠因)이지 싶다. 유신 폭주를 제지하지 않고 방조하거나, 오히려 부채질하며 제 잇속을 챙긴 고관대작들 말이다. 이들은 김재규 한명에 모든 죄를 뒤집어씌우고는 여전히 권력 꿀단지를 찾아 이리저리 여태껏 날갯짓해오지 않았나.

사실 탄핵사태도 믿었던 측근들이 원인(遠因)이자 근인(近因)이다. "안됩니다" 말해야 할 위치에 있었던, 그럼에도 수첩에 받아 적기만 했던 국무총리, 장관, 수석비서관들이 진정한 적(敵)이다. 이들은 그에게도, 국민에게도 충성하지 않았다. 자신들의 영달과 잇속만 챙겼다. 이들은 속으로 웃고 있을지 모른다. 그렇지 않고서야 책임지고 물러나는 공직자가 단 한명이 없을 수가 있나. 짐짓 '대통령 권한대행 기념시계'를 뿌리며, 카메라 세례를 누릴 수 있나. "무능하지만, 불법은 아니다"라는 변호인단도 의심쩍다. 대통령을 조롱하는 건지, 법 기술을 과시하는 건지 헷갈린다.

이들을 탓할 일은 아니다. 그간 행태를 보면 원래 그런 깜냥들이었다. 대개 권력자가 위험에 처하는 것은 그 자신이 아니라 둘러싼 사람들 때문이다. 사람 됨됨이를 못 본 자업자득이다. 결국 자신이 탄핵의 근본적인 원인제공자이며, 그가 극복해야 했던 진짜 적(敵)은 그 자신이었다. 이를 깨달아야 비로소 자신과의 '타협'이 가능해진다.

여하튼 특검의 90일 장정은 일단락됐다. 그는 대면조사를 피했지만, 피의자 신분을 모면하지 못했다. 그의 수족도, 삼성 이재용도 줄줄이 구속됐다. 특검은 청와대 압수수색에 실패했지만, 독립된 검찰의 힘을 충분히 보여줬다. 동시에 해바라기 검찰의 한계도 드러냈다. 공직자비리수사처가 필요한 이유이다.

소용돌이도 치고 역류도 일어나지만 사흘 후 5일은 경칩이다. 항간에는 이날 "자진사퇴로 칩거를 푼다"는 풍문이 나돈다. 탄핵으로 직무가 정지된 기간을 개구리의 겨울잠에 비유해 지어낸 듯하다. 김종필씨의 인물평에 따르면, 아닐 것이다. 설사 그런다 해도 칩거 장소만 청와대에서 삼성동으로 바뀌면 무슨 의미가 있나.

천만 촛불이 밀어붙인 역사의 물줄기가 특검을 거쳐 헌법재판소 결정을 향해 굽이치고 있다. 역사의 변곡점에서는 소용돌이도 치고, 역류현상도 일어난다. 모두가 정체된 강물에 생명력을 불어넣는 과정이다.

금명간 헌재의 결정 역시 매듭이면서 시작일 것이다. 한걸음 나아가는 것이다. 진보는 이렇게 늘 한발 늦다. 그래도 다행인 것은, 꼭 온다는 점이다. (2017.3.2)

반기문이 남긴 것

그는 작년에 김종필씨를 찾았다. 훈훈한 덕담이 오갔다. 지난달에도 찾았다. 덕담도 있었지만, 조언이 심상찮았다. "모여드는 사람들 환호에 안이한 생각을 가질까 걱정이다." 역시 정치 9단이다.

김종필씨에게서 지혜를 구한 것 같지는 않다. 그랬다면 "정치는 허업(虛業)"이란 회고를 새겼을 터이다. 쿠데타의 주역으로 평생 정치판을 종횡무진한 정객이 아닌가. 그의 경험과 경륜에서 나온 화두가 '허업'이라면, 경청할 필요가 있었다.

역시 직접 찍어 맛을 봐야 했나. 지난 20일은 그에게 20년 같았을 것이다. 유엔사무총장 10년이 매끄럽게 지나갔다면, 대권 후보로서 20일은 진흙탕에 가시밭이었을 것이다. 불출마를 결심한 날, "이러려고 대권을 두드렸나" 자괴감마저 들었을 것이다.

사실 그랬다. '반반'이란 별명처럼 모든 게 '반투명'했다. 사무총장 재직 때는 출사표를 던지는지 아닌지 모호한 화법으로 일관했다. 귀국해 "정치교체"를 외치면서도 진보적 보수주의자라 했다. 과거를 계승한다는 건지, 개혁하겠다는 건지도 알쏭달쏭했다. 자연히 지지자도 '기대반, 우려반'이었다. 여하튼 그는 퇴장했다. 그럼에도 그의 족적을 더듬어볼 필요가 있다. 여기에 우리 정치의 단면, 정치판의 민낯이 투영돼 있을 것이다. 더불어 어제가 오늘을 만들지만, 오늘이 어제를 만들기도 한다는 교훈도 얻을 수 있을 것이다.

먼저, 그는 왜 출마했을까. 후진적인 한국 정치를 확 바꾸고 싶었을 것이다. 전직 유엔사무총장 아닌가. 세계 각국의 대표단과 회의를 하며 선진 정치의 품격을 부러워했을 듯하다. 그래서 10년간 쌓은 경륜을 쏟아붓고 싶었을 것이다. 온몸을 불살라 헌신하고 싶었을 것이다. 한편으론 쉬워 보였을 것이다. 세계 대통령이었는데, 한국 대통령쯤이야 했을지 모른다.

주위에서 부추겼을 것이다. 결단만 내리시라고, 깃발만 들면 구름처럼 모인다고, 꽃가마가 준비돼 있다고, 국내정치 몰라도 문제없다고, 내치는 '우리'에게 맡기면 된다고, 대통령으로서 예우와 의전만 누리시라고, 그렇게 '금의환향'하시라고 말이다.

스스로도 대견했을 것이다. 어린이 위인전의 주인공이자, 큰 바위 얼굴이 되지 않았는가. 자랐던 동네에 동상이 세워졌고, 태어난 집은 관광코스가 됐다. 지금 비록 부진하지만, 한때 지지율이 1위였다.

그가 몰랐던 것이 있다. 바로 국민이다. 배를 띄우기도 하지만 순식간에 뒤엎기도 하는 힘 말이다. 포장이 벗겨지고 화장이 지워지면, 곧바로 냉정을 되찾는다는 것을 말이다. 정치인들 속성도 몰랐다. 본인도 토로했지만, 그들은 그가 아니라 자신을 위해 행동한다는 것을. 자신의 정치적 입지를 위해 러브 콜을 보낸 것이지, 국민과 그를 위한 것이 아니라는 것을 말이다.

무엇보다 자신을 몰랐다. 과연 대통령으로서 자질이 있는지, 국민이 감내하기 힘든 흠은 없는지, 그의 말마따나 돈은 충분한지, 손톱과 주먹을 견딜 담대함과 맷집은 있는지 전혀 몰랐다.

고난을 겪지 않고 큰 인물이 되기 어렵다. 출세가도를 미끄러지듯 달려온 큰 지도자는 없다. 왜 그런가. 다른 사람들의 어려움을 헤아리지 못하기 때문이다. 맹자가 말했다. "하늘이 대업을 맡기려는 사람은 반드시 의지를 흔들고, 고통을 준다. 굶주리고 궁핍하게 하며, 하는 일마다 어렵게 만든다. 참을성을 길러 지금까지 못했던 일을 하도록 하려는 배려이다."

현대사에 발자취를 남긴 대통령은 모두 말로 표현하기 힘든 고통을 겪었다. 김영삼 대통령이 그랬고, 김대중 대통령이 그랬다. '바보' 노무현 대통령도 계란으로 바위를 깼다. 실패를 경험하지 못한 지도자는 위험하다. 밑져봐야 본전이라고 생각하는 이는 더욱 위험하다. 스스로 깨닫지 못하고 상대를 가르치려는 이는 필경 자신이 깨닫게 된다.

뒤늦은 깨달음은 어제가 오늘의 바탕이 되기도 하지만, 오늘이 어제를 바꾸기도 한다는 것이다. 그의 오늘은 성공한 외교관으로서 어제가 바탕이다. 하지만 순간의 선택이 화려한 어제의 영광을 먹칠했다. 위인전은 폐기되고, 큰 바위 얼굴은 '반면교사'로 남을 것이다.

하늘 끝에 오른 용은 회한만 남긴다. 권력을 노리면 몸을 망치고, 돈을 탐하면 이름을 더럽힌다. 명예를 얻었으면, 모름지기 한걸음 물러서는 것이 지혜이다.

'어른'이 사라진 시대에 그나마 비슷한 반열에 올랐던 반기문씨가 '허업'에 잠시나마 정신을 팔려 안타깝다. 늦었지만, 마음 추스르고 전직 유엔사무총장으로 복귀하길 바란다. 우리나라와 세계에 자신의 경륜을 보태기 바란다. 그것이 국제사회의 손가락질에 상처 입은 국민을 달래는 길이기도 하다. (2017.2.2)

경제도 정치도 '공유' 시대

이제 지도자는 없다. 아니 불가능하다. 산더미 같이 쌓이는 정보, 복잡다기한 사안을 뚝 잘라서 처리할 '개인'이 과연 존재할 수 있겠나. 너도 나도 리더를 자처하지만, 변화무쌍한 안팎 상황에서 "나를 따르라"고 자신할 수 있는 '현인'이 가능하기는 한가. 지금 '4차 산업혁명'이 화두이다. 지난해 세계경제포럼의 주제로 선정되면서 뜨거운 이슈로 떠올랐다. 핵심 원동력은 '빅 데이터'를 기반으로 한 인공지능(AI)과 초연결망이다.

8일 미국 라스베이거스에서 폐막한 전자제품박람회(CES)도 그 연장선이었다. 구글은 사람의 도움이 필요 없는 100% 자율주행 자동차를 5년 내 상용화하겠다고 발표했다. 아마존은 클라우드를 바탕으로 '알렉사'를 선보이며 차원이 다른 음성인식 기술을 과시했다. 그런가 하면 모든 생명체의 유전자가 분석되고, 모든 물건은 제품이 아니라 서비스로 인식되며, 모든 에너지는 재생 형태로 대체되고 있다.

바야흐로 삶의 양식까지 통째로 바꿔버릴 격변의 물결이 쓰나미처럼 밀려오고 있다. 인공지능은 이미 인간에 필적하는 수준을 넘어서고 있다. 머지않아 생체와 기계가 공존하는 시대가 열릴 것이다. 원동력은 사람과 사람, 사람과 사물, 사물과 사물을 잇는 '초연결망'이다. 사실상 개별적 인간과 각각의 인공지능이 집단으로 '공유'되는 것이다. 이러한 '4차 산업혁명'에 나라의 명운이 달렸다. 북핵이나 청년실업, 인구 절벽만큼 절박한 과제이다.

돌이켜보면 산업혁명 흐름을 타지 못한 나라는 파국 아니면 나락으로 굴렀다. 18세기 말 증기기관의 발명으로 촉발된 1차 산업혁명은 1만년에 걸친 농경시대 삶의 양식을 송두리째 바꿨고, 흐름에 뒤처진 나라는 식민지로 전락했다. 전기는 2차 산업혁명을 이끌면서 대량생산을 바탕으로 자동차와 TV 냉장고 세탁기를 쏟아내며 풍요의 시대를 열었다. 이러한 변화를 따라잡지 못한 나라는 후진국으로 떨어졌다.

컴퓨터와 인터넷의 3차 산업혁명은 그럭저럭 대처했지만, 이미 닥쳐온 4차 산업혁명의 물결은 우리의 모든 경제기반을 집어삼킬 기세이다. 게다가 속도마저 빠르다. 증기기관이 전 세계에 확산되기까지 120년이 흘렀다면, 인터넷은 불과 10년 걸렸다. 현재 인공지능을 앞세운 신기술은 1년마다 업그레이드되고 있다.

세계경제의 패러다임이 격변하고 있지만, 우리는 안팎 사정마저 녹록지 않다. 남북은 핵으로, 한중은 사드로, 한일은 위안부 문제로 교착상태다. 미국 트럼프 정권의 FTA 리스크까지 겹치면 '사면초가'인 셈이다. 내부적으로는 탄핵으로 대통령 리더십이 멈춰 섰고, 가계부채는 1300조를 넘었으며, 청년실업률은 9.8%로 사상 최고치를 기록했다. 고령화와 저 출산은 OECD국가 중 가장 빠르다.

증상은 다양하나 원인은 두 가지로 압축할 수 있다. 첫째는 고장 난 국가적 리더십, 둘째는 만연한 불공정과 불평등이다. 반칙과 특권과 기득권이 압도하는 사회에서 정치든, 경제든 생명력을 갖기 힘들다. 왼쪽으로 쏠렸다가 오른쪽으로 급변침하는 리더십은 너무 위험하다.

정치적 처방이 필요한데, 이른바 대권주자는 '정권 교체'와 '정치 교체'만 내세운다. 교체는 오늘의 응급처방이지, 내일의 근원 처방은 아니다. 그럼에도 제대로 된 처방전 없이 '나'만 내세운다. "그러니까, 내가 대통령이 되겠다는 것 아니어요?" 식이다. 증상이 고약하면, 처방도 비상해야 한다. 현재의 리더십과 사회체제 문제는 민주주의임에도 불구하고 국민의 뜻이 제대로 반영되지 않는다는 데 있다. 권력과 부의 집중, 이에 따른 소외와 양극화가 만병의 원인이다. 이를 과연 인물만 바꾼다고, 정당만 교체한다고 해결할 수 있을까.

세계적 흐름인 '공유 경제'에서 힌트를 찾을 수 있다. 네 것, 내 것이 아니라 모두의 것을 잇는 '공유망'에서 엄청난 부가가치가 생겨나고 있다. 콘텐트를 생산하지 않는 구글과 페이스북, 호텔이 없는 에어비앤비, 자동차 없는 우버에서 서로 연결된 집단들이 새로운 가치와 부를 창출하고 있지 않은가.

필자는 '온오프(on-off) 민주주의'를 주창한다. 온라인 사회관계망과 오프라인 광장이 결합된 촛불 에너지를 '공유 정치'로 승화시키는 것이다. 국민 개개인이 권력을 균점하며, 선출한 '조정자'를 감시하고, 지식의 공유를 통해 방향타를 설정하는 시스템이다.

몇몇에 의한 권력과 부의 독점이 불가능한, 투명하고 공평한 '직접적 민주주의' 말이다. 그것이 100% 대한민국의 구현에 한걸음 다가서고, 4차 산업혁명의 파고도 넘을 수 있는 길이라고 본다. (2017.1.17)

양자택일의 함정

"밥이냐, 자존심이냐." 인간사 결국 이 둘이다. 밥은 생존의 수단이고, 자존심은 생존의 방식이다. 밥과 자존심은 인간 실존의 뼈대이다. 모든 갈등의 뿌리이자 유사 이래 모든 전쟁의 근원이다. 동시에 정치의 원천이자 지향점이기도 하다. 미국의 빌 클린턴이 선거구호로 "문제는 경제야, 바보야!"를 내세운 것도 밥의 중요성을 간파했기 때문이다. 그래서 집권에 성공했다. 빈사지경에 빠진 박근혜정권도 대선에서 '경제민주화'를 내세워 톡톡히 재미를 봤다. 당선되자마자 폐기처분 했지만 말이다.

밥이 아니면 자존심이다. 미국의 도널드 트럼프는 "미국을 다시 위대하게!"를 내걸어 백인 중간층의 구겨진 자존심을 건드렸다. 그렇게 권력을 쟁취했다. 우리 대권주자들이 목하 열심히 벤치마킹하고 있을 법하다. 촛불이야말로 상처 입은 국민적 자존심에서 비롯되지 않았나.

연인원 1000만 명을 기록한 촛불 행렬이 질서를 잃지 않았던 것도, 뒤처리까지 깔끔했던 것도 한민족 특유의 자존심 때문이다. 자존심의 회복을 외치면서 자존심에 먹칠할 수 없는 노릇이다. 프랑스대혁명에서 보듯이 빵(밥)을 요구하는 시위는 폭력으로 흐르며 피의 단두대를 세운다. 하지만 자존심의 촛불 시민혁명은 탄핵을 이끌며 축제의 마당을 마련한다.

그런데 "자존심이 밥 먹여주느냐"고 한다. 시쳇말로 인심은 곳간에서, 체면은 지갑에서, 자존심은 떳떳함에서 나온다는 것이다. 떳떳함은 가난해도 넉넉해도 변하지 않는 마음, 바로 맹자가 말한 항심(恒心)의 요체이다. 문제는 항심(恒心)도 기초적인 생계, 즉 항산(恒産)의 바탕 위에서 가능하다는 것이다. 사실 밥과 자존심은 "이것이냐, 저것이냐" 양자택일의 문제가 아니다. 몸통과 머리이며, 손과 발이다. 포기할 수 없는 동시선택의 대상이다. 그런 것을 마치 우선순위라도 있는 것처럼 정치가 자신의 필요에 따라 호도하는 것이다.

개혁이냐 개헌이냐 역시 비슷한 맥락이다. 촛불 민심은 개인 박근혜 대통령만 아니라 그로 대변되는 구체제에 대한 '레드 카드'이다. 불공정과 불평등으로 공고하게 구축된 '금 수저 프레임'을 철저히 혁파하라고 요구한다. 권력-재벌-관료의 부패 삼각동맹을 해체하라고 명령한다. 무소불위 검찰 권력에 고삐를 채우라고 지시한다. 이를 위해 정치권은 법과 제도 정비에 즉각 나서라 한다.

동시에 제왕적 대통령제를 폐기하라고 한다. 아무리 똑똑한 인물이라도 복잡다기한 21세기에 만기친람이 가당하기나 한가. 그래서 현군(賢君) 정치란 망상이 원천적으로 불가능한, 비록 최악의 지도자가 선출돼도 민주주의의 가치를 훼손할 수 없는 시스템을 마련하라고 한다.

이를 놓고 "선 개헌, 후 개혁이 바람직하다"거나 "선 개혁, 후 개헌이 현실적이다"고 대립한다. 이는 양자택일을 강요하는 정치적 프로파간다일 뿐이다. 눈 앞 권력에 군침 흘리는 정치공학 셈법이다. 둘 다 필요하면, 둘 다 시작하는 것이다. 선후경중은 차차 가려지게 돼 있다. 회사 경영도 마찬가지이다. 단기계획과 중기계획이 함께 진행되는 것이지, 단기계획이 끝나고 중기계획이 시작되는 게 아니다.

야권이 개헌이 먼저다, 개혁이 먼저다 대립하는 것은 촛불에 대한 배신이다. 사람부터 체제까지 싹 바꾸라는 민심을 외면한 아전인수일 뿐이다. 민생경제, 외교안보 역시 마찬가지 아니겠나. 더 중요하고 덜 중요한 게 없다. 둘 다 국민 생존과 국가 존속에 필수적이다. 그러면 같이 진행하는 것이다. 죽어야 산다, 내려놓아야 기회가 있다고 한다. 이른바 보수층이 새누리당에 던지는 고언이다. 땜질이 아니라 철저히 부수고 새롭게 세우라고 한다. 헌데 죽어야 사는 것이 새누리당 뿐일까.

야당, 특히 제1당인 민주당은 촛불이 횃불로, 들불로 타오를 때 한번이라도 앞장서서 이끌었나. 불길 따라가며 거국내각이다 명예퇴진이다 방향까지 잃었다가 뒤늦게 군밤 줍기에 나선 모양새 아닌가. 마치 자신을 위한, 자신에 의한, 자신의 촛불인양 말이다.

그러면서 "이것이냐, 저것이냐" 양자택일을 은근히 다그친다. "저것은 아니니 이것"으로 귀결되리라 자신하는 듯하다. 하지만 이것과 저것 너머에 '그것'이 있다. 문제는 청산되어야 할, 책임져야 할 '저것'의 무리가 '그것'의 얼굴로 부활하는 상황이다. 그러면 결국 개명한 최순실, 바지사장 교체쯤 아닌가.

'육하원칙'을 준용하자. 주인공은 내가 아닌 국민이다. 나중이 아닌 지금이다. 저기가 아니라 여기 민심이다. 정권이 아니라 정의다. 독선을 접고 협력이다. 왜냐고? 이것이 촛불의 명령이자 시대적 요청이기 때문이다. (2017.1.4)

촛불에 눈물은 절대 안 된다

변한 것이 없다. 사실상 그대로다. 촛불은 계속 타오르지만, 어둠의 장막도 여전하다. 박근혜 대통령은 청와대에서 칩거 중이다. 혹자는 유폐됐다고 하고 농성 중이라고도 하지만, 실제는 탄핵 이전과 별 다를 바 없다. 어차피 비서실장도, 정무수석도, 장관도 만나지 않았다. 이들 역시 스스로 눈치껏 일해 왔던 것이다.

새누리당도 행정부도 그대로다. 박 대통령의 폭주에 올라탔던 정치인, 일탈을 막지못하고 오히려 방조한 관료들 역시 건재하다. 아니, 더욱 기세가 등등하다. 이른바 친박은 얼굴만 바꿔 당을 장악했다. 문자로 해임을 통보 받았던 총리는 이임식을 중단하고 대통령 권한대행이 됐다.

촛불 민심은 내심 생각했다. 친박 마케팅에 열을 올렸던 새누리당은 민심을 겸허히 받아들여 환골탈태의 길을 걸을 줄 알았다. 스스로 해체한 후 재건하는 시늉이라도 할 줄 알았다. 이른바 '호위무사'와 '진박 감별사' 몇몇은 즉각 사퇴할 줄 알았다. 최소한 한둘은 국회의원직을 던져 '뒷골목 의리'를 지킬 줄 알았다. 착각이었다. 원내대표 선거에서 이긴 그들은 환한 미소를 지었다.

대통령의 국기 문란과 헌정 유린을 막지 못한 각료들은 참회와 반성으로 사죄할 줄 알았다. 국정공백을 우려해 집단사퇴는 못한다고 해도, 최소한 국무총리는 진정 부끄러운 모습을 보일 줄 알았다. 결국 자신의 지휘 감독 아래 일어난 사태가 아닌가. 선비 풍모의 관료로서 그 정도 양식과 지성은 갖추었을 줄 알았다. 아니었다. 기다렸다는 듯 환한 얼굴로 대통령 행보를 보이고 있다.

촛불은 변화를 바랐다. 불의의 구체제를 태워버리고 정의의 신체제를 세우는 것이다. 지역을 기반으로 한 '그들만의 리그'를 해체하고, 100% 국민주권을 회복하는 것이다. 돈을 매개로 끈적끈적하게 달라붙은 정치권력과 기업과 관료 사이의 접착제를 녹이는 것이다. 철의 삼각동맹을 끊어내는 것이다. 그리하여 대한민국 주권자로서 자존심과 자부심을 되찾고 싶었다.

결과적으로, 아직 멀었다. 그들의 눈에 촛불 든 시민은 여전히 개나 돼지쯤으로 비치는 것일까. 그렇지 않고서야 이런 상황을 설명할 수도, 이해할 수도 없다.

그들의 민심 역행, 나아가 오만방자함은 아마도 나름대로 셈법에서 비롯됐을 것이다. 첫째, 시간이다. 기득권에게 시간은 늘 자신의 편이다. 하루하루 일상에 쫓기는 민심은 늘어진 시간 앞에 지치게 마련이다. 되는 것도 아니고 안 되는 것도 아닌 상태로 시간을 끌면 민심은 마침내 기진맥진해진다. 그러면서 "역시 안 돼"하며 자조한다. 그들은 세월이 흐르면, 세월호도 잊혀질 것이라 여긴다.

둘째, 야당이다. 진보를 표방한 야당은 늘 분열했다. 4.19혁명으로 이승만 정권을 끝냈지만, 시민주권 시대로 이어가지 못했다. 쿠데타로 집권한 박정희는 군부 독재의 길을 열었다. 1987년 6월 항쟁으로 시민들은 군부 독재를 끝낼 직선제 개헌을 쟁취했지만, 그 결과는 우리 모두 안다. 야권 분열로 군부 세력에 합법적으로 권력을 헌납한 것을.

지금은 어떤가. 야당은 권력이란 호박이 넝쿨째 굴러들어온 듯한 표정이다. 유력한 야권 후보는 선거만 빨리 하면, 대통령은 떼어놓은 것이나 다름없다는 모습이다. 야권이 분열해 3파전이나 4파전이 되더라도 불리할 것 없다는 자신감도 보인다. 과연 그럴까.

지금 촛불은 변화를 바라는데, 정치권은 권력만 바란다. 촛불은 정의를 추구하는데, 정치권은 정권만 추구한다. 촛불은 역사를 쓰는데, 정치권은 계산기만 두드린다. 촛불은 '새 시대'를 원하는데, 잠룡(潛龍) 잡룡(雜龍)은 '내 시대'만 원한다. 대통령은 탄핵으로 단죄하지만, 역사를 거스른 정치는 어떻게 단죄해야 하나.

분노로 타오른 촛불은 들불처럼 전국에 번졌지만, 썩은 체제를 깡그리 불살라버릴 기세이지만, 이런 민심을 수렴해 이끌어야 할 정치권은, 특히 야권은 눈앞의 권력에 눈이 먼 모습이다. 그래서 두렵다. 촛불이 스스로를 태우며 촛농을 흘리듯이, 온몸으로 역사를 쓰는 시민들이 행여 눈물을 흘리게 되지나 않을지 말이다.

"이게 나라냐"라고 분노한 촛불은 애국심이다. 오늘의 삶과 내일의 대한민국을 걱정한다. 그래서 몹시 아프다. 누가 대통령이 되느냐는 다음이다. 그런데 대권주자들은 "내가 되겠다"고만 한다. '어떤 나라를 어떻게 만들겠다'는 구체안은 없다.

비전이 '새로운 대한민국'이라면, '새 정치'만큼이나 모호하다. 문제의 해결방법을 묻는데 "그러니까 내가 대통령 되려고 하는 것 아니어요?"하는 것과 뭐가 다른가. 그렇다면 결과도 뻔하지 않겠나. 여하튼 촛불에 눈물은 절대 안 된다. (2016.12.19)

시민의 힘으로 역사를 쓰다

촛불은 쫄지도 줄지도 않았다. 오히려 요원의 들불처럼 번졌다. 전국 방방곡곡에서 어둠을 살랐다. 232만개의 촛불이 타오른 3일은 그 자체로 현대사의 변곡점이 됐다. 지금 우리는 촛불 혁명을, 위대한 시민 혁명을 역사의 현장에서 생생하게 목도하고 있는 중이다. 결과적으로 그는 오판했다. 3차 담화를 정교한 덫이나 피할 수 없는 함정이라 믿은 듯하다. 그래서 표정도 밝았고, 여유로웠으리라.

"임기 단축 미끼는 먹음직스러울 것이다. 덥석 물 것이다. 그것으로 탄핵도, 촛불도 상황 종료. 오히려 내가 칼자루를 쥔 형국이다. 당장 하야할까, 천천히 물러날까. 퇴진의 완급에 따라 정치권의 셈법도 제각각 다를 터. 서로 주판알 튕기며 시기를 저울질할 때 나는 적절히 '명예'를 챙기면 된다. 잘하면 임기를 다 채울 수도 있다. 퇴진, 사임, 하야가 아니라 '진퇴(進退)'라고 표현한 배경이다. 나아갈 수도, 물러날 수도 있다는 뜻이 아닌가."

그들도 오판했다. '4월 하야, 6월 대선' 밑밥이면 비박(非朴)도 야권 일부도 외면하기 어렵다고 여긴 듯하다. 그래서 곧바로 "탄핵 불필요"라 맞장구 쳤으리라.

"그만둔다는 것 아닌가. 탄핵 안이 통과되더라도 최장 6개월이 걸린다. 헌법재판소에서 인용한다는 보장도 없다. 여하튼 헌재 결정보다 빨리 하야한다는데, 그러면 탄핵의 명분도 약해진다. 그 동안 당명을 바꾸든지, 깃발을 내리든지, 다시 분칠하고 헤쳐 모이면 권력을 유지할 수 있겠지. 정계개편을 어디 한두 번 해봤던가. 자칫 정말로 탄핵을 당하면 식물 대통령에겐 사망선고이지만, 친박(親朴)도 폐족(廢族)이 되지 않겠나."

저들도 오판했다. "탄핵은 발의보다 가결이 중요하다. 그런데 비박이 흔들린다. 자칫 부결되면 어쩌나. 일단 협상하는 모양새를 갖춘 뒤 처리해도 늦지 않으리라." 한편에선 "1월이냐, 4월이냐" 협상을 한다. 협상의 고리는 아마도 문재인 전 대표가 거론했던 '명예로운 퇴진'쯤일 것이다.

이들 모두 오판했다. 이유는 촛불 민심을 '정치공학'으로 분석했기 때문이다. 그렇다. 지금 타오르는 촛불은 스스로 역사를 쓰고 있는 중이다. 비정상적이고 과거회귀적인 '도돌이표' 역사를 불태우고 있는 것이다. 불탄 자리에 정상적이고 미래지향적인 민주공화국을 세우려 한다. 촛불은 지금 분노를 에너지로, 희망을 심지로 타오르고 있다. 이를 제대로 보려면 정치공학이 아니라 역사의식으로 접근해야 한다.

그런데 정치권은 눈앞에 권력이란 떡이 떨어지기라도 한 듯 군침 흘리며 달려드는 모습이다. 촛불이 마치 자신의 소유인 양, 촛불의 향방을 자신이 조종할 수 있기라도 한 양, 오만한 모습이다. 몇몇은 벌써부터 김칫국부터 마시다가 촛불의 물결에 놀라 급체한 모습이다. 촛불은 이미 역사의 강물이 돼 굽이치고 있다. 이 도도한 강물 위로 썩은 나뭇잎과 퇴락한 나무 등걸이 떠내려간다. 그런데 나뭇잎과 나무 등걸이 "내가 강물을 이끌고 있다"고 목청을 높인다면, 그야말로 착각도 유분수다.

촛불의 강물은 청와대가 종착점이 아니다. 미구에 온 정치권을 휩쓸 것이다. 그리하여 '그들만의 리그'를 위해 그들이 조장한 지역갈등을 쓸어갈 것이다. '적과의 동침'을 위해 그들이 갈라놓았던 사이비 이념대립도 쓸어버릴 것이다.

이윽고 새로운 정치 삼각주를 만들 것이다. 그 토양에선 상식과 정의와 민주주의를 바탕으로 공존공영의 숲이 돋아날 것이다. 이것이 촛불의 지향점일 것이다. 그 앞에 타협은 없다. 흥정도 없다. 당연히 '꽃가마'도 없다. 시민은 '명예로운 퇴진'이 아니라 불명예 퇴진을 원한다. '질서 있는 퇴진'이라는 사탕발림 역시 거부한다.

"성공한 쿠데타는 처벌할 수 없다"는 패배주의 프레임을 넘어 "선출된 최고 권력도 처벌할 수 있다"는 민주주의의 기본을 세우려는 것이다. 시민들은 하얀 국화꽃으로 대통령 권력에 조종(弔鐘)을 울렸다. 광장에는 만가(輓歌)가 가득했다. 국회가 대통령을 탄핵하기 전에 국민이 먼저 탄핵한 것이다. 국회가 진정 대의(代議)기관이라면, 국민의 뜻을 거역하지 못할 터이다. 거역하면 대의(代議) 기능에 고장이 난 것 아니겠는가.

지금 시점에서 박 대통령이 진정으로 애국하는 길은 유일해 보인다. 진심으로 사과하고, 확실하게 물러나는 거다. 이게 본인의 마지막 자존심을, 또 국제적으로 창피당한 국민의 체면을 조금이나마 세워주는 것이다. 이런 상황이 억울하다면 무지요, 알면서도 버틴다면 국민에 대한 무례이다. 이번 주말, 시민들은 손수 쓴 현대사의 한 페이지를 직접 보게 될 것이다. (2016.12.5)

'피의자 대통령'의 선택

역사는 되풀이된다고 했다. 한번은 비극으로, 한번은 희극으로. 우리는 지금 '도돌이표 역사'의 변주곡을 대하고 있다. 박정희 '유신정권'은 비극적으로 최후를 맞았지만, 박근혜 '미신정권'은 웃음거리로 그 막을 내리고 있다. 공통점이라면 두 정권이 모두 '주권재민의 민주공화국'이란 대한민국의 헌법적 가치를 훼손했다는 것이다.

검찰이 어제 피의자 대통령에 대한 기소중지를 발표했다. 직권남용죄, 강요죄, 공무상기밀누설죄로 구속 기소된 최순실·안종범·정호성과 '공범관계'라고 했다. 사실상 범죄(혐의)자라는 뜻이다. 다만 내란 및 외환의 죄가 아니면 재직 중 형사소추를 받지 않는다는 헌법조항 때문에 기소하지 못했을 뿐이라는 것이다.

이를 접하는 촛불민심은 참담하기 그지없다. 승리감이 아니라 자괴감이다. 사상초유 '피의자 대통령' 시대 국민으로서 부끄러움이다. 임기가 끝나자마자 검찰청 포토라인에 설 대통령이 우리의 지도자인 것이다. 몰려든 외신은 조롱하듯 보도한다. 나라 망신도 글로벌, 젊은이들 표현으론 '역대급'이다. 그럼에도 청와대는 버티는 모양새다. 유영하 변호사는 "지극히 유감"이라고 밝혔다. 검찰이 적시한 불법 공모는 여전히 '통치차원의 선의'로 여기는 듯하다. 불법은 아니고, 주위를 제대로 관리하지 못한 '부덕의 소치'라는 강변일 게다.

박 대통령과 그 호위들은 아무래도 '탈 진실(post-truth)'에 갇힌 것 같다. 옥스포드 사전이 올해의 단어로 선정한 용어인데, 객관적 사실보다 감정적 호소나 개인적 신념에 더 영향을 받는 현상 말이다. 그래서 시간은 항상 자신 편이고, "이 또한 지나가리라"고 철석같이 믿고 있는 것일까. 그래서 날씨가 추워지면 촛불도 사그라지고, "바람 불면 꺼진다"고 했을까. 실체적 진실은 어떤가. 광화문 촛불은 전국 방방곡곡으로 들불처럼 번졌다. 대구와 부산, 제주와 광주에서도 요원의 불길처럼 타올랐다. 불길은 본디 바람 불면 꺼지는 것이 아니라 더 타오르는 법이다. 그렇게 타오른 촛불이 지금 구시대의 적폐를 불태우고 있는 중이다.

피의자 대통령은 기소중지 됐지만, 역사의 법정은 오히려 숨 가쁘게 작동하고 있다. 호위무사 청와대와 하야~탄핵~구속까지 '형량'을 을러대는 정치권 사이에 '유죄협상' 줄다리기가 팽팽한 형국이다. 말을 들어주면 형량을 낮춰주는 '플리바기닝'처럼 말이다. 물론 재판장은 촛불 민심이다.

대통령은 일단 버티는 모양새다. "탄핵하려면 해 봐라, 국회에서 통과돼도 내가 임명한 헌법재판관들이 있다. 그 때까지 줄잡아 8개월은 걸린다. 민심은 조석변이라는데, 순풍이 역풍으로 변할 수 있다." 중단 없는 국정을 말하지만, 사실상 국정혼란을 위협하는 것이다.

야권은 가슴 따라 머리 따라 중구난방이다. 즉각 하야부터 단계적 퇴진, 탄핵 돌입까지 주판알 튕기며 제각각 목소리를 높인다. 이런 상황에서 문재인 전 더불어민주당 대표가 묘한 협상안을 던졌다. "대통령이 지금이라도 결단을 내린다면 명예롭게 퇴진할 수 있도록 돕겠다"는 것이다.

이미 명예가 바닥에 떨어진 박 대통령에게 '명예로운 퇴진'은 무엇을 의미하는 것일까. '무생물 대통령'으로 임기를 마치도록 돕겠다는 것일까. 중간에 내려오면 그럴듯한 퇴임식을 열어주겠다는 것일까.

혹여 나중에 자신이 대통령이 되면 검찰지휘권을 작동해 불기소함으로써 포토라인에 서는 것을 피하도록 해 주겠다는 것일까. 나아가 사면이라도 해주겠다는 뜻일까. 워터게이트 사건으로 사임한 미국 닉슨 대통령을 후임 포드 대통령이 사면해준 것처럼 말이다. 이런 '유죄협상'에 재판장인 국민의 뜻은 반영된 것일까.

물론 협상이 필요한 측면도 있다. 대통령이 버틸수록 나라꼴은 엉망이 된다. 빨리 결단할수록 수습도 빨라진다. 이는 대통령도 안다. 자해적 버티기로 나서면 본인도 끝이 좋지 않겠지만, 정치권도 국가도 혼란에 빠진다는 협박이다. 이럴 때에는 떡 하나 주는 것도 방법일 것이다. 그러나 타오르는 촛불 민심은 미봉과 타협을 추구하지 않는다. 주권재민의 민주공화국을 철저하게 복원하라는 것이다. 다만 대통령 하야와 탄핵이 동반되는 혁명적인 목표를 비혁명적으로 완수하라는 것이다.

'피고인 대통령'의 선택지는 하나이다. 마음을 비우는 것이다. 악착같이 매달린 권력의 가지 끝을 손에서 놓는 것이다. 그나마 지킬 명예가 있다면 매달릴수록 추해지고, 버틸수록 더러워진다. 이런 결단은 선제적이어야 효과적이다. 이미 실기했지만, 아직 마지막 기회가 남았다는 사람도 있다. 철저한 참회와 반성이 담긴 제3차 대국민 성명이다. 명예로운 퇴진은 야권의 대권주자가 주는 것이 아니다. 자신이 단초를 만들 수 있는 것이다. (2016.11.21)

강물도 역사도 흘러야 한다

도도한 강물도 멈추면 썩는다. 상수원인 팔당이 그렇다. 댐에 막혀 제자리걸음하는 강물에 때마침 기온이 오르면 녹조(綠藻)가 발생한다. 강이 생명력을 잃어간다는 뜻이다. 구르는 돌에는 이끼가 끼지 않지만, 갇힌 강에는 독성 조류가 낀다. 4대강 '녹조 라떼'가 그렇다.

처방전은 있다. 당장 흐르게 할 수 없다면, '폭기(暴氣)'이다. 강바닥에 공기를 불어넣는 것이다. 강물은 순식간에 흙탕이 된다. 물이 뒤집히면서 가라앉은 침전물이 수면으로 떠오른다. 뿌옇고 더럽고 냄새까지 고약하다. 사정을 모르면, 불안하기 십상이다. 더욱 악화돼 보이는 것이다. 하지만 이는 강을 살리는 과정이다. 얼핏 투명한 듯하지만, 실제는 산소가 부족해 하얗게 질린 상태다. 그래서 중환자에게 산소마스크를 씌우듯 질식한 강물에 공기를 주입하는 것이다. 그래야 녹조를 만드는 유기물질이 산소를 만나 분해된다.

산소를 머금은 물은 침전과정에 들어간다. 희뿌연 부유물을 바닥에 가라앉혀 제거한다. 이후 잡균을 박멸하는 정화과정을 거친다. 이렇게 폭기-침전-정화의 과정을 거쳐 비로소 '생명수'가 된다.

역사의 강물도 마찬가지다. 멈추면 썩는다. "제자리에 서! 뒤로 돌아가!" 구령에 흐름을 멈춘 강물은 '최순실 녹조'로 덮였다. 제왕적이란 이름으로 묵인된 독점 권력은 독소를 내뿜고, 맑은 공기를 싫어하는 기업의 '혐기성' 탐욕과 반응해 두터운 오니(汚泥)층을 형성했다. 깊은 산 오솔길 옆 자그마한 연못에 더러운 물만 고이게 되면 예쁜 붕어 두 마리도 사라진다. 녹조가 낀 강물에서는 크고 작은 붕어들이 집단 폐사한다. 우리 현대사의 흐름이 정체되면서 맞닥뜨린 작금의 상황이다.

다행히 반만년 역사를 면면약존(綿綿若存) 해온 우리는 위기에 자정(自淨)의 저력을 발휘한다. 임진왜란 때 의주로 달아난 선조와 호종 공신 대신 방방곡곡에서 거병한 의병들처럼, 구한말 무능한 조정에 맞서 봉기했던 동학농민들처럼, 장기집권의 욕망을 불살라버린 4.19혁명과 6월 항쟁의 학생 시민들처럼. 지금 광화문 광장의 촛불이 그렇다. 분노의 촛불들이 들불로 번지는 형국이다. 쑥대 웃자란 온 들녘을 태워버릴 기세다. 마치 공기방울이 터지며 썩은 강물을 뒤집듯이.

이게 불안한 층이 있다. 하나는 보수의 가면을 쓴 기득권층이다. 권력 냄새를 귀신같이 맡아 쿠데타 세력과도 군부독재와도 결탁한, "부자 되세요" 감언이설과 '박정희 마케팅'으로 이권을 챙겨온 이들이다. "헌정 중단만은 막아야 한다"고 불안감을 부채질하지만, 그들도 안다. 하야에 따른 궐위든, 탄핵이든 헌법 절차에 있다는 것을. 그들에게 필요한 것은 시간이다. '무늬만 보수'의 재편성, 기득권의 연장을 노리는 것이다.

하나는 진보의 가면을 쓴 기득권층이다. 권력의 파이 조각, 금력의 떡고물에 중독돼 '무늬만 보수'와 적대적 공생을 누려온 이들이다. 최후통첩을 을러대지만, 이들도 촛불이 두렵다. 이들이 애국심을 포장해 '헌정중단' 운운하는 배경일 것이다. 하지만 촛불이 꺼지면,

폭기(暴氣)가 멈추면 다시 그들만의 권력 파이 나누기가 벌어질 것이다. 서로의 몫만 조정하면서.

그래선 안 된다. 들불이 번져 온 들녘을 태우면 얼핏 폐허처럼 보인다. 그러나 실제는 온갖 썩은 풀들, 온갖 잡균이 박멸된 흔적이다. 이윽고 봄이 오면 푸른 초목이 새까만 재를 밑거름으로 싱싱하게 자라는 것이다. 공기방울이 터지면 일순 흙탕이 되지만, 실제는 산소를 머금어 생명을 되찾듯이 말이다.

불안해하지 말자. 오뚝이처럼 일어난 한민족의 힘, 그 복원력을 믿으면 된다. 지금은 촛불을 나누고, 공기방울을 더욱 터뜨릴 때이다. 들불을 두려워할 것이 아니라 새로운 들녘에 무엇을 심을 것인지 고민해야 한다. 폭기(暴氣)를 막을 게 아니라 이후 침전과 소독 과정을 어떻게 진행할지 지혜를 모아야 한다.

방향은 뚜렷하다. 참된 민주공화국, 진정한 국민주권이다. 왜곡된 흐름을 정상화하기 위해 기존 보수와 진보의 가면을 벗겨야 한다. 까만 들녘에선 지역주의를 태우고, 흙탕이 된 강물에선 사이비 이념 대립을 뒤집어야 한다. 개헌이든 조기대선이든 지금 방향을 잡아야 한다. 쇠뿔도 단 김이다. 우리는 지금 대의(代議) 민주주의를 넘어 '온 오프(on-off) 민주주의'를 목도하고 있다. 간접 민주주의가 아니라 인터넷과 사회관계망 발달로 사실상 실시간 직접 민주주의가 구현 가능한 시대인 것이다. 보(洑)에 막힌 현대사의 강물이 소용돌이치고 있다. 흐름을 거스르면 봇물이 터질 것이다. (2016.11.9)

무엇이 두려운가

처음엔 설마 했다. 이어 반신반의했다. 끝내는 경악했고, 분노했다. 그리곤 허탈했다. 아니, 창피했다. 이른바 '최순실 국정농단'을 보는 작금의 국민 심정이다. 도대체 왜 그랬을까. 무엇이 문제였을까. 미디어마다, 전문가마다 뒤늦게 침 튀기며 손가락질이다. 문고리 3인방이다, 무능한 비서실이다, 수첩 장차관이다, 받아쓰기 언론이다, 전 방위로 지탄(指彈)을 날린다.

모두 틀리지 않는 말이다. 소통의 창구를 독점한 '문고리 3인방'의 무소불위 칼끝이 결국 대통령을 찌른 셈이다. 검찰권력 장악에 혈안이 된 눈으로, 눈치만 살피는 눈으로 대통령의 눈을 가린 셈이다. 수첩만 꺼내 끄적거리면서 지시만 기다리는 '벙어리' 공직자들이 대통령의 귀를 막은 셈이다. "대답 하지마"라며 입을 틀어막은 미디어가 커뮤니케이션을 왜곡한 것이다. 그럼에도 손가락 총탄의 궁극적인 탄착점은 대통령일 것이다. 제왕 같은 권한을 행사했다면 태산 같은 책임도 져야 하는 것이다. 인사(人事)가 만사(萬事)라는데, 내 가까운 사람만 챙기는 '인사(隣私)'로 '망사(亡事)'가 된 것 아닌가.

이른바 '정윤회 문건 유출'이나 이석수 전 특별감찰관의 '전화 유출'이 국기문란이라면, 최순실 '파일 유출'은 국기문란을 넘어 국정 농단이자 헌정유린이다. 그런 것을 "좀 더 꼼꼼하게 챙겨보고자 하는 순수한 마음에서 한 일"이라고 자르고는 입을 닫는다. 공직자로서 책임의식이 있는지, 진정성은 담겼는지 의심이다.

상식적이라면, 자신의 불찰을 통렬하게 반성해야 했다. 어떻게 책임질 것인지 구체적으로 제시해야 했다. "봉건시대에도 있을 수 없는 일"이라고 국회에서 답변했던 이원종 비서실장은 부끄러워서라도 사표를 내야 했다. 대통령 주변을 감시하고 관리할 책임이 있는 우병우 민정수석은 즉각 해임해야 했다. 황교안 국무총리도 전반적인 책임을 지고 물러나야 옳았다. 그런데 아무도 꿈쩍하지 않는다.

이유는 간단하다. 대통령도, 공직자도, 야당까지도 민주주의에 익숙하지 않은 것이다. '제왕적 민주주의'라고 입에 거품을 물면서도 정작 사고는 왕조시대에 갇힌 것이다. 그래서 대통령은 잘못도 부끄러움도 없다는 '무류무치(無謬無恥)'다. 공직자들은 공복(公僕)이 아니라 스스로 충복(忠僕)으로 여긴다. 정치인도 국민을 백성(百姓) 쯤으로 본다.

그래서일 것이다. 행정부의 정점인 대통령이 "내 탓이오" 하지 않고 신하 대하듯이 장차관을 질책하는 '유체이탈' 화법 말이다. "나쁜 사람이라더라" "아직도 자리에 있느냐"는 말에 화들짝 인사조치한 것도 '지엄한 분부'를 의식했을 것이다. 여당 대표가 국회의장을 비난하며 단식한 것도 삼권(三權)분립이 아니라 도끼 들고 상소하는 조선시대 삼사(三司)와 비슷해 보인다.

야당도 다를 바 없다. 전대미문의 국기문란 사태를 두고도 "대통령이 감동적인 사과를 하라"거나 "밤의 대통령은 최순실이다"라는 등 변죽만 울린다. 인터넷 실시간 검색어에 '하야'와 '탄핵'이 오르내려도, 애써 모른 체한다. 행여 역린(逆鱗)이라도 건드릴까 두려운 것일까. 도대체 무엇이 두려운가. 아니, 무엇을 두려워해야 하는가.

새누리당 유승민 의원 덕분에 복습했지만, 대한민국은 민주공화국이다. 모든 권력은 국민으로부터 나온다. 국민이 주인이다. 대통령도 국회의원도 자치단체장도 한낱 공복(公僕), 즉 심부름꾼이다. 세금으로 봉급 주고, 일을 못하면 쫓아낼 수 있다. 그게 헌법이다.

대통령은 무엇이 두려운가. 레임덕인가, 자신의 손으로 후임 정권을 만들지 못하는 상황인가. 진정 두려운 것은 역사가 아닌가. 방하착(放下着), 욕심과 집착을 내려놓으면 된다. 국민은 무엇이 두려운가. 리더십 공백인가. 아니면 괜히 입을 잘못 놀렸다가 곤욕을 치르는 것인가.

미국의 32대 대통령 프랭클린 루즈벨트는 민주주의를 지키는 4개의 자유를 내세웠다. 표현, 신앙, 결핍, 그리고 '두려움'으로부터 자유이다. 여기서 두려움은 침략을 뜻하지만, 그렇게 한정할 필요는 없다.

두려움이야말로 민주주의의 적(敵)이 아니던가. 독재 권력이 민주주의를 압살하는 수단이 두려움이다. 두려움을 조장해 국민 스스로 묶이게 한다. 보이지 않는 두려움은 더욱 두렵다. 하지만 두려움에도 천적(天敵)이 있다. 바로 국민의 자신감이다.

국민이 하야든 탄핵이든 당당하게 요구하고 표현할 때, 두려움으로부터 자유로울 때, 비로소 대통령부터 하급 공무원까지 국민을 두려워한다. 그래야 제대로 책임지는 모습도 보인다. 민주국가에서 공직자가 두려워해야 할 대상은 국민이다. 국민이 두려워해야 할 것은 오직 조장된 공포에 두려워하는 것이다. (2016.10.27)

'벙어리저금통' 공직자들

280년 전 가을이다. 훗날의 실학자 안정복이 서울의 저잣거리를 지난다. 마침 옹기전을 지나치다 '요상한' 그릇이 눈에 띄었다. 위는 둥글고 아래는 편평하며 속은 텅 비어있는데 한 일(一)자 모양 구멍이 뚫려 있다. 무엇이냐 묻자 상인이 대답한다. "벙어리입니다."

안정복은 상인이 자신을 놀리는 줄 알았다. 벙어리라면서 벙어리라고 말을 하다니. 알고 보니 낯선 그릇이 바로 '벙어리저금통'이었다. 그런데 왜 벙어리라는 이름을 붙인 것일까. 연유인즉, "신하들이 임금은 성군이고, 나라는 치세라면서 덕과 부덕을 논하지 않는 세태를 비꼰 것"이란다.

해야 할 말을 못하고 서로 눈치만 보는 세태의 풍자이겠다. 동시에 차라리 벙어리가 되라는 경계의 뜻도 겹쳐 있는 것으로 보인다. "입은 화를 부르는 문이요, 혀는 자신을 베는 칼이니 입을 닫고 혀를 깊숙이 간직하면 일신이 평안하다"고 하지 않던가. 중국의 오대십국(伍代十國) 시대 다섯 왕조의 천자 11명을 섬긴 처세의 달인 풍도(馬道)의 '설시(舌詩)'이다.

"벙어리 같다"는 비꼼이든, "벙어리 돼라"는 처세이든, 신하들이 모두 벙어리저금통이 됐다. 아무 말 없이 돈만 꿀꺽꿀꺽 삼키는 '돈통' 말이다. 말하라는 입이 있음에도 말을 못하는 비정상을 바로잡아야겠다며 안정복은 저금통을 부순다. 그가 순암집에 남긴 '벙어리저금통을 깬 이야기'다.

성악설(性惡說)로 유명한 순자(荀子)도 공직자의 말을 강조했다. 군자필변(君子必辯), 모름지기 군자(공직자)라면 할 말은 해야 한다고 했다. "묶은 포대자루처럼 입을 다물고 있으면 허물도 없지만 영예도 없다"는 것이다.

하지만 비록 청산유수일지라도 허튼소리는 허튼소리일 뿐이며, 백성을 위하지 않는 논변은 정치의 가장 큰 재앙이라고 했다. 이른바 '막말'을 경계한 것이다. 궤변은 난세를 부르고, 사람다운 사람의 말이 없어지면 나라가 망하는 법이라고 말이다.

말없이 동전만 먹는 벙어리저금통에게 소위 '김영란법'은 어떤 의미일까. 3만-5만-10만의 경계를 두고 절그렁거려 보지만, 정답은 간단명료하다. 맹자(孟子)가 기준을 밝혔다. "받아도 되고 받지 않아도 될 때 받으면 청렴이 손상된다. 줘도 되고 주지 않아도 될 때 주면 은혜가 손상된다." 받아도 될 때라도 받으면 청렴이, 줘도 될 때라고 주면 은혜가 손상된다는 것이다. 결국 공직자라면 되도록 주고 받지 말라는 것이다. 공자(孔子)도 스스로 경계했다. 아무리 목이 말라도 '도둑 샘물'은 마시지 않고, 아무리 더워도 '나쁜 나무' 그늘에서 쉬지 않는다고.

지금 나라가 집이라면 담장이 무너질 듯 위태로운데 기둥마저 썩는 냄새가 진동하는 형국이다. 배라면 안개 낀 바다에 삼각파도가 몰아치는데 암초지대까지 만난 상황이다. 그럼에도 항해사나 갑판장이나 모두가 벙어리다. '노(NO)'라는 소리는커녕 '찍'소리도 들리지 않는다.

집이 쓰러지는 것은 비바람 때문이 아니다. 주인이 제때 제대로 손보지 않은 탓이다. 배가 좌초하는 것은 바다 때문이 아니다. 선장과 선원들의 무능과 무언 탓이다. 원래 비바람은 몰아치고, 바다는 예측하기 어려운 것이다.

사색당파의 내우(內憂)에 호란(胡亂)과 왜란(倭亂)의 외환(外患)까지 겹쳤던 조선왕조는 "아니 되옵니다"라는 자세제어장치로 방향과 균형을 잡았다. 근세까지 519년을 버틴 저음(低音)의 저력이다. 도대체 왜 정치를 하며, 벼슬길에 나서는가. '처세의 달인' 풍도(馮道)는 '충신은 두 임금을 섬기지 않는다.'는 측면에선 지조 없는 간신쯤으로 손가락질 받는다. 하지만 '사직(社稷)이 중요하지 군왕(君王)은 중요하지 않다'는 맹자의 눈으로 보면 그야말로 명재상이다.

사직(社稷)의 사(社)는 백성을 편안하게 하는 것이고, 직(稷)은 백성을 먹여 살리는 것이다. 공직은 백성이, 국민이 편안하고 넉넉한 삶을 영위하도록 근면하는 자리이다. 군왕이 아닌 백성, 지도자가 아닌 국민을 섬기는 자리이다. 사직(社稷)을 지킨다는 뜻을 몰랐다면, 빨리 사직(辭職)함이 옳다.

최근 한 금융권 인사의 말이 귓전을 맴돈다. 그는 은행 수장도 경제 사령탑도 깜냥이 안 되는 자들이 앉아 망치고 있다고 했다. 자리에 걸맞은 실력도, 공직자로서 책임의식도 없다는 것이다. 그래서 "웃픈 게 아니라 무프다"고 했다. 이런 오늘, 그럼에도 바뀌지 않을 내일이 '무섭고 슬프다'는 것이다. 해는 떴다가 지고, 달도 차면 기울며, 꽃은 피었다가 진다. 유한한 권력이야 말할 것도 없다. 벙어리 저금통 역시 가득 차면 깨부수는 법이다. (2016.10.21)

국가도 인물이 아니라 시스템이다

정치는 세(勢) 싸움이라고 한다. 머릿수에서 밀리면 끝이다. 일단 대세론에 올라타야 유리하다. 현재는 반기문 유엔 사무총장이 여론 몰이 중이다. 각종 여론조사에서 선두를 놓치지 않는다. 그래서일까. 더불어민주당 문재인 전 대표의 싱크 탱크가 부랴부랴(?) 출범했다. '선빵'을 놓쳤다면 '카운터'라도 날려야 한다는 듯이. 여기에 박원순 서울시장도 "물 대포에 소화전 제공하지 않는다."며 각(角)을 세운다. 이재명 성남시장은 "최종후보는 내가 될 수 있다"고 호언한다. 남경필 경기지사도 틈틈이 '모병제' 같은 이슈를 던지며 공공연히 세를 규합하고 있다. 안철수 의원은 이미 상수(常數)이다. 벌써부터 숨가쁜 대선 전초전에 들어선 듯한 분위기이다.

여기서 잠깐, 숨을 고르고 돌아보자. 뭔가 이상하지 않은가. 현재 우리는 두 개의 '시한폭탄'을 끌어안고 있다. 하나는 북(北)의 핵폭탄, 하나는 남(南)의 가계부채 폭탄이다. 전자는 국가의 존망이, 후자는 국민의 미래가 달려 있다. 공통점은 뇌관을 해체하기가 쉽지 않다는 것이다. 그런데 이런 상황을 대선이 끝나는 1년3개월 동안 유예할 수 있다는 뜻인가. 대통령만 잘 뽑으면 만사 오케이라는 것인가.

어쩌면 여야는 '적대적 공생' 관계의 연장을 모색하고 있는 듯하다. 첫째 수단은 시선 돌리기다. 거리의 마술사처럼 현란한 손놀림으로 관중의 눈을 홀린다. 반이다, 문이다, 안이다, 박이다, 남이다, 어지럽게 손수건을 흔든다. 정신을 빼앗긴 국민은 북핵과 가계부채에 제대로 대처하지 못하는 정부 여당의 무책임을 문득 망각한다. 대안을 내놓지도 추궁하지도 못하는 야당의 무능함도 순간 잊어버린다.

둘째 수단은 야바위다. 마치 대통령만 잘 뽑으면 모든 게 해결될 것처럼 공깃돌을 움직인다. 이번에야말로 제대로 짚겠다며 안력을 높여보지만, 역시나 번번이 허탕치기 마련이다. 이명박 아니라면 나았을 것인가. 박근혜 아니라면 이 정도까지는 아니었으리란 이야기인가. 야바위 프레임에 갇힌 국민들이 이 컵 들추고 저 컵 뒤집어보지만, 남는 건 실망과 허탈이다. 결국 "잃어버린 10년" 같은 푸념만 되풀이할 뿐이 아닌가.

셋째는 초점 흐리기다. 그들만의 권력 나눠먹기를 마치 진보와 보수의 대결인양 호도한다. 자유민주주의 원칙을 짓밟고 부패로 찌든 여당이, 신자유주의 깃발 아래 재벌에 굴복하고 당내 민주화조차 외면하는 야당이 어떻게 보수이며 진보인가. 그럼에도 보수와 진보로 분칠하고 '적대적 공생'을 누리고 있는 것 아닌가.

'친박'의 대척에 '친문'이 있다. 친박의 속셈은 정권을 재창출하면 좋지만, 실패하더라도 '세(勢)'를 유지하면 된다는 것쯤으로 보인다. 친문도 마찬가지다. 대권을 잡으면 좋지만, 지더라도 '거야(巨野)' 파이가 쏠쏠하다는 계산인 듯하다. 친박, 친문은 서로 닮았다. 그래서 이들 공동의 적은 '제3지대'이다. 자칫하면 여도 야도 모두 태워버릴 불씨가 될 수 있기 때문이다. 안철수 현상에서 이미 목도한 바다.

물론 인물도 중요하다. 그렇더라도 복잡다기한 21세기에 '현군(賢

君)의 만기친람'이 가당한 이야기인가. 그런 가당찮은 망상이 불가능한 시스템을 구축하는 게 누가 되느냐 보다 더 중요하다. 국민의 심부름꾼 하나에 우로 쏠렸다가, 좌로 쏠렸다가, 주르륵 뒷걸음질하는 게 정상적인 21세기 국가시스템인가. 일부 학자들은 지적한다. 필리핀의 국력이 한국과 대만에 뒤진 것은 대지주 독식 때문이고, 근래들어 한국이 대만에 뒤지는 것은 대재벌의 폐해 때문이라고.

국력의 성쇠와 부침은 마르코스나 박정희 같은 개개인의 능력보다 부의 불평등한 분배 구조, 여기에서 비롯된 권력집단의 부패에 기인했다는 것이다. 그러면 어떻게 재벌의 폐해를 막을 것인지, 권력집단의 부패를 차단할 것인지, 제왕적 대통령제의 폐단을 없앨 것인지 고민하는 게 우선이다.

그런 점에서 작금의 대선후보 띄우기는 일종의 '사기극'이다. 인물이 아니라 시스템에 눈을 돌려야 할 때다. 최고 권력자의 오판이 치명적이고도 궤멸적인 상황을 초래하지 못하도록 어떻게 시스템화할 것인가, 재벌 뱃속을 채우느라 경제생태계가 사막화하는 것을 어떻게 방지할 것인가 해결책을 모색해야 한다. 헌법을 고쳐야 한다면 고치고, 급하면 땜질처방이라도 해야 한다.

그렇지 않고 여전히 후보와 인물 타령에 홀려서는 탐욕스런 정치권, 게걸스런 재벌, 썩어빠진 관료집단의 '삼각 동맹'을 깨뜨릴 수 없다. 이들은 겉으론 싸우는 듯하지만, 속내는 '적대적 공생'이거나 최소한 '적과의 동침'이다. 후보를 앞세운 인물론은 '그 나물에 그 밥으로 돌려막기'일 뿐이다. 그렇다. 인물보다 시스템이 중(重)하다. (2016.10.7)

'인 서울' 프레임의 그늘

　대학입시의 신호탄이 올랐다. 먼저 수시모집이다. 전체 정원의 73.7%를 선발하니 사실상 '본선'이다. 오히려 정시모집이 '패자부활' 성격이다. 이른바 서울소재 대학의 상당수가 이번 주 원서접수를 마감했다. 학령인구는 줄고 있어도 경쟁률은 높다. 여전히 바늘구멍이다. 보도에 따르면 서울대 7.32대 1, 연세대(서울) 14.37대 1, 고려대(안암) 22.03대 1이다. 서강대 34.12대 1, 성균관대 27.47대 1, 한양대 27.62대 1이다.

　매체마다 보도 내용은 당연히(?) 같다. 발표 창구가 동일하기 때문이다. 하지만 자세히 보면 여기에도 '프레임의 덫'이 숨어있다. 바로 나열하는 학교의 순서다. 가나다 순도, 발표일 순도 아니다. 이른바 'SKY'와 '서성한'의 학교서열 순이다. 미디어도 부지불식간에 학생과 학교와 '학연 사회'가 만들고 조장한 서열 놀음에 장단을 맞추고 있는 것이다.

　위에 소개한 대학들의 입학정원은 다 합쳐봐야 1만9767명이다. 전체 정원 51만2036명의 3.9%에 불과하다. 학생부 내신의 1등급이 4%이니, 산술적으로 보면 1등급쯤 돼야 입학할 수 있다는 이야기이다. 수시모집은 이 땅의 청춘들이 불가피하게 맞닥뜨리는 '학벌신분제'의 분류심판대이다. 동시에 '사다리 걷어차기'의 출발점이다.

　얼마 전 한 방송사의 기자가 고교 일일 초대강사로 섰다. 이런저런 경험담과 인생 선배로서의 조언을 갈무리해 강의를 마치면서 질문을 받았다. 질문은 딱 하나였다. "**대학 출신이던데, 어떻게 방송사에 들어갔어요?" 그 기자는 "정말로 당혹스러웠다"고 술회했다. 고교생 생각의 틀을 바꿔버린 대학서열화가 이제는 직장까지 서열화한 것이다. 취업시장이 왜곡된 것도 이 때문이 아닐까.

최근에는 대학서열 프레임에 '인 서울'이 가세했다. 상기 대학은 어차피 바늘구멍이니 차치하고, 그저 서울 소재이면 '서울대학'이 아니냐는 것이다. 사회에서도 맞장구친다. '말은 제주도로, 사람은 서울로'라는 말이 있지 않으냐는 옛날 옛적 이야기를 흘리면서. 그러면서 한때 지방 거점대학이었던 국립대학마저 뭉뚱그려 '지잡'으로 분류해버렸다.

문제는 '인 서울' 프레임이 우리나라가 1983년부터 줄기차게 추진해 온 '수도권정비계획'을 기초부터 무너뜨렸다는 점이다. 수도권 과밀을 해소하고 지방을 활성화한다는 명목으로 서울소재 대학을 규제하면서 '인 서울'의 배타적 지위만 강화하는 결과로 유도했다. 그러다 보니 수도권대학의 서열화도 서울 경계선으로부터의 거리, 지방소재 대학의 서열화는 경기도 경계선으로부터 거리를 기준으로 매겨지는 상황이 됐다. 충청권에 신생 대학들이 몰려있는 배경이다.

교육당국도 '인 서울' 프레임을 부채질하는 듯이 보인다. 6년 후 2023학년도 대입 정원은 지금보다 무려 16만여 명을 줄일 계획이다. 이에 따라 교육부는 대학구조개혁을 진행 중인데, 1차 개혁 결과는 '서울 살리고, 지방 죽이기'라는 분석이 나온다. 4년제 일반대학의 경우 올해까지 입학정원을 모두 2만1867명 줄였는데, 지방대학이 77.3%(1만6914명)를 차지했다. '인 서울'은 7.5%(1645명)에 불과했다. 교육당국은 억울하다고 항변한다. "시장 논리에 맡겨두면 지방대학은 다 죽는다."는 것이다. 그나마 배려해 이 정도라는 게 주장이다.

물론 학령인구는 줄어들고, 학생들은 '인 서울'로 몰리는 상황에서 지방대학이 악순환 고리에 걸려든 탓일 것이다. 더욱이 이들 대학은 6년 이후 생존 여부도 장담할 수 없다. 2017년까지는 정원을 4만명 줄이지만, 앞으로도 12만 명을 더 줄인다. 뼈와 살을 깎는 게 아니라 팔 다리를 자르는 과정이 기다린다.

'인 서울' 프레임은 국토의 균형발전만 아니라 지방분권과 지방 활성화, 국민적 행복지수까지 좀먹는 존재가 됐다. 게다가 21세기 첨단지식산업시대에 '개성'이 필수 요소가 아닌가. 그러면 교육도 '좌우로 나란히'를 통해 저마다의 개성을 살려야 한다. 그런데 여전히 '앞으로 나란히'의 서열화에 여전히 매몰돼 있는 것이다. 시대적 요구에 맞춰 '지역균형선발' 전형을 도입한 서울대도 뒷걸음이다. 그 명칭이 무색하게 2013년도 20.5%였던 서울 출신이 해마다 늘어 올해는 27.5%이다.

그렇다고 '인 서울은 생각하지 마'라 할 수도 없다. '프레임 이론'을 주창한 조지 레이코프의 말마따나 자칫 '인지적 무의식'에 갇혀버릴 수 있다. 프레임을 변화시키려면 사고를 전환해야 하고, 그러려면 다르게 말해야 한다는데, 무슨 방법이 없을까. 미국과 일본처럼 (지방)국립대를 확실히 차별화하는 게 답이 아닐까. (2016.9.23)

'결과 지상주의'의 종언

올림픽이 끝났다. 더러는 밤잠을 설치며 응원했지만, 대체로는 바쁜 나날에 틈틈이 소식을 챙기는 것으로 만족해야 했다. 올림픽을 즐기기엔 그만큼 일상의 무게가 육중했던 것이다.

그렇더라도 이번 올림픽에서 반추해 볼 대목이 몇 있다. 먼저 양궁이다. 남녀 단체와 개인전에서 금메달 4개를 쐈다. 특히 여자 단체전은 1988년 서울올림픽 이후 8회 연속 금메달을 목에 걸었다. 그 비결을 두고 언론들은 입을 모았다. "공정한 선발 절차 덕이다." 이런저런 가능성과 현실적 여건 등을 모두 일축하고, 오로지 성적으로 선발한 결과란 것이다.

폐막 하루 전 금메달을 보탠 여자 골프의 박인비 선수도 '공정한 기준'의 덕을 봤다. 박 선수는 경기 후 인터뷰에서도 말했지만, 올림픽 참가 자체가 '고독한 결단'이었다. 그가 비록 LPGA 커리어 그랜드 슬램을 달성했고, 명예의 전당에 들어갔으며, 세계 랭킹 5위이지만, 올림픽에 출전하는 데는 골프계의 무언의 압박을 떨쳐야 했다. 올 들어 잦은 부상으로 성적이 좋지 않았던 데다, 상승세의 금메달 후보감이 즐비한 것이다. 이번에 출전한 네 명의 선수 중 양희영이 세계 9위로 랭킹이 가장 낮았다. 바로 그 뒤에는 세계 10위의 장하나, 12위의 유소연 선수가 포진하고 있었다. 모두가 큰 대회에서 우승 경험이 있는, 당연히 올림픽에서도 우승할 수 있는 자질을 갖췄다.

그러다 보니 부상도 잦고, 성적도 좋지 않은 박 선수에게 무형의 자진사퇴의 압력이 가해졌던 모양이다. 골프계의 생각은 이랬을 것이다. "올림픽 출전권이 주어지는 세계 랭킹 15위에 한국 선수가 무려 7명이다. 한 국가에서 4명까지만 출전할 수 있는데, 기왕이면 우승 가능성이 있는 선수를 보내는 게 현명하지 않겠는가. 116년만의 올림픽 골프이지만 사실상 최초나 다름없는데, 세계 최강국인 한국에서 금메달이 나와야 하지 않겠느냐."

사실 이런 식의 결정이 처음은 아니다. '빅토르 안 사태'로 대표되는 빙상연맹 쇼트트랙과 관련한 잡음이다. 안 선수도 처음 '감독 추천' 규정으로 선발돼 금메달을 목에 걸었다. 그 때는 감독의 혜안이라 칭찬했을 것이다. 이후 결국 안현수 선수는 선발 절차와 관련한 실랑이 끝에 러시아로 귀화했고, 러시아 국기 아래 금메달 3개와 동메달 1개를 목에 걸었다.

박태환 선수의 경우 엇갈린 시선이 있기는 하다. 본인으로서야 어떻게든 출전하고 싶었겠지만, 대한수영연맹과 대한체육회의 대처는 적절하지 않아 보인다. 스포츠 선수가 금지약물을 주사했다는 엄중한 과오를 범했음에도 불구하고 올림픽 메달 가능성에 매달려 대한체육회의 선발 규정을 '위인개칙(爲人改則)'했다는 비판에서 자유로울 수 없다. 스포츠의 글로벌 스탠더드에 맞지 않는다는 지적이다.

혹자는 말할 것이다. 만일 박태환 선수가 메달을 땄다면 모두가 박수치고 환호하면서 반겼을 것이라고. 바로 그것이 문제이다. "결과가 좋으면 과정이 어떻든 다 좋다"는 결과 지상주의의 그릇된 미망(迷妄) 아닌가. 혹여 박인비 선수가 메달을 따지 못했다면 어땠을까. 여기저기서 '이기심 많은 골프여제'라고 손가락질을 하지나 않았을까. 이를 예감한 박 선수는 바로 그 점 때문에 자신이 정말 출전해야 하는지 고민이 많았다고 했다. 출전을 결심하고도 주위 눈총을 의식하지 않을 수 없었다고 했다. 그가 리우와 여건이 비슷한 인천에서 두 달 동안 이를 악물고 준비한 이유이기도 하다.

'결과 지상주의'에 매몰돼 박인비 선수를 주저앉혔다면, 그가 양보를 강요하는 분위기에 굴복했다면, 여자 골프 최강국인 한국은 금메달이 아니라 노 메달로 기록될 수 있었다. 결국 '결과 지상주의'란 과거의 미망을 벗고 '공정한 절차'의 합리적 접근이 금메달을 수확한 것이다.

이처럼 지금의 공정하고 정당한 절차가 얼핏 비효율적인 것 같아도 미래의 '역사적' 결과를 담보하는 것이다. 정치도 마찬가지다. 절차적 민주주의의 요체는 소통과 협치(協治) 아닌가. 이를 외면하고 앞날의 '한 건'만 기대하며 "무조건 나를 따르라"고 해서는 자칫 아쉬움과 한(恨)만 남길 수 있다. 갈 길은 먼데 해가 벌써 서산을 향한다고 조바심 내거나 서둘러서는 낭패하기 십상이다. 학생의 벼락치기 공부가 효과적이지 않듯이, 정권의 벼락치기 정책도 결코 성공하기 힘들다.

대통령직은 홀로 고독하게 달리는 마라톤이 아니다. 반만년을 이어왔으며, 앞으로도 이어질 '계주(繼走)'이다. 여기에서는 전임자에게서 넘겨받은 바통을 후임자에게 잘 전달하는 것이 중요하다. 넘어져도, 바통을 떨어뜨려도 안 된다. 결과는 역사의 몫이다. (2016.8.22)

'기승전법(法)'의 세상

너도나도 '법'이고 걸핏하면 '법대로'다. 일반 시민뿐만이 아니다. 정당도 행정부도 지방자치단체도 '법'으로 달려간다. 법을 만드는 국회도 마찬가지다. 가위 '기승전법(法)'이다.

어제 송영길 국회의원이 '사드'와 관련해 헌법재판소에 권한쟁의 심판 청구를 추진하겠다고 밝혔다. 청와대가 결정했지만 국회의 비준이 필요하다는 것이다. 정부가 한미상호방위조약과 주한미군지위협정(SOFA)을 근거로 밀어붙인다면 국회의 조약비준동의권에 대한 중대한 침해라는 주장이다. 지난달 27일 경기도 화성 수원 성남시가 청와대와 행정자치부를 상대로 헌법재판소에 권한쟁의심판을 청구했다. 정부가 지방자치 핵심인 자치재정권을 무시하고 일방적으로 '지방재정 개혁'을 추진한다는 것이다.

헌법재판소만 피곤하게 생겼다. 그렇다고 짜증을 낼 것 같지는 않다. 그렇잖아도 대법원과 힘겨루기 중인데 자신들의 위상과 존재감을 과시할 기회인 것이다. 지난 5월 각하(却下)한 국회선진화법도 그렇다. 법을 만든다는 국회에서 2012년5월 여야 합의로 입법하고 나서는 뒤늦게 "위헌 여부를 가려 달라"고 달려왔다. 정치도 행정도 헌재 손에 좌우되는 모양새가 아닌가.

대법원도 바쁘긴 마찬가지다. 송사가 붙으면 '항소는 필수, 상고는 당연'이다. 선거가 끝나도 대법원 판결까지는 끝난 것이 아니다. 이번엔 서울시다. 박원순 시장이 나서서 '취업 절벽'에 막힌 19~29

세 2831명에 이른바 '청년 수당'을 각각 50만원씩 지급하자 보건복지부가 시정명령을 내렸다. 서울시는 즉각 "대법원에 제소 하겠다"고 밝혔다.

일반인도 그렇듯이 '법'으로 달려가는 이유는 하나다. 조정과 합의에 실패했기 때문이다. 한마디로 "나는 맞고, 너는 틀렸다"는 것이다. 기관들은 종종 무리인 줄 알면서도 들이댄다. "나는 강하고, 너는 약하다"고 여길 때다.

그런데 법은 항상 옳은가. '그 때 그 때 달라요'가 아닐까. 멀리 유신시대까지 갈 것도 없다. 간통죄를 보자. 지난 2008년까지 세 차례 헌재 결정은 모두 '합헌'이었지만 2015년에 '위헌'이 됐다.

2001년 헌법재판관 8대 1로 '합헌' 결정했을 때 권성 전 헌법재판관이 홀로 '소수의견'을 냈다. "간통 행위가 옳다는 게 아니라 도덕률이나 사회적 강제를 넘어 국가가 형벌권으로 개입하는 것은 법만능주의"라는 것이다. 결과적으로 "그때는 틀렸고, 지금은 맞다."

그는 당시 간통죄 처벌의 대안으로 교육과 사회적 강제를 내세웠다. "가정과 학교에서 올바르게 가르치고 사회에서 용서하지 않는 분위기가 형성되면 자연히 줄어든다."는 것이다. 그러면 헌법재판관 7대 2로 '합헌'이 결정된 '김영란법'은 어떨까. 세월이 흘러 "그때는 맞고, 지금은 틀리다"고 할 수도 있지 않을까.

여하튼 모든 일상사까지 '법'의 현미경과 메스가 지키고 있는 시대이다. 헌법 1조2항 '주권재민'이 아니라 '주권재법(主權在法)'인 셈이다. 그럴수록 법 집행은 유리알처럼 투명하고, 누구나 납득할 수 있어야 한다. 현실은 어떤가. '기교 사법'이란 비아냥에서 자유로울 수 있나. 검찰은 기소에 기교를, 법원은 법리 적용에 기교를 부려 종종 손가락질 받지 않나. 재벌은 '유전무죄', 권력자는 '유권(權)무죄'란 비판이 어디에서 나왔나. 판사출신 최유정 변호사의 50억대 수임료, 진경준 검사장의 '네 돈으로 주식 대박'이야말로 '법 만능주의'가 빚은 맨 얼굴이 아닌가. 법원행정처의 현직 부장판사가 매매춘으로 경찰에 입건되는 마당이다.

다산 정약용이 '흠흠신서(欽欽新書)'에서 말했다. "사람이 천권(天權)을 대신하면서도 두려워하지 않는다. 자세히 헤아리지도 않은 채 살릴 사람은 죽이고 죽일 사람은 살린다. 그러고도 태연하고 편안하며 돈에 흐리고 여자에 미혹돼 있다. 비참한 백성이 고통스러워도 구제할 줄 모르니 화근이 갈수록 깊어진다." 한탄인가, 예언인가. 법은 '만능'이 아니다. 물이 흐르는 것처럼 제대로 '기능'해야 한다. 이를 위해 무소불위 검찰부터 견제장치가 시급하다. 공직자비리수사처는 그 출발점이다. 스스로 목줄 채우고 줄도 자신이 잡아서는 제대로 제어가 되겠는가.

야당이 벼르지만 미덥지 않다. 선거법 시효가 두 달 이상 남았다. 게다가 20대 국회는 법조인 출신이 49명이다. 6명 중 1명 꼴이다. 국회의원은 선거에 떨어지면 '백수'라지만 법조 출신은 떨어져도 '변호사'다. 법으로 밥을 먹는데 '초록은 동색, 가재는 게 편' 아니겠느냐는 생각이 기우(杞憂)일까. (2016.8.5)

사이비 리더, 향원(鄕原)이 설친다

호칭은 관계를 설정한다. "수석님", "실장님"이라고 부르는 사이와 "선배님"이라 부르는 관계는 다르다. 직함에서는 조직의 쓴맛이, 선후배 호칭에서는 끼리끼리 단맛이 느껴진다. 선후배를 넘어 '형님'과 '아우'로 호형호제하는 사이는 아마도 끈적끈적한 꿀맛일 것이다. 그래서일까. 처음 만난 자리도 명함을 교환하고 나면 은근슬쩍 연고 파악에 나선다. 같은 학교면 곧바로 '선배, 후배'다. 같은 지역이면 '형님, 동생'이다. 학교도 지역도 다르면 성씨와 직역을 살핀다. 그래도 공통점이 없으면 장유유서(長幼有序), 나이를 따진다.

두 가지 이유일 것이다. 하나는 상대로부터 뭔가 얻어내려는 심산이다. 특히 정당하게, 정상적으로 얻어내기 힘든 경우 관계 맺기에 더욱 집요해진다. 다른 하나는 '왕따'에 대한 두려움이다. 특정한 그룹에 속함으로써 자신을 보호하려는 것이다. 그러다 보니 사회가 온통 가족관계가 됐다. 식당에 가면 '이모'와 '삼촌', 술집에서는 나이가 아무리 많아도 '오빠'다. 아가씨도 '언니'로 대체됐다. 백화점에 가면 손님도 '아버님, 어머님'이다. 대통령도 공공연히 '누나'라 부르는 정치인도 있다.

얼핏 보면 사회가 이익을 앞세운 게젤샤프트(Gesellschaft)에서 가족과 우애를 우선하는 게마인샤프트(Gemeinschaft)로 회귀하는 것처럼 보인다. 하지만 속내를 뜯어보면 거대한 '슈도 패밀리(Pseudo-Family)'일 뿐이다. 우리는 그저 '사이비(似而非) 가족'의 구성원인 셈이다. 이런

'사이비 가족' 속에 너도나도 어른과 리더를 자처한다. 이들의 특징은 대체로 반듯하게 보인다는 점이다. 법과 도덕을 내세우며, 몸가짐도 단정하다. 성현을 앞세워 옳은 말만 한다. 처신과 행동에서 마땅히 꼬집을 만한 것도, 특별히 나무랄 데도 없어 보인다. 자연히 일반 사람들도 "멋있다"고 부러워한다.

그런데 이 같은 스타일의 인물을 공자(孔子)는 '향원(鄕原)'이라고 비판했다. '덕(德)의 적(賊)'이란 것이다. 사회의 바탕인 덕성(德性)에 암(癌)적인 존재란 뜻이다. 맹자(孟子)는 이를 "법과 도덕을 입에 달고 그럴듯하게 행동하지만 언행이 따로 놀고, 결국 좋은 것이 좋은 것 아니냐며 세상에 영합하는 자"라고 정의했다.

이들은 속된 무리에 스스로 동화하고, 세속적인 부패에 거리낌 없이 발을 담그고는 끊임없이 자신의 영달을 꾀한다. 동시에 '이미지 관리'에는 엄청나게 신경 쓴다. 성공 과정도 '신화'로 포장한다. 자연히 그가 충직하고 신뢰할 만하며, 염치도 있는 고결한 인물로 비친다는 것이다.

심각한 문제는 이런 향원이 자칫 사회적 귀감이나 청년의 모델이 될 수 있다는 점이다. 실제로는 사회적 지위를 이용해 사리사욕을 채우고, 사회정의를 구현하는 데는 전혀 관심이 없는데 말이다. 공자가 향원을 '건강 사회의 적'이라고 격렬하게 비난한 이유이다.

향원들은 자신의 행위와 처신이 옳다고 여긴다. 설사 문제가 생겨도 잘못을 인정하는 경우는 드물다. "내가 무슨 잘못을 했나. 절대 물러날 수 없다"라거나 "구국의 결단이다. 반대하면 종북이다."라는 식이다. 그들의 사고체계에선 잘못이 아니라 당위다. 맹목적이거나 확신범이라 할 수 있겠다.

더러는 '사이비 가족관계'에 기댄다. "우리가 남이냐"는 것이다. "왜 나만 갖고 그러느냐"며 공범 의식을 일깨운다. 이 경우는 개선의 여지가 있다. 잘못을 알기 때문이다. 병으로 치면 독감쯤이다. 하지만 앞서 맹목적인 경우는 암이다. 독감은 치료가 가능하나, 암은 난치병이다.

각계각층에 향원들이 설치고 있다. 어디 교육부, 국방부, 외교부, 검찰청, 청와대비서실 뿐이겠는가. '삼권(三權) 피라미드' 상위 1% 사이비 리더들이 국정을 농단하며 영달을 꾀한다. 선비는 '무항산유항심(無恒産有恒心)', 생계가 넉넉하지 않아도 바른 마음을 가져야 한다고 했다. 그러나 이들은 '유항산무항심(有恒産無恒心)', 재물이 넘치는데도 탐욕에 끝이 없다. '공시생(공무원시험준비생)'만 24만명인데, 무엇을 본받을까. 두렵다.

사이비는 결코 진짜가 될 수 없다. 향원은 '굽은 선비(曲士)'일 뿐이다. 탱자나무로 대들보 삼을 수 없고, 육모방망이로 서까래 놓을 수 없는 법이다. 나라의 근간은 밥과 군대보다 신뢰다. 법의 극치는 불법의 극치와 같다. 차제에 '사이비 가족관계'를 해체하면 어떤가. 아버님, 어머님 호칭을 함부로 쓸 수 없는 일이다. 형과 누나, 이모와 삼촌도 제자리를 찾아주자. 그러면 사이비 어르신도 사라지지 않을까. (2016.7.25)

삼성, 사람과 시스템 사이

회사 신입은 흔히 '새 피'로 불린다. 처음엔 '조족지혈(鳥足之血)'쯤으로 들린다. 조직의 말단이라 그렇게 부르나 하다가, 이내 '새로운 피'란 뜻인 걸 알아차린다. 정체된 조직에 수혈한 '싱싱한 피'이다. 이들 신입에 '묵은 피' 선배들이 종종 '삶의 지혜'를 전수한다. 주로 퇴근길 술집에서다. "적당히 중간만 따라가라! 잘 나가는 사람은 발목을 잡혀 넘어지고, 뒤처지는 사람은 사정없이 밟힌다. 조직은 '중용(中用)'이다."

세월이 흘러 간부가 되면, 두 갈래 선택지가 놓인다. 자신이 없더라도 조직이 굴러갈 수 있도록 대체 인력을 키울 것인가, 자신이 없으면 운영이 어렵도록 대체 인력의 싹부터 자를 것인가.

회사가 성장할 때는 전자(前者)에 기회가 있다. 대체할 인재가 있으니 새로운 분야에 투입돼 자신의 성장 가능성을 높일 수 있다. 회사가 정체돼 있을 때는 이야기가 다르다. 이 경우 전자는 '비용'이 된다. 잘 키운 후배의 존재는 자신이 없어도 된다는 뜻이기도 하다. 잘릴 가능성이 높아진다. 그렇다고 후자(後者)가 늘 좋은 것은 아니다. 그가 자리를 지키고 있다면 그 회사는 발전가능성이 없다는 의미이다. 회사는 당연히 전자(前者)의 조직문화를 선호할 것이다. 하지만, 인사를 사람 중심으로 풀다 보면 자연스럽게 후자(後者)의 문화로 정착된다. 특히 경쟁력이 떨어지는 사람일수록 생존 본능은 악착과 같은 법이다.

우리나라 대표 기업 삼성의 사훈은 '사업보국, 인재제일, 합리추구'이다. 이 가운데서도 '인재제일'에 방점을 찍었다. 그래서일까. 고 이병철 회장이 신입사원 면접 때 관상가를 대동했다는 일화는 유명하다. '인재제일'의 삼성이 최근 '사람' 문제로 들썩였다. 하나는 이건희 회장, 다른 하나는 구글(Google)보다 숫자만 많다는 소프트웨어 인력이다.

　먼저 이건희 회장이다. 사망설이 돌자 삼성물산 주가가 장중 8.51%까지 급등했다. 그가 보여준 경영능력으로 볼 때, 주가가 급락하는 것이 상식적이지 않았을까. 비슷한 일이 2011년 10월 애플의 스티브 잡스가 사망했을 때도 일어났다. 반사효과를 기대한 것인지, 이튿날 삼성전자의 주식이 4.28% 올랐다. 정작 애플의 주식은 0.23% 하락하는 데 그쳤다. 애플은 잡스가 없어도 굴러가도록 '시스템화' 돼 있는 것이다. 반면 삼성은 '사람'에 좌우되는 경향을 드러낸 것이다.

　지난 5일 삼성이 사내방송을 통해 '삼성 소프트웨어 경쟁력 백서'라는 20분짜리 프로그램을 방송했다. 지난달 21일 방송한 '불편한 진실'에 이은 '우리의 민낯'이다. 삼성전자의 소프트웨어 인력이 3만2000명으로 구글 2만3000명보다 많지만, 만일 구글에 입사 시험을 보면 1~2%만 통과할 수준이라는 통렬한(?) 자기고백이다.

　정말 그럴까. 인재의 수준이 문제일까. IT의 대표기업 아마존에서 소프트웨어 엔지니어로 일한 20대 젊은이의 시각은 달랐다. "사람이 아니라 시스템이 문제일 것"이라는 분석이었다. 그가 아마존에 근무하던 시절 코딩을 잘못해 한 지역 서비스가 먹통이 됐다. 곧바로 솔루션팀이 투입돼 2시간30분 만에 정상화됐다. 이어 원인규명과 재발방지를 위한 프로세스가 시작됐다. 이름 하여 '시스템 오류 바로잡기'였다. 그 과정에서 그의 이름은 거론되지도 않았다. 누구라도 저지를 수 있는 '오류'라고 보고, 이런 오류가 체크되지 않은 '시스템 문제'로 접근한 것이다.

그에게는 어떤 질책도 징계도 없었다. 아마 한국에서라면 경위서와 징계가 뒤따랐을 것이다. 상급자는 책임 회피에 급급했을지 모른다. 그 결과 사람은 바뀌어도, 오류의 재발 가능성은 여전하다. 시스템이 그대로이기 때문이다. 그의 컴퓨터 실력은 대학에서 부전공으로 배운 수준이다. 그는 "절대로 삼성의 엔지니어들보다 실력이 낮다고 말할 수 없다"고 했다.

채용 면접에서 아마존은 문제를 대하는 태도와 해결하는 과정을 지켜봤다고 했다. 그가 조직문화에 적합한지 가늠했을 뿐, 프로그래밍 능력은 묻지도 따지지도 않았다는 것이다. 실력만으로 보자면, 삼성 엔지니어의 1~2%만 구글 같은 회사에 입사할 수 있는 수준은 결코 아니라는 것이다.

'지지 않는 경영'을 추구하는 '관리의 삼성'이라고 한다. 하지만 진정 글로벌 기업으로 우뚝 서려면 특정한 사람이 없어도 굴러가는 시스템, 개개인의 능력을 최대한 이끌어낼 수평적 조직문화가 선결 과제일 것이다. 구글과 아마존이 높은 이직률에 상시 채용으로 대처하지만, 여전히 잘 굴러가는 이유이기도 하다. 사면복권 때마다 "총수 부재로 경영이 어렵다"는 기업 마인드로는 백년하청(百年河淸)이 아닐지 걱정이다. (2016.7.14)

불후불흑(不厚不黑)의 외교 리더십

"통일은 대박"이라고 했다. 그래서 기대도 했다. 모든 정보를 접하는 대통령이 아닌가. 일반인이 모르는 뭔가 있겠지 했다. 그런데 개성공단 문도 닫히고, 아직까지 아무런 변화조짐이 없다. 되레 위기의 풍선만 팽팽하게 부푸는 느낌이다.

한반도의 미래를 좌우할 태풍이 밀려오고 있지만, 모두의 관심은 롯데그룹과 신공항 후폭풍에 쏠린 듯하다. 정치권도, 지도자도 숲 속에서 나무만 보고 있는 형국이다. 숲을 벗어나야 산사태를 볼 수 있을 텐데, 현실은 환상방황에 빠진 모양새다. 산에서 길을 잃고 헤매다 보면 다시 원점으로 돌아오는 현상 말이다.

대통령도 정치권도 모두가 '우물 안 정치'에 몰두하는 사이 한반도 정세는 심상치 않게 흘러가고 있다. 미국은 고고도방어체계 배치를 흘리며 베트남~대만~한국~일본을 잇는 중국 포위망을 강화하고 있다. 중국은 한반도 현상유지를 주장하며 한국의 선택을 강요한다. 북한에 대한 지렛대를 스스로 놓아버린 지금, 주체적 균형외교는 쉽지 않다. 눈치외교 줄타기도 어렵다.

외교의 토대는 '불신'이라고 했다. 어제의 적이 오늘의 동지로, 오늘의 동지가 내일의 적으로 변하는 것이 국제관계다. 미국과 베트남이 손잡은 것도 '적의 적은 동지'라는 외교 책략이 아니겠나. 그런 점에서 청(淸)말기 리쭝우(李宗吳)가 주창한 '후흑(厚黑)' 이론을 음미해 볼 만하다.

'후흑'은 낯이 두껍다는 면후(面厚)와 속이 시커멓다는 심흑(心黑)이 합쳐진 말이다. 면후심흑(面厚心黑)은 한마디로 낯이 두껍고 속이 시커먼 사람을 뜻한다. 반대는 면박심백(面薄心白), 낯가죽이 얇고 술수가 없는 사람이다. 낯은 두꺼우나 술수를 부리지 않는 면후심백(面厚心白), 낯가죽이 얇지만 속은 시커먼 면박심흑(面薄心黑) 유형도 있다.

그는 중국 역사에서 낯이 두껍고 속이 시커먼 자가 천하를 움켜쥐었다고 주장한다. 와신상담의 구천, 초한쟁패의 유방, 삼국지의 조조가 대표적이다. 그가 현대에 살았다면 대장정의 마오쩌둥과 도광양회의 덩샤오핑을 예로 들었을 것이다.

이런 이론을 국내정치에 적용하는 호사가들이 있다. 현재 거론되는 잠룡(潛龍)들을 비교하는 것이다. 예컨대 누구는 낯이 두껍지만 속까지 새까맣지는 않다, 누구는 인품이 훌륭하지만 얼굴 가죽도 얇고 술수도 몰라서 어렵다는 식이다. 그러면서 과연 누가 속도 검고 낯도 두꺼운가, 아니라면 지금부터라도 그렇게 만들어야 하는 것 아니냐고 한다.

틀렸다. 리쭝우가 말한 '후흑'은 국내용이 아니다. 거친 국제정세를 슬기롭게 헤쳐나갈 국가적 리더의 자질을 말한 것이다. 어쩌면, 중국의 국가주석 시진핑이 그럴 것이다. 문화혁명 시절 하방(下放)을 거치고, 공산당에도 10전11기로 입당하지 않았던가. 웃는 듯 마는 듯 표정도 그렇지만, 속도 알기 힘들다.

시진핑이 '면후심흑'이라면 일본의 아베는 '면후심백'으로 볼 수 있겠다. 한일관계에서 미래를 지향하는 듯하다가, 다시 과거사를 은근슬쩍 부인한다. 위안부 처리도, 교과서도 마찬가지이다. 낯은 두껍지만, 속은 어쩐지 빤히 보인다. 잘나가는 집안 후손들이 그렇듯이 거리낌이 없다.

오바마는 어떤가. 비핵화를 외치며 노벨평화상을 받아서일까. 일본 히로시마 방문도 거절하지 못한다. 때로는 의회와 기자들에게 무안을 당해 얼굴이 달아오르기도 한다. 그래도 세계를 경략하는 미국의 대통령이다. 부드러운 미소의 이면, 속을 헤아리기가 쉽지 않다. '면박심흑'이다.

우리의 지도자는 어떤가. 너무나 착하고 너무도 순진한 것처럼 보인다. 화 난 얼굴을 굳이 감추지 않는다. 그렇다고 이런저런 술수도 부리지 않는다. 얼핏 '면박심백'이다. 초한지로 보면, '역발산기개세(力拔山氣蓋世)'의 항우쯤이다.

하지만 항우는 결국 후흑의 달인, 유방에게 당하지 않던가. 그래서 생각했다. 바로 '불후불흑(不厚不黑)'이다. 낯가죽이 두꺼워 보이지도 않고, 속이 시커멓게 보이지도 않는 차원이다. '면박심백'으로 보이지만, 후흑의 궁극적 경지 말이다. 정말로 그랬으면 좋겠다. 대선에서도 그런 지도자가 뽑혔으면 좋겠다. 우물 안 개구리가 바다를 알 수 없고, 도토리끼리 키를 재봐야 도토리일 뿐이다.

장마철이다. 머잖아 태풍도 닥칠 것이다. 한반도를 둘러싼 정세는 이미 태풍의 눈이다. 이런 때는 '중심'을 잡아야 한다. 확고한 주관과 줏대가 있는 중심(中心), 가볍게 처신하지 않고 태산 같이 묵직한 중심(重心), 흩어진 서민대중의 마음을 꿰는 중심(衆心)이 필요하다. 불후불흑(不厚不黑)의 외교 리더십과 함께 말이다. (2016.6.23)

토사구팽(兎死狗烹)과 참초제근(斬草除根)

산을 뽑는 힘, 세상을 덮는 기상을 뽐내면 뭐하나. 항우는 결국 유방에 졌다. 아흔아홉 번 이겼지만 단 한번 패배로 모든 것을 잃었다. 왜 졌을까. 어쩌다 사면초가에 빠졌을까. 사기열전에서 한신이 말한다. '필부의 용기, 아녀자의 어짊' 때문이라고. 항우가 한번 소리치면 모두가 떨며 엎드리지만, 훌륭한 장수가 있어도 믿고 맡기지 못하는 성격이라고 했다. 바로 필부의 용기다. 또 공경스럽고 자애롭게 사람을 대하지만, 공을 세운 부하에게 선뜻 상을 주지 못한다고 했다. 관인을 건네주기가 아까워서 모서리가 닳도록 만지작거린다는 것이다. 이를 아녀자의 어짊, '부인지인(婦人之仁)'이라 했다.

요즘으로 치면 만기친람(萬機親覽)에 깨알지시, 주요 직책에 대한 장기간 인사공백쯤이다. 그러다 보니 자신의 단점을 보완할 인재들이 모두 떠났다는 것이다. 항우를 떠난 대표적인 인물이 바로 다다익선(多多益善)의 한신이 아닌가. 항우는 결국 자신이 내친 부하에게 최후를 맞은 셈이다.

여하튼 한신은 유방을 황제로 만들고도 자신은 '토사구팽(兎死狗烹)'을 당한다. 원래 이 고사는 한신이 아니라 춘추전국시대 월(越)나라의 범려에서 비롯됐다. 와신상담(臥薪嘗膽)의 주인공 구천을 도와 오(吳)나라를 멸한 그가 동료 문종에게 경고한다. "날랜 토끼가 사라지면, 사냥개는 삶기게 된다(狡兎死 走狗烹)"고. 듣지 않은 문종은 멸족당하고, 물러나 숨어버린 범려는 전설로 남는다. 한신도 똑같은 경고를 들었지만, 자신의 공을 과신했다. 앉아서 천리를 내다본다는 장량은 범려처럼 숨었는데 말이다.

지금도 장량의 사당 입구에는 '공성신퇴(功成身退)'란 현판이 걸려 있다. 공을 이루고 몸은 물러난다는 뜻이다. 노자(老子) 도덕경의 '공성이불거(功成而不居)'와 같은 맥락이다. 즉, '토사구팽'과 '공성신퇴'는 같은 뜻이면서 표현만 다른 것이다.

따라서 물러나지 않고 안주했던 한신이 팽 당하게 된 것은 자업 자득일 수 있다. 이 대목에 운명의 장난이 살짝 드러난다. 한신의 마지막 말은 "아녀자에 속아 죽는 것이 하늘의 뜻인가"였다. 이는 자신이 유방의 부인 여후에게 속아 입궁했다가 잡힌 것을 자책하는 것이다.

앞서 소개했듯이 한신은 항우의 성격을 '아녀자의 어짊'이라 비하했었다. 선뜻 주기가 아까워서 머뭇머뭇하는 것을 지적했는데, 이번에는 자신이 냉큼 포기하지 못하고 우물쭈물하다 최후를 맞이하게 된 것이다. 어쩌면 '아녀자의 어짊'으로 몰락한 항우와 '아녀자의 속임수'에 몰락한 자신의 모습이 머릿속에서 한 순간 교차했는지도 모른다.

그러나 여후의 처지에서는 '참초제근(斬草除根)'할 필요가 있었다. 풀만 베고 뿌리를 남겨놓으면 언제고 다시 자라나는 법이다. 화근(禍根)을 남겨두면 언젠가 재앙이 되어 닥치는 것이다.

현대 정치인들도 사자성어를 즐긴다. 짧지만 많은 내용을 담고 있고, 구차하게 이런저런 설명을 붙일 필요도 없기 때문일 것이다. 17일 별세한 고 김재순 전 국회의장은 '토사구팽'이란 말을 남기고 정계에서 은퇴했다. 김영삼 대통령 만들기에 1등 공신이었지만 2인자는 늘 위험한 것이다. 그가 '토사구팽'을 말했을 때의 심정은 분노일지 서운함일지, 좀더 일찍 '공성신퇴'하지 못한데 대한 자책감일지 알 수 없다. '천천히 서둘러라'는 형용모순적 수필집을 남긴 것으로 미루어 둘 다일 수 있겠다. 분명한 것은 춘추전국시대부터 21세기 디지털 첨단시대에도 권력을 지향하는 정치판에 여전히 유효한 사자성어란 것이다.

박근혜 대통령이 엊그제 '참초제근(斬草除根)'을 거론했다. 규제개혁 장관회의에서였다. 잡초처럼 질긴 규제를 보이는 풀만 베지 말고 안 보이는 뿌리까지 완전히 뽑아버리라는 주문이다. 그런데 최근 새누리당의 내홍을 보면서 혹시 이 사자성어가 중의(重義)적으로 쓰인 것이 아닌가 하는 생각이다. "분당(分黨) 불사"를 외치는 목소리에 비박(非朴)에 대한, 화근에 대한 경계심이 물씬 묻어난다.

'토사구팽'과 '참초제근'이 이번 주 화두에 올랐지만, 어쩐지 또 한 번 비극으로, 또 한 번 희극으로 되풀이될 것 같은 느낌이다.

(2016.5.20)

장수 비결이 '돈'이라는데

"부자는 가난한 사람보다 10~15년 더 오래 산다." 미국 하버드대학 데이비트 커틀러 교수가 최근 발표한 '소득과 기대수명의 상관관계'는 충격적이다. 그는 1999년부터 2014년까지 국세청 세금자료 14억 건을 분석한 결과 이런 결론이 나왔다고 밝혔다.

미국 전체 국민을 소득 수준별로 100등분한 뒤 40세를 기준으로 기대수명을 추출한 결과 남자의 경우 소득 상위 1%는 87.3세, 소득 하위 1%는 72.3세로 나타났다는 것이다. 수명 차이가 무려 15년이나 됐다. 여자는 상위 1%가 88.8세, 하위 1%는 72.3세로 10년 반 차이를 보였다. 10년이면 비흡연자와 평생 흡연자의 기대수명 차이와 비슷하다. 이번 연구에서 특히 주목할 점은 소득 증가에 따라 기대수명도 3년까지 늘어났다는 사실이다. 그는 "정년을 늦추면서 소득도 늘고, 수명도 늘어나는 추세를 보였다"고 지적했다.

소득과 수명이 상관관계가 높은 이유로 부자는 자신의 건강에 상대적으로 많은 돈을 투입할 수 있는 점이 제시됐다. 의료혜택이 수명의 분수령인데, 미국은 우리처럼 전 국민 의료보호 시스템이 아니다. 결국 미국에서도 장수의 비결은 '돈'이란 이야기다. '타임 온라인'은 매년 가장 많이 읽힌(클릭한) 기사를 발표하는데, 2010년 부동의 1위는 "왜 술을 많이 마시는 사람(Heavy Drinkers)이 전혀 안 마시는 사람(Non-Drinkers)보다 오래 사는가?"였다.

텍사스대학 연구팀이 55~65세 사이 1824명의 지원자를 대상으로 20년간 추적 연구한 결과, 술을 '많이' 마시는 사람이 간 경변과 간암의 위험에도 불구하고 술을 전혀 마시지 않는 사람보다 현저하게 오래 살았다는 것이다.

그 이유로 크게 세 가지를 들었다. 첫째는 매일 1~3잔 정도의 음주(포도주)는 심장 기능을 개선한다는 것이다. 둘째는 '사회성'이다. 술을 마시면서 자연히 사회적 교류가 활발히 이뤄지는데, 사회성은 정신적 육체적 건장에 매우 좋은 영향을 끼친다는 것이다. 사회성이 부족한 사람은 우울증에 걸리기 쉽다. 우울증은 자살의 주요 요인이기도 하다. 세 번째가 '돈'이다. 가처분소득이 적은 사람은 술집에 드나들 여유가 없다. 건강식이나 최선의 의료혜택도 언감생심이다. 이 경우 일반적인 생활에서도 이런저런 스트레스에 허우적거리기 마련이다. 알려진 사실이지만, 스트레스야말로 만병의 근원이 아닌가. 물론 매일 폭음하는 것이 건강에 좋을 리는 없지만 술을 마실 수 있는 여유, 결국 '돈'이 장수의 비결이라는 이야기다.

우리나라도 100세 장수시대를 맞았지만, 여기에서도 장수와 조기 사망 사이에 불평등이 존재한다. 그 근저에 바로 '돈'이 있는 것이다. 사실 커틀러 교수의 연구대로 소득이 10~15년의 수명 차이를 부른다면, 그 자체로 엄청난 사회적 문제다. 정부는 "가난도 서러운데, 빨리 죽기까지 해야 한다는 말이냐"는 질문에 적극적으로 대답해야 한다.

여전히 경제가 문제다. 경제도 어떤 경제냐가 중요하다. 소득 불평등을 심화하는 경제체제냐, 아니면 더불어 잘 사는 경제체제냐, 답은 분명하다. 부자라고 해서 수명을 떼어 나눠줄 수는 없는 노릇이다. 하지만 빈자들의 수명 기대치를 높여줄 수는 있지 않겠나. 불평등과 양극화가 커지면, 결국 소득이란 파이 자체가 파열하게 될 것이다. 더구나 이런 소득 불균형이 사람들 수명에까지 직접적으로 영향을 미친다면, 기층민들이 견디고 참아내기 힘들지 않겠나.

4.13총선 결과를 두고 이런저런 분석이 있지만, 결국 경제에 대한 실망감이 표로 표출됐다는 데 이견이 없는 듯하다. 12.5%를 넘는 청년실업, 정년과 실직의 절벽에 선 50대의 분노가 쓰나미처럼 정치판을 덮친 것이다. 소득불균형을 구조적으로 해소하는 데는 당연히 비용이 든다. 하지만 지금부터라도 해소해 나가지 않으면 나중에는 더 큰 대가를 치르게 될 것이다. "문제는 경제야, 바보야"라는 슬로건이 1992년 미국 대통령선거의 향방을 바꿨다. 그 후로 24년이 지나 지금은 '1%의 부자(Top 1%)'가 타깃이다. 버니 샌더스가 일으키는 돌풍의 원동력이다. 이를 타산지석으로 삼지 않으면 머지않아 또 다른 민심의 쓰나미가 덮칠 것이다. (2016.4.22)

꽃등에의 짝퉁 전략

짝퉁도 치밀한 전략이 필요하다. 진품명품과 너무 똑같아도 곤란한 것이다. 무엇보다 비용 문제가 클 터이다. 좋은 원재료 확보하는 데도 돈이 들지만, 한 땀 한 땀 장인의 바느질도 적잖은 품이 든다. 그래서 전문가 눈에는 확연하게 다르지만, 일반인에게는 알쏭달쏭한 수준이 필요하다. 비용 대비 효과 만점을 노리는, 이른바 '짝퉁 전략'이다.

짝퉁 전략은 적자생존의 법칙이 냉엄한 자연계에서 더 보편적이다. 봄이 되면 나타나는 꽃등에가 대표적이다. 잉잉거리며 꽃과 꽃 사이를 날아다니는 모습이 얼핏 보면 꿀벌이나 말벌 같지만, 사실은 파리이다. 분류학적으로 꽃등에는 파리목(目), 꿀벌과 말벌은 벌목 (目)이다. 꽃등에는 왜 벌을 닮기로 했을까. 바로 천적인 조류의 공격 으로부터 자신을 보호하기 위해 의태(擬態)한 것이다. 마치 벌침을 가지고 있어 쏠 수도 있다는 듯, 그래서 새들이 꺼리도록 진화한 것 이다. 이를 '경계의태'라고 한다.

벌처럼 꾸몄지만, 그렇다고 새의 눈을 늘 속일 수 있는 것은 아니 다. 아무래도 짝퉁의 티가 나는 것이다. 수천만 년 진화의 세월 속 에서 왜 이렇게 짝퉁 티를 없애지 못했을까. 이른바 'S급' 짝퉁으로 진화할 수도 있었을 텐데 말이다. 과학자들은 그 동안 이런 '불완전 의태'의 이유를 속 시원히 규명하지 못했다.

몇 가지 가설은 있었다. 하나는 이 정도 의태이면 새가 벌과 구별 하지 못하리라고 여기고 좀 더 닮으려는 노력을 중단했다는 것이다. 하나는 이런저런 꿀벌과 말벌을 닮으려다 보니 마치 '잡탕 벌'처럼 됐다는 것이다. 마지막으로는 더 이상 의태하느니 차라리 대량 번식 을 통해 종족을 보존하는 방향으로 진화했으리라는 것이다. 그런데 2012년 네이처 지(誌)에 실린 논문은 '느슨한 선택'의 결과라고 색 다른 연구 결과를 내세웠다.

벌처럼 보이지만 사실은 파리 종류 연구진이 관찰한 결과 꽃등에 는 덩치가 클수록 모방의 정교함이 뛰어났고, 작을수록 한눈에 짝퉁 임을 알 수 있을 정도로 부실했다는 것이다. 왜일까. 새의 시각에서 보면 큰 꽃등에를 사냥하는 것이 에너지 대비 효율이 높기 때문이라는 것이다. 그래서 새들의 주 목표물이 된 큰 꽃등에는 상대적으로 더욱 정교하게 말벌을 모방했다는 것이다.

반면 작은 꽃등에는 새의 견지로는 소위 '인건비'가 안 나온다. 날개를 퍼덕여 힘들게 쫓아가 잡아봤자 한 입감도 안 된다. 노력에 비해 효용이 턱없이 낮은 것이다. 따라서 새의 공격을 덜 받게 된 작은 꽃등에는 굳이 힘들여(?) 정교하게 꿀벌을 모방할 필요가 없었고, 자연히 짝퉁 티가 완연하다는 것이다.

이런 그럴듯한 이론에도 불구하고 여전히 궁금증은 남는다. 큰 꽃등에가 살아남기 위해서는 두 가지 선택지가 있다. 좀 더 확실하게 말벌을 닮거나, 스스로 조그맣게 진화하는 것이다. 그러면 어설픈 짝퉁 꽃등에보다 생존 확률을 높일 수 있었다. 왜 그러지 못했을까. 아니면 왜 그러지 않았을까. 너무 똑같이 모방하면 새의 눈은 속이겠지만, 진짜 꿀벌이나 말벌과 문제가 생길 수가 있어서 '느슨한 의태'를 선택했을 수 있다. 자칫 예쁜 암컷 꽃등에가 수컷 말벌의 시선을 끌었다가 곤욕을 치를 수 있지 않겠나. 그래서 말벌의 시선을 끌지 않으면서 새의 눈을 교란하는 수준까지만 진화하지 않았을까.

꽃등에는 나름대로 최선의 짝퉁 전략을 쓴 셈이다. 정치로 보면 진품명품을 가장해 유권자의 눈을 헷갈리게 하는 후보쯤이다. 마침 정당의 공천이 마무리됐다. 이제 다음달 13일까지 서로가 진짜 꿀벌이라고 주장할 것이다. 갖가지 아름답고 향기로운 꿀을 약속하며 시끄럽게 잉잉거릴 것이다. 이 가운데 과연 헌법1조 '대한민국은 민주공화국이다. 대한민국의 주권은 국민에게 있고, 모든 권력은 국민으로부터 나온다.'는 의미를 제대로 깨달은 진품 후보들이 얼마나 있을까.

　명심하자. 큰 꽃등에든 작은 꽃등에든 결국 파리 부류이다. 아무리 꽃밭을 날아다녀도 인간에게 꿀을 모아주지는 않는다. 오히려 피를 빨고 전염병을 옮길 뿐이다. 꽃등에 정치인은 아무리 번지르르 공약해도 국민에게 희망을 주지 못한다. 오히려 혈세를 빨고, 망국병을 옮길 뿐이다. 예리한 새의 눈으로, 날카로운 유권자의 눈으로 '짝퉁'을 가려낼 일이다.(2016.3.24)

담배와 영화 —아주경제 '박종권의 주식잡기(酒食雜記)'

클린트 이스트우드는 아카데미 감독상은 두차례나 받았다. 1992년 '용서받지 못한 자'와 2004년 '밀리언달러 베이비'이다. 두 작품 모두 작품상도 거머쥐었다. 그러나 남우주연상은 후보에만 올랐다. 연기보다 감독 능력이 더 뛰어난 것일까.그의 '메소드 연기'는 세르지오 레오네 감독의 1964년 작 '황야의 무법자'가 대표적이다. 무명의 떠돌이로 나와 담배를 질겅거리며 툭툭 던지는 짧은 대사로 독보적인 캐릭터를 완성한다.

그는 "말수가 적으면 강한 인상을 주고, 관객의 상상 속에서 더욱 성장할 수 있다"고 했다. 이후 레오네 감독의 '달러 3부작'에서도 주인공은 여전히 '무명인'이었다.그가 1971년 '더티 해리'에서 매그넘 권총을 쏴대는 폭력 경찰로 등장했을 때, 비로소 무명인에서 유명인이 됐다. 여기서도 짧은 대사와 함께 트레이드 마크가 된 담배 피우기를 선보였다. 그에게 담배는 거친 마초의 상징이었다.

영화 '카사블랑카'에서 잉그리드 버그만을 떠나 보내는 험프리 보가트 입에도 담배가 물려 있었다. 트렌치 코트의 깃을 세우고 뒤돌아서는 고독한 남자의 뒷모습에서 얼마나 많은 여성관객들이 모성본능을 느꼈을까. 클린트 이스트우드와는 달리 섬세하고 멋스러운 스모킹은 당대의 섹시 여배우 로렌 바콜과 만남으로 이어진다. 이들의 첫 영화에서 바콜은 담배를 든 채 걸어오고, 보가트는 불을 붙여준다. 이후 그들은 실제 부부가 된다.

하지만 이런 레전드급 스모킹은 TV에서 제대로 볼 수 없다. 화면을 부드럽게 뭉개어 지워버렸기 때문이다. 방송통신심의위원회의 심의 규정에 담배와 관련된 사항은 없다. 방송사들이 자체적으로 모자이크 처리한 것이다. 영화 주인공이 멋있게 담배를 피우는 모습이 흡연을 부추긴다고 보는 것일까.

턱이 우묵한 배우 커크 더글러스는 영화를 촬영하면서 처음으로 담배를 접했다고 뉴욕타임스(2003.5.16)에서 밝혔다. 바바라 스탠윅스의 남편으로 분한 1946년 '마사의 낯선 사랑'에서 첫 장면이 공교롭게도 담배를 피우는 설정이었다. 그는 담배를 안 피운다고 했지만, 감독은 "쉬워. 금방 배워."하며 소품 담당자를 시켜 건넸다고 했다.

당시 영화에서 담배는 훌륭한 소품이었다. 많은 배우들이 손 처리에 어려움을 겪었다. 포켓에 넣을까, 뒷짐을 질까, 옆구리에 댈까. 담배가 해답이었다. 담뱃갑에서 한 개비 끄집어내고, 톡톡 두드리고, 불을 붙이고, 깊이 빨아들인 다음 내쉬면 됐다. 링을 만들거나 담배로 가리킬 수도 있다. 재떨이에 부드럽게 혹은 강하게 비벼 꺼도 됐다. 폴 헨리드는 1942년 '나우, 보이저'에서 한번에 두 개피를 피워 물어 세계적인 히트를 쳤다.

그런 시대였지만, 커크 더글러스는 1950년 갑작스레 담배를 끊는다. 책상 위 아버지 사진을 보고서다. 그의 아버지는 1910년 미국으로 온 러시아 농부이다. 이른바 '체인 스모커'였다. 기침 때문에 병원에 갔고, 의사로부터 담배를 끊지 않으면 암에 걸릴 수 있다는 경고를 받는다. 그러자 그의 아버지는 셔츠 주머니에 담배 한 개비를 넣었다. 문득 담배가 피우고 싶어지면, 주머니에서 담배를 꺼내 노려보며 외쳤다. "누가 강하냐? 너냐, 나냐?" 그리고는 "내가 강하다"며 도로 담배를 넣었다. 그럼에도 72세에 암으로 죽었다.

더글러스는 이를 떠올리며 담뱃갑에서 한 개비를 꺼내고 나머지는 쓰레기통에 버렸다. 담배를 뚫어지게 보고는 "누가 강하냐" 너냐, 나냐?" 외쳤다. 이어 "내가 강하다"며 셔츠 주머니에 넣고는 다시는 담배를 피우지 않았다. 그의 첫 담배는 할리우드가 건넸지만, 마지막 담배는 스스로 주머니에 쑤셔 넣었다. 이후 50편 이상 영화에서 실제로 담배를 피우지 않았다.

더글러스가 1957년 'OK목장의 결투'에서 치과의사 출신 전설적인 총잡이 닥 할러데이를 연기할 때 폐렴으로 콜록거리는 설정을 선보였다. 이 영화는 1881년10월26일 오후3시부터 30초간 벌어진 보안관과 카우보이 사이의 실제 총격전을 극화한 것이다. 버트 랭카스터가 전설적인 보안관 와이어트 어프를 맡았는데, 그 역시 여느 서부 총잡이처럼 담배를 피워 물었다.

반면 의사출신 총잡이가 콜록거리는 설정은 아마도 실제와 달리 더글러스의 결단일 것이다. 그가 마지막으로 출연한 2004년 개봉 작품 '일루전'에서 늙어 죽어가는 영화감독 역할을 맡았는데, 극중 담배를 건네자 "담배 안 피워. 나 암 걸렸어."라고 말한다. 그러나 현실에서는 건강하게 살고있다. 지난 9일 101세 생일을 맞았다. 물론 클린트 이스트우드도 87세로 여전히 노익장을 자랑한다. (2017.12.13)

슬픈 계명(啓明)

어둠은 어둠에 묻힌다. 빛은 더 밝은 빛에 빛을 잃는다. 뭇 별은 달에 가리고, 홀로 우뚝 빛나는 금성(金星)은 동이 트며 스러진다. 밤하늘의 황태자는 새벽이 슬프다. 금성은 기구한 숙명이다. 조석으로 이름마저 바뀐다.

먼 동이 트기 전 동쪽 하늘에 반짝이면 샛별이다. 새벽을 밝히는, 새로 나온 별이라는 뜻이다. 반면 해가 진 뒤 서쪽 하늘에 반짝이면 '개밥바라기'이다. 개의 밥그릇이란 뜻이다. 밤새 경계하는 개에게 밥을 줄 때이다.

별칭도 많다. 시경(詩經)에 "동쪽엔 계명(啓明), 서쪽엔 장경(長庚)"이란 표현이 보인다. 계명은 샛별, 장경성은 개밥바라기를 가리킨다. 새벽 닭이 울 때 뜨는 별로서 계명(鷄鳴)으로 아는 이도 있지만, 본디 '밝음을 연다'는 뜻이다. 계몽(啓蒙)이란 의미로도 쓰인다. 대구의 유서 깊은 계명대학교가 바로 '샛별대학교'이다.

장경(長庚)의 경(庚)은 개와 관련이 깊다. 한여름 삼복(三伏)의 기준이 60갑자 가운데 경일(庚日)이다. 초복은 하지(夏至)에서 첫 번째, 중복은 네 번째, 말복은 입추(立秋) 전 첫 번째 경일이다. 개밥바라기란 이름은 아마도 역에서 비롯됐을 것이다.

금성은 태백성, 어둠별, 명성으로도 불린다. 다양한 불리움에 선조들의 고단한 일상이 묻어있다. 샛별을 보며 쇠죽 끓이고 논밭에 나갔다가, 개밥바라기 뜨면 비로소 집으로 돌아왔다. 샛별은 또 하나의 하루를 여는 '알람'이요, 개밥바라기는 "나의 하루를 가만히 닫아주는 별"이다. '새벽 별 보기 운동' 역시 고달픈 일상의 현대판이다.

영어권도 마찬가지이다. 황금빛 아름다운 금성은 미(美)의 여신 '비너스(Venus)'이다. 샛별은 아침 별이니 '모닝 스타(morning star)', 개밥바라기는 저녁 별이니 '이브닝 스타(evening star)'이다. 샛별은 '루시퍼(Lucifer)'로도 부르는데, 본디 '횃불 운반자'라는 뜻이다. 깊은 어둠으로부터 밝은 태양을 이끌고 온다고 봤다. 계명(啓明)과도 뜻이 통한다. 헌데 기독교인들에게는 사탄 중의 사탄, 악마의 이름이다. 성서적으로 보면 사탄은 원래 천사였다가 신(神)의 눈에 벗어나 천국에서 추방됐다. 너무 높은 권좌까지 오르려 했기 때문이다. 태양이 솟아오르기 전 여명(黎明)에 빛나는 샛별을 떠올리면 신화적 관념이 이해가 된다.

구약성서 이사야서(14:12)에 "너 아침의 아들 계명성이여, 어찌 하늘에서 떨어졌으며~구덩이 맨 아래 떨어짐을 당하리라"는 구절이 있다. 이는 바빌론의 왕을 저주한 것이다. 또 고린도후서(11:14)에 "사탄도 자기를 광명의 천사로 가장하나니"란 구절도 있다. 기독교 세계에서 루시퍼(Lucifer)는 감히 성스러운 절대 신의 권좌를 넘본 오만함 때문에 천사에서 악마(사탄)가 됐다고 믿는 것이다.

그리하여 단테의 '신곡(神曲)'에서 루시퍼는 지옥의 지배자로 나온다. 유황불로 죄인을 태우는 끔찍한 지옥의 수장이다. 최초의 성냥을 루시퍼라 부른 것도 이 때문이다. 성냥을 그으면 화약에 섞인 유황이 타면서 지독한 냄새가 났는데, 루시퍼의 지옥을 비유한 것이다.

어쩌면 샛별의 원초적 슬픔은 뒤따라 오는 태양 때문일 것이다.

캄캄한 어둠 가운데서 곧 솟아오를 태양을 예고하지만, 자신은 결국 태양에 사위어질 운명인 것이다. 신화적 슬픔은 태양 다음으로 밝은 별이기 때문이다. 절대자가 그렇듯이 태양도 질투심이 강한 것일까.

달은 절묘한 숨바꼭질로 태양의 눈을 피한다. 태양이 서산으로 넘어가면 동쪽 하늘에 살며시 나타났다가, 동쪽 하늘을 밝히면 서산너머로 숨는 것이다. 태양의 눈에는 달이 아니라 샛별이 자신의 위상을 위협하는 것이다.

그리스 신화 속의 이카루스(Icarus)와도 닮았다. 새의 깃털과 밀랍으로 만든 날개를 붙이고 하늘 높이 날았던 이카루스는 태양 열에 밀랍이 녹으며 에게해로 추락한다. 이카루스는 태양에 너무 가깝게 올랐다가 추락사했고, 루시퍼는 태양에 앞서 동쪽 하늘을 밝혔다가 사탄으로 쫓겨났다.

인간사도 그러한가. 무리에서 우뚝 빛나는 자는 늘 평가가 상반된다. 태양(지도자)도 한때 자신에 앞서 새 시대를 밝힐, 꽃 길을 닦을 샛별(추종자)이 기특했다. 하지만 수평선 위로 떠올라 어둠이 스러지면, 꽃 가마에 올라 타면 더는 샛별이 보이지 않는다. 오히려 자신의 빛을 바래는 존재일 뿐이다.

인사의 계절이다. 사냥개는 삶기고 강한 활은 처박힌다. 오랜 꽃이 진 자리에 춘란이 핀다. 꽃이 지는데, 바람을 탓하는 소리도 요란하다. 샛별이 물러난 자리에서 그믐달 자취에도 빛을 잃는 뭇 별들이 아우성친다. (2017.12.6)

도강난(渡江難)

강(江)과 하(河)는 비슷한 듯 다르다. 둘 다 '큰 내(大川)'을 뜻하지만, 흐르는 모양과 소리로 구별한다. 강(江)은 삼 수(水)변에 중국어로 '궁~' 소리의 장인 공(工)을 붙였다. 맑고 깊이 흐르는 물이 내는 소리이다. 장강(長江)이 그렇다. 하(河)는 삼 수(水)변에 '커~'로 읽는 옳을 가(可)를 붙였다. 탁하고 급격하게 굽이치는 물이 내는 소리이다. 황하(黃河)가 그렇다.

압록강부터 낙동강까지 우리네 큰 내가 모두 강(江)인 것은 맑고 유유한 흐름 때문이다. 그래서 "님아, 그 강을 건너지 마오." 부르짖는 고조선의 '공무도하(公無渡河)' 노래는 대동강보다 랴오허(遼河) 부근에서 불렀을 가능성이 크다. 장강은 '어머니 강'이다. 넉넉한 흐름으로 중국 문화의 요람이 됐다. 무협의 강호(江湖)는 장강과 동정호를 일컫는다. 물론 작게는 장부의 가슴, 크게는 세상 전체를 뜻하지만.

'아버지 강' 황하는 정치적으로 흐른다. 세계 4대 문명의 바탕이자, 수많은 왕조가 흥망성쇠를 거듭한 무대이다. 노래 '성주풀이'는 "낙양성 십리하에 높고 낮은 저 무덤은 영웅호걸이 몇몇이며, 절세가인이 그 누구냐"로 이어진다. 바로 황하가 비껴 흐르는 북망산(北邙山)이다. 죽으면 간다는 곳이다.

이곳에 묻힌 제왕제후가 모두 200명이라고 한다. 지금도 북망산 아래는 황토 빛깔의 황하가 굽이치는데, 영웅호걸도 절세가인도 자취를 찾을 길이 없다. 잦은 범람에 북망산 기슭이 깎여나갔다가 다시 퇴적하기를 거듭하면서 결과적으로 어복(魚腹)에 장사를 지낸 셈이 됐다.

북망산에서 바라보면 황하 건너 맞은편에 용문석굴이 있다. 동굴 1352개에 불감785개가 새겨져 있다. 생자(生者)에게는 오늘의 거울이요, 사자(死者)에게는 저승에서의 영원한 안식을 뜻한다. 황하가 이승과 저승을 가르며 흐르는 것이다. 강의 저쪽 기슭을 피안(彼岸)이라 부르는 것도 같은 맥락일 터이다.

기독교인이 "요단강 건너서 만나리" 노래할 때, 강 건너 저편은 피안이면서 약속의 땅이다. 가나안은 젖과 꿀이 흐르는 땅이자 하늘 나라의 원관념이다. 저 세상으로 건너가는 망각의 강 '레테(Lethe)'이다. '님아, 그 강을 건너지 마오' 애타게 외칠 때 '강' 역시 생사를 가르는 경계선이다.

강은 생명의 근원이면서 이처럼 죽음을 품고 흐른다. 생사일여(生死一如) 아니겠나. 로마의 시저가 루비콘강을 건너면서 "주사위는 던져졌다"고 말했을 때, 돌이킬 수 없는 길이라는 다짐이다. 주역에 섭대천(涉大川)이란 용어가 자주 나온다. '큰 내를 건넌다'는 뜻인데, 건곤일척의 모험을 상징한다. 예컨대 수(需)괘는 '확신을 가지고 때를 기다리는 것은 밝은 빛이 길을 여는 것과 같아 그 끝이 길하다. 따라서 큰 내를 건너는 것(모험)이 이롭다(利涉大川)'고 풀이한다.

반면 송(訟)괘는 '정치인은 신뢰와 청렴과 불편부당으로 처세하면 길하지만, 정치의 끝은 역시 흉하다. 소통과 조언이 필수이며, 새 세상을 열기 위한 모험은 불리하다(不利涉大川)'고 풀이한다. 이른바 수

(需)괘는 강태공이 빈 낚시로 세월을 낚는 것처럼 기다림의 미덕을 익히면 마침내 천시(天時)를 얻어 대업(大業)을 이룬다는 뜻이다.

송(訟)괘는 큰 정치는 민심을 제대로 읽고 두려워하며, 백성의 목숨을 담보로 모험을 하지 말아야 한다는 깨우침을 담고 있다. 결국 기다림과 조급함이 대업을 이루느냐, 실패하느냐를 가른다. 앞으로의 행로가 이롭든 불리하든 그 경계에 '큰 내를 건너는(涉大川)' 결단이 자리한다. 이처럼 삶과 죽음을 품고 가르는 큰 내는 본디 정치적이다. 강은 한줄기 물도 거부하지 않는다. 하해불택세류(河海不擇細流)다.

물줄기의 근원은 빗물이다. 주역에서 빗물은 인생에서의 작은 성공이나 행복을 의미한다. 그런데 팍팍해진 살림살이에 힘겨워하는 서민들은 그야말로 자그마한 성공이나 행복도 얻기가 쉽지 않다. 소축(小畜)괘는 작은 것을 기른다는 뜻인데, 가정을 기초로 한 작은 행복을 가르친다. 가화만사성(家和萬事成)이다. 작은 성공과 행복도 일찍부터 노력하며, 큰 욕심 버리고, 가정의 소중함을 알고, 이웃과 화목해야 이룬다고 했다.

그런데 '먹구름이 몰려와도 비가 오지 못하는 밀운불우(密雲不雨)', 즉 작은 성공과 행복마저 얻지 못하는 것은 노력하지 않고 바깥에서 뭔가 이뤄지기를 기다리기 때문이란다. 소축(小畜)과 달리 대축(大畜)은 '큰 내'를 건너야 한다. 가족을 돌보지 못하는 희생이 필요하단다. GE의 잭 웰치가 이혼을 거듭하거나, 성공한CEO 가정이 꼭 행복하지만은 않은 이유일까. 대유(大有)는 요즘으로 재벌쯤인데, 타고난다(元亨) 했다. 하지만 이들 재벌도 쓴 소리하는 친구를 사귀고,

겸손과 검박(儉朴)해야 길(吉)하다고 충고한다. 누구나 언젠가 강과 마주친다. 건너느냐, 돌아가느냐. 문제는 강의 폭과 깊이가 아니다. 한 뼘 낭떠러지에서 낙상하고, 한 자 시냇물에서 익사한다. 관건은 한 치 마음이다. 어느 민족 누구에게나 결단할 때가 있다.(2017.11.29)

탈선(脫線)과 이색(異色)

스티브 잡스가 모범생이었다면, 아이폰의 신화는 불가능했을지도 모른다. 사실 그는 젊은 시절 대학도 중퇴하고, 환각제 LSD에 취하기도 했다. "LSD는 내 생에 가장 중요한 경험이었다"고 실토한 적도 있다. 이런 탈선의 경험이 파격을 통한 창조의 밑거름이 됐을까. 사실 작금의 실리콘 밸리는60년대 히피들이 집단으로 모여 환각제 축제를 벌이던 지역이었다.

시대의 선구자 잡스의 모토는 우직하게 한 우물을 파는 것이다. 그가 2005년 스탠포드대학 졸업식에서 '우직하게, 늘 갈망하라(Stay hungry, stay foolish)'고 말했을 때, 세상은 박수를 쳤다. 짧은 이 문장은 시대의 화두가 됐다. 어쩌면 잡스의 모토는 '앞서기'였을 것이다. 잘 알려진 대로 그는 빌 게이츠를 싫어했다.

시대에 대한 통찰이나 독창성 없이 앞선 지위를 이용한 '독점적 마케팅'으로IT계를 풍미한 것으로 봤다. 그의 끝없는 경쟁심이 오퍼

레이팅 시스템(OS)분야에서2위로 밀린 것을 용납하기 힘들었을지 모른다. 여하튼 잡스는 앞서기 비결을 '항상 갈망하면서 우직하게 일하는 것'으로 봤던 듯하다. 당시 사회는 인생이든 기업이든 성공을 향한 의지가 대단했다. 목표도 분명해 보였다. 모두 골인 지점을 향해 숨가쁘게 내달렸다. 진(秦)나라 말기 천하를 두고 쟁패하던 시절 '축록자(逐鹿者)'들처럼. 사슴을 잡으려면 토끼는 돌아보지 않는 불고토(不顧兎)의 '우직함'과 한신(韓信)처럼 가랑이 밑을 기면서도 움켜쥔 권력을 향한 '갈망'이 필요하지 않았겠나.

하지만 10년이면 강산이 변하는 것이 아니라, 시대정신도 바뀐다. 이른바 초(超)연결시대이다. 지구인 5000만명을 연결하는데 전화가 70년이 걸린데 반해 인터넷은 4년 걸렸다. 하지만 '앵그리버드'란 게임 앱은 불과 35일 걸렸다. 이 광속(光速)시대에 과연 '우직한 갈망'이 여전히 유효한가. 지난 2015년 제87회 아카데미 시상식에서다. 미국의 시나리오 작가 그레이엄 무어가 '이미테이션 게임'으로 각색상을 받았다. 영화 '이미테이션 게임'은 천재 수학자로 컴퓨터공학의 아버지라 일컬어지는 영국의 앨런 튜링의 일대기를 영화화했다. 튜링은 제2차 세계대전 때 독일의 암호 체계인 '에니그마'를 풀어 연합군의 승리에 기여했다. 그 공로로 대영제국 훈장도 받았다.

그런데 튜링은 당시로서는 범죄인 동성애자였다. 사회적으로 보면 탈선이고, 현대적으로는 이색적인 성적 기호였다고 할까. 그는 1952년 외설죄로 고발돼 법원에서 화학적 거세를 선고받고 여성 호르몬을 복용했다. 모멸감에 빠진 그는 1954년 6월 청산가리를 넣은 사과를 먹고 42살의 나이에 자살했다.

잡스가 세운 애플사의 로고가 한 입 베어먹은 사과인 것은 튜링에 대한 헌사로 알려져 있다. 그는 2013년에야 영국 여왕의 특별사면령으로 공식 복권됐다. 무어가 '이미테이션 게임'으로 빛을 발한 것은 33세였다. 그는 시상대에서 "16세 때 자살충동을 느꼈다. 내가 좀 삐딱하거나 다르다고 생각했기 때문이다. 그런데 나는 지금 이(자랑스러운)자리에 섰다. 후배들에게 조언한다면, 좀 삐딱하고 다르면 어떤가. 그래도 괜찮다."

"삐딱하고 다르게"는 영어로 'Stay weird, stay different!'다. 바로 스티브 잡스의 연설 'Stay hungry, stay foolish!'를 모방한 것이다. '이미테이션 게임'을 번역하면 '모방 게임'이 아닌가. 수상 소감에서도 '모방 본능'을 발휘한 것이다. 오히려 더 창조적이고 트렌디하게 말이다.

'모방'이라고만 치부하기에는 좀더 심오한 통찰이 담겨 있다. 바로 시대정신의 변화이다. 잡스가 연설한 2005년의 트렌드가 '늘 갈망하며, 늘 우직하게'였다면, 10년이 지나 무어가 연설한 2015년의 트렌드는 '좀 삐딱하고, 좀 색다르게'로 변했던 것이다. 이제 '앞서기'보다 '차별화'가 열쇠이다. 공급자 주도 물량 시대에는 우직하게1등을 향해 달렸다면, 소비자 주도 창의성 시대는 삐딱하게 바라보며 색다르게 생각하는 것이 미덕이다.

본질은 변하지 않았는데, 주위 여건이 변해 본질마저 달리 보이는 것인지도 모른다. 주위 배색에 따라 달리 보이는 '동시(同時) 색 대비'처럼. 원래 중심 색은 그대로인데 둘러싼 배색의 색상과 명도와 채도에 따라 차이가 나는 현상 말이다. 그런가 하면 두 가지 색상에서 문득 한 색상이 사라지면, 사라진 자리에 다른 색상이 보이는 '계시(繼時) 색 대비'일 수도 있다.

모든 비범은 자연스러운 평범의 이면이다. 시대를 이끈 튜링과 잡스와 무어의 교집합은 바로 탈선과 이색, 삐딱하고 다른 관점이다. 이는 사피엔스의 특성이자 본성이다. '대성약결(大成若缺)'이라 했다. 진정한 완성은 어딘가 부족해 보인다는 말이다. 그러면 '대성유결(大成有缺)'은 어떤가. 결점이 있어야 크게 성공한다는 뜻으로. 혹한을 겪은 가문비나무가 스트라디바리우스의 명품 바이올린이 된다. 과거가 없는 사람은 없다. (2017.11.22)

풍도(馮道)의 관점

풍도(馮道)를 어떻게 볼 것인가. 황소의 난으로 어지럽던 당(唐)왕조 말엽에 태어나 오대십국(伍代十國)의 혼란기를 관통한 정치인이다. 그에 대한 평가는 최악의 간신배에서 최고의 명재상까지 극과 극이다. 그럴 것이 후량-후당-후진-후한-후주를 거치며 다섯 왕조에 열한 명의 임금을 모셨다. 송(宋)왕조의 사학자 사마광은 자치통감에서 "충신은 두 임금을 섬기지 않는다"고 비난한다.

"정절을 지키지 않은 여인은 얼굴이 예쁘고 바느질 솜씨가 좋아도 정숙하다 할 수 없고, 충성스럽지 않는 신하는 재능이 많고 공적이 뛰어나도 훌륭하다 할 수 없다"는 것이다. "아침에는 서로 원수였는데 저녁에 임금과 신하 사이로 변하자 표정과 말투를 바꾸면서도 부끄러워하지 않았다"면서 "비록 잘한 일이 몇몇 있다고 해서 어찌 괜찮다고 평가할 수 있느냐"고 꼬집었다. 이후 풍도는 절개와 염치가 없는 인물의 대명사가 됐다.

하지만 세상에 변하지 않는 것은 없다. 인물에 대한 평가도 그렇다. 위인에서 반역자로, 간웅에서 고금의 영웅으로 바뀐다. 나폴레옹도, 조조도 그랬다. 멀리 갈 것도 없다. 이승만도 박정희도 시대에 따라 평가가 달라졌다. 풍도 역시 그랬다. 세월이 흘러 명(明)대의 사상가 이탁오는 장서(藏書)에서 "오대십국의 혼란기에 백성들이 전란의 참화를 그나마 모면할 수 있었던 것은 풍도가 백성을 편안하게 하고 먹고 살도록 노력한 덕이다"고 극찬한다. 맹자가 "사직(社稷)이 중요하지 임금은 중요하지 않다"고 주장한 정치의 요체를 그대로 따랐다는 것이다.

사(社)는 백성을 편안하게 하는 것이고, 직(稷)은 백성을 먹여 살리는 것이다. 백성이 하늘이고, 민심이 천심이며, 이를 거스르는 임금은 방벌(放伐)의 대상이란 이야기이다. 요즘으로는 공직자에게 제민(濟民)과 안양(安養)이 우선으로, 이에 반하면 대통령도 탄핵하고 쫓아낼 수 있다는 뜻이다. 풍도와 비슷한 인물을 우리 역사에서 찾자면 조선 중기의 오리(梧里) 이원익(李元翼)을 들 수 있겠다.

선조-광해-인조를 섬기며 공직64년 중40년을 재상으로 봉직했다. 임진왜란 때는 이조판서로, 인조반정 때는 영의정으로, 정묘호란 때는 영중추부사로 혼란기를 수습했다. 그가 관직에서 물러났을 때 초가집 한 채가 전 재산이었다. 그만큼 청렴으로 봉공(奉公)했다. 목민심서를 지은 정약용도 "이 한 사람으로 사직의 평안함과 위태로움이 달라졌고, 이 한 사람으로 백성의 여유로움과 굶주림이 달라졌다"고 칭송했다. 이는 맹자가 말한 '임금보다 사직'이 아니던가.

또 임진왜란 때 "신에게 아직 배가 12척이 남아 있습니다"고 했던 충무공 이순신도 "이나마 수군이 유지된 것은 내가 아니라 상국(이원익)의 힘이다"고 공을 돌렸다. 현대사에서 찾자면 고건 전 총리쯤 아닐까. 박정희 시대에 관료로 입신해 전두환-노태우-김영삼-김대중-노무현-이명박 정권에 이르기까지 장관으로, 총리로, 시장으로, 정부의 특별기구 위원장으로 봉직했다. 이 같은 이력은 행정가로서도 유능했지만 정치적으로도 무색무취해서 가능했다는 시각이 있다.

오히려 그보다는 공직자로서 맹자가 말한 임금보다 사직, 즉 최고권력자보다 국민의 안녕을 우선했기 때문일 것이다. 풍도가 좌우명처럼 새긴 "만인과 다투지 않고, 실무를 중시하라"는 말은 그의 평소 처신 및 처세와 꼭 들어맞지 않은가.

이원익은 정치에서 무엇보다 소통을 강조했다. 선조에게 "국토는 넓고 백성은 많으니 한 사람의 총명으로 어찌 두루 듣고 볼 수 있겠습니까. 오직 민심을 북돋우고 언로를 활짝 열어야 하는데, 백성뿐만 아니라 관원들도 입을 닫고 있다. 이를 두고 태평성대로 여길지 모르나, 위태로운 화가 저만치 닥쳐 있는데도 알지 못할까 두렵습니다"고 진언한다. 구중궁궐에서 몇몇 신하들과 소통하면서 만기친람(萬機親覽)의 의지를 보이는 데 대한 지적이다.

그는 공평한 인사도 주문했다. "대상 인물을 잘 모른 채로 낙점하거나 혹은 한두 가지 말이나 일이 거슬린다 하여 배제하면 곧은 사람은 멀어지고 아첨꾼만 조정을 채우게 된다"고 지적했다. 이른바 좁은 풀(Pool)에서 코드 인사의 위험성을 지적한 것이다. 당시 이원익의 주청이 받아들여졌다면, 임진왜란과 정묘호란의 양상도 조금은 달라지지 않았을까.

청렴했던 그는 "이익을 보면 그것이 부끄럽지 않은지 생각했다"고 술회했다. 권력의 핵심에 있었지만, 물러났을 때는 누옥 한 채 뿐이었다. 그럼에도 사람들은 동시대 이순신과 권율은 알아도 이원익은 잘 모른다. 그것이 안타까웠을까. 정약용은 "궤 속의 옥은 공인(工人)도 알 수 없다. 군자는 비단옷 위에 홑옷을 껴입는다"고 평했다.

요즘 이런 공직자가 과연 있는가. 썰물처럼 빠져나간 자리에 고만고만한 인물들이 밀물처럼 들어온다. 정권을 관통해 국민에 봉사할 큰 그릇이 없는 것인가, 그를 알아보는 안목이 없기 때문인가. 아니면 공직을 전리품으로 여겨 끼리끼리 챙기느라 그러한가. 뜬구름을 향한 부유(蜉蝣)(奉公)의 날갯짓이 요란하다. (2017.11.15)

가인난재득(佳人難再得)

영화 아마데우스의 한 장면이다. 비엔나의 미녀 오페라 가수가 궁정 작곡가 살리에리에게 묻는다. "모짜르트 직접 보니 어때요?" "별로야. 못 생겼어." 그녀는 심드렁하게 대꾸한다. "남자는 재능 아닌가요?"

프랑스 수학자이자 철학자인 파스칼은 말했다. "클레오파트라의 코가 1cm만 낮았으면 세계의 역사가 달라졌을 것이다." 결국 남재여모(男才女貌)라는 말인가. 남자는 능력, 여자는 얼굴이라는.

하지만 '재사박명(才士薄命), 미인박복(美人薄福)'이라 했다. 천재는 요절하고, 미녀는 삶이 기구하다는 것이다. 중국 역사를 보면 일견 그렇다. 사마천의 사기(史記)는 본기(本紀)에서 열전(列傳)까지130편인데, 인물 전기가 112편이다. 이 중 57편의 주인공이 비운의 인물이다. 비감에 젖는 전기도 20편이다. 모두 120명의 재사들이 비극적인 최후를 맞는다.

진시황을 도와 천하통일을 이뤘지만 지록위마(指鹿爲馬) 조고(趙高)의 모함에 걸려 아들과 함께 극형에 처해진 이사(李斯)가 대표적이다. 세난(世難)을 통해 유세의 어려움을 갈파한 한비(韓非)는 옥중에서 죽었고, 남문의 나무를 옮겨 추상 같은 법령을 세운 상앙(商)은 거열형을 받았다. 귀거래사의 굴원(屈原)은 직언이 받아들여지지 않자 멱라수에 몸을 던졌고, 어질고 능력이 출중했던 위공자(魏公子)는 폭음으로 최후를 맞았다. 하기야 어진 선비의 대명사 백이(伯夷)와 숙제(叔齊)도 천수를 누리지 못하고 수양산에서 굶어 죽었다. 그래서 사마천도 "이른바 하늘의 도(道)가 옳으냐, 그르냐"고 처절하게 반문한다.

절세가인(絶世佳人) 역시 끝이 좋지 않다. 하(夏)의 마지막 걸왕(桀王)

옆에 말희(喜)가 있었다. 낮이 없는 장야궁(長夜宮)의 주지육림(酒池肉林) 안주인이다. 상(商)의 마지막 주왕(紂王)에게 달기(己)가 있었다. 숯불로 달궈지고 기름 번지르르한 구리 기둥을 걷는 포락형(烙刑)을 즐긴 것으로 알려졌다. 두 미녀 모두 역성(易姓) 혁명의 희생자가 된다.

경국지색(傾國之色)은 미소로도 찡그림으로도 나라를 기울게 한다. 서주(西周)의 마지막 유왕(幽王)은 무표정한 포사(褒)의 웃음이 보고 싶었다. 거짓 봉화에 제후들이 달려와 어리둥절해 하자 그녀가 웃었다. 거짓 봉화는 계속됐고, 결국 견융의 습격에 멸망했다.

와신상담(臥薪嘗膽)의 주인공으로 섶에서 자며 복수의 칼을 갈았던 오(嗚)의 부차(夫差)는 서시(西施)의 아름다움에 넋이 빠졌다. 그녀가 찡그리자 모든 궁녀가 덩달아 찡그렸다. 결국 곰 쓸개를 맛보며 권토중래를 노렸던 월(越)의 구천(句踐)에게 멸망한다. 포사는 견융의 여인이, 서시는 범려의 여인이 됐다고 전해진다.

뿐이랴. 천하일색 양옥환은 남편의 부친, 즉 시아버지인 당(唐) 현종(玄宗)에게 재가한다. 바로 양귀비(楊貴妃)다. 하지만 '안록산의 난'에 도망치다 현종 앞에서 병사들에게 주살된다. 백거이(白居易)는 장한가(長恨歌)에서 "하늘이 내린 아름다움을 스스로 버리지 못한다"고 했다. 그런 양귀비지만 "말 앞에 굴러 죽으니, 떨어진 꽃비녀도 줍는 이 없다"고 했다.

중국 4대 미녀는 '침어낙안(沈魚落雁), 폐월수화(閉月羞花)'이다. 호수에 얼굴을 비추니 물고기들이 헤엄치는 것을 잊고 가라앉았다는 서시(西施), 하늘을 보자 기러기가 날갯짓을 잊어 땅에 떨어졌다는 왕소군(王昭君), 보름달도 살짝이 구름 속으로 숨었다는 초선(貂蟬), 모란

꽃도 부끄러워 고개를 숙였다는 양귀비(楊貴妃)다.

왕소군은 화공에게 뇌물을 건네지 않아 흉노의 호한야(呼韓邪)에게 시집간다. 남편이 죽자 흉노의 풍습에 따라 배다른 아들 복주루약제 왕과 결혼한다. 첫 남편과는 아들, 두번째 남편과는 두 딸을 낳는다. 초선은 동탁의 첩이 됐다가 그 양아들인 여포의 애첩이 된다. 둘 다 정략결혼의 희생자로 부자(父子)와 통정한다.

땅은 넓고 미녀도 많다. 몸매가 날렵하고 발이 작아 손바닥 위에 서 춤을 추었다는 작장중무(作掌中舞)의 조비연(趙飛燕)을 양귀비도 질투했다. 이백(李白)이 청평조사(淸平調詞)에서 비연과 닮았다고 한 것이다. 사실 조비연은 한(漢) 성제(成帝)의 두번째 황후였다 나중에 서인으로 강등돼 자살했다. 이백은 미모로 황제의 총기를 흐린 비연을 짐짓 비유했던 것이다.

한무제(漢武帝) 때 이연년(李延年)이 지은 가인곡(佳人曲)에서 '경국(傾國)'이란 말이 처음 나온다. "북방에 미녀가 있는데, 세상에 견줄 이 없다. 한 번 돌아보면 성이 위태롭고, 두 번 돌아보면 나라가 기운다."그래도 가인무죄(佳人無罪)이다. 탕왕과 무왕에 의한 방벌(放伐)은 걸주(桀紂)가 초래한 것이지, 미녀가 두 번 돌아봤기 때문이 아니다.

이사(李斯)는 아들과 함께 뒷산에서 토끼를 사냥하고 싶었다. 왕소 군은 고향 땅으로 돌아가고 싶었다. 둘 다 소원을 이루지 못했다. 이사에게 사마천의 열전은 자랑이 될까. 왕소군에게 이백의 시는 위안이 될까. 역시 누항(陋巷)의 행복인가. 그럼에도 가인은 다시 얻기 어렵다는데... (2017.11.8)

안주고(按酒考)

맛과 멋의 고장 전주는 예부터 술집 인심이 후하다. 대폿집에서 막걸리 한 주전자 시키면 이런저런 안주는 덤이다. 권커니 자커니 술잔 기울이다 보면 어언 안주가 떨어진다. "주모, 아직 술이 남았는데~." "옜소!" 서비스 안주가 제법이다. 이제는 술이 떨어진다. "주모, 안주가 많이 남았는데~." "옜소!" 술항아리에서 한 됫박 퍼 준다. 그렇게 대폿집 정취는 무르익는다.

"먹는 것으로 이문을 남기지 않는다."고 했다. 그랬다. 먹고 살며 아이들 학교 보낼 수 있으면 충분했다. 그 전통일까. 삼천동 막걸리촌이 유명세를 탄 것은. 한옥마을을 거쳐 찾아온 외지인들은 막걸리 한 주전자에 상다리가 휠 듯 곁들여 나오는 산해진미 안주에 탄성을 지른다. 시쳇말로 '가성비' 으뜸이다. 막걸리 뿐이랴. 전주의 '가맥'은 대구의 '치맥'만큼이나 유명해졌다. 가게에서 파는 맥주인데, 비결은 바싹 구워낸 북어와 황태, 하얀 분이 묻어나는 갑오징어 안주에 있다. 즉석에서 구워 바삭한 식감도 일품이지만, 달콤매콤한 장맛은 형언하기 어렵다. '백문 불여일식(百聞 不如一食)'이다.

부창부수(夫唱婦隨), 바늘 가는 데 실 가는 법이다. 술도 그렇다. 안주가 곁들여져야 제격이다. 안주 없이 마시는 '깡 술'은 주도(酒道)를 그르치기 쉽다. '깡 술'은 사전에 '강술'의 잘못된 표현이라고 나온다. 접두사 '강-'은 다른 것이 섞이지 않았다는 뜻이다. 예문으로 '강(깡)소주'를 드는데, 안주 없이 마시는 소주란다. 글쎄다. '깡'은 명사로 '깡다구'와 같은 말이다. 악착같이 버티어 나가는 오기를 뜻한다. 그러니 '깡 술'은 두둑한 배짱과 오기로 안주도 없이 마시는 술이라고 하는 것이 쓰임새에 맞지 않은가. 깡다구가 여간해서는 감히(!) 안주도 없이 술을 마실 수 없을 테니까.

그런데 안주(按酒)의 한자 뜻이 묘하다. '안(按)'은 '(손으로)누르다, 억누르다'는 의미이다. 훈(訓)도 '누를 안, 막을 알'이다. 따라서 안주는 술을 '이끄는' 것이 아니라, 술을 '억누르는' 것이다. 아무리 취하려고 마시는 게 술이라고 하지만, 그렇다고 순식간에 취해서야 주흥(酒興)을 제대로 만끽할 수 있겠나. 주량이 만만치 않았던 '반 잔의 미학' 주창자 다산 정약용은 "술의 정취는 살짝 취하는 데 있다"고 했다. 얼굴이 홍당무가 되고, 구토를 하고, 곧바로 잠에 곯아떨어지면 술에서 우러나는 깊은 정서와 흥취를 맛볼 수 없다는 것이다.

다산은 특히 구토를 혐오했다. 농부들이 피땀 흘려 수확하고 주방에서 정성껏 요리한 음식물을 게우는 것은 '하늘을 거스르는 일'이라 했다. '밥(음식)이 하늘'이라면, 체화(體化) 과정을 거치지도 않고 토하는 것이야말로 역천(逆天) 아니겠나.

모든 음식물의 꿈은 체화 되는 것이다. 즉, 입으로 들어가 위와 장을 거치면서 신체의 일부로 흡수되는 것이다. 굽이굽이 창자를 거치면서도 흡수 되지 못한 음식물은 항문을 통해 배출된다. 똥이 슬픈 것은, 그 수많은 분절과 연동 과정을 거치면서도 끝내 몸이 되지 못했기 때문이다.

그래도 똥에게는 기회가 있다. 유기농법을 통해 식물의 일부가 되었다가 다시 입으로 향하는 것이다. 토사물은 다르다. 땅에서 비롯돼 입으로 들어오기까지 이루 헤아릴 수 없는 노력과 공들임이 도로아미타불, 헛수고(徒勞)가 되는 것이다.

그러고 보면 구토의 한자도 묘하다. '게울 구(嘔)'는 '몸 구(軀)'에서 입(口)만 남은 형상이고, '토할 토(吐)'는 입(口)이 땅(土)에 닿은 모습이다. 입으로 들어간 것을 삭이지 못하고, 입이 땅에 닿을 듯 몸을 굽혀, 입 밖으로 내놓는 것이 '구토'이다.

청(淸)나라 말엽 관리들은 나라 이름과 달리 탁(濁)했던 모양이다. 만주족과 한족의 유명 요리를 한데 모은 '만한전석(滿漢全席)'에 갖가지 백주(白酒)를 즐겼다. 3박4일에 걸쳐 나오는 요리이다 보니 일부러 게워내야 모두 맛볼 수 있었다. 화려한 상차림 옆에는 퇴식(退食) 항아리와 침 뱉는 타구(唾具)가 마련됐다. 먹고 토하고, 마시고 뱉는 주연(酒宴)이다. 로마도 말기에는 상류층들이 먹고 토하는 연회를 즐겼다고 하니 이 또한 '역천자망(逆天者亡)'인가.

소동파도 적벽부에서 질펀한 술자리를 묘사한다. "객과 더불어 잔을 씻어 서로 술을 따르니 안주와 과일이 다 떨어지고, 술잔과 소반만 어지럽게 흩어져 있더라."고 했다. '배반낭자(杯盤狼藉)'가 여기서 유래했다.

우리네는 소박함을 꼽았다. "금 술잔의 향기로운 술은 백성의 피요, 옥 쟁반의 고기 안주는 백성의 기름이다(金樽美酒千人血, 玉盤佳肴 萬姓膏)"고 경계했다. 그래서 선비들은 풋고추에 김치로 효핵(肴核)을 대신하고, 남산골 딸깍발이는 빈 젓가락 들고 수염에 탁주를 묻혔다.

그런데 술잔을 뜻하는 한자가 묘하다. 나무 배(杯)이든, 그릇 배(盃)이든 '아닐 불(不)'이 붙었다. 혹여 많이 마시지 말라는 경계의 의미

일까. 지기를 만나면 천 잔의 술도 적고, 말이 통하지 않으면 반 마디도 많다는데. (2017.11.1)

편맥(便麥)

한때 대형마트에 아저씨들이 넘쳤다. 헐렁한 바지에 카트 밀면서. '마눌님'에게 끌려 나왔지만, 싫지 않은 눈치다. '세계 맥주' 때문이다.

수입 맥주가 골라 담아 4캔에 9200~9400원이다. 작은 캔이 아니라 500ml다. 1캔의 표시 가격은 3700~4400원. '기네스' '블랑' '필스너 우르켈'쯤이면 반값이나 다름없다. 호텔 바나 시내 전문점에서 한 잔에 9000~1만8000원씩 했던 유명한 맥주들이다.

'미끼' 상술이었다. 짐꾼으로 따라온 남편들에게 즐거움을 선사하면서, 동시에 충동구매를 유발한다. 맥주를 쓸어 담고서 식품(이라 쓰고 안주로 읽는다)코너를 그냥 지나칠 수 없다. 노릇노릇 튀겨진 통닭이 동네 프랜차이즈 치킨 가게의 절반 가격에도 못 미친다. 생선회와 삼겹살도 시선을 강탈한다.

자연히 수입 맥주 시장은 확대일로를 걸었다. 매년 가파른 상승곡선을 그리고 있는 중이다. 지난 9월 맥주 수입은 전년 동월보다 60.9%가 늘었다. 반면 하이트진로는 지난 4년간 1000억원대 적자를 기록했다고 한다. '클라우드'와 '피츠'를 앞세운 롯데주류도 올해 매출이 1200억~1400억원으로 예상되지만, 영업적자는 불가피할 전망이다.

이랬던 대형마트의 풍경이 사뭇 달라졌다. L마트의 경우 '아재'들이 눈에 띄게 줄었다. 수입 맥주 코너도 한산하다. 종류도 값도 예전과 다르다. 갖가지 맥주가 상자째 쌓여 있던 곳은 국산 브랜드가 점령했다. 전용 잔과 안주까지 붙여서. 수입 맥주의 미끼 효과보다 자사 브랜드 맥주의 판매부진이 신경 쓰였나.

그보다는 편의점의 대반격에 속수무책 당하고 있는 것은 아닐까. 지척의 동네 편의점에서도 수입 맥주가 4캔에 1만원이다. 교통비를 감안하면 오히려 싸다. '홀로'족을 겨냥한 일부 편의점은 1캔에 3000원 균일 가격이다. 그러니 굳이 대형마트까지 가지 않는다. 퇴근길이나 저녁 산책 후 가볍게 들르면 된다.

게다가 파라솔 달린 탁자에 플라스틱 의자까지 갖췄다. 지난 여름밤 도심의 편의점은 유럽의 노천 카페를 방불케 했다. 원래 가게 안쪽보다 테라스가 훨씬 비싸지 않던가. 지갑이 가벼운 샐러리맨들이나 눈칫밥 '사오정', 취업전선 최전방 청년들에게는 그야말로 '만원의 행복'이다. 바야흐로 '편맥(편의점 맥주)' 시대이다. 아이돌그룹 '걸스데이'의 혜리가 숙취해소 약을 광고하면서 "피맥(피자), 감맥(감자칩), 노맥(노가리), 양맥(양꼬치), 치맥(치킨)"을 줄줄이 읊지만, 대세는 역시 '편맥'이다.

동네 호프집은 불만이다. 세계 맥주에 입맛 길들여진 주당들에게 국산 맥주는 밍밍하다. 세계 맥주를 팔자니 편맥에 가격 경쟁이 안 된다. 편의점 업주를 바라보는 호프집 사장 눈초리가 예사롭지 않다. 동병상련 자영업자에서 경쟁상대로 돌변한 것이다.

한편으론 편맥 현상이 불편하다. 술이란 본디 '더불어' 마시는 것이다. 자고로 주흥의 '3W'는 첫째가 누구(Who)와, 둘째가 어디서(Where), 셋째가 어떤(Which) 술이냐 하는 것이다. 오랜 벗이나 정든 님과 마신다면 장소와 술 종류는 그다지 중요하지 않다. '누구'가 비단이라면 '어디서'는 꽃, 소위 금상첨화(錦上添花)이다. 주종은 맨 마지막이다.

반면 편맥은 '혼자서 골라 마시는 재미'가 핵심이다. '더불어 분위기에 젖어 정을 나눈다'는 술의 본질과 동떨어져 있다. 파편화된 사회 관계 속에서, 사막화된 도시의 변두리에서 홀로 외로운 늑대가 되어가는 현상일까. 혼밥이 한솥밥의 실종이라면, 혼술은 너와 나를 잇는 정(情)의 희석일 것이다. 술에 물 탄 듯이.

홀로 마시는 맥주는 거품에 슬프다. 부동산도, 경제도, 사회 곳곳에도 거품이 잔뜩 끼었다고 하지 않나. 그래도 맥주는 거품이 생명이다. 거품이 없으면 맛도 없고 멋도 없는 밋밋한 김빠진 맥주에 불과하다. 한 맥주 광고에서 '엔젤 링(Angel Ring)'을 강조하는 것도, 하얀 콧수염처럼 거품을 묻히는 것도 이 때문이다. 그런데, 거품도 맥주일까.

일본의 애주가가 호프집을 상대로 소송을 냈다. 500cc를 시켰는데, 거품이 가라앉고 보니 400cc였단다. 맥주의 양을 속인 사기라고 주장했다. 하지만 대법원은 호프집 손을 들었다. 거품도 맥주를 구성하는 중요한 부분이라 판결한 것이다. 사실 거품은 맥주가 직접

공기에 닿는 것을 차단함으로써 급속한 산화를 방지한다. 우리 맥주가 거품이 적고 급속히 사라지는 것은, 그래서 잔 가득히 술로 채워지는 것은, '솔직함'이 아니라 '부족함' 때문이다. 거품 기술이 부족한 것이다.

'폼생폼사'라는 말이 있다. 겉멋 부리는 이를 부러운 듯 비꼬는 말이다. 여기서 폼은 모습을 뜻하는 영어 '폼(Form)'이다. 이를 거품이란 뜻의 '폼(Foam)'으로 읽으면 "거품 같은 인생, 거품처럼 스러진다"는 전혀 다른 뜻이 된다.

'나 홀로 맥주'는 알코올 중독의 지름길이다. 차제에 편맥에서의 '혼맥(혼자 맥주)'이 혼맥(婚脈)의 씨앗이 됐으면 좋겠다. 인구 절벽을 막기 위해서도. (2017.10.25)

처신난(處身難)

재벌이든 사업가든 오너에겐 '삼심(三心)'이 있다고 한다. 욕심, 의심, 변심이다. 돈을 향한 욕심에 한도는 없다. 9999억원을 가졌어도 1억원 모자람을 안타까워한다. 늘 의심 품은 눈초리로 주위를 살피며, 마음도 조석변(朝夕變)이다. 충성을 바친 월급쟁이 CEO쯤이야 '흉년 모가지'이다.

권력도 그렇다. 꼭지점을 향한 욕망에 브레이크는 없다. 원숭이는 나무에서 떨어져도 원숭이이지만, 선량은 선거에서 떨어지면 천덕꾸러기 신세다. 나뭇가지든 동아줄이든 꽉 잡고 매달린다. 미구에 부러지거나 끊어질지라도. 누군가 찌를까 늘 뒤를 조심하며. 의리는 이미 견공에 던져줬다. 자신을 이끈 은인이라도 걸림돌이 되면 '거름 막대기'쯤이다.

선비는 다르다. 욕심은 더욱 정진해 진정한 깨달음을 얻는 것이다. 그리하여 어둠을 밝히는 빛, 부패를 막는 소금이 되는 것이다. 스스로 게으름을 자책하며 혹시나 길을 잘못 들지 않았는지 늘 경계하는 이유이다. 결단은 충절과 신의의 상대를 방벌(放伐)할 때이다. 이때 선비의 변심은 무죄다.

맹자는 말한다. 백성은 경제적으로 안정되지 않으면 바른 마음을 가질 수 없다고. 오로지 선비만이 자산이 없어도 바른 마음을 가질 수 있다고. 선비 사(士)는 하늘을 향해 머리(상투)를 꼿꼿이 세운 모습은 그래서일까. 하지만 바른 마음을 유지하기가 어디 쉬운가. 공자가 나이 마흔에 불혹(不惑)이라고 했지만, 뒤집어보면 한창 물오른 40대에는 유혹이 많다는 뜻이리라. 나이 예순에 이순(耳順)이라 했지만, 어디 나이 먹었다고 마음 자리가 다스려지던가. 오히려 고집불통으로 흐르지 않던가.

역시 처신(處身)이 문제다. 매우 송구하거나 심히 부끄러울 때 "몸 둘 바를 모르겠다"고 한다. 마음이 거북할 때만 모르는 게 아니다. 평소에도 모를 것이 바로 '몸 둘 바', 처신이다. 세상사 희노애락을 당하여 마땅히 처신하는 것이야말로 가장 어렵다. 처신을 보면 품격을 알 수 있다는 말도 그래서 나왔다.

품격은 역경에 처했을 때 드러난다. 지위가 높고 가진 것이 많을 때는 자못 품격이 있어 보인다. 하지만 비바람이 불고 눈보라 몰아칠 때라야, 세한연후(歲寒然後)라야 송백(松柏)이 늦게 시듦을 안다. 역경은 인품을 담금질하는 풀무요, 몸과 마음의 병을 고치는 양약(良藥)이다. 공자도 "불우하고 고난에 처했을 때 꿋꿋이 부드러운 자세를 잃지 않아야 참된 품격의 소유자"라고 했다.

조선 정조 시대다. 탕평책에도 불구하고 정치는 여전히 어지럽다. 선비들이 자리를 탐하기 때문이다. 이에 정조는 탄식한다. "난진이퇴(難進易退)가 아쉽다." 벼슬길에 어렵게 나가고 선선히 물러난다는 뜻인데, 정조는 그것이 조정을 높이고 세교(世交)에 도움이 된다고 했다. 헛된 명리를 붙들고 매달리는 풍조에 예의와 염치가 무너진다는 것이다. 맹자가 말한 행장진퇴(行藏進退)도 같은 말이다. 지식인에게는 관직에 나아감과 물러섬을 아는 자연스런 처신이 중요하다는 말이다.

채근담에 "박만(撲滿)은 비어야 온전하다. 군자도 무(無)에 거하고, 모자란 곳에 머문다"며 욕심을 경계하고 있다. 박만은 흙으로 만든 저금통인데, 돈이 가득 차면 꺼내기 위해 깨뜨리게 되므로 비어야 온전하지 않겠느냐는 이야기다.

더 있다. "인정은 변하기 쉽고, 세상 길은 험난하다. 힘든 길에서는 한 걸음 물러서고, 쉬운 길에서도 조금 양보하라." 바로 한 걸음 물러남, 퇴일보(退一步)가 인생의 지혜라는 가르침이다. 노자의 도덕경에서도 할 일을 다 했으면 물러나는 것이 하늘의 이치라고 설파하고 있다. "넘치도록 가득 채우기보다 적당히 멈추는 것이 낫다.

너무 날카롭게 벼리면 쉬이 무디어진다. 금과 옥이 집에 가득하면 이를 지키기가 더욱 어렵다. 재산과 명예로 교만하면 반드시 허물을 남긴다"고 했다. 따라서 "공수신퇴(功遂身退)가 천지도(天之道)"라는 것이다.

말이 길었다. 김이수 헌법재판소장 권한대행의 처신이 아쉽다. 그는 꼼꼼하고 성실한 재판관으로 알려져 있다.

그런데 꼴사납게 권한대행을 유지하면서 헌법재판소의 위상도 떨어뜨리고, 문재인 대통령도 어렵게 하며, 국회의 민의 대변 기능까지 부정하고 있다.

사실 국회 청문회에서 부결됐을 때 '권한대행'을 고사해야 했다. 동료 재판관들이야 말리기 어렵지 않겠나. 자신이 "나는 국회에서, 즉 국민의 뜻으로 부결된 터이니 다른 재판관을 권한대행으로 뽑아주세요"라고 말했어야 했다. 권한대행을 극구 사양했어야 했다. 그러지 않은 것은 자리 욕심에 분별력이 흐려졌기 때문이리라. 그러고는 대통령이 후임 재판관과 소장을 빨리 추천하지 않아 헌법재판소의 파행이 지속되고 있다고 지적한다. 미안함에 미적거린 문 대통령으로선 서운할 일이다.

결국 선비정신이다. 헌법재판관이면 명예의 꼭지점, 선비의 표상 아니겠나. 하지만 항심(恒心)을 잃으면, 선비 사(士)가 아니라 고개 꺾인 공(工)일 뿐이다. 한순간 머뭇거림으로 본인의 명예가 떨어지고, 우리는 선비를 잃었다. 안타까운 일이다. (2017.10.18)

인간 바이러스

할리우드 영화감독 '워쇼스키 자매'는 원래 '워쇼스키 형제'였다. 래리와 앤디. 그런데 동생 앤디가 성전환하면서 이름을 릴리로 바꿨다. '워쇼스키 남매'가 된 것이다. 그런데 영화 '매트릭스' 시리즈를 촬영하던 중 형 래리도 성전환하면서 라나와 릴리 자매가 됐다. 이들이 남매였던 시절 대표작인 매트릭스의 한 장면. 프로그램 요원 스미스가 인간 반란군 지도자 모피어스를 심문한다. 시온(Zion)이 어디 있느냐고. 여기서 시온은 유대인들이 바빌론 강가에서 눈물 흘리며 기억하던 곳이자, 영화적으로는 인간성의 본연쯤이다.

인간(혹은 인간성)을 지키려 모진 고문에도 버티는 모피어스에게 스미스는 의미심장한 말을 던진다. "너희는 포유류가 아니다. 지구상의 모든 포유류는 본능적으로 자연과 조화를 이루는데, 인간은 아니야. 한 지역에서 번식을 하고 모든 자원을 소모해버리지. 그리곤 다른 곳으로 옮겨가는 거야. 지구에 똑 같은 방식의 유기체가 하나 더 있어. 바로 바이러스야."

그는 인간이 주변과 조화하지 않고 지구 자원을 마지막까지 소비하고는 떠나버리는 '바이러스'라고 진단한다. 그래서 인간이란 존재는 질병이자, 지구의 암(癌)이라는 것이다. 그렇다면 과연 인간성이란 무엇인가. 조화가 아니라 파괴, 상생이 아니라 공멸로 치닫는 속성이란 말인가. 불편하지만 한편으론 폐부를 찌르는 대사가 아닐 수 없다.

본디 바이러스는 인간이 야생동물을 가축화하면서 자연스럽게 번식과 진화의 기회를 맞은 것으로 알려져 있다. 바이러스가 '바이러스적(的)'인 인간을 숙주로 삼았다는 점이 아이러니컬하다. 재레드 다이아몬드는 저서 '총,균,쇠'를 통해 인간 역사에 치명적 영향을 미친 '세균'들을 짚는다. 스페인의 코르테스가 멕시코의 아스텍 문명을 초토화시킨 건 총과 칼이 아니라 '천연두' 바이러스 덕분이었다는 것이다.

쿠바에서 천연두에 감염된 단 한 명의 노예가 1520년 멕시코에 상륙하면서 2000만명에 달했던 인구가 1618년에는 160만명으로 급감한다. 피사로가 단 168명으로 잉카 제국을 정복하기 위해 1531년에 페루에 상륙했을 때도 마찬가지이다. 이미 천연두가 스페인의 총과 칼에 앞서 잉카인을 몰살시킨 것이다.

콜럼버스가 신대륙에 도착한 이후 아메리카 인디언은 겨우 한두 세기 만에 95%가 멸절돼 사라졌다. 히스파니올라 섬의 인디언 인구는 1492년 약 800만명이었지만, 그로부터 40여년이 지난 1535년에는 0명이 됐다. 유럽의 신대륙 정복은 그들의 전략이나 전술, 총과 칼의 힘이 아니라 더러운 병원균 덕분이었던 것이다.

현미경으로 볼 수 없는 0.1파이크로미터 크기의 바이러스도 스스로 증식하고 진화한다는 점에서 매우 효율적(?)인 생명체이다. 다이아몬드의 말을 빌면, 매독이야말로 가장 잘 진화한 바이러스이다. 수간(獸姦)에서 비롯됐을 것으로 추정되는 매독은 처음엔 성기뿐만 아니라 머리에서 무릎까지 농양과 포진이 퍼졌고, 얼굴에서는 살점이 떨어져 나갔으며, 환자는 불과 몇 개월 사이에 죽음을 맞이했다.

하지만 이렇게 숙주가 죽어버리면 기생 방식으로 살아가는 매독 바이러스도 증식할 수가 없다. 그래서 성기가 헐어버리는 정도의 완화된 증상으로, 매독으로선 탐욕을 줄이는 방식으로 진화하면서 효율적으로 후손을 퍼뜨리게 된 것이다. 그야말로 타협할 줄 아는, 그래서 살아남은 '이기적 유전자'인 셈이다.

요원 스미스가 말한 '인간 바이러스'는 어떤가. 한때 번성했던 도시들은 주변 자연자원을 끝까지 소비함으로써 황폐화의 길을 걷고, 스스로 역사 속에서 사라졌다. 주거와 연료를 위해 나무를 베면서 토양침식이 심화하고, 인구가 적정선을 넘어서면서 지하수가 고갈됐다. 황폐해진 도시는 그냥 버려둔 채 인간은 다른 '숙주'를 찾아 떠난다. 마치 바이러스처럼. 그런데 더는 떠날 곳이 없다.

그렇다면 최소한 매독의 지혜라도 빌어와야 하는 것 아닌가. 거대한 숙주인 지구가 죽으면, 인간 바이러스도 살아남을 수 없다. 따라서 지구가 견딜 수 있을 정도만 파괴해야 하는 것이다. 이름하여 '지속 가능한 개발'이다. 바이러스의 속성이 조화와 상생이 아니라 파괴와 공멸이라고 하지만, 매독도 타협하는데 인간은 좀 더 나아야 하는 것 아닌가. 문제는 인간 바이러스가 숙주뿐만 아니라 상잔(相殘)도 서슴지않는 종(種)이란 점이다.

세계적으로 보면 빨라지는 지구온난화와 끊이지 않는 전쟁이 그 방증이다. 브레이크 없는 탐욕은 자신이 기생하고 있는 지구를 병들게 함으로써 스스로를 절멸로 이끈다. 끼리끼리 살육전을 벌이면서 말이다. 멀리 갈 것도 없다. 우리도 탈(脫)원전 논란, 여기에 '폭풍 전의 고요' 상태가 아닌가. 원전을 둘러싼 논란도 '지속 가능성'이 아니라 눈앞의 이익을 내세운다. 파괴적 재앙에 눈을 감은, 실제적 손익을 외면한 탐욕만 번들거린다.

'핵에는 핵'이란 주장도 거세다. 조화와 상생 대신 파괴와 공멸로 치닫는 상황이다. 원시 바이러스와 무엇이 다른가. 과연 이를 퇴치할 백신은 없는가. (2017.10.11)

'눈눈이이'와 평화

"모두가 '눈에는 눈(Eye for an eye)'으로 대처하면 세상에는 장님만 남게 될 것이다." 미국의 인권운동가 마틴 루터 킹 목사의 말이다. 흑백 갈등이 고조된 상황에서 먼저 용서와 화해의 메시지를 던진 것이다. 복수는 복수를 낳는 법이다. 누군가가 먼저 용서의 결단을 내리지 않으면, 복수의 쳇바퀴는 멈출 수 없다.

함무라비 법으로 알려진 '눈에는 눈, 이에는 이' 모토는 인간사회에서 가장 기본적인 대응 방식이었다. 그래서 구약성서도 "사람이 만일 그 이웃에게 상해를 입혔으면 그가 행한 대로 그에게 행할 것이니 상처에는 상처로, 눈에는 눈으로, 이에는 이로 갚을 지라. 남에게 상해를 입힌 그대로 그렇게 할 것(레위기24:19~20)"이라고 적고 있다.

영어 '겟 이븐(get even)'의 원류이다. 자구 대로 해석하면 '똑같이(공

^{평하게}하다'는 것인데, 실제는 '복수하다'는 의미로 쓰인다. '눈에 눈, 이에 이'다. 하지만 킹 목사 말처럼 모두가 '눈에는 눈'으로 대하면 세상엔 장님만 남을 것이고, '이에는 이'로 대하면 종당에는 모두 잇 몸으로 사는 신세가 되지 않겠나.

그래서 예수는 말했다. "눈은 눈으로, 이는 이로 갚으라 하였다는 것을 너희가 들었으나 너희에게 이르니 악한 자를 대적하지 말라. 누구든지 네 오른편 뺨을 치거든 왼편도 돌려 대라_(마태복음5:38~39)" 고. "속옷을 가지고자 하면 겉옷까지 주고, 구하는 자에게 주고, 꾸 고자 하면 거절하지 말고, 너희 원수를 사랑하며, 너희를 박해하는 자를 위하여 기도하라"고.

이유는 분명하다. 예수가 보기에 세상에 '평화'가 정착되지 않는 것은 바로 굶주림과 복수 때문이다. 이 굶주림과 복수에서 비롯된 가장 비극적이고 비인간적 사건이 전쟁 아니겠나. 전쟁의 불길은 선 _(善)도, 악_(惡)도, 옥_(玉)도, 돌_(石)도 함께 태워버린다. 옥석구분_(玉石俱焚) 이다. 전쟁에 정의는 없다. 오직 승리만이 정의로 분장_(粉粧)될 따름 이다. 그렇다면 진정한 평화를 위해서는 어떻게 해야 하나.

예수의 해법은 간단했다. 굶주리는 이 없도록 밥을 나눠 먹자, 복 수의 고리를 내가 먼저 끊어 버리자는 것이다. 떡 다섯 개와 물고기 두 마리로 5천 명을 먹이고도 12광주리가 남았다는 '오병이어'의 기적 도 요즘의 해석은 다르다. 당시에는 부자는 부자 대로, 빈자는 빈자 대로 자기 먹을 도시락을 싸 들고 '산상수훈'을 들었다. 그래서 점심 때가 되면 부자는 가득 준비한 진수성찬을 먹었고, 빈자는 물로 주 린 배를 채웠던 것이다.

이에 예수님은 한 아이가 가져 온 떡 다섯 개와 물고기 두 마리를 '공용'으로 내놓는다. 나눠먹을 수 있도록 말이다. 그러자 5천 청중이 각자 싸온 도시락을 내놓았고, 부자와 빈자가 함께 먹었다. 서로 나눠 먹었는데, 모두 배불리 먹고도 12광주리가 남았다는 이야기이다. '밥상공동체'의 원형이자 요즘으로 말하면 분배를 통한 경제 민주화이다.

'주기도문'의 핵심이 "오늘날 우리에게 일용할 양식을 주시고, 우리가 우리에게 죄를 지은 자를 용서한 것처럼 우리의 죄를 용서하시라"는 것이다. 굶주리지 아니하고 서로 다투지 않으면 이것이 바로 천국이 아니겠는가. '하늘의 뜻'이 바로 나눠먹고 용서하는 것이다.

평화(平和)의 한자를 보자. 평(平)은 울퉁불퉁하거나 어느 한쪽으로 쏠리지 아니하고 고르다는 뜻이다. 화(和)는 '벼 화(禾)'에 '입 구(口)'가 결합됐다. 밥을 먹는 입이다. 결국 '평화(平和)'는 '고르게 밥을 먹는다'는 뜻이 아닌가. 곧 '함께 나눠 먹기'가 바로 평화라는 것이다. 그래서 '전쟁과 평화'의 저울추는 바로 '혼자 먹느냐'와 '함께 먹느냐' 사이에 위치하고 있다.

이처럼 예수의 가르침은 용서와 화해인데, 십자군 전쟁부터 최근 이라크전(戰), 대(對) 테러 전쟁까지 서방이 주도해온 세상에서 크고 작은 전쟁이 그칠 날이 있었던가. 예수는 손을 들어 '사랑과 평화'를 가리키는데, 추종자들은 손가락만 바라보는 형국은 아닐까.

말이 그렇지 용서와 화해가 어디 쉬운가. '권력의 의지'를 가진 인간에게는 지배욕이 꿈틀거리지 않겠나. 결국 밥과 주먹의 문제이다. 밥은 나눠먹고 주먹은 펴 악수하면 된다. 굶주림을 없애고, 서로 악수하면 테러와 전쟁은 사라질 것이다. 테러의 자양분은 기울어진 밥상과 복수의 쳇바퀴 아니겠나. 전쟁의 역사에 경제문제가 개입되지 않는 적이 없었다. 지구 곳곳에서 벌어지는 테러와 전쟁도 따져보면 '밥' 문제이다. 따라서 식습관과 행동양식을 바꾸면 어느덧 암(癌)도 줄거나 사라지는 것처럼, 테러와 전쟁 위협을 대하는 정치적 방식도 근본적으로 바꿀 필요가 있지 않을까.

위태로운 세상이다. 그럴수록 국사에 공자가 말한 '인(仁)'이 필요할 것이다. 논어 옹야편에 '인자선난이후획(仁者先難而後獲)'이라 했다. '어려운 일을 먼저 하고, 얻는 것을 뒤에 한다면 인이라 말할 수 있다'는 것이다. 득실부터 따지지 말라는 뜻인데, 당금 지도자들이 새겼으면 좋겠다. (2107.9.27)

이강제강(以强制强)

고대 중국은 우리를 동이(東夷) 또는 예맥(濊貊)으로 불렀다. 모두 '오랑캐'라는 의미이다. 동이가 동쪽 오랑캐라면, 예맥은 만주지역을 아우르는 북방 오랑캐를 지칭한다.

오랑캐는 언어와 풍습이 다른 이민족을 낮잡아 이르는 말이다. 유대인이나 희랍인이나 로마인들이 자신을 제외한 변방 종족을 바바

리안(Babarian)으로 불렸던 것과 비슷하다. 그런데 중국인이든 유대인이든 희랍인이든 로마인이든 모두가 이민족을 낮잡아 취급하면서도 두려워했다. 아무리 베어내고 짓밟아도 꿋꿋이 자라나는 잡초처럼 생명력이 질기고, 더러는 자신들을 삼켜버렸다.

역사가 보여주듯이 유대 국가도 앗시리아에 무너지고, 끝내는 바빌론으로 끌려갔다. 하루 아침에 이루어지지 않는다던 로마는 게르만 이민족에 하루 아침에 무너져버렸다. 중국의 만리장성은 이민족에 대한 두려움의 대표적인 발로이다.

중국은 자신이 천하의 중심이고, 동서남북을 각각 오랑캐가 둘러싸고 있다고 인식했다. 그들이 붙인 오랑캐의 이름은 동이(東夷) 서융(西戎) 남만(南蠻) 북적(北狄)이다. 이들과 끊임없이 부딪치고 마찰하면서, 때론 복속시키고 때론 점령당한 것이 중국의 역사이다.

중국에게 우리는 불편하고 두려운 이민족이었다. 매우 호전적으로 비쳤다. '동이'의 한자 '오랑캐 이(夷)'의 상형은 '큰 활'이다. 이를 파자(破字)하면 큰 대(大)와 활 궁(弓)이다. 농경 민족인 중국인들이 봤을 때 동이는 큰 활을 자유자재로 쓰는 무서운 수렵 민족이었다.

맥국 맥(貊)은 '갖은 돼지 시' 변을 붙이고 있다. 짐승 이름 맥( )이나 오랑캐 맥( )과도 그런 점에서 의미가 상통한다. 특히 짐승 이름 맥( )은 표범의 딴 이름이고, 오랑캐 맥( )은 담비와 오소리라는 뜻도 가지고 있다. 저돌적 성향의 거칠고 강인한 민족이란 뜻이다.

이런 민족과 직접 대결하기는 버거웠다. 수(隋)나라가 고구려를 두 차례 침공했지만 을지문덕 장군에 처절하게 패퇴하고 말았다. 결국 나라까지 무너져 당(唐)왕조에 넘겨준다. 당(唐)의 태종도 고구려를 공격했지만, 안시성에 막혀 회군하고 말았다. 결국 한반도의 꼬리에 위치한 신라를 이용하여 고구려와 백제를 멸망시키기에 이른다. 우리의 고토(古土)인 광대한 만주지역을 영영 잃어버린 안타까운 장면이다.

그래서 '이이제이(以夷制夷)'란 용어가 불편하다. 사전적인 의미로는 단순히 '오랑캐로써 오랑캐를 제어한다'는 뜻이다. 하지만 동이 말고도 서융, 남만, 북적이 있지 않은가. 헌데 '이융제융(以戎制戎)' '이만제만(以蠻制蠻)' '이적제적(以狄制狄)'이라고는 왜 하지 않는가.

원래는 당 태종이 "예로부터 만이(蠻夷)로 만이(蠻夷)를 공략하는 것이 중국의 형세"라고 정의하면서 이런 정책을 지속적으로 펴 왔다. 여기에서 '만(蠻)'이 탈락하고 '이(夷)'만 남았다. 서융 남만 북적과 달리 동이족만이 끈질기게 버티면서 존속해 왔기 때문일까.

최근 북핵의 대처 방향을 두고 중국과 한국이 얽히고설킨 갈등 양상을 보이고 있다. 본디 중국은 북(北)으로 남(南)을 적절히 견제하는 정책을 견지해 왔다. 통일된 한국은 부담스럽다. 그래서 늘 현상 유지쪽으로 입장을 취했다. 이 또한 '이이제이(以夷制夷)'의 일환이 아닐까.

고고도 미사일 방어체계(THAAD)로 롯데가 대신 얻어맞은 형국이다. 그들 주장대로 군사적 균형 문제도 있겠지만, 자칭 대국(大國)의 격에 맞지 않는 처사임에 틀림이 없다. 혹시나 남남 갈등을 유발하겠다는 암암리 계산이 깔려 있다면, 이 또한 이이제이(以夷制夷) 수법이다.

이를 두고 시시비비가 여전하지만, 한편으론 바람직한 일이다. 일

사불란(一絲不亂)은 군주정이나 독재체제에서 가능하다. 예컨대 일제 식민사관이 동인과 서인 대립을 당파싸움이라고 몰아붙였지만 목을 걸고 '아니 되옵니다'라고 외치는, 그리하여 당파의 부침(浮沈)이 계속되는 모습은 현대의 여당과 야당 모습 아닌가. 천황 중심의 군국주의 눈에는 당쟁(黨爭)으로 보였겠지만, 실제는 당정(黨政)이 아니겠나. 정당정치의 원형 말이다.

정치와 외교에서 '갈등'은 질서만큼 핵심 요소이다. 갈등과 질서는 배타적이 아니라 상호 의존적이며, 정치가 한 단계 성숙하는 데 필수 요소이다. 갈등이 없는 정치 외교는 본원적인 문제를 해결하지 못한다. 그저 억누르고 미봉으로 일관하다가 적잖은 비용을 치르며 해소하게 되는 것이다.

전 정권이 결정했든, 현 정권에서 배치했든 사드는 이미 돌이키기 어려운 사안이다. 이를 어떻게 수습하느냐 하는 것이 당면한 과제이다. 한반도 균형자론이나 운전자론에 대해 일각에서는 주제를 모르는 당랑거철(螳螂拒轍)식 만용이라고 폄하하지만 이이제이(以夷制夷) 반대쪽에 이강제강(以强制强)도 있지 않겠나.

지정학적 불리(不利)는 뒤집어 유리(有利)가 될 수 있다. 강대국의 눈치만 살핀다면 오랑캐 사대주의일 뿐이다. 열강에 둘러싸인 우리의 처지에서는 무엇보다 이강제강(以强制强)의 지혜가 필요하다. 그것이 반만년 역사의 가르침이다. (2017.9.20)

가을의 편지

가을은 눈으로 온다. 짙푸르게 빛나던 장미 이파리가 문득 사위면서 계절이 바뀐다. 신록은 이미 추억이다. 여린 혀 끝으로 봄을 핥던 새순은 묵직한 녹음을 둘렀다. 그렇다. 청춘은 푸르름으로 빛나고, 그것만으로도 아름답다. 붉은 입술의 꽃잎은 아름답지만, 어디 열흘 붉을까. 꽃잎 진 자리에 열매가 돋는다. 코스모스가 파란 하늘을 덮고, 고추잠자리가 빨갛게 달아오른다.

가을은 코로 온다. 때론 상큼하고, 때론 구수하며, 때론 아픈 향기가 바람에 일렁인다. 붉다 못해 검붉은 맨드라미는 알지 못할 향을 내뿜는다. 부끄러운 듯이, 누군가 유혹할 마음이 없었다는 듯이. 이제는 돌아와 거울 앞에 선 누이 같은 한송이 국화는 소쩍새와 천둥의 눈물로 촉촉한 내음이다.

겨울과 봄과 여름을 지낸 청국장은 인생의 냄새를 풀어놓는다. 알지 못할, 애틋하면서도 그리운, 조금은 정에 찌든 거부할 수 없는 향이다. 어쩌면 봄과 여름이 뒤섞인 향기일까. 태초부터 이어온 미생물의 면면한 온정일까.

가을은 입으로 온다. 누런 들녘은 지난 여름 흘린 땀에 대한 보상을 준비하고 있다. 알알이 찰진 밥은 엉키고 짓눌리며 혀 위를 맴돈다. 파 마늘 고추에 방금 담근 깍두기는 나에게 묻는다. 먹기 위해 사느냐, 살기 위해 먹느냐. 사과는 사과대로, 밤은 밤대로 묻는다. 배가 고프냐, 마음이 고프냐.

가을은 목덜미로 온다. 선득 찬바람이 스치면, 푸르던 시절은 이제 끝났다는 신호다. 옷깃을 여미면서 마음을 추스른다. 최영미 시인은 "서른, 잔치는 끝났다"고 했지만, 끝은 또다른 시작일 터이다. 더는 뜨겁게 내리쬐던 햇볕도, 알아서 뿌려주던 비도 없다. 곧 지친 몸을 낙엽으로 덮어야 할지 모른다.

가을은 귀로 온다. 귀뚜라미 울음소리가 요란하다. 울음이 잦아들면 머지않아 서리가 내린다는 뜻이다. 고향 찾는 철새들의 합창은 불안한 듯 들떠있다. 드디어 돌아간다. 미지의, 그러나 예정된 과정이다. 모든 생명의 숙명이다.

하지만 대숲에 부는 바람은, 낙엽 진 가로수에 이는 바람은 마치 채찍 같은 소리고 귓전을 파고 든다. 너는 지난 봄에 무슨 씨앗을 뿌렸는가, 지난 여름에는 얼마나 땀을 흘렸는가. 회초리가 폐부를 엔다. 그래서 가을은 먹먹한 가슴으로 온다.

프랑스 시인 폴 베를렌느에게도 가을은 돌이킬 수 없는 시간을 마주함이다. 시 '가을의 노래'에서 "바이올린의 기나긴 흐느낌이 내 가슴 엔다"고 했다. 헐벗은 나뭇가지에 이는 차단한 바람소리를 상징화 했을 터이다. 그래서 "시종(時鐘)이 울리면 지난날을 회상하곤 눈물 짓는다"고 했다.

파릇파릇 새순이 돋아나던 잔인한4월, 온갖 꽃을 피우며 향기가 진동하던 오뉴월, 녹음방초가 꽃보다 빛나던 여름, 어느덧 떨어진 열매 위로 낙엽이 쌓이는 가을이다. 누군들 회한이 없겠나. 그래도 어쩌랴. 새 생명을 품은 열매는 '존재의 이유'이기에 모진 바람에도 이리저리 낙엽으로 구른다.

'색즉시공, 공즉시색'을 설파한 석가모니는 무색성향미촉법(無色聲香味觸法)이라 했다. 보고, 듣고, 맡고, 먹고, 느끼는 모두가 공허하다고 가르친다. 그러나 비록 찰나의 행복일지라도 '가을'을 조금이나마 누릴 수 있다면 영겁과 바꿀 수 있지 않을까. 영화 '사랑과 영혼'에서 죽어서 영혼이 된 패트릭 스웨이지의 간절한 소망은 연인인 데미 무어를 '터치'하는 것이었다. 한번 만져볼 수 있다면, 한번 껴안을 수 있다면 모든 것과 바꿀 수 있다.

그래서 가을에 편지를 쓰는 것이다. 마지막 잎새를 향해 가는 생명, 그 본원적 사랑에 대한 안타까움으로 말이다. 이 안타까움을 벗어나면 바로 득도(得道)의 경지이다. 시인 고은은 '가을 편지'에서 "가을엔 편지를 하겠어요"라고 되뇐다. 누구라도 그대가 되어 받아주라며. 낙엽이 쌓이는 날 외로운 여자가 아름답고, 낙엽이 흩어진 날 헤매는 여자가 아름답다며.

시의 정점은 낙엽이 떨어지고 흩어진 후 아예 '사라진 날'이다. 외로운 여자도, 헤매는 여자도 아닌 '모르는 여자'가 아름답다고 한다. 도(道)를 구하려 홀로 정진하다, 깨달음의 문턱에서 헤매다, 드디어 그 문턱을 넘어 염화시중 미소의 아름다움을 봤다는, 하나의 게송(偈頌) 같다.

그렇다. 가을은 편지의 계절이다. 수취인이 있든 없든, 우표를 붙였든 아니든 중요치 않다. 사랑에 빠지면 누구나 시인이 된다 하지만, 시인도 사랑에 빠지면 편지를 쓴다.

청마 유치환이 그랬다. "오늘도 나는/ 에메랄드 빛 하늘이 환히 내다 뵈는/ 우체국 창문 앞에 와서 너에게 편지를 쓴다." 그가 신록의 오월에만 편지를 쓰지는 않았을 터이다. 이영도에게 보낸 편지만 5천여 통이 된다고 하지 않는가. 비록 푸르름이 바랜 가을일지라도, 그에게 하늘은 여전히 빛나는 녹색일 터이다. 사랑은 생명의 원천이고, 언제나 푸르니까 말이다.

가을의 문턱이다. 들녘은 황금빛으로 물들고, 햇살은 따스하며, 사랑은 지척에 있다. 늦기 전에 사랑할 일이다. 세상의 고달픈 바람결에 시달리더라도, "사랑하였으므로 진정 행복하였네라." (2017.9.13)

후흑(厚黑)의 시대

낯이 두껍기로는 단연 유비(劉備)다. 처자를 적의 수중에 남겨두고 달아나고, 종친의 나라도 미안한 척하며 가로챈다. 서른 살 아래 손권(孫權)의 누이동생과 부끄러운 척 결혼하고, 천둥소리에 깜짝 놀라는 척 귀를 감싼다. 단지 유(劉)씨라는 이유로 황제가 되겠다고 한다. 그야말로 면후(面厚)다.

속이 시커멓기로는 조조(曹操)다. 그의 사전에 '쪽팔림'이란 없다. 수염을 잘라 목숨을 구하고, 배신을 우려해 은인을 죽인다. 내가 죽어야 세상에 평화가 이뤄진다면, 차라리 난세를 택한다. 그가 말했다. "내가 천하를 버릴지언정, 천하 사람들이 나를 버릴 수 없다." 한마디로 심흑(心黑)이다.

청나라 말에 태어난 리쭝우(李宗吳)는 열강의 먹이가 된 나라 꼴이 참담했다. 쑨원(孫文)이 세운 '동맹회'에 가입해 반청(反淸)혁명에 앞장선다. 그가 볼 때 난세에는 공맹(孔孟)의 가르침이 덧없다. 승리를 위해서라면, 외세를 물리치기 위해서라면 수단과 방법은 중요하지 않다. 그래서 나름대로 '역설 정치학'을 구상한다. 바로 후흑학(厚黑學)이다.

후흑(厚黑)은 면후(面厚)와 심흑(心黑)의 합성어다. 면후는 말 그대로 두꺼운 낯짝, 즉 뻔뻔함이다. 심흑은 검은 속, 즉 음흉함이다. 그 대척점은 면박(面薄)과 심백(心白)이다. 얼굴 가죽이 얇아 속 마음이 그대로 드러나고, 마음이 깨끗해 거리낌이 없는 사람이다.

그의 관점에서 유비와 조조는 뻔뻔함과 음흉스러움이 남달라 시대를 풍미할 수 있었다. 인의(仁義)보다 인의(人意), 사람의 의지가 중요하다. 인의야 도둑들도 있다. 장자(莊子)는 "도둑질하러 들어간 집에서 맨 나중에 나오는 것이 의(義), 턴 재물을 골고루 나누는 것이 인(仁)"이라고 이죽거렸다.

그렇다. 난세에 선(善)과 악(惡)을 칼로 무 자르듯 구분할 수 있는가. 셰익스피어도 맥베스1막에서 "옳은 것은 그르고, 그른 것은 옳다'고 읊조린다. 맑음은 더럽고, 더러움은 맑다고도 한다. 노자(老子)도 세상사람들이 모두 아름답다고 하는 것이 알고 보면 추하다고 하지 않았나. 홍상수 감독의 영화 "지금은 맞고 그때는 틀리다"역시 "그때는 맞고 지금은 틀리다"란 대구(對句)로 완성된다.

리쭝우에 따르면 최고의 후흑(厚黑)은 월(越)나라 구천(句踐)이다. 와신상담(臥薪嘗膽) 고사에서 곰의 쓸개를 맛보던 주인공이다. 그는 오

(鳴)나라를 공격해 합려(闔閭)를 죽였는데, 아들 부차(夫差)가 섶에 누워 복수의 칼을 간단다. 이를 안 구천이 '선빵'을 날리지만 도리어 사로잡히게 된다.

부차에게 미녀 서시(西施)를 바치고 뇌물을 써 구차하게 목숨을 구한다. 이후 쓰디쓴 쓸개를 맛보며 복수를 다짐하고, 결국 부차를 죽인다. 오자서(伍子胥)가 맞았다. 처음 이겼을 때 복수의 싹을 잘라야 했다.

구천의 진면모를 알아챈 범려는 서시를 품고 세상 속으로 숨는다. '토사구팽(兎死狗烹), 조진궁장(鳥盡弓藏)'이다. 미련이 남아 권력의 부스러기를 탐했던 문종은 죽음으로 몰린다. 후흑의 대가 구천에게 은혜를 원수로 갚는 일이야 눈 하나 깜짝할 것도 없다.

후흑을 기준으로 항우와 유방의 쟁패를 분석한 '초한지 후흑학(신동준 지음)'도 있다. 사슴을 쫓던 영웅들을 넷으로 분류하는데, 먼저 '면박심백(面薄心白)'의 항우(項羽)다. 얼굴 빛을 꾸미지도 못하고 속을 숨기지도 못한다. 전형적인 귀족의 후예이다. 가진 자는 굳이 자신을 감출 필요도, 남의 눈치를 살필 이유도 없다.

다음은 '면후심백(面厚心白)'의 한신이다. 동네 양아치의 가랑이 사이를 기어갈 정도로 낯가죽은 두껍다. 하지만 스스로 공(功)을 자신했고, 유방을 믿었다.

'면박심흑(面薄心黑)'으로는 범증과 괴철이 있다. 천하를 좌우할 계책을 갖고 있으나 낯이 두껍지는 못했다. 범증은 항우가 유방을 살려주자 탄식하며 떠난다. 괴철은 삼국지의 제갈량에 앞서 '천하 삼분지계'를 건의하지만 한신이 머뭇거리자 '토사구팽'을 경고하며 떠난다.

최후의 승자는 '면후심흑(面厚心黑)'의 유방(劉邦)이다. 홍문연에서 항우에게 무릎도 꿇고, 싹싹 빌고, 잔도를 불사르며 달아났던 그이다. 예의도 염치도 의리도 인정도 없다. 그러나 해하에서 단 한번의 승리로 천하를 차지한다.

지금 동북아에 격랑이 일고 있다. 일촉즉발의 전운까지 감돈다. 갈등의 접점은 단순하다. 최소 희생으로 최대 국가이익을 실현하는 것이다. 후흑의 관점에서 미국의 트럼프, 중국의 시진핑, 러시아의 푸틴, 북한의 김정은에 공통점이 있다. 모두 낯이 두껍고 속이 시커멓다. 바로 면후심흑(面厚心黑)이다.

이를 상대하는 문재인 대통령은 어떤가. 얼핏 면박심백(面薄心白)으로 비친다. 염치를 알고, 의리를 지키며, 사심 없이 성실한 것이다. 정말 그럴까. 어쩌면 "철면피도 아니고 흑심도 없다(不厚不黑)"고 상대를 방심하게 하는 후흑의 최고봉 아닐까. 낯가죽은 성벽보다 두껍지만 형체가 없고, 속마음은 숯보다 시커멓지만 색채가 없는 '불후불흑 무형무색'의 경지 말이다. 정말 그랬으면 좋겠다. (2017.9.6)

"닥치고 쏘라"

악당은 말이 많다. 그냥 쏘면 될 것을 주절거리며 시간을 끈다.

아마도 순간을 즐기는 것일까. 어김없이 주인공에게 반격의 기회가 온다. 주인공은 방아쇠를 당기고, 악당은 쓰러진다.

차이는 하나다. 악당은 쏘기 전에 말하고, 주인공은 쏘고 나서 말한다. "더럽게 말이 많군!" 영화 007시리즈 이야기이다. 주인공 제임스 본드가 죽지도 않고, 때로는 두 번 살면서 속편이 이어지는 배경이다. 그래서일까. "닥치고 쏴라(Don't talk, just shoot!)"는 금언이 생겼다.

영화에선 쏘지 않고 주절거리는 쪽이 권선징악의 희생자이지만, 역사에선 죽지 않고 미적거리는 쪽이 결국 승자독식 구조에서 패자가 된다. 잠깐 우쭐거림이, 일순 방심과 연민이 선악과 승패를 가르는 것이다.

손자병법의 또다른 주인공 손빈은 동문수학한 방연보다 재주가 뛰어났다. 일산불이호(一山不二虎), 산에 호랑이가 둘일 수 없다. 경쟁자는 싹을 잘라야 한다. 방연은 손빈을 위나라로 불러놓고 죄를 뒤집어 씌웠다. 두 다리를 자르고 얼굴에 먹으로 글자를 새겼다. 손빈(孫)의 빈은 죄인의 발을 자르는 형벌을 뜻한다.

그러면 창피해서 세상에 나오지 않을 줄 알았다. 착각이었다. 제나라로 달아난 손빈은 군사전략가로 등용돼 머지않아 복수의 기회를 잡는다. 위나라와 전투가 벌어지자 매일 군대의 아궁이를 조금씩 줄이는 속임수를 쓴다. 마치 탈영병이 속출하는 것처럼 상대를 기만하는 것이다. "전쟁은 속이는 게임이다(兵者詭道也)." 손자병법의 핵심이 아니던가.

방연은 "겁쟁이들이 그러면 그렇지"하며 급히 추격한다. 어스름 저녁, 계곡의 입구에 도착하니 껍질이 벗겨진 나무에 뭔가 글씨가 써있다. 횃불을 들어 보는 순간 화살이 비처럼 쏟아진다. 그곳에는 "방연은 이 나무 아래 죽는다"고 씌어 있었다. 횃불이 표적이 된 것이다. 방심 혹은 자만심이었을까. 아니면 연민이었을까. 여하튼 방연은 손빈을 그냥 쏘지(Just Shoot) 않은 대가를 자신의 목숨으로 치렀다.

범저도 변론에 뛰어났다. 재능에는 늘 시기가 뒤따르는 법이다. 수고라는 자가 위나라의 공자인 위제에게 참소한다. 간신의 혓바닥 놀림에 귀가 녹은 위제는 범저를 매질하고 대나무 발에 둘둘 말아 변소에 버린다. 하객들이 그 위로 오줌을 눈다. 시범케이스로 일부러 모욕한 것이다.

갈비뼈가 부러지고 이빨이 빠진 범저는 자신을 지키는 위병에게 "구해주면 사례하겠다"고 꾄다. 위병이 "시체를 버리겠다"며 범저를 빼낸다. 위제가 뒤늦게 죽이지 않은 것을 후회하며 추적하지만, 이미 늦었다. 누항에 숨었다가 진나라로 달아난다.

진나라의 재상이 된 범저는 나중에 "위제의 목을 가져오지 않으면 위나라를 치겠다"고 위협한다. 위제는 조나라 평원군 집에 숨어있다가, 우경에게 의지하고, 신릉군에게 SOS를 친다. 신릉군이 주저하는 사이 위제는 자결하고 만다. 조나라는 그의 목을 진나라에 바친다.

사나이에게 모욕을 줄 때는 죽음을 각오해야 한다. 매질하고 변소에 버린 그 순간, 위제는 시한부 인생이 된 셈이다. 그 역시 쏘지 않은 탓에 스스로 목숨을 끊어야 했다. 강한 자가 살아남는 것이 아니라, 살아남는 자가 강한 것이다. 중국 고사에서 "개똥밭에 굴러도 이승이 낫다"며 끝까지 살아남아 반전의 기회를 잡은 스토리는 차고 넘친다.

종횡가인 장의도 처음엔 불우했다. 소진과 함께 귀곡자 문하생으로 유세술을 배운 뒤 초나라로 간다. 초의 재상과 더불어 술을 마셨는데, 귀중한 구슬이 사라졌다. 재상은 장의를 의심해 수백 번 매질하고는 풀어준다. 피투성이 장의가 아내에게 묻는다. "내 혀가 아직 붙어 있소?" 그가 나중에 진나라의 재상이 됐을 때 초의 재상에게 격문을 보낸다. "나는 당신의 구슬을 훔치지 않았지만, 매질을 당했다. 이제 당신 나라를 잘 지키시라. 당신의 성읍을 훔칠 터이니."

당시는 합종과 연횡이 서로 맞서 있을 때였다. 소진은 강한 진나라에 나머지 제후들이 뭉쳐 맞서야 한다고 설파한다. 합종책이다. 장의는 진나라와 동맹을 주장하며 반대하는 나라는 하나씩 격파하는 계책을 낸다. 연횡책이다.

처음엔 합종책으로 무게추가 기운다. 사실 장의는 먼저 출세한 소진을 찾아가 도움을 청했다가 매정하게 거절당한다. 화가 난 그는 진나라에서 유세해 소진의 조나라를 곤경에 빠뜨리려 했다. 그런데 알고 보니 소진이 몰래 사람을 보내 자신이 필요한 모든 비용을 댔다. 뒤늦게 이를 안 장의는 "소진이 있는 동안 내가 무엇을 하겠나"며 탄식한다. 종횡의 결말은 장의의 승리다. 이유는 단순하다. 소진이 먼저 죽은 것이다. 사마천은 말한다. "세상이 소진을 더 미워하는 까닭은 먼저 죽었기 때문이다. 산 장의가 죽은 소진의 단점을 부풀리고, 자신의 주장을 유리하게 이끌었다."

살아남은 자가, 오래 사는 자가 이긴다. 역사는 산 자, 곧 승자의 기록이다. 서부의 승자도 먼저 쏘거나 뒤에서 쏜 카우보이다. 정치의 본질도 믿지 못할 자와 웃으며 손잡는 것이다. 뒤를 조심하면서. (2017.8.30)

'치킨 게임'과 목계(木鷄)

닭싸움은 역사가 깊다. 기원전 4000년경에도 있었다는 고고학적 증거가 있다. 고대 인더스문명의 모헨조다로 유적에서도 투계 흔적이 발견됐다. 당시 주민은 닭을 식용이 아니라 '스포츠용'으로 길렀다. 세월이 흐르면서 여기에 종교적 색채가 덧칠해졌다.

닭싸움은 고대 중국과 페르시아에서도 성행했다. 범세계적으로 유행한 것이다. 특히 아테네에서는 정치적으로도 활용됐다. 청소년에게 전장에서 불굴의 투지를 함양하는 교육용 경기였던 것이다. 피를 철철 흘리면서도 굴하지 않는 수탉, 그 수컷스러움 말이다.

그런 것이 차차 '도박'으로 변질됐다. 마젤란이 1521년 필리핀을 방문했을 때 목격한 투계가 기록에 있다. 영국에선 1634년 투계의 기록이 보이는데, 당시는 닭의 발목에 날카로운 박차를 달아 그야말로 '피투성이 게임'을 즐겼다고 한다. 기록상 유명한 투계 명수는 미국의 '치킨 조지'다. 바로 '뿌리'의 저자 알렉스 헤일리의 조상이자 쿤타 킨테의 손자이다.

현대에는 동남아시아에서 축제로, 민속놀이로, 더러는 도박으로 여전히 성행 중이다. 특히 태국에는 전문 투계가 100만마리쯤 되는데, 모두 '닭 여권'이 있다. 2004년 조류독감이 창궐했을 때 이들 투계의 원정경기가 문제가 된 것이다. 이때 10만바트(한국 340만원)를 호가하는 투계들이 집단 살처분되기도 했다.

투계장은 영어로 '콕피트(Cockpit)'라 불렸는데, 지금은 항공기의 조종석이나 경주용 자동차의 운전석을 뜻한다. 전투기의 공중전이나 스포츠카 경주에서 치열한 닭싸움을 연상했을까. 미국은 2008년 루이지애나주를 마지막으로 전국에서 닭싸움이 금지됐다.

대신 '치킨게임'은 여전하다. 미국에서 '치킨'은 겁쟁이를 뜻한다. 수컷 사이에 "치킨~"은 금기다. 곧바로 결투가 벌어진다. 할리우드 영화 '백 투 더 퓨처'에서 주인공 마이클J 폭스가 폭발하는 장면이 바로 "치킨~"으로 불릴 때다. 상대가 비록 골리앗처럼 덩치 큰 '싸움닭'이지만, 그렇다고 눈을 내리깔면 '싸나이'가 아니다.

아마도 대표적인 치킨 게임은 제임스 딘의 '이유 없는 반항'에서 자동차 마주달리기일 것이다. 1950년대 미국의 방황하는 청년들 사이에 유행하던 게임인데, 한밤에 도로 양쪽에서 자동차를 몰고 상대를 향해 정면 돌진하는 것이다. 충돌 직전에 핸들을 꺾어 피하면 '치킨'이 되는 것이다.

치킨 게임에서 양쪽 다 핸들을 꺾지 않으면 모두가 승자가 된다. 그러나 충돌함으로써 둘 다 공멸한다. 이기고 죽으면 뭐하나. 강한 자가 살아남는 게 아니라 살아남는 자가 강한 것이다. '치킨게임'은 1960년대 미국과 소련의 냉전 속 극심한 군비경쟁을 빗대는 용어가 됐다. 학계에서는 박정희와 김일성의 군비 경쟁도 치킨게임의 일종으로 보고 있다.

작금의 남북과 북미의 대치 상황도 마치 치킨게임의 양상이다. 김정은이 핵실험과 ICBM으로 미국을 자극하면, 트럼프는 "화염과 분노"로 응수한다. 우리 군이 '참수 작전'을 거론하면, 북은 서울 불바다로 맞선다.

물론 양쪽 다 치킨게임 상황이라는 것을 잘 알고 있다. 그럼에도 당장은 전조등을 번쩍이며 상대가 핸들을 꺾도록 서로 위협하는 형국이다. 하지만 김정은도, 트럼프도, 문재인도 '싸나이'겠지만, 그렇다고 파국을 초래할 수는 없다. 그래서 선택지는 오히려 단순해 보인다.

투계이든 '치킨 게임'이든 닭싸움의 정점은 목계(木鷄)일 것이다. 장자(莊子)의 '달생(達生)편'에 나오는 이야기인데, 투계를 좋아하는 왕이 기성자(紀省子)에게 최고의 싸움닭을 기르도록 한다. 10일이 지나 "싸울 만한가" 묻자, "미흡합니다. 힘만 믿고 교만합니다"라고 대답한다. 또 10일 지나 또 묻자 "멀었습니다. 소리와 기척에 곧바로 반응합니다"라고 응답한다. 10일이 또 지났지만 "아직도 상대를 노려보며 성을 냅니다"며 고개를 젓는다.

10일이 더 지나서야 "이제 됐습니다. 다른 닭이 싸움을 걸어도 미동조차 하지 않습니다. 마치 나무로 만든 닭과 같습니다"라고 말한다. 이른바 목계지덕(木鷄之德)이다. 가만히 있어도 다른 닭이 감히 달려들지 못하며, 그의 모습만 봐도 달아나는 경지이다. 어쩌면 지금 우리의 지도자에게, 문 대통령에게 절실한 덕목이다.

치킨 게임은 닭들이 한다. 이른바 '닭대가리'들 말이다. 위기는 사후 대처보다 사전 관리가 중요하다. 손자병법 첫머리는 "전쟁은 국가의 큰 일로, 생사존망이 달려있어 깊이 살펴보지 않을 수 없다"고 시작한다. 그러면서 "백 번 싸워 백 번 이기는 게 아니라, 싸우지 않고 굴복시키는 것이 최선"이라고 했다.

전쟁을 잘 하는 방법은 적의 계략을 치고, 다음은 적의 외교관계를 치며, 마지막이 적군을 치는 것이라고 했다. 전쟁의 참상을 아는, 치킨게임의 결말을 아는 지도자는 함부로 전쟁을 들먹이지 않는다.

무는 개는 짖지 않는다. 겁먹은 강아지가 요란하게 짖는 법이다. 다시 '목계지덕'이다. 조바심 내지 않고 의연하게 현재의 상황에 대처해야 한다. (2017.8.23)

적시(適時)

세상만사 '타이밍(timing)'이다. 빨라도, 늦어도 안 된다. 지구상 모든 생물은 따지고 보면 타이밍의 승리자이다. 공룡은 6500만년 이전에 나타나는 바람에 멸종했다. 포유류는 이른바 'K-T대멸종' 이후 번성했다. 덕분에 인간이 만물의 영장이 될 수 있었다.

기회도 그렇다. 살다 보면 수많은 기회가 화살처럼 지나간다. 이때 손을 너무 일찍 뻗으면 화살에 관통된다. 화살은 잡지 못하고 피만 흘린다. 늦으면 허공만 잡을 뿐이다. 바로 실기(失機)다. 훌륭한 아이디어가 빛을 보지 못한 이유는 너무 빨랐거나 너무 늦었기 때문이다.

지혜의 왕 솔로몬이 말했다. 지켜보니 범사에 기한이 있고, 천하만사가 때가 있더라는 것이다. 날 때와 죽을 때가 있고, 심을 때와 심은 것을 뽑을 때가 있다는 것이다. 심은 것을 뽑을 때 너무 빠르면 쭉정이를 수확할 뿐이요, 늦으면 참새의 만찬 이후 남겨진 찌꺼기뿐이다.

솔로몬은 덧붙인다. "지킬 때와 버릴 때가 있고, 찢을 때와 꿰맬 때가 있으며, 사랑할 때와 미워할 때가 있고, 전쟁할 때와 화평할 때가 있다." 적시(適時)에 행하여야 알맞게 이뤄지는 것이다. 벼도 빨리 자라라고 이삭을 당겨 올리면 '조장(助長)'이다.

인생은 그래서 타이밍이다. 홍안의 나이에 과거에 급제하면, 오히려 불행한 인생을 살아가게 된다. 세상 물정을 알기도 전에 세상 일을 재단해야 하는 것이다. '소년 급제'가 '중년 상처, 노년 무전'과 함께 남자의 세가지 불행에 속하는 이유이다. 인생의 축소판이라는 바둑도 타이밍의 게임이 돼버렸다. 신선놀음에 도끼자루 썩는 줄 몰랐던 옛날에는 제한시간 규정도 없었다. 그런 것이 이틀, 하루로 줄다 10시간, 7시간, 5시간, 4시간으로 줄었다. 이마저도 '속기'의 유행 속에 1시간에 승부를 낸다.

2015년 7월 26일 한국기원에서 현대 바둑 70주년을 기념해 마련된 조훈현과 조치훈의 대국도 타이밍이 승부를 갈랐다. 제한시간 1시간을 다 쓴 조치훈 명인이 마지막 초읽기에 착점하지 못한 것이다. 정확히는 계시원이 "마지막입니다. 하나, 둘~"하고 셀 때 "열!"에서 둔 것이다. 규칙은 "아홉!" 이전에 두어야 한다. 결국 조치훈의 '154수 시간 패(敗)'로 기록됐다. 타이밍에 실패한 것이다.

바둑뿐이랴. 모든 게임의 승패는 타이밍이 가른다. 야구에서 안타 수가 같아도 점수 차이가 나는 것은 '적시(適時) 안타' 때문이다. 2사 만루에서 안타 한 방은 주자가 없을 때 홈런보다 더 가치가 있다.

축구에서 추가시간의 한 골, 농구에서 버저비터는 가혹한 운명의 타이밍이다.

경기뿐이랴. 기업의 존망도 타이밍에 달렸다. 필름 시장을 석권했던 코닥은 사라졌지만, 후지필름은 디지털 영상처리 쪽으로 임기응변해 살아남았다. 보급형 카메라 시장은 한때 니콘이 주름잡았으나, 디지털 시대에는 캐논이 발 빠르게 대처했다. 핀란드의 노키아도 스마트폰 시대에 대처하는 타이밍을 놓쳐 사라졌다.

불과 수년 전이다. 기업인 조찬 모임의 단골 주제가 "닌텐도에서 배우자"는 것이었다. 수퍼마리오와 포켓몬의 세계 최대 게임회사의 성공 스토리 말이다. 게임 하나로 성공한, 문어발 대신 한 우물을 우직하게 판 경영이 벤치마킹 대상이었다.

"닌텐도에서 배우자"는 강연은 머지않아 제목은 그대로인데, 내용은 정반대로 바뀌었다. '닌텐도 성공'이 아니라 '닌텐도 실패'를 타산지석으로 삼자는 것이다. 아이폰이 등장하며 모바일 시대가 열렸는데, 적시에 대응하지 못했다는 것이다. 콘솔과 게임기는 스마트폰으로 대체됐다. 이렇게 부침을 겪은 "닌텐도에서 배우자" 강연이 작년에 다시 부활했다. '포켓몬고'가 히트를 치면서 닌텐도 주가가 120%나 오른 것이다. 결국 타이밍을 잡은 기업은 살고, 놓친 기업은 사라졌다.

기업뿐이랴. 기업의 존망이 10년을 점칠 수 없는 시대에 개인에게 정년을 보장하는 직장은 없다. 일찍이 삼성에서 뛰쳐나온 이해진은 NHN을 만들어 돈방석에 앉았지만, 정년에 매달리던 숱한 월급쟁이들은 '사오정'이 돼 치킨집을 벤치마킹하고 있다. 이제 직장이 아니라 직업이다.

박근혜 전 대통령도 그렇다. 세 차례에 걸친 대국민 사과가 모두 한 발짝씩 늦었다. 처음에 제대로 사과했다면, 적시에 사퇴했다면, 탄핵된 대통령으로 역사에 남지 않을 수 있었다. 그는 타이밍을 놓쳤다.

국가의 경우 더욱 그렇다. 특히 외교안보는 적시에 대처하지 못하면 회복하기 어려운 부담을 남긴다. '갑오왜란'과 '을미왜변' 역시 자강(自彊)의 타이밍, 여기에 주변 열강과 적시 외교에 실패한 결과일 수 있다. 지금 한반도를 둘러싼 일촉즉발의 위기도 적시에 불을 끄지 않으면 엄청난 후과(後果)를 초래할 수 있다.

바둑의 '신물경속(愼勿輕速)'은 서두르지 말고 신중하게 두라는 뜻이다. 손자병법의 '병문졸속(兵聞拙速)'은 전쟁에서 군대 운용은 비록 서투르고 졸렬해도 빠른 것이 좋다고 한다. 그래서 타이밍이 어렵다. 옳았는지, 틀렸는지 세월이 지나 판가름이 나는 것이다. (2017.8.16)

금단의 요초(妖草)

금주금주(今週禁酒) 금년금연(今年禁煙). 굳게 결심하지만, 하루이틀 뿐이다. 작심삼일(作心三日)로 끝나기 일쑤다. 그래도 담배는 낫다. '스스로' 문제인 것이다. 술은 어렵다. '더불어' 문제이기 때문이다. 혼자 피우는 담배가 함께 마시는 술보다는 자르기 쉽겠지. 정말 그럴까.

담배는 요초(妖草)라 했다. 요사스런 풀이란 뜻이다. 푸르스름한 연기가 폐부에 이르면, 고독이 파도처럼 밀려와 새하얗게 부서진다. 살랑거리는 바람결이 칼끝 같은 의식을 벨벳처럼 감싼다. 어쩌면 고독(孤獨)이라기보다 부드러운 독(靑毒)인지도 모른다. 그래서 요사스럽다고 했을까.

연암 박지원은 담배를 즐겼다. 열하일기의 '태학유관록'에서 중국인 왕씨와 담배를 두고 입씨름을 벌인다. 연암은 "토종 담배와 중국 담배가 맛이 비슷하다. 일본에서 건너와 만주로 전해졌기 때문이다"고 주장한다. 왕씨는 "아니다. 서양에서 왔다. 아메리카 임금이 여러 풀을 직접 맛보고는 담배로 백성의 입 병을 낫게 했다"고 설명한다. 결론적으로 두 주장 모두 근거가 있다.

먼저 조선에 담배가 전래된 과정이다. 광해군 때인1616년 일본에서 '남령초(南靈草)'가 건너온다. 남쪽에서 온 신령스런 풀이라는 뜻이다.인조실록은 "담배가 전래된지 5~6년만에 남녀노소 피우지 않는 자가 없다. 손님을 대할 때 차와 술 대신 담배를 내놓아 연다(煙茶)로 불렀다"고 전한다.

남령초는 담박괴(談博怪)로도 불렸다. 토바코(tobacco)에서 유래한 것으로 추정되는데, 한자 뜻을 풀면 '대화를 넓게 하는 괴이한 풀'쯤이다. 그런데 대화를 의미하는 '담(談)'이 가래를 뜻하는 '담(痰)'과 연관이 있는 듯하다. 조선말 이유원의 '임하필기'에는 "남만(南蠻)의 담파고(談婆姑)라는 여인이 담(痰)을 앓다가 남령초를 먹고 낫자 그녀의 이름을 따서 지었다"고 소개하고 있다. 여인의 이름 담파고(談婆姑)를 담파고(痰婆姑)로 하면 '가래로 고생하는 늙은 시어머니'가 된다.

담배가 정말로 가래에 효험이 있을까. 조선말 실학자 이익은 '성호사설'에서 "가래가 목에 걸려 떨어지지 않을 때, 소화가 되지 않아 눕기에 불편할 때 효험이 있다"고 썼다. 그가 실사구시(實事求是)의 대표적인 실학자임을 생각하면, 당시엔 그렇게 받아들여졌던 것이다. 가래는 몰라도 소화에는 효과가 있다. 항간에 '식후불연초 노상객사(食後不煙草 路上客死)'란 말이 있다. 또 화장실에 갈 때 담배를 피워 문다. 식후 입안의 텁텁함이나 화장실의 냄새 때문이 아니다. 실제 소화작용을 돕는 것이다.

현대 의학은 "적량의 니코틴은 장(腸)의 활동을 활성화한다"고 평가한다. 의과대학에서도 그렇게 가르친다. 우리 선조들은 이러한 니코틴의 효능을 서양처럼 분석적으로 파악하는 대신 수많은 경험을 통해 체득했던 것이다. 대장의 활동이 느리면 변비, 빠르면 설사가 일어난다. 해우소(解憂所)에서 근심이 변비일 터인데, 적량의 니코틴은 장의 활동을 활성화한다지 않는가.

열하일기의 '아메리카 임금'과 담배의 관련 설도 근거가 있다. 콜럼버스가 대서양을 건너 1492년 바하마제도에 도착했을 때다. 그가 '산 살바도르(구원자)'라고 이름 붙인 지역의 원주민들이 구슬과 열매, 말린 잎을 선물로 준다. 이것이 바로 담배 잎이었다. 마야문명에서 담배는 신과 의사소통 하는 매개였다.

기독교인들은 처음 '사탄의 잎'으로 여겼다. 하지만 강력한 행복감, 안정감, 각성 효과를 어떻게 외면할 수 있겠나. 담배를 한 모금 들이키면 7초만에 뇌를 자극해 행복감을 일으키는 도파민을 생성시킨다. 그 효과는 20~30분 지속되다 차차 사라진다. 또다시 담배를 찾게 되는 '금단의 간격'인 셈이다. 이 의존성 때문에 '담배는 백인이 독한 술을 준 데 대한 인디언의 복수'라고도 한다.

담배는 이보다 정신적 심리적 측면이 강할 것이다. 대만의 수필가 린위탕은 '생활의 발견'에서 "책상에 담뱃재가 떨어져 있고, 책장에 반쯤 담긴 코냑이 있다면 더불어 세상사를 이야기할 만하다"고 했다. 영국의 문호 오스카 와일드는 '담배는 완벽한 쾌락의 완벽한 형태'라고 했다. 찰스 킹슬리는 담배를 "외로운 사람의 벗, 총각의 친구, 배고픈 자의 음식, 슬픈 사람의 위로, 잠 못 이루는 사람의 잠, 추운 사람을 위한 불"이라 했다.

무엇보다 '저항의 아이콘'이다. 영화배우 제임스 딘이 '이유 없는 반항'에서 담배를 물었을 때, 기성세대에 저항하는 젊음을 의미했다. 혁명가 체 게바라가 텁수룩한 얼굴로 담배를 질겅거릴 때, 기득권에 체제 대한 저항의 상징이 됐다. 영화 '황야의 무법자'와 '더티 해리'에서 클린트 이스트우드의 반항적 캐릭터는 꼬나 문 담배로 완성됐다. 요즘 안방극장에선 뿌옇게 처리됐지만.

한때 "인생의 행복을 위하여 지나친 건강을 삼갑시다"란 블랙 유머가 있었다. 흡연반대 구호를 살짝 비튼 것이다. 그럼에도 담배는 이제 천덕꾸러기로 전락한 듯하다. 기호(嗜好)의 세대교체가 필요한 시점이다. 다시 금년금연이다. (2017.8.9)

동몽선습과 격몽요결

몽골인들은 몽고(蒙古)라는 한자 표기를 싫어한다. 뜻이 좋지 않다고 여기기 때문이다. 옥편을 찾아 보면 몽(蒙)은 사리에 어둡다, 어리석다, 어리다는 의미를 지니고 있다. 무지몽매(無知蒙昧)하다거나 계몽(啓蒙)을 떠올리면 된다. 칭기즈칸이 세운 대제국을 애써 멸시하는 듯한 이름짓기라고 보는 것이다. 그래서 '멍구'가 아니라 '몽골(Mongol)'이라고 현지인들은 힘주어 발음한다.

그런데 몽(蒙)에는 백년대계의 원대한 포부가 담겨 있다. 주역의 건(乾), 곤(坤), 둔(屯) 다음 네번째 괘가 몽(蒙)이다. 조선의 유학자 박세무가 지은 '동몽선습(童蒙先習)'과 이이가 지은 '격몽요결(擊蒙要訣)'에서 '몽(蒙)'의 쓰임을 알 수 있다.

주역학자 서대원씨에 따르면 몽(蒙)은 어린이의 가르침을 뜻한다. 동몽(童蒙)은 주역에서 최고의 경지로 여기는 교육형태이자, 순수한 도(道)의 경지이며, 최고의 인격을 상징한다. 모두가 추구하는 목표이지만, 누구나 도달할 수 있는 경지는 아니다. 그래서 '내가 동몽을 구하는 것이 아니라, 동몽이 나를 구한다(匪我求童蒙 童蒙求我)'고 했다.

동몽의 경지는 인간의 노력만으로 다다를 수 없다는 말이다. 태어날 때의 순수함을 유지하면서 자연과 합일(合一)을 이뤄야 비로소 가능하다. 순수함을 잃으면, 만물의 어머니이자 말없는 가르침을 행하는 대자연(大自然)이 더는 일러주지 않는다(瀆則不告)는 것이다. 아마도 예수가 "어린아이처럼 되기를 힘써라"고 한 본 뜻이 이러한 순전함을 비유했을 터이다.

이러한 몽(蒙)도 단계가 있다. 동몽(童蒙)이 가장 높은 경지라면, 발몽(發蒙)은 현실적이다. 자연의 가르침이 아니라 인간의 가르침이다. 즉, 출세와 입신양명을 위한 공부를 의미한다. 오늘날로 보면 법조인이나 행정관료가 되는 길이다. 인생에서의 성공을 위한 공부이다.

그런데 주역은 발몽이 그저 질곡에서 벗어날 수 있을 뿐(用說桎梏)이라고 폄하한다. 게다가 이런 공부는 끝까지 길(吉)하지 못하고, 좋은 시절이 지나면 곧바로 어렵고 곤란해진다(吝)고 경고한다.

오늘날 젊은이들이 너도나도 '권력에의 의지'를 불태우며 출세를 위한 공부에 매진하고 있지만, 그래서 토익에 매달리고 스펙을 쌓고 있지만, 이런 공부가 궁극적으로 자신의 본원적인 고뇌를 해결하지 못한다는 것이다. 욕심은 끝이 없는데, 끝없는 욕구를 채워줄 항아리는 본디 밑이 터져 있는 것이다. 밑 빠진 항아리에 물을 붓는 셈이다.

발몽(發蒙) 다음은 포몽(包蒙)이다. 포용과 화합의 공부다, 가화만사성(家和萬事成)이다. 출세에 눈이 어두워 가정을 돌보지 않는 것보다, 수신제가(修身齊家)를 우선하는 공부가 그나마 도(道)에 가까운 것이다.

포몽(包蒙) 다음은 곤몽(困蒙)이다. 깨우치기도 어렵고 적성에도 맞지 않는데, 억지로 하는 공부이다. 화가나 음악가가 꿈인데, 의사나 판검사를 향해 내몰리는 교육을 떠올리면 된다. 이런 공부는 당연히 고난의 길이다. 멀리 갈 것도 없다. 지금 서울 대치동 학원가에는 수많은 아이들이 곤몽(困蒙)에 시달리고 있지 않은가.

그래서 목적도 뚜렷하지 않지만, 당장 써먹을 데도 없지만, 순수한 호기심과 배움에 대한 열정으로 매진하는 동몽(童蒙)이 길(吉)하다는 것이다. "아침에 도를 깨우치면 저녁에 죽어도 여한이 없다(朝聞道 夕死可矣)"는 경지의 공부다. 궁극의 깨달음에 이르는 길이다 그것이 등선(登仙)이든, 열반(涅槃)이든, 천국이든.

곤몽(困蒙) 다음은 격몽(擊蒙)이다. 격몽요결(擊蒙要訣)의 그 격몽이다. 이를 현대적으로 보면 초등학교 의무교육쯤이다. 목표는 어린이들이 장차 도적이 되지 않도록 정신세계를 맑게 닦는 것이다. 사회 구성원으로서 최소한의 기초 교육인 셈이다.

주역은 이렇게 어린이의 교육을 매우 중하게 다루고 있다. 교육은 나라의 백년대계이지만, 개인에게는 평생지계가 아닌가. 그래서 동몽-발몽-포몽-곤몽-격몽의 다섯 부류를 상세하게 설명하는 것이다.

그런데 과연 오늘날의 교육은 어떠한가. 평준화다, 수월성이다 서로 드잡이를 하지만, 결국 동몽(童蒙)보다는 입신양명를 위한 발몽(發蒙)에 매진하지 않는가. 문제는 발몽으로 출세하고 성공했다 하더라도 그 끝이 좋지 않다는 것이다. 일찍이 고시에 합격해 권력의 주변을 맴돌던 김기춘씨가 그 전형이지 싶다. 주역의 '발몽 이용형인(發蒙 利用刑人)'에 꼭 맞는다. 형인(刑人)은 형벌을 집행하는 사람이란 뜻이니 오늘날의 법조인, 그 중에서도 검사쯤이다. 검사로서, 정치인으로서 한때 잘 나갔지만 그 끝은 결국 쇠고랑 신세가 되지 않았나.

괜히 동몽선습, 격몽요결이 있는 게 아니다. 동몽선습은 효행을 기초로 오륜(伍倫)을 가르치며, 역사를 통해 자부심을 배양한다. 격몽요결은 입지(立志)에서 처세(處世)까지10장으로 돼 있다. 마지막 처세(處世)는 "벼슬을 위해 학문하지 말고, 도(道)를 행할 수 없으면 벼슬에서 물러나라"고 가르친다. 새정부의 장차관, 특히 김상곤 교육부 장관이 꼭 읽었으면 좋겠다.(2017.8.2)

기후와 문화

기후가 문화를 만든다. 에스키모의 코 인사는 그것이 가장 현실적인 살갗 접촉방식이기 때문이다. 악수를 하기엔 손이 너무 시리다. 아프리카 마사이족은 얼굴에 침을 뱉는 것으로 알려져 있다. 너무 건조해서일까.

장례문화는 극히 기후종속적이다. 사체를 자연으로 돌려보내는 방식이 날씨에 따라 천차만별인 것이다. 온대의 평야지대는 매장이 보편적이다. 흙에서 나와 흙으로 돌아가는 것이다. 사실 흙이 비옥하다는 말은 그만큼 유기물이 풍부하다는 뜻이다. 유기물은 지구에 머물렀던 동식물의 존재 흔적이다.

식물은 흙 속의 유기물을 자양분으로 삼고, 초식동물은 그 식물을 먹으며, 육식동물은 이 초식동물을 먹는다. 식물도, 초식동물도, 육식동물도 결국은 흙으로 돌아가 식물의 자양분이 된다. 어쩌면 윤회라는 사상도 이러한 유기물의 순환에서 힌트를 얻었는지 모른다.

문제는 잘 썩지 않는 기후이다. 고산지대에서는 조장(鳥葬)이다. 조류의 위장을 통해 사체를 유기물 순환사이클에 싣는다. 에스키모는 북극곰의 위장을 통해 자연으로 돌려보낸다. 매장이나, 화장이나, 어복(魚腹)에 장사 지내는 것이 야만이 아닌 것처럼 이들도 기후에 따른 맞춤형 문화이다.

한국, 중국, 일본도 다른 기후가 문화적 차이를 만들었다. 베이징은 대륙성 기후로 겨울이 매우 건조하고 춥다. 도쿄는 해양성 기후로 여름이 매우 축축하고 덥다. 서울은 사계절이 뚜렷하다. 비록 요즘은 긴 여름과 짧은 겨울의 난대성 기후를 보이고 있지만. 여하튼 이러한 기후가 민족성과 문화에 미묘한 영향을 미쳤다.

먼저 숙박문화다. 중국의 판디엔(飯店)은 말 그대로 '먹고' 잔다. 북경반점은 '중국집'이 아니라 베이징호텔이다. 일본의 '료칸(旅館)'에서는 '씻고' 잔다. 어디나 목간통이 있다. 한국은 '주막(酒幕)'이다. '마시고' 잔다.

중국은 왜 먹고 잘까. 삭풍이 부는 겨울, 맨 손 맨 얼굴을 내밀면 자칫 피부가 갈라진다. 결국 기름기를 섭취해 번들번들한 피부를 만드는 수밖에. 삼겹살로 동파육을 만들고, 육해공 모든 육류와 야채까지도 들기름에 볶는 이유이다.

문제는 혈관과 내장기관인데, 차(茶)가 해결책이다. 중국인이 페트병에 녹차를 담아 수시로 마시는 것은 코카콜라가 비싸서만은 아니다. 자주 씻지 않는 것도 처절하게 터득한 생존의 지혜이다. 요즘 매일 샤워하는 사람들이 늘었다고 한다. 로션 보급이 늘어서일까. 한류(韓流)의 최대 수혜자가 화장품업계인 것은 대장금 이영애씨 때문만은 아닐 것이다.

일본의 여름은 습식 한증막이다. 마른 수건도 금세 푹 젖는다. 자연히 수인성(水因性) 전염병이 자주 창궐한다. 콜레라 병원균의 상당수가 일본이 기원인 것도 우연이 아니다. 예방의 첫걸음은 바로 손을 씻는 것이다. 청결은 취향이 아니라 생존본능이다. 씻고 자는 배경이다.

일본의 물수건 문화 역시 생존을 위해 몸에 밴 청결습관일 것이다. 중국인이 기름기가 많은 음식을 먹고 잘 안 씻는 것과 일본인이 담백한 음식을 먹고 자주 씻는 것은 둘 다 기후에 적응한 결과이다.

한국이야 사계절이 뚜렷하고 상대적으로 쾌적하다. 저녁 놀이 타오를 때면 마을마다 술이 익는다. 삼천리 금수강산에 기후도 제 절기를 알고, 조선팔도 모두 벗이다. "이 산 저 산 꽃이 피니 분명코 봄이로구나~"로 시작하는 '사철가'는 "한 잔 더 먹세, 그만 먹게 하면서 살아 보세"로 끝맺는다. 그러니 주막에서 만난 벗과 술 한 잔 나누면, 다리 엉킨 잠자리인들 대수롭겠는가.

반점과 여관과 주막의 차이는 비즈니스 문화에도 영향을 미쳤다. '먹고 자는' 중국인은 음식을 대접하며 상담을 나눈다. 최고의 접대는 만한전석(滿漢全席)이다. 만주족과 한족의 음식 100여가지가 하루 두 차례, 사흘에 걸쳐 나오는데 금해산초(禽海山草-날짐승, 해산물, 들짐승, 채소류)의 진미로 구성돼 있다. 그릇을 비우면 실례이다. 음식이 부족해 대접이 흡족하지 않다는 타박으로 여겨진다. 그저 함포고복, 배를 두드리고 '따꺼(大哥), 따슝(大兄)'하며 계약서에 사인하는 것이다.

'씻고 자는' 일본인은 '터키탕'이다. 수건을 쓰고 욕조에서 상담을 나눈다. 이미 벌거벗은 터라 더는 감출 것이 없다는 뜻일까. 2004년 고이즈미 일본 수상과 노무현 대통령의 정상회담 장소도 목욕탕이었다. 큐슈의 온천 하쿠스이칸(白水館)이다. 그런데 기념 촬영을 앞두고 문제가 생겼다. 노 대통령이 입을 '유카타(湯衣)'에 앞뒤로 벚꽃문양이 수놓아져 있었던 것이다. 자칫하면 '사쿠라'로 몰릴 수 있지 않겠나. 결국 다른 이유를 대고 취소했다고 한다. 이처럼 일본인은 비즈니스도 씻으면서 "오네가이시마스(부탁합니다)"로 매듭짓는다.

'마시고 자는' 한국인은 술이다. 한잔 술에 곧바로 형님 동생이다. 갖가지 폭탄주가 돌면서 형님 먼저 아우 먼저, 누이 좋고 매부 좋게 비즈니스는 이뤄진다. 이튿날 숙취로 헤매는 직원에게 "사우나에서 씻고 쉬라"고 배려하는 나라는 한국뿐이다. 숙취 해소 음료의 다양성이 세계 으뜸인 이유이다. (2017.7.26)

외로운 친구

에베레스트는 외롭다. 혼자 높은 것이다. 달리는 황영조도 외롭다. 혼자 앞선 것이다. 호랑이도 외롭다. 일산불용이호(一山不容二虎), 하나의 산에 두 마리의 호랑이가 공존할 수 없는 것이다.

소나무도 잣나무가 없으면 쓸쓸하다. 혼자 무성하면 무엇 하나. 기뻐해 줄 잣나무가 없다면 말이다. 그래서 송무백열(松茂柏悅)이다. 친구가 없다면, 세상 속에 혼자인 것이다.

부처도, 공자도, 예수도 그랬던 것일까. 몇 년 전 '슬픈 붓다, 슬픈 공자, 슬픈 예수'란 제목의 세 권 연작이 나왔다. 당대의 전문가들이 지었는데, 테마를 '슬픈'으로 묶었다. 윤회의 사슬을 끊고, 인간의 도리를 세우고, 사랑으로 구원받는 길을 제시한 정신적 스승들이 모두 슬프다는 것이다. 왜일까.

붓다는 '세상 밖에서 공동체를 꿈꾼 이상주의자'라 했다. 공자는 '아무도 알아주지 않은 위대한 스승'이라 했다. 예수는 '세상의 고통을 없애는 저항의 길을 걸었다'고 했다. 그래서 슬프다는 건가. 세상 밖이 아니라 세상 안에서 공동체를 꿈꾸고, 아무도 알아주지 않는 것이 아니라 모두가 알아주며, 세상의 고통을 없애는 저항의 길이 아니라 순응의 길을 걸었더라면 슬프지 않았을 거란 이야기인가.

아마도 이들이 공통적으로 슬픈 이유는 딱 하나, 바로 친구가 없기 때문일 것이다. 기록으로 보면, 이들은 부모 형제도 있고 따르는 제자도 많았다. 하지만 친구는 보이지 않는다. 가르치거나, 이끌거나, 깨우쳐야 할 민중과 백성과 중생들 속에 홀로 서있는 것이다.

그들도 외로웠을 것이다. 사기열전에 따르면 어느 날 공자가 노자를 찾아간다. 신물이 난 사제관계를 벗어나 흉금을 터놓은 친구관계를 바랐을 지 모른다. 헌데 노자는 '고니는 본디 희고, 까마귀는 원래 검다'며 내친다.

공자가 인의예지(仁義禮智)와 삼강오륜(三綱伍倫)으로 인생살이에서 옳고 그름, 좋고 나쁨을 구분하는 걸 지적한 것이다. 흰 것이 좋고 검은 것이 나쁘다면, 고니는 항상 선하고 까마귀는 악한가. 그렇게 태어난 것인데 어쩌란 말이냐. 흑백은 선악이 아니다. 그냥 두어라. 바로 '무위자연(無爲自然)'이다.

머쓱해진 공자는 제자들에게 말한다. 노자는 마치 용과 같아서 가늠하기 어렵다고. 아마도 공자는 절대 고독을 느꼈을 것이다. 뭔가 통할 것 같았는데, 그래 '친구'가 될 수 있을 것 같았는데, 면박만 당한 것이다. 이런 심정이 논어(論語)의 첫머리 학이(學而)편에 담겼다.

학이시습지 불역열호(學而時習之 不亦說乎). 배우고 때때로 익히면 즐겁지 아니한가. 주석자들은 공자가 면학, 즉 학문의 기쁨을 말한 것으로 설명한다. 그러나 '나는 친구가 없다'는 고백이 아닐까. 친구와 벗하여 한잔 술을 기울이며 서로 흉금을 터놓고 즐기고 싶은데, 친구가 없으니 어쩌랴. 책을 벗하는 수밖에 없지 않으냐 하는 뜻으로 읽힌다.

바로 다음에 공자의 본심이 드러난다. '유붕자원방래 불역낙호(有朋自遠方來 不亦樂乎).' 친구가 멀리서 찾아오면 기쁘지 아니한가. 그렇다. 앉으나서나 배움을 이야기하던 공자가 느닷없이 '친구' 타령이다. 그 다음 줄은 '인부지이불온 불역군자호(人不知而不 不亦君子乎)'이다. 사람들이 알아주지 않아도 성내지 않으면 군자 답지 아니한가.

두 줄을 연결해서 보면, 친구가 찾아오면 기쁜데 나는 친구가 없다. 나도 알고 보면 친구가 그립고, 족히 더불어 친구 할 만하다고 자부한다. 그런데 사람들이 몰라 준다. 그저 어렵게만 생각한다. 그렇다고 화를 낼 수 없는 노릇이다. 그러니 '외로운 군자'로 자처하는 수밖에 없다.

바로 이 대목, 군자론을 펴는 공자에게서 사무치는 외로움과 진한 슬픔이 느껴진다. 가장 앞선, 가장 우뚝한 정신적 스승에게는 어깨를 같이 할 친구가 없는 것이다. 붓다와 예수도 친구가 그리웠을 것이다. 서로 어깨동무하고 부대끼며, 배반낭자(杯盤狼藉) 취해보고, 스스럼없이 흉도 보고 싶었을 지 모른다.

붓다가 말했다. '천상천하 유아독존'이라고. 결국 자신을 대체할 다른 자신은 없다는 뜻일 게다. 결국 판단과 결정의 주체는 자기자신이다. 헤르만 헤세도 '안개 속에서(Im Nebel)'를 통해 '모든 사람은 혼자'라고 되뇐다. '삶은 본디 외로운 것이고, 아무도 다른 이를 알지 못한다'는 것이다. 그렇다. 친구는 우정이, 연인의 애정이 고프다. 다가가지만, 항상 저만치 있다.

이처럼 인간은 본디 외롭기 때문에 관계를 추구할 것이다. 아리스토텔레스가 '인간은 사회적 동물'이라고 정의했는데, 이 '사회적'이란 용어에서 외로움을 벗어나고자 발버둥치는 인간, 언제나 혼자인 인간을 본다.

공자는 친구가 찾아오면 기쁘다고 했지만, 이 말을 뒤집으면 친구를 찾아가면 기쁨을 준다는 뜻이다. 예수 말씀대로 대접을 받으려면 먼저 대접해야 하는 법. 친구가 그립다면 먼저 찾아가야 한다.

"산아, 내게로 오라!" 모하메드의 이산(離山)의 기적은 산이 움직여서가 아니다. 자신이 산을 향해 걸어감으로써 기적이 완성된 것이다. 외롭다면 먼저 찾아가라. 친구라면 기뻐할 것이다. (2017.7.19)

복(伏)과 복(福)

서당개 3년이면 풍월을 읊는다. 당구풍월(堂狗風月)이다. 그러고 보니 개 짖는 소리가 묘하다. 컹컹, 멍멍, 왈왈 한다. 공자(孔子)의 중국 발음이 '컹쯔', 맹자(孟子)는 '멍쯔'다. 그렇다면 '컹컹'은 공자 말씀을, '멍멍'은 맹자 말씀을 강조하려는 것일까. 왈왈 짖는 것은 공자왈, 맹자왈의 '왈왈(曰曰)'이다.

따라서 인간들의 허튼소리보다 개소리가 품격이 있다. 잡소리도 없다. 그저 본능에 따라 희로애락(喜怒哀樂)을 온 몸으로 짖는다. 순수하고 진실되고 메시지도 분명하다. 사정이 이러한데 어디다 대고 "개소리 마라"고 허튼소리인가.

물론 개라고 다 같지는 않다. 한자로 견(犬)과 구(狗)는 쓰임새가 다르다. 견(犬)은 충견, 명견, 반려견처럼 먹지 않는 개이다. 구(狗)는 백구, 황구와 같이 식용 개이다. 양두구육(羊頭狗肉), 토사구팽(兔死狗烹)인 것이다. 서당개가 당견(堂犬)이 아니라 당구(堂狗)인 연유도 짐작할 만하다.

유배지 서당의 훈장이었던 다산 정약용도 엄청난 애구가(愛狗家)였다. 흑산도에 유배된 형 정약전이 "짐승의 고기를 먹지 못한다"고 하자 답장을 보낸다. "육식을 기피하는 것은 생명을 연장하는 도(道)가 아니다. 섬에 산개(山狗)가 천 마리, 백 마리 수준이 아니다. 나라면 5일에 한 마리는 먹겠다"며 짐짓 형의 육식 기피를 나무란다.

그러면서 개 잡는 기술을 전한다. 중국의 원숭이 잡는 방법과 비슷하다. "먹이통을 만드는데, 둘레는 개의 입이 들어갈 만하게, 깊이는 개의 머리가 빠질 만하게 한다. 먹이통 안 사방 가장자리에는 두루 쇠 낫을 낚시바늘처럼 굽은 것이 아니라 송곳처럼 곧게 꽂는다. 통의 바닥에는 뼈다귀를 묶어 놓아도 되고, 밥이나 죽 모두 미끼로 쓸 수 있다. 낫은 박힌 부분을 위로 가게 하고, 날의 끝은 통의 아래에 둔다. 이렇게 되면 개가 주둥이를 넣기는 쉬워도 다시 꺼내기는 거북하다. 또 개가 미끼를 물면 주둥이가 불룩하게 커져서 사면으로 찔리기 때문에 공손히 엎드려 꼬리만 흔들 수밖에 없다."

원숭이 잡는 덫도 비슷한 이치다. 손(발)을 간신히 집어넣을 수 있을 정도로 구멍을 내고 안에는 고소한 깨를 넣어둔다. 그러면 손을 넣어 깨를 움켜쥐는데, 주먹을 쥔 상태로는 빠져 나오지 못한다. 미련한 원숭이는 절대 주먹을 펴지 않고 버둥거리다 덫을 놓은 사람에게 곱게(?) 붙잡히는 것이다. 흑산도의 개도 먹이를 뱉으면 머리를 빼낼 수 있겠지만, '버림의 생존술'을 어찌 실천할 수 있겠는가. 사람도 못하는데 말이다.

다산은 레시피도 전한다. "들깨 한 말을 부치니 볶아서 가루로 만드십시오. 채소밭에 파가 있고, 방에 식초가 있으면 이제 개를 잡을 차례입니다. 삶는 법은 티끌이 묻지 않도록 달아매어 껍질을 벗기고 창자나 밥통은 씻어도 나머지는 절대 씻지 말고 곧장 가마솥 속에 넣어서 맑은 물로 삶습니다. 연후 꺼내놓고 식초, 장, 기름, 파로 양념을 하여 더러는 다시 볶기도 하고 더러는 다시 삶는데 이렇게 해야 훌륭한 맛이 납니다."

사실 이러한 향구지법(享狗之法)은 다산의 레시피가 아니다. 실학의 거목 초정(楚亭) 박제가(朴齊家)의 비법으로 알려져 있다.

개고기는 본디 성질이 덥다. 양기를 돕고 허한 곳을 보하는데. 염천지절(炎天之節)에 먹는 것은 이열치열(以熱治熱)의 지혜이다. 개의 발목(狗足)을 먹으면 부인의 젖이 잘 나오고, 쓸개를 먹으면 눈이 밝고 못된 창병(瘡病)이 낫는다고 전해온다.

금기(禁忌)도 있다. 백구의 젖을 먹으면 애주가가 술을 마시지 못하게 되며, 개고기와 마늘은 상극이라 함께 먹으면 크게 해(害)가 된다. 아마도 화학적 작용 때문일 것이다. 구탕을 먹은 뒤 얼음을 먹으면 촌백충이 생긴다고도 했다.

하지만 견(犬)자가 든 복(伏)날이라고 꼭 구탕을 챙겨 먹었던 것은 아니다. 예부터 복날에 팥죽을 먹으면 집안이 일년 내 평안하다고 했다. 민어에 호박을 넣고 끓여 먹고, 미역국에 수제비를 넣어 먹기도 했다. 중국선 '세시복랍(歲時伏臘) 팽양포고(烹羊 羔)'라 하여 양과 염소고기를 먹었다.

초복(初伏)에 들었다. 그런데 복날 분위기가 많이 달라졌다고 한다. 이른바 사철탕집에도 예약 손님이 없단다. 대신 삼계탕집이 호황이란다. 혹자는 장마철이라 우중구탕(雨中狗湯)을 삼가기 때문이라고 우기지만, 반려견을 기르는 인구가 1000만명에 이르면서 달라진 세태의 단면일 터이다. 애견인(愛犬人)이 늘어나면서 자연스럽게 애구가(愛狗家)의 입지가 좁아진 것이다.

한때 일부 애구가(愛狗家)는 삼복(三伏)에 더해 오복(伍伏)을 꼽았다. 8월15일 '광복'과 9월28일 서울 '수복'까지다. 오복(伍福)에 맞춘 조어이다. 분명한 것은 복지부동(伏地不動)의 복(伏)이 아니라 다섯 번 스로 낮추는 겸손의 오복(伍伏)이 진정한 오복(伍福)의 바탕이다. 개도 미끼를 물고 있으면 미망(迷妄)의 덫에 사로잡히고, 뱉으면 헛된 미망에서 풀려난다. 사방이 덫인 세상, 초복에 상기하는 일복(一福)의 지혜이다. (2017.7.12)

알(R)과 알바

역사 시간에 '아관파천(俄館播遷)'을 배울 때다. 명성황후가 무참하게 시해된 을미사변 이후 신변에 위협을 느낀 고종황제 일행이 1896년 2월 11일부터 1년간 러시아 공관으로 피신한 사건이다. 그런데 왜 '아관'인가.

당시 러시아의 한자 표기가 아라사(俄羅斯)였다. 줄여 아국(俄國)이다. 러시아 공관도 아관(俄館)이라 했다. 궁금한 게 발음 '아'였다. 러시아(Russia)의 어디에 '아' 발음이 있느냐 하는 것이다.

궁금증은 일제강점기 한인 미국유학생들이 발간한 학생잡지에서 풀렸다. 잡지 제목이 '우라키'다. 1925년 창간호에 이어 1936년 7호까지 나왔다. 한 권에 50전으로 비쌌지만, 당시 유학생의 생각과 생활을 엿볼 수 있는 귀중한 자료이다. 제목 '우라키'는 미국의 산맥 '로키(Rocky)'를 발음대로 적은 것이다.

지금처럼 외래어 표기법이 갖춰지지 않았던 당시로서는 제법 고

민한 결과다. 유학생들이 듣기에 '로키' 앞에 분명히 '우' 발음이 들렸던 것이다. 비록 음이 들릴락말락 했지만. 그래서 '우롸키'로 발음하고 '우라키'로 표기한 것이다.

러시아도 마찬가지였다. 대문자 알(R) 앞에 미세하나마 뚜렷하게 '으' 발음이 들렸다. 그래서 한글로는 '으러시아'로 표기했다. 한자로는 중국어 발음이 '으어'에 가까운 '아(俄)'를 붙였던 것이다. '아까, 갑자기, 잠시'라는 뜻을 가진 한자인데, 어쩌면 갑자기(!) 강국으로 부상한 점을 감안한 것이 아닐까. '으어'란 발음은 서예가 왕희지가 좋아한 거위 아(鵝)도 있고, 주릴 아(餓)도 있는데 말이다.

참, 중국 사천성의 명산 아미산의 아(峨)도 있다. 아미산은 무협지 9파1방의 일원인 아미파의 본거지이다. 여승들로 구성된 무협 집단인데, 그래서인지 원래 한자표기는 예쁜 눈썹을 뜻하는 아미산(娥眉山)이었다고 한다. 중국 공산당이 집권하면서 종교를 탄압하자 여승들이 떠나고 높은 산만 남아 아미산(峨眉山)이 됐다고 한다. 믿거나 말거나.

세계 최고의 표음문자인 한글도 알(R)에는 취약하다. 그래서 알(R)이든 엘(L)이든 똑같이 표기해 버린다. 자연히 강(江)을 뜻하는 리버(River)도 간(肝)을 뜻하는 리버(Liver)도 표기는 같다. 어려우면 아예 빼 버린다. 지미 카터(Jimmy Carter)의 한글 표기에 알(R) 발음은 없다. 미국인은 '카터'와 '커터(Cutter)'를 구별하기 힘들다. '카터'보다 '칼털'이 원 발음에 가까울 수 있다.

'알바'도 그렇다. 발음대로 알바(Alba)는 카톨릭교회 사제가 입는 길고 흰 장백의(長白衣)를 뜻한다. 그러나 독일어 아르바이트(Arbeit)의 준말 '알바'에는 그런 경건함 대신 고통만이 느껴진다. 왜일까.

원래 '아르바이트'는 전후 독일에서 대학생이 학비는 버는 일이라는 뜻으로 쓰이기 시작했다. 폐허 속에서 휴학하는 학생들이 늘자 대학과 정부가 시간제 일자리를 구해준 것이다. 교육이야말로 국가의 백년대계가 아닌가. '라인강의 기적'도 아르바이트의 산물이다.

축소지향의 일본인은 이 아르바이트를 줄여 '바이또'라 했다. 보통은 '콤비니' '비루'처럼 앞부분을 살리는데 뒷부분을 남긴 특이한 경우다. 아마 '아루'는 '있다, 존재한다'는 뜻과 헷갈리고 '아루바'하자니 술집이나 카리브해 국가 이름과 혼동하기 쉬워서?

여하튼 우리에겐 고학(苦學)이다. 학비를 스스로 벌어 힘들게 배운다는 뜻이다. 아마도 일본 강점기에 나온 용어인 듯하다. 1923년 신문에 '고학을 목적하고 일본으로 오시려 하시는 여러 형님께'란 글이 있다.

"신문 배달은 조석간을 배달하고 이십원 내외, 밥 사먹고 나면 5~6원으로 근근이 학비는 조달할 수 있다. 우유 배달은 먹고 6~7원이지만 아침저녁으로 일하니 복습이나 예습할 시간이 없다. 변소 소제는 집마다 10~50전을 주지만 창피와 모욕이 말로 다할 수 없다. 인력거는 한 달에 10여 차 하면 학비는 되나 단잠을 못 자고 학교에 간들 강의가 뇌(腦)에 들어갈 이치가 있겠는가. 고학(苦學)에 고(苦)는 있어도 학(學)은 없다."

미국 유학도 마찬가지이다. 1969년 미국의 국제교육연구소가 파악한 한국 유학생은 모두 3765명이다. 이 중 64%가 접시닦이 고학생이었다.

세월이 흘러 '알바'의 시대다. "이런 시급~"이라며 걸그룹 혜리가 찡그렸지만, 아직도 알바로 학비를 조달하기엔 벅차다. 여전히 고

(苦)는 있어도 학(學)은 없는 것이다. 그나마 알바 자리도 구하기 힘들어 20대 태반이 백수인 '이태백'이다.

독일의 유태인 수용소 아우슈비츠 입구에 '아르바이트(노동)가 자유를 준다(Arbeit Macht Frei)'는 글귀가 붙어있지만, 우리는 안다. 결코 자유를 주지 않았다는 것을. 오늘의 아르바이트, 알바도 마찬가지다. 만원도 안 되는 시급으로 젊은이들의 꿈을 가두는 '청춘 수용소'다. 알바 천국이 '알바 지옥'으로, 알바몬은 '알바 몬스터(괴물)'로 들린다. 여전히 알은 깨기 어렵고, 알바는 벗어나기 힘들다. (2017.7.5)

'반 잔'의 미학

몽골 제국을 일으킨 칭기즈칸의 혈통이 지구상에 몇 명이나 될까. 내셔널지오그래픽이 2005~2015년 추진한 '유전자 지도 프로젝트(Genographic Project)'에 따르면, 그의 유전자를 받은 '남자'는 1600만 명으로 추산된다. 전 세계 남자 200명 가운데 1명꼴로 칭기즈칸의 후손인 셈이다.

현재 몽골의 인구는 300만명을 약간 넘는 정도이다. 결과적으로 칭기즈칸은 생전에 영토로 대제국을, 사후엔 유전자 대제국을 세운 것이다. 아마도 그 일등 공신은 셋째 아들 오고타이일 것이다.

칭기즈칸에 이어 몽골 제국의 칸(汗)이 된 오고타이(몽골 발음 우구데

이)는 여자와 술을 너무 좋아했다. 황후와 황비가 아홉이지만, 그보다 애주가로 더욱 유명하다. 보다 못한 차카타이가 나섰다. 그의 둘째 형이다. "위대한 칭기즈칸이 세운 제국을 술로 망치려 하느냐" 질책하며 하루에 술을 몇 잔이나 마시는지 감독할 관리를 곁에 두도록 했다.

이에 오고타이는 "하루에 딱 한 잔만 마시겠다"고 약속한다. 차카타이가 돌아가자마자 신하를 불러들인다. "세상에서 가장 큰 잔을 만들어라." 바로 '오고타이 술잔'의 유래이다.

'한 잔'의 '한'은 그래서 다중의미이다. 숫자로는 하나이지만, 본디 '한'에는 "위대하다""크다"는 뜻도 있다. 대한민국의 '한'처럼 말이다. "가볍게 한 잔 하세~"가 절대로 가볍지 않은 이유이다.

다산 정약용은 '한 잔'의 위험성을 일찍 알아차렸다. 박석무 선생이 펴낸 '유배지에서 보낸 편지'에 자세히 나와 있다. 다산은 술을 즐기지는 않았지만, 정작 주량은 만만치 않았던 모양이다.

그가 벼슬하기 전이다. 정조(正祖)가 원자를 위해 지은 중희당(重熙堂) 글 솜씨 대회에서 일등을 세 번 했다고 자랑한다. 부상은 옥으로 만든 필통에 가득 담은 소주였다. 그는 "오늘 죽었구나 했는데, 그다지 취하지 않았다"고 썼다.

하루는 춘당대(春塘臺)에서 왕과 학사들이 어울려 '맛난 술'을 커다란 사발로 마셨다. 대부분 곤드레만드레 정신을 잃어 몇몇은 남쪽을 향해 절을 하고, 몇몇은 자리에 누워 뒹굴었다고 한다. 원래 임금은 북악산 아래 있어 신하는 북면하여 절을 하는 것이 법도인데 말이다.

다산은 "책을 다 읽어 내 차례를 마칠 때까지 조금도 착오가 없었다"고 했다. 다만 퇴근하였을 때 취기가 조금 있었을 뿐이라고 자랑 (?)하고 있다. 그런 다산이 자녀들에게는 '반 잔'을 제시한다. 술 맛이란 입술을 적시는 데 있다는 것이다. 소가 물을 마시듯 벌컥벌컥 마시는 사람은 절대 술 맛을 알 수 없다고 했다. 입술과 혀에 적시지 않고 바로 목구멍으로 들어가는데, 무슨 맛을 알겠느냐 반문한다.

술의 정취는 살짝 취하는 데 있다고 했다. 얼굴빛이 홍당무처럼 붉어지고 구토하며 잠에 곯아떨어진다면 과연 무슨 정취가 있느냐는 것이다. 목민관으로서 자세가 몸에 배어 있었기 때문일 것이다. 요즘으로 치면 행정+사법공무원인데, 청렴(淸廉)을 앞세워 이른바 '김영란 법'을 경계했을까. 술이야 청탁(淸濁) 불문이지만, 관리에게 청탁(請託)은 예나 지금이나 불가(不可)이다.

'반 잔'을 예찬한 다산은 '뿔 잔'을 소개한다. 공자(孔子)가 제자에게 권했다는 '각잔(角盞)' 말이다. 도자기 잔에 뿔이 달려 있어 한꺼번에 마실 수 없도록 만든 것이다. 어쩌면 공자는 제(齊) 환공(桓公)의 '계영배(戒盈杯)'을 떠올렸을 것이다. '넘침을 경계하는 잔' 말이다. 잔 밑에 구멍이 있어 7할 이상 채우면 모두 흘러나가게 설계돼 있다고 한다. 곧 인간의 끝없는 욕심, 과욕을 경계한 것이다.

하지만 군이 '계영배'를 찾을 필요가 있을까 싶다. 반쯤 찬 술잔을 보며 "아직도 절반이나 남아 있구나" 스스로 되뇌면 되지 않을까. "절반밖에 남지 않았다"고 조바심 내지 말고. 그러면 '반 잔'은 '마음 속의 계영배'가 되지 않겠나.

술잔을 뜻하는 '배(杯)'는 나무로 만든 형상이다. 속자로 함께 쓰이는 '배(盃)'는 그릇 명(皿)이 아래 있으니 토기나 사기로 만든 형상이다. 나무 술잔이든, 사기 술잔이든 모두 '아닐 불(不)'이 붙어 있는 이유 역시 "지나치면 아니 된다"는 뜻이 아니겠나.

'한 잔'이든 '반 잔'이든 마시고 나면 '빈 잔'이 남는다. "어차피 인생은 빈 술잔 들고 취하는 것~"이라고 가수 남진은 노래했다. 그런데 이 '빈 잔'은 취입한 지 10년이 지나서야 알려졌다고 한다. 그저 음반에 끼워 넣은 곡이어서 당시에는 홍보도 제대로 안 했다는 것이다.

그런데 그가 30대에 불렀던 이름없는 '빈 잔'은 70대가 되어 대표 레퍼토리가 된다. 통기타 세대일 때는 이장희의 "마시자, 한 잔의 술"을 목놓아 불렀지만, 인생으로 숙성되면서 '빈 잔'에 남은 추억을 되새기는 것인가.

그럼에도 '한 잔'과 '빈 잔' 사이 '반 잔'이 아름답다. 반쯤 찬 술잔에 비친 그대의 얼굴이 흔들릴 때, 나도 흔들린다. 그대 얼굴이 고요하면, 비로소 입술과 술잔 사이에 넘나들던 '악마의 손'을 뿌리칠 수 있을 것이다. (2017.6.28)

장미와 색깔 정치

시시콜콜 정보는 필요 없다. 로고도 번잡하다. 어차피 그 나물에 그 밥. 차별화가 어렵다. 그저 이미지만 잘 포지셔닝하면 된다. 바야호로 색깔 정치 시대이다.

색깔로 덕을 본 게 보수정당이다. 과거 북풍이다, 종북이다 색깔 공세를 펴면 표는 알아서 움직였다. 그러던 보수정당이 2012년에 과감히 변색했다. 민자당 이래 유지해 왔던 파란색을 버렸다. 대신 '좌파' 냄새 풍기는 빨간색을 덧칠했다.

빨강은 피와 열정과 노동을 상징한다. 개혁과 경제민주화를 담은 색이다. 새누리당은 그렇게 색깔을 바꿔 승리했다. '레드 콤플렉스'에 빠져있던 진보정당은 재빨리 파란색으로 변색했다. 하지만 뒷북이었다. 개혁과 경제민주화란 '전가의 보도'를 빼앗겼다. 그래서 졌다.

그럼에도 얻은 것이 있다. 뿌리깊은 레드 콤플렉스에서 벗어난 것이다. '빨갱이'라는 딱지에서 자유로워진 것이다. 지난 '장미 대선'에서 색깔 공세가 먹히지 않은 것도 어쩌면 보수정당이 빨강으로 변색한 덕이다. 일부 기성세대의 '레드포비아'를 치유한 셈이다.

색깔 정치의 원조는 김대중 전 대통령이다. 1988년 총선에서 노란 스카프와 목도리를 둘렀다. 노란색은 군부독재의 북풍한설을 참아내는 인동초, 얼음을 뚫는 복수초의 '희망'을 상징했다. 무엇보다 노란색은 그에게 씌워진 '빨간 딱지'를 부지불식간에 지워버렸다. 그렇게 총선에서 이겼다. 나중에 대통령도 됐다.

이후 여야를 막론하고 수도 없이 당명이 바뀌었지만, 상징 색깔은 자유한국당 말고는 크게 달라지지 않았다. 더불어민주당이 노랑+초록+파랑으로 상징 색을 정한 것은 역사가 있다. 전신인 새천년민주당은 초록이었고, 이후 딴살림을 차린 열린우리당은 노랑이었다. 우여곡절을 거쳐 민주통합당으로 합쳐지면서 노랑+초록이 됐고, 이후 파랑을 더한 것이다.

과연 이런 색깔은 선거와 어떤 함수관계가 있을까. 지난 '장미 대선'에서 어떤 효과를 냈을까. 장미꽃으로 비유해 보자.

먼저 더불어민주당이다. 색깔이 좀 복잡하지만, 그래도 '파랑 본색'이다. 파란 장미의 꽃말은 '불가능'과 '이루어질 수 없는 사랑'이다. 그런데 최근 파란색 장미의 재배가 가능해지면서 꽃말에 '기적'이 더해졌다. 촛불 혁명에 이은 조기 대선, 여유 있는 승리야 말로 파란 장미의 꽃말처럼 기적적이다.

자유한국당은 '빨강 변색'이다. 후보의 성도 붉었다. 빨간 장미의 꽃말은 '열정'과 '열렬한 사랑'이다. 두루 사랑받는 꽃이지만, 그만큼 가시도 많고 날카롭다. 국민의당은 '초록 동색'이다. 헌데, 녹색은 이파리 몫이다. 녹색 꽃은 드물다. 이파리와 색깔이 같으면, 벌과 나비가 구별하지 못한다. '화수분' 하기 어려워지는 것이다.

바른정당은 '하늘 청색'이다. 역시 파랑 계열이어서 '불가능'과 '기적'의 의미를 동시에 지니고 있다. 절망과 희망의 동거인 셈이다. 정의당은 '노랑 황색'이다. 노란 장미는 '질투'와 '성취'를 뜻한다. '영원한 사랑'이라고도 한다. 누군가의 질투를 받으며, 영원한 사랑을 구하는 숙명일까. 그렇게 장미 대선은 결말이 났다.

사실 장미꽃은 모순이다. 자신이 싫어하는 색깔로 사랑을 받는다. 빨간 장미는 빨간색이 싫다. 가시광선 가운데 모든 색을 받아들이고 빨간색만 반사해버린 이유이다. 그런데 사람들은 장미가 싫어서 버린 빨간색을 바라보며 찬탄한다. 이때 장미는 어떻게 처신해야 하나. 위선과 자기기만의 갈림길인가.

마치 빨간색이 본능적으로 싫은 자유한국당이 빨간색을 반사하는 것과 유사한 장면이다. 어쩌면 적폐 청산을 내세운 더불어민주당이 개혁과 열정을 상징하는 빨간 색깔을 흡수하고 차가운 파란색을 내세운 것과도 비슷한 맥락이다.

하지만 색깔에 선악이 있겠나. 모든 색깔은 같은 이유로 제각각 아름답다. 그래서 독립적으로 선연히 빛날 때 존재의 의미가 있다. 그래야 한데 모여 아름다운 꽃밭이 된다. 모든 장미가 무지개 색이라면, 너무 진부하다.

다른 색을 탐내면 자신의 색깔을 잃는다. 이런저런 색깔을 모두 섞으면 어둠침침한 검정색이 되는 것이다. 장미꽃이 진다. 열흘 붉은 꽃은 없다지만, 시드는 장미는 아름다웠던 만큼 안타깝다. 그래도 불꽃같은 추억은 남아 있다. 비록 가시 투성이로 남았지만, 기다리면 또 꽃을 피우지 않겠나. 그동안 가시에 가슴이 찔리지 않기를 바랄 뿐이다. (2017.6.21)

밥상 민주화

한중일 세 나라는 비슷하면서도 다르다. 길 떠난 나그네가 자는 곳에서 세 나라의 가치관이 드러난다. 중국은 반점(飯店)이다. 먹고 잔다. 일본 료칸(旅館)은 어디나 목욕탕이 있다. 씻고 잔다. 한국은 주막(酒幕)이다. 한 잔 마시고 잔다.

중국인에게 먹는 것은 사는 법이다. 거듭되는 전란과 반복되는 홍수 가뭄에서 살아남기 위해서는 먹어야 하는 것이다. 일본인에게 씻는 것은 사는 길이다. 전염병과 식중독이 만연한 습한 기후에서는 씻어야 사는 것이다. 사계절이 뚜렷하고 물산이 풍족한 한국은 풍류와 멋을 중요시했다. 그래서 글씨도 중국은 서법(書法), 일본은 서도(書道), 한국은 서예(書藝)로 부른다.

밥 먹는 방식도 다르다. 중국은 둥그런 탁자에 음식을 올려놓고는 각자 덜어 먹는다. 일본은 이치닌마에(一人前)이다. 각각의 몫을 따로 차려 먹는다. 우리는 나눠먹는다. 찌개에는 네 숟가락도 내 숟가락도 들어간다. 생선의 경우는 내 젓가락이 잡고, 네 젓가락이 뜯어낸다. 함께 더불어 나누어 먹는 것이다.

우리에게 밥상은 이렇게 가족임을 확인하는, 공동체임을 일깨우는 시작이자 마침표 제의(祭儀)이다. 최근 한 매체가 소개한 전북 부안여중 이슬양이 초등학교 시절 쓴 시 '가장 받고 싶은 상'도 그 연장선일 것이다.

"아무 것도 하지 않아도/ 짜증 섞인 투정에도/ 어김없이 차려지는/당연하게 생각되는/ 그런 상. 하루에 세 번이나/ 받을 수 있는 상/ 아침 상 점심 상 저녁 상. 받아도 감사하다는/ 말 한마디 안 해도/ 되는 그런 상. 그 때는 왜 몰랐을까/ 그 때는 왜 못 보았을까/ 그 상을 내시던/ 주름진 엄마의 손을. 하지만 아직도 그리운/ 엄마의 밥상/ 이제 다시 못 받을/ 세상에서 가장 받고 싶은/ 울 엄마 얼굴(상)."

이양의 어머니는 암으로 돌아가셨다. 더는 밥상을 받지 못하는 것이다. 그의 희망이 요리사인 것도 언젠가 어머니에게 밥을 차려드리고 싶어서다. 밥은 이렇게 몸으로 들어가 마음이 된다. 몸과 마음으로 사람이 된다. 밥은 나이고 너이며, 우리이다. 동시에 하늘이다.

성경이 전하는 예수의 기적 가운데 가장 감동적인 게 '오병이어(伍餅二魚)의 기적'이다. 어린아이가 싸온 점심 도시락이 떡 다섯 덩이와 말린 물고기 두 마리다. 이로써 갈릴리 호숫가에 모인 오천 군중을 먹이고도 열두 광주리가 남았다는 것이다. 이를 현대적으로 보면 이렇다.

당시는 자기 도시락을 스스로 마련해 들고 다니던 시기이다. 예수의 가르침을 들으러 온 이들도 마찬가지이다. 부자들은 넉넉하게 차려왔으나, 가난한 자는 물만 챙겼을 것이다. 점심 때에 이르러 부자들은 음식이 먹고 남았지만, 그렇다고 이웃에게 나눠주지는 않았다. 그것이 '눈에는 눈, 이에는 이'의 시대 관습일 것이다.

그런데 예수가 어린아이의 도시락을 풀어 이웃과의 나눔을 축복한다. 그러자 너도나도 싸온 음식을 공유의 마당에 펼쳐 놓았고, 군중 모두가 먹고도 오히려 남았다는 것이다. 이것이 바로 '밥상 나눔'을 통한 천국의 임재를 가르친 것 아니겠는가. 요즘 식으로 표현하면 '더불어 사는 사회', 즉 경제민주화의 원관념이다.

예수가 제자들에게 주기도문(主祈禱文)을 가르쳐주는데, 하늘의 뜻이 땅에서도 이뤄지길 바라며 첫 번째로 "오늘날 우리에게 일용할 양식을 달라"고 기도한다. 굶는 것은 인간으로서 가장 비참한 것이며, 매일 굶지 않고 먹는 것이야말로 '하늘의 뜻'이라는 이야기다.

'밥이 곧 하늘'임을 선언한 것이다. 하늘은 혼자 독점할 수 없다.

따라서 밥도 혼자서 독점하는 것이 아니라 함께 나눠 먹어야 한다는 것이다. 당시 사회도 '부익부 빈익빈(富益富 貧益貧)'이었다. 부자가 천국에 가는 것은 낙타가 바늘 귀를 통과하는 것 같다고 한 배경이다.

현재 우리는 어떠한가. 예수가 '밥상 나눔'을 통하여 '더불어 사는 천국'을 강조하던 시절보다 나아졌을까. 오히려 빈부의 격차가 날로 심화되고 있지 않은가. 중학생 이양은 어머니의 밥상이 그리웠지만, 우리 사회에는 생계를 위한 '밥상'이 시급한 소외계층이 허다하다. 방법은 간단하다. '나눔'과 '공유'이다. 밥상 공동체는 경제 민주화의 지향점인 '더불어 삶'의 구현이다. (2017.6.15)

차돌과 곱돌과 짱돌

신세대와 쉰 세대 분류법이 한때 유행했다. '에덴의 동쪽' 주인공이 제임스 딘이라고 하면 쉰 세대, 송승헌이라고 하면 신세대이다. 연예인 임수정에 "무작정 당신이 좋아요~"로 시작하는 노래 '연인들의 이야기'를 떠올리면 쉰 세대, 드라마 '미안하다, 사랑한다'의 여주인공이자 영화 '장화 홍련'에서 국민 여동생 문근영의 언니 역을 떠올리면 신세대이다.

석기시대를 '타제석기'와 '마제석기'로 나누면 쉰 세대이다. 신세대는 '뗀 돌'과 '간 돌'이라고 한다. 지석묘와 입석도 고인돌과 선돌이다. 주판알을 튕기느냐, 계산기를 두드리느냐 역시 세대간 표현의 차이이다. 이런 식의 분류는 셀 수 없이 많다.

그 중에서 가장 극적인 분류 키워드는 '토끼와 거북'일 것이다. 초등학교 교과서에도 실렸던 만큼 내용이야 모두가 안다. 달리기 경주에서 느리지만 성실한 거북이 빠르지만 게으른 토끼를 이겼다는 이솝 우화 아닌가. 결말을 이렇게 알고 있다면, 당신은 쉰 세대이다.

1990년대 이후 초등학교를 다닌 세대는 결말을 제각각 기억한다. 그럴 것이 교과서가 "토끼는 깡총깡총 뛰어갑니다. 거북이는 엉금엉금 기어갑니다."로 끝을 맺는다. 경주 결과가 없다. 당연히 산 정상에 태극기를 꽂는 거북의 그림도 없다. 다만 질문이 이어질 뿐이다. "누가 이겼을까? 왜 그렇게 생각하나?"

우화라지만, 초등학생의 감수성으로서는 느림보 거북의 승리를 받아들이기가 힘들었던 것이다. 첫째, 불평등이다. 뭍에 사는 토끼와 물에 사는 거북을 억지로 경쟁시키고는 마치 평등한 경주인 것처럼 호도한다는 것이다. 생활여건과 신체조건이 다른데 "열심히 하면 돼"하는 식의 기득권 옹호 심리가 깔려있다는 분석이다.

둘째, 반사회성이다. 왜 잠든 토끼를 깨우지 않고 지나치느냐는 것이다. 자칫 늑대나 여우가 나타날 수도 있으므로 깨워야 도리라는 것이다. 어떻게든 이기는 것이 아니라 '더불어 삶'이 우선 아니냐는 것이다. 그래야 진정한 교훈이고 가르침이지 않으냐는 항변이다.

셋째, 이기심이다. "내가 잘 해서 경주에 승리하는 게 아니다. 상대의 허점을 찌르거나 방심을 이용해야 한다. 즉, 남의 불행이 나의 행복이다." 이런 함의에 초등학생들이 심리적으로 불편함과 거부감을 느낀다는 것이다.

아마도 독재를 관통한 쉰 세대는 획일적인 교복에 몸뿐만 아니라 마음까지 갇혔다. 어차피 과정보다 결과 지상주의 아닌가. 성공한 쿠데타는 처벌할 수 없다 하지 않던가. 모로 가도 서울만 가면 되는 것이다.

반면 민주화를 통과한 신세대는 몸도 마음도 해방됐다. 교복자율화는 사고의 다양성으로 이어졌다. 이제 계몽적인, 일방적인 결론이 더는 '쿨'하지 않다. "누가 이겼을까"하는 '열린 결말'은 자연스럽게 '열린 생각'을 일깨운 것이다.

인사청문회를 바라보는 시선에서도 세대간 차이가 느껴진다. 쉰 세대는 위장전입에 민감하다. 종류는 크게 세 가지이다. 첫째가 조합주택이나 청약저축을 통한 내 집 마련을 위한 것이다. 이건 이해해 줘야 한다. 둘째가 농지나 임야를 매입하려는 경우이다. 바로 부동산 투기를 통해 자산을 늘리려는 것이다. 이해해 주기 어렵다. 셋째가 자녀의 진학 문제이다. 좋은 학군에 배치 받기 위한 것은 양심불량, 이사나 전근 때문이라면 이해 가능이다.

그런데 위장전입의 수혜자는 쉰 세대의 자녀인 신세대이다. 그들은 스스로의 범죄가 아니기에, 또 앞으로 그럴 필요도 없을 것이기에 관대한 편이다. 달리 보면 자격보다 능력을 중시한다고 할까.

표절에 대해서는 조금 엇갈린다. 쉰 세대에겐 관행과 절도라는 시각이 혼재하지만, '복사/붙이기(Copy/Paste)'에 익숙한 신세대는 공짜와 공유라는 시각이 존재한다. 불법의 명도는 같아도 채도엔 차이가 있는 것이다.

쉰 세대는 그래도 오늘을 지배한다. 신세대는 내일을 지배할 것이다. 문제는 '낀 세대'다. 돌로 보면 쉰 세대는 매끈한 곱돌, 신세대는 야무진 차돌, 낀 세대는 그저 만만한 짱돌이다.

어제의 신세대 386은 오늘 쉰 세대가 됐다. 그런데 58년 개띠는 그 때 낀 세대였는데, 지금은 어느덧 '간 세대'다. 짱돌이 '간 돌' 됐다. 상원의 개 팔자인가. (2017.6.8)

혼술유감

"술은 술이요, 물은 물이로다." 그렇다. 술의 바탕은 물이지만, 마음은 활활 타오른다. 물은 살기 위해 마시지만, 술은 살아 있어 마신다. 물은 목을 축이고, 술은 가슴을 축인다.

물에 불을 담은 것이 술이라 했다. '수(水)+불'이 '수불'로 발음되다가 순경음 비읍의 '수블'로, 이어 '술'로 변화돼 왔다는 것이다. 물과 술의 공통점은 칼로 벨 수 없다는 것이다. 벨 수 없기에 끊기도 힘든 것일까. 잡을 수 없는 게 바람이면, 자를 수 없는 게 정(情)이라 했다. 그래서 벨 수 없는 술을 꺾는 자리에서 자를 수 없는 정도 나누는 것일까.

술은 더불어 나눠야 제격이다. 수작(酬酌)할 상대가 없으면 달과 함께 마시고, 달도 없는 밤이면 꽃이라도 꺾어 놓고 마신다고 한다.

그래도 자작자음(自酌自飮)보다 여군동취(與君同醉)이다. '혼 술'보다는 '더불어 술'이다.

사랑하는 이와 함께면 더 없는 호주(好酒)이리라. 여자와 남자가 만나 좋을 호(好)를 이루지 않나. 시쳇말로 '심쿵(심장이 쿵쾅쿵쾅)'한 상황이다. 그 절정이 합환주(合歡酒)이다. 설렘과 기대감에 기쁨과 환희가 넘치는 술이란 뜻이다.

건국설화에도 합환주가 나온다. 바로 고구려의 동명성왕, 주몽(朱蒙) 이야기다. 하백(河伯)에게 세 딸이 있었다. 유화, 선화, 위화다. 이들이 압록강에서 미역을 감는데, 천제의 아들 해모수 눈에 띈다. 신하를 보내 모두 함께 만나자고 하지만, 일언지하에 거절 당한다. 짐짓 예를 차려 웅장한 궁전을 짓고 이들을 초청한다. 설레는 자리에 술이 빠질 수 없다. 대취한 여인들은 돌아가려 하지만, 해모수의 생각은 다르다. 만취한 유화와 합환합궁(合歡合宮), 머지않아 아들이 태어난다. 그가 주몽이다.

좋게 보면 합환이지만, 달리 보면 '심신 상실을 틈탄 간음'이다. 그럼에도 역사서에 버젓이 나오고 합환주의 효시로도 일컬어지는 것은 무엇일까. 약탈혼이 성행하던 부족국가 시대임을 감안하면, 그 또한 낭만적 만남이란 인식이었을까. 여하튼 그때는 맞더라도 지금은 틀리다.

당연히 구속 감이다. 그런데 법률이 묘하다. 바로 형법 10조인데, 요약하면, "심신미약자는 한정책임능력자로서 형이 감경(減輕)된다"는 것이다. 심신미약자의 대표가 '알코올 중독'이다. 달리 말해 "술이 죄를 지었다"는 말이다. 잘못이 있다면 술 마신 게 죄라는 뜻인

가. 그래서 술을 벌 주자는 '벌주(罰酒)'인가. 이런 따위를 '휴머니즘 형법'이라고 해야 하나.

술은 죄가 없다. 아름답고 향기로운 술이 무슨 죄가 있나. 강도가 부엌칼을 휘두르면, 칼이 죄인가. 장미 가시에 심장이 찔렸다면, 장미를 처벌해야 하나. 술을 탓하는 자는 '주성(酒性) 모독'으로 가중처벌해야 하지 않을까.

논어에 '불위주곤(不爲酒困)'이라 했다. 술 때문에 곤경에 처할만한 일을 하지 않는다는 뜻이다. 그것이 진정 술 마시는 자세이다. 그래서 "외모는 거울로 보고, 마음은 술로 본다"고 했다.

술에 물 탄 듯, 물에 술 탄 듯하다는 말이 있다. 그런데 술에 물 타면 술인가 물인가. 물에 술을 타면 물인가 술인가. 전자는 '술물'이요, 후자는 '물술'인가. 한 방울이라도 술이 섞였으면 술이라는 주장이 있다. "소낙비만 비냐, 이슬비는 비가 아니냐, 안개비는 어떠냐."

기상청 강우 기록에 '0.0mm'가 있다. 비가 내리기는 했으나 측정하기 어려울 만큼 강우량이 적다는 뜻이다. 그렇다면 알코올 도수가 '0.00001도'라도 술이지 않으냐는 것이다. 한 방울의 비가 대지를 바꾸듯이 한 모금의 술도 인간과 세상사를 바꾼다.

조윤선 전 문체부 장관이 박근혜 전 대통령에게 드라마 '혼술남녀'를 보도록 권했다고 한다. 척박한 제작 현실에 PD가 죽음을 택했던 그 드라마이다. 혼술이든 혼밥이든 '스스로 혼'에는 소통과 공감의 '더불어 혼(魂)'이 없다. 불통과 나르시시즘에 취하기 쉽다. 심하면 혼이 비정상이 된다. 그래서 '혼술유감'이다.

꾀꼬리 소리 잦아드는 유월의 첫날이다. 물오른 자귀나무 꽃 그늘 아

래 벗과 함께 님과 함께 합환주를 나누면 어떤가. 근심만 남기는 합환

주(合患酒)는 말고. 마침 자귀나무 한자명도 합환수(合歡樹)인데. (2017.6.1)

프로라이프(pro-life) —중앙일보 '분수대'

듣기 불편한 직접적인 표현 대신 우회적으로 뜻을 전달하는 게 완곡(婉曲)어법이다. '죽었다'를 '돌아가셨다'로, 감옥을 교정시설로 표현하는 것이다. '해우소(解憂所)'에 걸린 '남자가 흘리지 말아야 할 것은 눈물만이 아니다'란 글귀 역시 완곡어법이다.

반면 더블스피크(doublespeak)는 일부러 애매하게 표현하는 어법이다. 미국의 빌 클린턴 대통령이 모니카 르윈스키와 '부적절한 관계'가 있었다고 말한 것이 대표적이다. 성(性)적인 느낌을 줄 수 있는 용어를 에둘러 피했지만, 솔직하지 않은 '부적절한 표현'으로 입방아에 올랐다. 언어의 화장(化粧)이랄까.

미국은 1983년 그레나다에 공정부대를 이용해 '미명(未明)의 수직적 삽입'을 했다고 발표했다. 애써 '침공'이란 표현을 피했다. 민간인 사상자도 '부수적 피해(collateral damage)'라고 했다. 미국의 럼즈펠드 전 국방장관은 이라크 포로 학대와 관련해 '고문'을 '인간이 감내하는 인간성의 과도함'으로 표현해 빈축을 샀다. 대량 해고를 구조조정이나 다운사이징으로 표현하는 것도 마찬가지다. 모두가 부정적인 인상을 감추거나 지우려는 것이다.

근래 세계 곳곳에서 낙태를 두고 '프로 라이프(pro-life)'와 '프로 초이스(prochoice)'간 논쟁이 뜨겁다. 프로라이프는 말 그대로 '생명 지지'이다. '낙태 반대'라고 하지 않는 이유는 '낙태'란 용어가 '태아 살해'의 범죄성을 은폐하는 표현이기 때문이라고 한다. 정확히 표현하면 '태아살해 반대'인데, 이 역시 듣기에 불편한 용어여서 '생명 지지'를 택했다. 여기에는 낙태를 여성의 행복추구권이자 자기결정권의 영역이라고 주장하는 쪽의 논리를 짐짓 외면하기 위한 목적도 있다. 낙태 대신 '생명'을 내세우면 이를 반대하는 쪽은 자칫 '생명 반대'로 몰리는 것이다. 전형적인 더블스피크다.

그러자 '낙태 허용'도 용어를 바꾼다. '선택 지지'이다. '생명 지지'와 같은 논리다. 낙태 찬성을 가리고 여성의 선택권 옹호를 내세운다. 태아의 생명과 죽음에 관한 논쟁을 슬쩍 피하면서, 상대를 '낙태 반대'가 아니라 '여성의 선택권 반대'로 여기게 만드는 것이다. 최근 우리나라도 프로라이프 의사회가 불법 낙태 수술을 한 병원을 고발하면서 프로 초이스와의 논쟁이 본격화하고 있다. 차제에 생명과 선택을 통섭하는 프로 휴머니티(pro-humanity)의 지혜를 기대한다. (2010.2.5)

전기자동차와 소음

모터 사이클 '할리 데이비슨'의 특징은 무엇보다 우렁찬 배기음이다. 엔진의 연소 주기를 심장 박동수와 연계시켰다고 한다. 그래서인가. 시동을 거는 순간 젊은이의 심장이 고동치는 것은. 1969년도 영화 '이지 라이더'에서 할리는 기성세대에 대한 항거이자 거침없이 질주하는 젊음을 상징했다. '터프 가이' 영화배우 최민수도 '호그 (HOG)족'으로 알려져 있다.

할리는 특유의 배기음에 대해 94년 특허를 출원하기도 한다. 복잡한 절차에 결국 포기했다고 하지만. 한국에 수입되는 할리는 법규에 따라 배기음이 80데시벨(db) 이하로 조정돼 있다. 따로 조작하지 않는 한 우렁찬 배기음을 감상하기 어렵다. 스포츠카의 대명사 페라리도 마무리에서 가장 신경 쓰는 것이 엔진 배기음이라고 한다. 금속성 박동으로 지축을 흔들며 질주하는 모습은 스포츠카 매니어들의 로망이다. F1의 묘미도 레이싱 카가 내뱉는 찢어지는 듯한 굉음 아닐까. 그런가 하면 고급 세단은 너무 조용해서 탈이다. 시동이 꺼진 줄 알고 키를 돌리다 '키릭키릭' 하는 불쾌한 소리를 듣게 되는 것이다. 그래서 재규어는 정속으로 주행할 때 '테너 C' 높이로 조절된 엔진음을 차내로 흘려 보낸다고 한다.

문제는 전기자동차다. 내연기관 없이 전기와 모터로만 움직이니 소음이 없다. 시속 40km 이하로 달리면 바퀴와 노면 사이에 마찰음도 없다. 보행자의 안전에 적신호가 켜진 것이다. 롤스로이스가 처음 나왔을 때 소리 없이 유령처럼 다가온다고 해서 '실버 고스트'란 별명을 얻었다. 지금 모델도 유령이란 뜻의 '팬텀'이다.

한때는 자부심이었던 이 무소음이 안전상의 문제로 대두된 것이다. 현재 미국 의회는 디지털 카메라에 사생활 보호 차원의 '셔터음'을 규정한 것처럼, 전기자동차에도 안전 차원의 적당한 소음을 강제하는 방안을 검토 중이다.

그러자 벌써 전기자동차용 주행음을 파는 회사가 생겼다. 모토는 'ppp보호'다. 사람(people)과 애완동물(pet)과 지구(planet) 말이다. Mp3로 다운로드하는데, 제트기·모터사이클·스포츠카 소리가 대표 상품이다. 장중한 협주곡과 부드러운 소나타, 새 소리도 있다. 기분에 따라, 도로 여건에 따라 마음대로 고르라는 것이다. 우리나라도 다음 달부터 전기자동차가 도로를 주행하게 된다. 전기자동차가 많아지면 도로는 과연 어떤 소리로 가득할까. 제멋대로 주행음에 '불협화음을 위한 협주곡'이 되지나 않을까 지레 걱정이다. (2010.3.27)

심리전

초(楚)의 항우가 한(漢)의 유방에 쫓겨 해하(垓下)에 포위된다. 만감이 교차하며 잠 못드는 밤, 구슬픈 노랫가락이 들려온다. 초나라 노래다. 사방을 에워싼 한나라 군사들 속에서 흘러나온다. 항우는 "한이 이미 초를 점령했단 말인가" 하며 탄식하고, 사기가 꺾인 군사는 지리멸렬한다. '사면초가(四面楚歌)'의 연원이자 '심리전'의 백미(白眉)다.

현대전에서도 심리전은 필수 요소다. 대표적인 것이 라디오 선무(宣撫) 방송. 태평양전쟁 때 미군은 NHK를 통해 들려오는 여인에 미혹됐다. 미군의 얼굴 없는 연인, '도쿄 로즈'다. 미국 국적이었던 그녀는 종전 후 반역죄로 처벌된다. 베트남전쟁 때는 '하노이 한나'가 있었다. "투홍(가을 향기)입니다"로 시작하는 그녀 역시 미군의 마음을 흔들었다. "남의 나라 전쟁에서 의미 없이 죽어가고 있다"는 달콤한 목소리가 총포보다 강력했다는 평가다. 본명은 찐티웅오로, 종전 후 1급 훈장을 받는다.

6·25전쟁 때는 '삐라(전단)'가 주요 심리전 도구였다. 백선엽 회고록에 따르면 유엔군이 뿌린 삐라는 1000여 종에 25억 장이었다고 한다. 보통 엽서만 한 크기로, 한반도를 20번 덮을 수 있는 양이다. 쌀밥에 조기 구이 그림을 그려놓고 "유엔군으로 넘어와 배부르고 안락하게 생활한다"는 유혹, "중공군은 좋은 무기, 북한군은 못쓸 무기를 준다"는 이간질, "항복하면 살려준다"는 심리 교란이 주 내용이다. 삐라는 휴전 이후에도 계속된다. 냉전시대 남북 간 '소리 없는 종이 폭탄'인 셈이다. 서로 '잘 먹고 잘 산다'는 체제선전이 주류다. 1980년대 중반 북으로 날린 삐라에는 배우 원미경의 사진에 '의거 월남' 보상금으로 황금 80만7700그램을 제시한다. 이에 북한은 춤추는 여인의 그림과 함께 사병 1억1100만원, 장성은 3억3300만원을 준다고 응수한다. 그런데 효과는 있었나.

말로 하는 심리전도 있다. 삼국지에는 욕설로 상대편 장수의 마음을 흔드는 장면이 많다. 소위 격장지계(激將之計)다. 이준익 감독의 영화 황산벌에서도 신라와 백제 간 욕설전이 질펀하다. 확성기는 이런 심리전의 현대적 도구랄까. 10km 이상 떨어진 적의 귀를 집요하게 공격한다. 정부가 천안함 폭침 대응으로 심리전 재개를 선언하자 북한이 협박으로 맞선다. 마치 치킨게임 형국이다. 손자병법 군쟁(軍爭)편은 '부대는 사기를, 장수는 심리를 빼앗으라(三軍可奪氣 將軍可奪心)'고

했다. 남북은 현재 심리전 중이다. (2010.5.28)

여론조사 오류

선거 여론조사는 시작부터 '오류'였다. 1824년 미국 대통령 선거에서 존 퀸시 애덤스와 앤드루 잭슨이 붙었다. 당시 해리스버그 펜실베이니언 신문은 기자를 동원해 여론을 수집했다. 결과는 잭슨의 당선. 하지만 실제로는 애덤스가 선출됐다. 표본 집단이 너무 적었다.

1936년 선거에서 리터러리 다이제스트는 1000만 장의 인기투표 용지를 발송하고 230만 장을 회수했다. 집계 결과 공화당의 앨프리드 랜던이 민주당의 프랭클린 루스벨트를 압도적으로 눌렀다. 하지만 뚜껑을 열자 거꾸로 루스벨트가 61%의 득표율로 재선에 성공한다. 표본 집단의 양이 아니라 편향성이 문제였다. 전화가입자와 자동차 소유주의 주소록을 활용했는데, 이는 공화당 지지 성향의 중산층이었다. 이 틈에 조지 갤럽이 두각을 나타낸다. 그는 샘플링 기법을 적용, 표본의 양보다 질로 승부해 루스벨트의 당선을 예측한다. 갤럽도 1948년 대선에서는 트루먼의 당선을 맞히지 못했다. 부동표를 감안하지 못했던 것이다.

이렇게 조사기법이 발달해 왔지만, 그럼에도 틀린다. 그때마다 조사기관은 그럴싸한 이유를 찾는다. 대표적인 것이 독일의 사회과학자 엘리자베트 노엘레-노이만의 '침묵의 나선' 이론. 자기의 의견이 우세하다고 여기면 목소리가 커지고, 열세라고 인식하면 침묵한다는 것이다. 요즘 말로 '숨은 표'다. '브래들리 효과'도 있다. 1982년 미국 캘리포니아 주지사 선거에서 민주당의 흑인 후보 톰 브래들리가 공화당의 백인 후보를 이기는 것으로 여론조사 결과가 나왔다. 하지만 실제는 달랐다. 2008년 대선에서는 버락 오바마에 대한 백인들의 역(逆) 브래들리 효과에 관심이 모아지기도 했다. 그러면 유권자 전수(全數)조사를 한다면 완벽한 예측이 가능할까. 글쎄다. 조변석개(朝變夕改)하는 내 마음 나도 모른다. 미국 심리학자 로버트 펠드먼이 실험한 결과 모르는 상대에게 일반적으로 10분에 세 차례 크고 작은 거짓말을 하더란다.

이번 6·2 지방선거에서도 여론조사가 도마에 올랐다. 하지만 "예상 밖…"은 정치권의 안이함을, '숨은 표'와 '모바일 효과'는 조사기관의 무능함을 드러내는 것 아닐까. 민심을 깊이 살피기보다 유력 후보에 쏠리는 '밴드왜건'이나 동정표를 구하는 '언더독' 효과만 노린 것은 아닌가. 민심의 뿌리는 깊다. 온갖 '바람'에도 흔들리지 않는 '풀뿌리'다. (2010.6.4)

재산 절반 기부운동

재산은 모으기도 어렵지만, 지키기도 어렵다. 그래서 장자(莊子)는 재산을 지키려 궁리하는 것은 도둑을 위해 준비하는 것과 같다고 설파했다. "상자를 열고, 주머니를 뒤지고, 궤짝을 여는 도둑에 대비하려면 반드시 끈으로 묶고, 자물쇠로 채운다. 이것이 세상의 지혜다. 그러나 큰 도둑은 궤짝을 지고, 상자를 들고, 주머니를 둘러메고 달아나면서 끈과 자물쇠가 끊어지지 않을까 걱정한다. 그러니 세상의 지혜라는 것은 큰 도둑을 위해 재물을 잘 꾸려두는 것 아닌가."

그럼에도 부(富)에 대한 갈망은 원초적이다. 성경에서 '낙타가 바늘귀를 통과하는 것이 부자가 하늘나라에 들어가는 것보다 쉽다'고 한 것은 이를 경계한 것이다. 비록 오역(誤譯) 논란이 있지만. 아람어 원어로는 밧줄(gamta)인데 필사본을 만들던 사람이 낙타(gamla)로 잘못 옮겼다는 설(說)이다. 그래도 밧줄이나 낙타나 바늘귀를 통과하기 어렵기는 마찬가지다.

우리도 재물과 관련한 '금언(金言)'이 있다. '견금여석(見金如石)'이다. 황금을 보기를 돌같이 하라는 얘기다. 고려의 명장 최영(崔瑩) 장군 부친의 유언으로 알려져 있다. 그래서인가. 최영은 부귀공명을 누릴 위치에 있었음에도 한없이 청렴하고 절제했다. 아예 탐욕이 없어 무덤조차 풀이 나지 않은 '적분(赤墳)'의 주인공이다. 이 모두가 '공수래공수거(空手來空手去)' 인생에서 손에 잡히는 부(富)의 덧없음을 가르친다.

마이크로소프트의 빌 게이츠와 투자의 귀재 워런 버핏이 '재산의 절반 기부' 운동을 벌이고 있다고 한다. 포브스 '400대 미국 부자' 리스트가 대상이다. 모두가 동참하면 6000억 달러에 이른다고 한다. 지난해 5월 첫 모임에는 석유 재벌 데이비드 록펠러와 마이클 블룸버그 시장, 오프라 윈프리 등이 참석했다.

워런 버핏은 2006년 재산의 85%인 370억 달러를 빌 & 멀린다 게이츠재단에 기부한 바 있다. "부자로 죽는 것은 부끄러운 일"이라는 앤드루 카네기의 가르침을 따랐다고 한다. 조선의 거상(巨商) 김만덕도 있다. 제주에 흉년이 들자 전 재산을 털어 구휼에 나섰다. 부의 사회 환원이다. 이처럼 '청부(淸富)'는 창고가 아니라 사람들의 가슴에 쌓는 것이다.

버핏은 "자녀에게 재산을 너무 많이 남기면 아무것도 하지 않는다"고 했다. "물고기를 주어라. 한 끼를 먹을 것이다. 물고기 잡는 법을 가르쳐 주어라. 평생을 먹을 것이다." 탈무드의 가르침이다. (2010.6.18)

터치폰과 진화

인간이 나무에서 내려와 처음 '호모(Homo)' 속(屬)으로 분류된 게 도구를 사용하면서다. 바로 '호모 하빌리스'다. 손을 잘 쓰거나, 도구를 사용한다는 뜻이다. 손을 쓰면서 두뇌 용량이 커지기 시작했고, 이때부터 인류가 진화의 고속도로에 오른다.

손가락과 두뇌 발달의 상관관계는 과학적으로 규명돼 있다. 그러자 요즘 손가락을 이용한 치매예방법도 나왔다. 양손을 펴고 먼저 한 손의 엄지를 꼽은 뒤 이 손의 검지와 다른 손의 엄지부터 동시에 꼽아간다. 열을 세면 원위치로 돌아온다. 순차 꼽기다. 이때 두뇌 세포가 활성화되는데, 적외선 촬영장치로 보면 혈류의 증가가 뚜렷하다.

그래선가. 젓가락 문화와 지능을 연계하기도 한다. 중국에서는 요즘 신혼부부 선물로 '아동 지능 젓가락'이 인기다. 젓가락 중간에 엄지와 검지, 중지를 끼울 수 있도록 고리가 붙어 있고, 꼭대기에는 인형이 달려 있다. 일찍부터 젓가락을 사용하면 천재가 된다는 상술이다. 그렇다면 한국형 젓가락이 더 천재적 아닐까. 중국은 굵고 길다. 먼 곳의 기름진 음식을 집기 위해서다. 일본은 짧고 끝이 날카롭다. '이치닌마에(一人前)' 밥상인 데다 공기를 들고 먹기 때문이다. 반면 한국은 적당한 길이에 끝부분이 넓적하면서도 예리하다. 콩은 물론 심지어 깨도 집는다. 이런 미세함이 소프트파워의 원천이 될 수 있다. 게다가 글씨는 또 어떤가. 선과 점에 원과 네모 등 도형이 가미된 그야말로 기하학적 조합이다. 사람을 평가하는 신언서판(身言書判) 기준에서 '서(書)'는 글씨를 통해 사람됨뿐만 아니라 '지능'까지 짐작하는 것인지 모른다.

그런데 진화의 최첨단에 선 현대인은 손 쓸 일이 줄었다. 글 대신 타이핑, 메모 대신 녹음이다. 비록 '독수리 타법'이라도 제법 손가락들을 놀렸는데, 이제 손가락 하나면 족하다. 아이폰·구글폰 등 터치 시대인 것이다. 게다가 두뇌를 쓸 필요도 없다. 구글이 가장 싫어하는 사람이 로댕이란다. 생각하는 사람 말이다. 키워드만 넣으면 알아서 생각까지 대신 해 주는데, 사람들이 생각을 시작하면 구글의 미래가 어둡다는 웃을 수 없는 우스개다. 그렇다면 '인류 오디세이'는 어디를 향하는 것일까. 퇴보할까. 아니면 '1인 지능'이 '다중(多衆) 지능'으로 형태만 바꿔 적응하는 것일까. 마치 개미처럼. 인간 개개인의 독자성이 집단화에 매몰된 요즘, 감성적 터치폰의 확산에서 '모바일 매트릭스'에 갇힌 인류를 상상하면 비약일까. (2010.6.30)

사육 곰

미련하기 곰 같다고 하지만, 모르는 얘기다. 때맞춰 연어의 길목을 지키는 슬기로움, 민첩하게 움켜쥐는 모습엔 그저 탄성만 나온다. 벌통에서 꿀을 따는 지혜는 어떤가. 서커스에서 조련사는 곰에겐 사자나 호랑이와 달리 채찍을 안 쓴단다. 먹이로 달래면 알아듣는 것이다. 나름대로 영민한 동물이다. 그래선가. 인간은 예부터 곰과 친했다. 우선 크기와 생김새가 비슷하다. 특히 곰이 두 발로 서서 앞발을 내저으며 포효하는 모습에서는 직립(直立)의 동질감도 느꼈을 것이다. 세계 곳곳에 곰을 조상 혹은 자손으로 노래하는 설화가 많은 이유다. 우리의 단군신화가 대표적이다. 아메리카 체로키 인디언의 조상도 곰이고, 북부 러시아에도 이런 유의 민담이 많다.

하지만 서로 닮았다는 착각이 서로에게 고통을 안기는가. 독일 작가 베른트 브루너는 '곰과 인간의 역사'에서 "모든 악연(惡緣)은 곰을 인간과 동일시하면서 싹텄다"고 했다. 그는 "인간은 곰을 받들다 죽였고, 어르다 괴롭혔고, 보살피다 먹었고, 존중하면서 멸시했다"고 설파했다. 친구가 곧 적(敵)인 셈이다. 인간세계처럼.

맞는 말이다. 어쩌면 그 반대로 지구상 모든 생물에게 인간이 적일 것이다. 영화 '매트릭스'에서 워쇼스키 형제는 요원 스미스를 통해 뇌까린다. "인간은 포유류가 아니야. 모든 포유류는 환경과 조화를 이루지. 그런데 인간은 자연자원을 모두 소모해. 그러곤 옮겨가지. 바이러스처럼." 그러면서 인간이 '질병'이라고 일갈한다.

그런 점에서 우리나라 곰은 더 슬프다. 건국의 어머니가 웅녀(熊女) 아닌가. 한데 공존은커녕 쓸개만 탐한다. 공작은 아름다운 깃털, 호랑이는 가죽 때문에 죽는다. 곰은 바람에 말린 쓸개-웅담 때문이다. 급성질환과 소아병에 특효란다. 야생동물에게 동의보감은 살생부(殺生簿)다.

세계에서 곰을 죽이기 위해 키우는 나라가 두 곳, 한국과 중국이다. 그나마 한국에선 발바닥이라도 성할까. 현재 전국 농가에서 웅담을 얻으려 사육하는 일반 곰이 1400여 마리라고 한다. 이에 녹색연합이 9일부터 곰 사육 폐지 특별법 제정운동에 나선다. 국제적 멸종위기종인데, 부끄러운 사육을 폐지하자는 것이다.

이럴 때 곰은 어떻게 해야 하나. 지리산에 풀어주지도, 태어난 동남아로 보내주지도 않을 것 같다. 혹시라도 앞일을 모르니, 쓸개라도 빼 주고 자손을 퍼뜨릴까. 아니면 야생의 자유 없는 속박의 굴레를 '절멸(絶滅)'로 벗을까. 곰도, 인간도 어려운 선택이다. (2010.7.7)

악역(惡役)

조커가 없는 배트맨은 어떨까. 그저 조무래기나 상대하는 '용감한 시민' 신세 아닐까. 한데 지략과 책략이 뛰어난 '악당본색(惡黨本色)' 덕분(?)에 배트맨도 '수퍼 히어로'의 면모를 과시할 수 있었던 것은 아닐까. 영화에서는 아카데미상에 빛나는 잭 니컬슨, 지난해 타계한 청춘의 우상 히스 레저가 연기한 '악역(惡役)' 조커의 존재감이 오히려 주인공을 압도할 정도였다.

이처럼 극에서의 '악역'은 주인공을 돋보이게 하는 캐릭터다. '수퍼맨'의 렉스 루터, '스파이더맨'의 고블린과 닥터 옥토퍼스가 그렇다. 007시리즈의 제임스 본드 역시 제1탄 '살인번호'의 닥터 노, 최근작 '카지노 로얄'의 르 쉬프르가 없다면 단지 매력적인 플레이보이에 불과했을 것이다.

악역이 없으면 맥 빠지는 게 서부극이다. 리 밴 클리프는 무법자 역(役)으로 독보적이다. 데뷔작 '하이 눈'에서 그의 불량함은 째깍째깍 시계 소리와 더불어 극적 긴장도를 한껏 높인다. 결국 '각본대로' 주인공 게리 쿠퍼의 총에 쓰러지면서 영웅 탄생을 돕지만. '석양의 무법자'에서는 '나쁜 놈(The Bad)'으로 출연, '좋은 놈(The Good)' 클린트 이스트우드의 희생양이 된다. 김지운 감독의 '놈놈놈'은 이 영화를 패러디했는데, '나쁜 놈' 이병헌은 너무 멋있어 주인공이 빛을 잃었다. 때론 악역이 더 주목을 받는다. 역사 드라마 선덕여왕의 '미실'이 대표적이다. 제목이 선덕여왕인데도 시청자들은 무한권력의

'미실'에 반했다. 나중엔 브레이크 걸린 권력의 눈물까지 가슴 아파 했다.

실제 역사에서는 어떤가. 권력투쟁의 승자는 악역이라도 결과적 지선(至善)인가. 소설 삼국지에서 악역은 단연 조조다. 때론 그의 야박함이 유비의 후덕함을, 얕은 권모술수가 제갈공명의 신출귀몰(神出鬼沒)한 용병술을 돋보이게 한다. 하지만 결국 조조의 위(魏)는 유비의 촉(蜀)을 멸하고 후한(後漢)에 이어 정사(正史)의 주인공이 된다. 역사에서 악역은 대부분 시대의 변곡점에 서 있다. 고려를 멸하고 조선을 세운 태조, '단종애사(端宗哀史)'의 세조가 그렇다.

최근 청와대 한 수석비서관이 "신성일·김진규 역할을 하고 싶었는데, 허장강·박노식도 필요하다"고 소회를 피력했다. 그렇다면 주인공을 빛내고 스러지는 '악역'이었다는뜻인가. 시대적 구설(口舌)을 온몸으로 받아내는 역사의 '악역'을 뜻한 것은 아닌가. 후자라면 그역이 태조의 정도전일지, 세조의 한명회일지 궁금하다. (2010.7.15)

40세

공자는 논어(論語) 위정편에서 '나이 사십에 불혹(不惑)'이라 했다. 그러나 공자쯤이니 세상사에 미혹(迷惑)되지 않지, 일반인에게 40세는 온갖 유혹의 한 중심이다. 그래서 '꾐에 혹하기 쉬운 때이니 중심을 잘 잡으라'는 경구로 받아들이는 게 합당하다. 미국의 링컨 대통령이 '40세가 넘은 사람은 자신의 얼굴에 책임을 져야 한다'고 한 것과 같은 맥락이다.

그럴 것이 40세는 인생의 반환점이자 변곡점(變曲點)이다. 한국인의 남녀 평균수명도 80.1세가 아닌가. 인생 이모작에 성공한 기업가도 대부분 40세에 달리던 궤도에서 벗어나 새로운 선로를 찾았다. 장자크 루소가 "10세는 과자, 20세는 연인, 30세는 쾌락, 40세는 야심, 50세는 탐욕에 움직인다"고 설파한 것과 맞아떨어진다. 야심이야말로 성공의 추동력일 테니까.

40세는 역사적으로도 전환점이다. 이슬람교의 창시자 마호메트가 유일신 '알라'로부터 선택됐다는 소명의식에 확신을 갖게 된 것도 40세 때다. "산아, 내게로 오라" 하며 이산(離山)의 기적을 통해 오늘날 유대교·기독교와 더불어 '한 뿌리 세 종교'의 고리를 구축한 시점이다. 불후의 역사서 '사기(史記)'를 저술한 사마천이 궁형(宮刑)을 받은 것도 40세쯤이다. 그의 분노가 없었으면 '역사'도 없었다. 독일을 침공한 나폴레옹이 피란 중이던 괴테를 만난 것도 40세다. '젊은 베르테르의 슬픔'을 일곱 번 읽었다는 나폴레옹은 괴테와 대화에서 제국보다 큰 인간을 느낀다. 이 또한 현대사의 전환점일 터다.

한자로 쓰여진 저술로는 한·중·일 3국을 통틀어 가장 방대한 양을 남긴 다산(茶山) 정약용이 전라도 강진으로 유배된 것도 40세 때다. 이때부터 18년간 '목민심서'를 비롯해 숱한 실학(實學)의 진수를 지었다. 송강(松江) 정철이 율곡(栗谷) 이이의 충고에 벼슬을 내놓고 낙향한 것도 이 나이다. 대한민국의 대통령도 선거일 현재 40세가 넘어야 한다. 국회의원은 25세의 젊음도 괜찮지만, 대통령은 그래도 '불혹(不惑)'이어야 한다는 거다.

그런데 한국의 40대 남성은 가장 불행한 집단이란다. 한국심리학회의 조사 결과다. 아이러니컬하게도 가장 행복한 집단은 40대여성이다. 남자는 경쟁과 유혹에 시달리는 반면 여자는 가사와 육아에서 벗어나 해방감을 만끽하기 때문이란다. 그렇다면 남자들이여, 자부심을 가져라. 절반의 행복을 위해서라면 절반의 불행을 감수할 수 있지 않겠나. 사랑의 이름으로 말이다. (2010.8.19)

난청과문(難聽寡聞)

총리와 장관 후보자에 대한 국회 인사청문회가 사자성어(四字成語) 학습장이 됐다. 다만 부정적 예문이 대부분인 게 안타깝다. 먼저 아전인수(我田引水)다. 다들 '위장전입이 뭐 어떠냐'는 투다. 자녀의 학업을 위해선데 말이다. 쪽방촌 매입은 투기가 아니라 투자란다. 노후대비란 것이다. 이쯤 되면 견강부회(牽强附會)가 맞다. 남이 하면 불륜, 내가 하면 로맨스다. 법적·도덕적 흠결(欠缺)을 인지상정(人之常情)으로 호도(糊塗)하며 어물쩍 넘기는 거다. 일국의 지도자로서 후안무치(厚顔無恥)다. 낯가죽이 두꺼워 부끄러움을 모른다는 말이다.

의원들의 뭉툭한 질문에 후보자 대응은 동문서답(東問西答)이다. 노무현 전 대통령의 차명계좌 발언이 그렇다. 조현오 경찰청장 후보자는 그저 죄송하다고 한다. 뭐라고 물어도 같은 대답이다. 우이독경(牛耳讀經)에 마이동풍(馬耳東風)이 무색하다. 근거가 있다 없다 확답은 피하면서 "밝히는 것이 부적절하다"고 여운을 남긴다. 마치 뭐가 있는 것처럼 꾸미는 허장성세(虛張聲勢)인지, 실제 알맹이가 있는지 애매모호(曖昧模糊)하게 만든다.

어제 했던 증언도 오늘 바꾼다. 김태호 총리의 6억원 대출 주체가 밤사이에 바뀌었다. 손바닥 뒤집어 구름을 만드는 번수작운(飜手作雲) 식이다. 청문회장에서 허리를 90도 굽혀 인사하는 이재오 특임장관 후보자에게 과공비례(過恭非禮)라 지적하면 그의 진정성을 몰라주는 것일까. 이런저런 질타책망(叱咤責望)에도 후보자들은 오불관언(吾不關焉) 태세다. 자고로 간신(奸臣)은 일신영달(一身榮達)을 위해 군왕을 이용하고, 충신(忠臣)은 나라를 위해 자신을 버렸다. 간신은 현대의 '예스 맨'쯤이다. 자신을 위해 보스를 이용하고 호가호위하는 인사다. 이들이 자신을 던지지 않고 버티는 것은 믿는 구석이 있어서일까. 잘잘못의 경중도 난형난제, 어차피 초록동색이어선가. 그야말로 듣지 않고, 들은 것도 없는 난청과문(難聽寡聞) 청문이다.

인사권자도 진퇴양난(進退兩難)일 듯싶다. 좌고우면(左顧右眄) 없이 기호지세(騎虎之勢)로 내달리느냐, 쓴소리를 양약고구(良藥苦口)로 받아들이느냐다. 자업자득(自業自得)이다. 민심은 천심이요, 순천자흥(順天者興)이라 했다. 몸을 낮춰 고육지책(苦肉之策)에 읍참마속(泣斬馬謖)까지 고민하면 다행이다. 자칫 실기(失機)하면 만사휴의(萬事休矣)요, 만시지탄(晩時之歎)이면 모두의 불행일 터다. (2010.8.26)

북한산 둘레길

등산도 세 단계가 있다. 먼저 후진국형이다. 여기서는 산이 좋아 산에 가는 게 아니다. 땔감과 먹을거리를 위해서다. 그래서 대부분 민둥산이 된다. 세계 최빈국인 네팔은 벌목을 엄격하게 금지하고 있다. 유엔이 이를 조건으로 국가 예산의 30% 상당을 지원한다. 지구적 차원의 환경 보호를 위해 히말라야 산림을 보전하려는 것이다.

다음은 개발도상국형이다. 시간을 재며 '고도 높이기'에 열중한다. 빨리빨리 속도전이다. 정상 정복을 인생의 목표 달성과 동일시한다. 왜 오르느냐 묻지 말란다. 에드먼드 힐러리의 "산이 거기에 있기 때문에"가 아니다. 시시포스 앞에 놓인 욕망과 숙명의 산이다. 이번에 밀어 올리면 바위가 더는 굴러 떨어지지 않을 것 같은, 그래서 성취의 기쁨이 한없이 지속될 것 같은 등산이다. 올라가도 내려와야 하며, 또 다른 산이 기다리고 있다는 부조리한 진실을 애써 외면한다.

길이 끝나는 곳에서 등산이 시작된다는데, 우리네 산은 사통팔달 (四通八達)이다. 서울 주변의 불암산·수락산·도봉산·북한산엔 아예 고속도로가 났다. 이름이 '불수도북'이다. 주파시간은 24시간이란다. 그리하여 히말라야의 사나이 엄홍길도 가끔 북한산에서 체면을 구긴다. 높이가 에베레스트(8848m)의 10분의 1도 안 되는 836m다. 그런데 초보 등산객들이 엄홍길을 휙휙 추월하는 것이다.

이런 산행에 최근 변화가 생겼다. 둘레길이다. 강화도에서 시작해 지리산과 내장산·월출산을 거쳐 북한산에도 생겼다. 이는 위를 향해 오르는 게 아니라 옆으로 도는 산길이다. '앞으로 나란히'의 무한경쟁에서 벗어나 '좌우로 나란히'의 공존공영 시대를 반영한 것일까. 굳이 정상까지 오르지 않아도 산록을 거닐며 자신을 찾는 산행이다. 바로 트레킹이 발달한 선진국형이다. 국립공원관리공단은 적극 환영이다. 모두가 정상에 오르니 산꼭대기 훼손이 심했다는 것이다.

물론 정상이 아니면 "야호~"를 외치기 멋쩍다. 또 전문가는 몇 십 m만 부족해도 실패라며 시시비비다. 하지만 꼭 정상에 올라야 산을 아는 건 아니다. 오히려 오르는 길에선 산을 보지 못한다. 앞선 이의 뒤꼭지나 봤을까. 산자락 곳곳에 깃든 수많은 절경과 애틋한 사연을 놓치는 것이다. 이를 더듬는 것이야말로 '나를 찾아 산을 찾는' 것 아닐까. 세상의 지붕을 거닌 엄홍길이 사람의 가슴에 베이스캠프를 치겠다는 것도 비슷한 맥락이다. 최근 개방된 총 길이 44km 북한산 둘레길이 서울시민 가슴에 배려와 여유를 찾아줬으면 좋겠다. (2010.9.2)

조랑말 레이스

첨단 승용차보다 비싼 원시 교통수단은? 정답은 말이다. 스포츠카와 종마(種馬)는 서로 닮았다. 잘 달리고, 비싸며, 여성이 사랑한다. 스포츠카의 대명사 페라리도, 포르셰도, 포드 머스탱도 엠블럼이 말이다.

말의 본능은 빨리 달리는 거다. 그래서 입으로 하는 말은 길게, 달리는 말은 짧게 발음하는지 모른다. 장단상교(長短相較)라 했다. 길고 짧은 것은 대봐야, 누가 빠른 지는 달려봐야 안다. 경마의 '더비(Derby)', 경주차 'F1'의 존재 이유다.

우리나라 경마는 1922년 조선경마구락부가 발족하면서 시작됐다. 광복과 6·25를 거쳐 54년 뚝섬에서 본격 경마시대가 열린다. 70년대 뚝섬을 휩쓸던 경주마는 '에이원'이었다. 호주산인데, 앞다리에 'A1'이란 낙인이 찍혀 있어 그렇게 불렀다. 전성기엔 25연승을 기록했던 '독재자'였다. 당시 주로(走路)는 시계 방향의 '우향'이었다. 88서울올림픽을 치르며 과천시대가 열린다. 이때 주로는 '좌향'으로 바뀐다. 자연히 왼쪽 선회에 강한 기수들이 재미를 봤다고 한다.

역대 그랑프리 우승마의 이름은 묘하게 시대상황과 어울린다. YS 때는 '기쁜 소식', DJ때는 '새강자'와 '다함께', 참여정부 때는 '섭서디(Subsidy)'가 휩쓸었다. '섭서디'는 보조금이란 뜻인데, "지면 섭섭하지"로 통했다. 현재는 '동반의 강자' 시대다. 재작년과 작년 그랑프리를 2연패했다. 작금의 정치 상황에 이름이 오버랩 된다.

경주마는 대부분 영국 암말과 아라비아 수말을 교배한 서러브레드(Thoroughbred) 종이다. 이들과 견줄 수는 없지만, 매 주말이면 제주경마공원에서 '그들만의 레이스'가 펼쳐진다. 바로 '조랑말 경주'다. 천연기념물 347호인 제주마 경주, 제주산 말을 통칭하는 한라마 경주로 나뉜다. 한라마 자격은 1m 37cm 이하다. '루저'의 기준인 셈이다. 그래도 우습게 볼 게 아니다. 비록 베팅 최소단위가 100원에 불과하지만, 경주는 손에 땀을 쥔다. 좀 느리면 어떤가. 우리를 대표했던 자동차도 조랑말 '포니'가 아닌가. 게다가 기록이 아니라 순위 경쟁이다.

민주당 당권 레이스가 시작됐다. 출마한 면면이 고만고만하다 해서 한 언론에서는 조랑말로 비유하기도 했다. 그래도 모를 일이다. 경주마는 단거리에 강한 것이 한계다. 하체가 약해 오래 못 달린다. 하지만 조랑말은 장거리에 강하다. 조금 쉬면 다시 원기를 차린다. 이 조랑말 레이스도 '다크 호스'가 있어야 관객을 끌 텐데. (2010.9.9)

순혈주의

1970년대 황소개구리는 '기적의 식품'이었다. 농가 수입 증대는 물론 보릿고개를 갓 넘긴 국민들에게 단백질 공급원이 될 터였다. 한데 이내 천덕꾸러기로 변한다. 전국의 하천과 저수지를 점령하면서 생태계 파괴의 주범으로 몰린 것이다. 퇴치에 나선 정부는 장관이 나서서 '남자에게 정말 좋은데' 식의 시식회까지 열었다. 그런 황소개구리가 사라졌다. 이유는 무차별 포획보다 근친교배가 초래한 자연도태라는 게 정설이다. 좁은 지역에서 끼리끼리 짝짓기를 계속하다 보니 악성 유전자가 대물림됐고, 단순해진 유전자 구조로는 새로운 환경호르몬이나 오염물질에 적응할 수 없었다는 분석이다.

진화의 모태는 불완전성이다. 완전성을 추구하는 생물들은 그래서 이종교배(異種交配)를 택한다. 완전하다면 자가분열이 최상이다. 이 점은 원시세포도 알았다. 침입(?)한다른 세균을 배척하지 않고 공존 공영(共存共榮)을 모색했다. 그 흔적이 우리의 체세포 내 미토콘드리아다. 종족의 쇠퇴와 멸절(滅絶)을 직접 경험하지 않아도 유전자에 내재된 본능으로 족외혼(族外婚)의 필요성을 알았을 지 모른다.

학문도 마찬가지다. 한 뿌리 학문끼리 교접(交接)은 변화에 취약할 수밖에 없다. 트렌드를 따라가지 못하고 경쟁력을 상실한 학문은 쓰레기와 다름없다. 미국의 아이비리그 대학이 이성(異性)·이교(異校)간 교잡(交雜)을 시도하고 있는 이유다.

하버드대의 첫 여성 총장인 드루 길핀 파우스트는 하버드 출신이 아니다. 단과대학인 브린모어대를 나왔다. 석·박사 학위도 펜실베이니아대다. 하버드대는 유에스뉴스(U.S.News) 종합대학 순위에서 부동의 1위다. 반면 브린모어대는 단과대학 중 30위다. 우리로 치면 서울대 총장에 지방사립대 출신이 보임된 셈이다. 프린스턴대 셜리 틸먼 총장은 캐나다 퀸스대 출신이며, 브라운대 루스 시먼스 총장은 딜라드대 출신이다. 이들 모두 여성이다. 한국계인 다트머스대 김용 총장은 브라운대 출신이다.

우리 대학의 학문적 동종교배(同種交配)는 심각한 수준이다. 임용 교수가 서울대 88%, 연세대 76%, 고려대 60%나 모교 출신이란다. 이들 대학 총장 또한 모두 자교(自校) 출신이다. 여성 총장은 언감생심이다. 제주의 '한라봉'은 중국계 '청견'을 일본에서 교잡해 개량한 감귤이다. 그렇지만 한라산 토양에서 세계적인 명품 감귤로 재탄생해 일본에 역수출한다. 국경 없는 학문에 원시세포만도 못한 순혈주

의의 종착점은 뻔하다. 자연도태다. (2010.9.15)

비혼(非婚)

"결혼은 새장과 같다. 밖에 있는 새는 들어가려, 안쪽의 새는 나가려 애쓴다." 프랑스 철학자 몽테뉴의 탄식이다. 해도 후회, 안 해도 후회한다는 결혼은 아담과 이브도 고민했을 명제 아닐까. 버나드 쇼는 결혼을 비즈니스로 비유했다. 되도록 빨리 결혼하는 것은 여자의, 늦게 결혼하는 것은 남자의 비즈니스란다. 결혼은 최대 유혹과 최대 기회의 결합이기 때문이다. 스테파니 쿤츠도 '진화하는 결혼'에서 맞장구를 친다. 과거 결혼의 이유는 성생활과 자녀양육, 노동력 분담과 재산축적이다. 그런데 여성의 경제적 지위향상과 피임법 발달로 그럴 이유가 없어졌다. 그래서 결혼이 '필수'에서 '선택'으로 진화했다는 거다.

그러면 시인들이 그토록 찬양하는 사랑은 뭔가. 중세와 근대사회에서 낭만적인 사랑이야말로 신분질서를 위협하는 장애물이었다고 한다. 조혼이 만연했던 것도 그 때문이란다. 비록 사랑이 결혼의 전제조건이 되면서 이혼도 늘어났다지만. 그럼에도 인류의 진화는 결혼의 산물이다. 척박한 지구환경에 적응토록 한 열쇠다. 그것이 '이기적 유전자'에 조작된 현상일지라도. 서양에 '유대인이 유럽인보다 똑똑한 이유'라는 우스개가 있다. 똑똑한 유대인은 랍비가 되고, 똑똑한 유럽인은 신부가 됐다. 그런데 랍비는 결혼하고, 신부는 독신이다. 이런 상황이 세대를 거치며 집단 진화의 차이로 나타났다는 믿거나 말거나 이야기다. 하지만 마이클 루스가 '진화의 탄생'에서 언급한 아슈케나지 유대인의 지능 발달의 예를 접하면 그냥 웃어넘기기 힘들다. 미국 유타대학의 그레고리 코크란 역시 중세 고리대금업으로 성공한 유대인의 결혼과 다산(多産)을 주목한 바 있다.

최근 비혼(非婚) 여성이 늘고 있다. '미혼'이란 말은 결혼이 필수, '비혼'은 선택이란 인식이 바탕이다. 우리만의 문제는 아니다. 미국 '알파 걸', 중국의 '성뉘(剩女)'도 이미 사회 문제. 인구가 국력이기 때문인가. 호칭으로 보면 중국 비혼녀는 '잉여' 신세인데, 우리나라에선 '금값'이다. 결혼을 서둘러 좋은 결과가 없고(셰익스피어), 온 정신을 기울여야 하는 게 결혼(입센)이다. 그래도 사랑을 어찌하랴. 마냥 눈을 높인 '앙혼(仰婚)'은 남존여비의 유습일 터. 조강지부(糟糠之夫)면 어떤가. 모든 생명체는 태어나서 죽는데, 의무이자 권리는 하나다. 꽃은 화수분을, 사자는 교미를, 사람은 사랑을 한다. (2010.11.11)

위키리크스

첨단 정보화시대 한국의 힘은 아마도 '빨리빨리'일 것이다. 광속도로 변하는 시대에 '만만디'는 곤란하다. 이 '빨리빨리'가 하와이 말로 '위키 위키(Wiki Wiki)'다. 영국이 자랑하는 브리태니커 백과사전을 덮게 한 위키피디아, 현재 세계를 뒤흔들고 있는 위키리크스의 '위키'가 여기서 나왔다. 한 사람이 아니라 여러 사람, 곧 집단지성이 빠르고 효율적이란 의미다. 위키리크스(WikiLeaks)는 말 그대로 '집단지성을 통한 누설(漏泄)'을 뜻한다. 호주 출신의 줄리안 어산지가 2006년 12월 처음 시작했다. 정부의 기밀문서를 공개하는 것이 목표다. 미국이 베트남전 확대를 위해 '통킹만 사건'을 조작했다는 내용의 '펜타곤 페이퍼'를 내부고발자 대니얼 엘스버그가 뉴욕타임스에 제보한 것이 이 프로젝트의 맹아(萌芽)라고 한다. 당시 미국 정부는 국가기밀 누설 혐의로 소송을 제기했지만, 연방 대법원은 "헌법이 언론자유를 보장한 것은 정부의 비밀을 파헤쳐 국민에게 알리도록 하기 위해서다"며 무죄를 선고했다.

그런데 이번에 미국 외교문서가 무차별 공개되면서 당사자들이 곤혹스러운 눈치다. 마치 은밀한 편지나 일기가 공개된 형국이다. 외교관들의 스파이 행위와 세계 지도자들에 대한 이런저런 평가가 '마사지' 없이 생생하게 드러난 것이다. 이탈리아 프랑코 프라티니 외무장관이 "외교가의 9·11테러"라고 표현했을 정도다. 미국은 간첩죄를 들먹이며 관계자에게 사과하는 등 전전긍긍하는 모습이다.

그러나 덮으려 할수록 호기심은 커지는 법. 바로 '스트라이샌드 효과'다. 사진사이트 픽토피아닷컴이 2003년 미국 캘리포니아 해안 사진 1만2000점을 공개했는데, 항공사진 하나가 문제가 됐다. '메모리'와 '에버그린'으로 유명한 바브라 스트라이샌드의 저택이 드러난 것이다. 그녀는 사생활 침해를 내세워 삭제를 요구하는 소송을 제기했지만, 오히려 소송으로 더욱 유명세를 타 해당 인터넷사이트에 42만 명이 방문했다. 조용히 감추려다 동네방네 소문난 격이다.

세상에 영원한 비밀은 없다고 한다. 낮 말은 새가 듣고, 밤 말은 쥐가 듣는다. 하늘도 알고, 땅도 알고, 너도 알고, 나도 아는 것이다. 그래도 비밀은 진실이 입은 옷일까. 아담과 이브도 선악(善惡)을 알고 나서 곧바로 나뭇잎으로 남녀의 차이를 가렸다. 가린다고 진실이 사라지지 않겠지만, 보여지는 무대에선 역설적으로 커튼의 역할이 큰 법이다. (2010.12.2)

e북 스토어

가까운 미래, 첨단 정보화 사회다. 여기도 계층 갈등이 있다. 빈부가 아니라 정보의 격차다. 그래서 책을 압수한다. 평등을 위해서다. 이제 소방수(fireman)는 다른 형태의 불을 끈다. 지성의 불꽃이다. 바로 책을 불태우는 것이다. '구텐베르크 시대'는 종언을 고한다. 소설가 레이 브래드베리의 '화씨 451'이 그린 디스토피아다. 화씨 451은 책이 타는 온도를 나타낸다. 섭씨로는 233도쯤이다. 마이클 무어가 9·11사태 이후 미국의 이면을 파헤친 영화 '화씨 911'은 여기서 아이디어를 얻었다. "화씨 451이 책을 태우는 온도라면, 화씨 911

은 진실을 태우는 온도"라는 것이다.

분서(焚書) 하면 진시황이다. 중국 최초 통일국가는 글자와 도량형과 수레 규격까지 통일했다. 그래야 중구난방(衆口難防)의 춘추전국시대를 실질적으로 마감할 수 있는 것이다. 다양성은 비효율의 다른 이름일 뿐이다. 그래서 백성들의 머릿속 생각까지 통일하려 했다. 훗날 거열형(車裂刑)에 처해진 승상 이사(李斯)가 맞장구를 친다. "천하는 이미 정해졌고 법령은 하나"이며, "지금을 스승으로 삼지 않고 옛날을 배우려는 것이 문제"라고 한다. 실용서를 제외한 천하의 모든 책을 불태운다. 공자가 '논어' 위정편에서 설파한 '온고지신(溫故知新)'을 철저히 부정한 셈이다. 따지고 보면 단기적인 효율을 앞세운 획일주의가 분서갱유(焚書坑儒)의 이론적 기반이었던 것이다.

그러나 인간 못지않게 생명력을 가진 것이 활자(活字)다. 글자 그대로 살아서 돌아다닌다. 바라보기만 해도 가슴속으로 뛰어든다. 그런데 폰트는 어떨까. 짧은 주파수에 단속적으로 명멸(明滅)하는 잔상(殘像)에 불과한가. 얼어버린 글자가 위상(位相)만 변화하는 것 아닌가. 그럼에도 지성의 불꽃을 피우는 부싯돌 기능은 있겠지만.

아마존의 '킨들'과 반스&노블스 '누크'에 이어 구글이 'e북 스토어'를 열었다. 파피루스로부터 시작된 '페이퍼시대'에 마침표를 찍을 태세다. 머잖아 종이는 박물관 신세가 될지 모른다. 영화 '워터월드'가 시사했듯이 흙 다음으로 비싼 잉크 냄새 나는 종이쯤으로 말이다. 마치 아이패드에 갤럭시탭까지 '화씨 451'의 소방수로 나선 형국 같다. 이들은 소설의 주인공 몬태그와 달리 불로 태울 필요가 없다. 그저 플러그만 뽑으면 된다. 그래도 '100온(on)이 불여(不如) 1오프(off)'

다. 디지털의 꿈은 결국 아날로그 상태가 아니겠나 말이다. (2010.12.9)

킹스 스피치(King's Speech)

신언서판(身言書判)이라지만 말솜씨 없는 위인도 많다. 성경에서 출애굽의 주인공 모세는 말더듬이다. 스스로 "말에 능하지 못한… 입이 뻣뻣하고 혀가 둔한 자(출애굽기4:10)"라 했다. 그러나 신은 달변(達辯)의 아론 대신 눌변(訥辯)의 모세를 택한다. 신학자 마틴 부버는 '타고난 계시의 비극'이라 했다. 모세는 파라오 앞에서 더듬거리는 말로 "ㄴㄴ내 ㅂ백성을 ㄱㄱ가게 하라"고 한다.

웅변의 달인 데모스테네스도 말더듬이였다. 발음이 부정확하고 호흡도 짧아 긴 음절은 한꺼번에 말하지 못했다. 그래서 입에 작은 돌멩이를 넣고, 가파른 언덕을 뛰어오르며 발성을 연습했다. 무엇보다 독서에 매진한다. 말보다 갈무리된 생각이 중요한 것이다. 그리스 철학자 아리스토텔레스도 말더듬이였다.

춘추전국시대 '합종연횡(合從連橫)'의 주인공 소진(蘇秦)과 장의(張儀)는 세 치의 혀로 천하를 주물렀다. 반면 진(秦)나라에 법치의 기반을 놓은 한비(韓非)는 심한 말더듬이다. 그는 혀 대신 붓으로 말했다. 대표작이 역린(逆鱗)을 들어 임금에 유세(遊說)의 어려움을 논파한 '세난(說難)'이다. 제목에서 그의 어눌함이 오버랩된다면 오버일까.

영국 총리 처칠도 말더듬이였다. '에스(S)'를 제대로 발음하지 못해 "술에 취했기 때문"이라는 비아냥도 들었다. 그러나 2차대전이 발발하자 하원에서 "나는 피, 수고, 눈물과 땀밖에 드릴 게 없다"는 연설로 국민의 마음을 움직인다. 동시대 국왕 조지 6세도 심한 말더듬이였다. 현 엘리자베스 2세의 부친이다. 형 에드워드 8세가 심프슨 부인과 '세기의 스캔들'로 하야하면서 얼떨결에 왕위를 계승한다. 호주 출신 언어치료사의 도움으로 말더듬증을 고친 그는 훗날 라디오를 통해 독일에 선전포고 연설을 한다. 능변(能辯)의 히틀러와 달리 그는 '공감의 힘'이다. 국민은 감동하고, 끝까지 영국을 지켜 마침내 승리한다. 이를 그린 영화 '킹스 스피치(King's Speech)'가 제83회 아카데미상 12개 부문 후보에 올랐다.

궤변(詭辯)과 아집(我執), 내 주장만 늘어놓는 우리 지도자들에게 공감 '스피치'는 연목구어(緣木求魚)일까. 능언앵무(能言鸚鵡)라 했다. 앵무새도 말은 한다는 뜻이다. 그런 점에서 미국 오바마 대통령의 애리조나 추모 연설에서 '51초 침묵'은 청산유수보다 강한 여백의 힘을 보여준다. 그러지도 못할 진대 소음(騷音)보다 정적(靜寂)이 낫겠다. 침묵이 금(金)이라니까. (2011.1.27)

혁명의 이름

　제(齊)나라 선왕(宣王)이 맹자(孟子)에게 묻는다. "신하가 임금을 시해(弑害)해도 되는가." 맹자가 답한다. "(임금이라도) 인(仁)을 해치면 적(賊)이라 하고, 의(義)를 해치면 잔(殘)이라 한다. 잔적(殘賊)한 자는 일부(一夫)라 한다." 임금이 아니라 한낱 필부(匹夫)라는 것이다. 천명(天命)을 내세워 은(殷)의 탕왕(湯王)이 걸(桀)을, 주(周)의 무왕(武王)이 주(紂)를 몰아낸 것을 정당화한 것이다. 바로 혁명(革命)이다. 탕무(湯武)의 유혈 혁명은 방벌(放伐), 요순우(堯舜禹)로 이어지는 무혈 혁명은 선양(禪讓)이라 한다. 요즘으로 보면 '방벌'은 성공한 쿠데타, '선양'은 투표에 의한 평화적 정권교체쯤이다.

　물이 흐름을 멈추면 썩는다. 죽은 물에 다시 생명을 넣는 것이 폭기(曝氣) 장치다. 물을 뒤집어 용존 산소량을 늘리는 것이다. 역사도 마찬가지인가. 독재(獨裁)로 정체된 사회는 필시 대중의 힘이 분출하면서 새로운 체제로 이행된다. 마르크스가 혁명을 '역사의 기관차'라고 한 이유다. 혁명에는 이름이 있다. 영국의 명예혁명은 시민의 권리를 무혈로 쟁취한 데서 이름이 붙여졌다. 미국 독립혁명은 식민 시대의 사슬을 끊는 의미다. 프랑스대혁명은 세계사에 미친 영향이 너무 커 '대(大)'라는 말이 붙었다. 그런데 우리 혁명은 숫자다. '4·19'처럼 가치중립적이다. 이는 권력 주체에 따라 성격 규정이 달라지기 때문일까. '5·16'이 혁명에서 쿠데타로 바뀌고, '5·18'은 항쟁과 운동을 오간 것처럼.

최근 세계 곳곳에서 일어난 민주화 혁명에 꽃 이름이 대세다. 2003년 옛 소련의 동토(凍土)를 녹인 그루지야의 '장미혁명'이 대표적이다. 시민들이 장미를 들고 시위를 벌였다. 혁명은 감염성이 강하고, 꽃 향기는 주머니에 싸도 퍼지는 법. 2004년 우크라이나의 '오렌지혁명', 2005년 키르기스스탄의 '튤립혁명'으로 이어진다.

혁명의 꽃 바람이 사막으로 번지고 있다. 지난해 튀니지에 '재스민혁명'이 일어났다. 재스민은 물푸레나뭇과(科)의 영춘화(迎春花)다. '봄을 맞이하는 꽃'이란 이름대로 얼어붙은 독재의 땅에 봄소식을 전하는가. 이 재스민 향기는 이집트로 번져 무바라크를 퇴진시키고, 리비아로 확산하고 있다. 단단한 얼음은 작은 송곳에 쪼개지고, 두터운 눈은 한줄기 봄바람에 스러진다. 민심은 천심이요, 역천자(逆天者)는 망(亡)하는 법. 재스민 꽃이 모래바람을 뚫고 만발하기를 바란다. (2011.2.23)

동물 복지

2007년 미국에서 동물애호주의자들이 '켄터키프라이드치킨(KFC)' 불매운동을 벌였다. 닭을 비인도적 전기충격 방식으로 잡는다는 이유에서다. 그러자 '버거킹'은 재빨리 "전기 대신 가스로 기절시켜 잡겠다"고 발표한다. '맥도널드'는 한 걸음 더 나아가 닭이 스트레스

받지 않도록 사육면적을 늘리겠다고 했다. 바로 동물복지론이다. 미국 브랜다이스대학 로버트 라이시 교수는 '수퍼 자본주의'에서 "맥도널드의 인간적 도살이란 근로자 부상을 줄이고, 더 많은 고기를 얻어내는 기법을 뜻한다"고 꼬집는다.

장자(莊子)의 양생(養生)편에 '백정의 도(道)'가 나온다. 능숙한 백정은 1년에 한 번 칼을 바꾸지만, 이 백정은 19년째 하나를 쓴다. 그는 눈이 아니라 마음으로 보며, 힘줄이나 뼈를 건드리지 않아 칼이 무뎌지지 않는다는 것이다. 유대인의 식사법 '코셔(kosher)'도 '날카로운 칼로 목을 찔러 2초 안에 죽이라'고 했다. 고통을 덜어주라는 뜻이다. 그러면 인간적일까.

1980년대 미국 LA에서 코요테를 몽둥이로 잡은 아시아계 주민이 법정에 섰다. 비인도적 동물학대죄로 기소된 것이다. 변호사는 사슴의 눈을 응시하며 방아쇠를 당기는 '디어 헌팅(Deer Hunting)'을 들어 "총은 인도적이고, 몽둥이는 비인도적이란 기준이 뭐냐"고 따졌다. 수단이 뭐든 동물에겐 죽음 자체가 비인도적이란 주장으로 무죄를 이끌어냈다. 동물에게 인간은 고통의 근원인가. 미국의 사회심리학자 멜라니 조이는 '우리는 왜 개는 사랑하고, 돼지는 먹고, 소는 신을까'에서 인간의 '육식주의'를 질타한다. 먹이사슬의 꼭대기로 자처하며 동물에 대한 연민을 외면한다는 것이다. 개라고 행복할까. 대표적인 실험 대상 아닌가. 기원전 5세기 그리스의 알크마이온은 개의 눈을 해부, 시신경을 발견해 최초의 동물실험으로 기록된다. 1902년 '파블로프의 개'는 조건반사를 증명하기 위해 종소리만 듣고도 침을 흘려야 했다. 러시아의 '라이카'는 스푸트니크에 올라 최초로 우주를 여행한 지구생명체다. 그래 봐야 장자(莊子)가 말한 '교제희우(郊祭犧牛)'다. 제삿날 잡는 소 말이다. 잘 먹고 자수 옷 입어봐야 제삿날엔 하찮은 돼지가 부러운 거다.

구제역으로 소·돼지 340만 마리가 매몰되면서 동물복지가 화두가 됐다. 가축별 사육면적을 규정하고, 안락사시키며, 매몰 대신 소각하자는 거다. 그러나 이들 동물은 그저 방역당국이 밉고, 인간의 육식주의가 원초적 슬픔 아니겠나. (2011.3.2)

밥그릇

"방아는 다 찧었느냐." 중국 선종의 오조(伍祖) 홍인(弘忍)이 묻는다. 이에 혜능(慧能)은 "방아는 찧었지만 키질을 못하고 있다"고 대꾸한다. 그날 밤 삼경(三更), 혜능은 의발(衣鉢)을 전수받고 육조(六祖)가 된다. 이때 그릇이 철발(鐵鉢)이다. 속세의 '철밥통'이나 '철그릇'은 여기서 비롯되지 않았을까. 조사(祖師)의 신표(信標)로서 그 권위에 아무도 도전할 수 없다는 뜻에서다.

그릇은 본디 담는 것이다. 용도와 재질에 따라 주발도 사기로 만들면 사발, 여자용은 바리, 국을 담으면 탕기, 이보다 작으면 조치보다. 김치는 보시기, 간장은 종지, 찬은 쟁첩이다. 또 무엇을 담느냐에 따라 대접이 달라진다. 물을 담으면 물그릇, 금을 담으면 금그릇인 거다. 물론 청자나 백자는 담지 않아도 스스로 귀하지만.

그릇은 물건만 담는 게 아니다. 사람의 그릇은 능력이나 도량이다. 국량(局量)이 크면 '큰 그릇'이다. 협량(狹量)한 이는 그릇이 좁쌀만하다고 한다. 책은 정신을 담는 그릇이요, 덕(德)은 천하를 담는 그릇이다. 이 가운데 으뜸이 밥그릇이다. 먹어야 사는 거다. 종교도 따로 없다. 스님은 밥그릇을 전하고, 성경의 주기도문도 일용할 양식을 구한다. 그런데 한의사들이 가장 싫어하는 게 밥이란다. '밥이 보약'이기 때문이란 우스개다.

윤기가 자르르 흐르는 밥은 반찬이 필요 없다. 이때 '밥맛'은 생명의 맛이다. 아무리 먹어도 물리지 않고, 단·쓴·신·짠 맛을 넘어 가슴으로 맛보는 심미(心味)다. 이런 '밥맛'의 용례가 잘못 쓰이는 것 같아 유감스럽다. "쟤는 밥맛이야"가 대표적이다. 아마도 '밥맛 없다'거나 '밥맛 떨어진다'는 말을 줄여 '밥맛'이라 하다 여기에 '…이야'가 붙어버린 것 아닐까. 이제라도 '밥맛'에 제자리를 찾아주자. "사랑하는 당신, 정말 밥맛이야"처럼.

최근 사법연수원생에 이어 변호사들까지 로스쿨을 두고 '밥그릇' 다툼이다. 타계한 소설가 박경리도 '토지'에서 "결국 인간도 밥그릇 때문에 싸워온 거 아니냐"고 했다. 생존 문제란 얘기다. 그렇더라도 생존 걱정일랑 없을 법한 법조인들이 집단행동을 벌이는 모습에 국민은 '밥맛'이 떨어진다. 국회의원들도 못지않다. 봄나물이 제철인데, 돌아오려던 입맛까지 싹 가신다. 밥그릇은 차면 넘친다. '큰 그릇'은 아무리 채워도 넘치지 않는다. 법조인과 국회의원에게 밥그릇보다 '큰 그릇'을 바라라면 연목구어(緣木求魚)일까. (2011.3.9)

과제선진국

일본의 '주쿠(塾)'는 기숙사에 서당을 합친 형태다. 미국의 '보딩(Boarding) 스쿨'쯤이다. '게이오기주쿠(慶應義塾)'와 '마쓰시타 정경숙(政經塾)'이 대표적이다. 도쿄 신주쿠의 '와케이주쿠(和慶塾)'는 남학생 기숙사인데, 주로 도쿄대·와세다대·게이오대생이 입주한다. 전후(戰後) 일본 우파 지식인들이 지방 출신 수재들을 돕는다는 명목으로 지었다. 애국심과 선후배 간 예의를 유별나게 강조한다. 그런 분위기가 싫어 이 '주쿠'를 떠났다고 무라카미 하루키는 '노르웨이 숲(상실의 시대)' 첫머리에서 밝히고 있다. 이 기숙사에선 정기적으로 사회지도층의 강연이 열린다. 2008년 4월 13일 고미야마 히로시 당시 도쿄대 총장이 강단에 섰다. 제목은 '과제선진국 일본'이다. 요지는 "선진국은 세계 초유의 과제를 세계를 대표해 해결함으로써 역사에 기여한다"는 것이다. 그는 특히 에너지 문제를 거론하며 자신의 '에코 하우스(Eco-house)'를 자랑했다. 2002년 태양전지, 열교환식 급탕, 단열 자재로 짓고 대중교통을 이용해 에너지 소비를 80%나 줄였다고 했다. 이를 '선두에 서는 용기'라고 했다. 아마도 사다 마사시의 히트곡 '바람에 마주 서는 사자'를 떠올렸을지 모르겠다. 일찍이 1970년대 약속된 부(富)와 명예를 버리고 아프리카로 자원봉사를 떠난 청년 의사 이야기다. 에너지 편익을 절제하는 것 또한 사자의 늠연(凜然)함이 필요할 테니까.

그로부터 3년, 일본은 후쿠시마 원전 문제로 고심 중이다. 훼손된

원자로를 어떻게 처리하나. 원전은 편익을 떠나 미래세대와 환경 측면에서도 훌륭한 에너지원인가. 에너지 과소비와 신재생에너지의 함수는 어떤가. 그야말로 일본은 지금 '세계의 과제'를 풀고 있는 것이다. 이를 멀찌감치 서서 바라보는 건 '이류'다. 공부하는 아이에 세 유형이 있다. 과제를 하고 놀거나, 놀고 나서 하거나, 안 하는 것이다. 국가로 보면 선진국, 개발도상국, 후진국쯤이다. 선진국이 과제를 풀면 얼른 따라가는 게 개발도상국인데, 공부도 그렇듯이 놀고 나서 과제를 하는 아이가 절대 '일류'가 될 수 없다.

최근 우리나라도 원전 논의가 활발하다. 가만히 앉아 일본이 푼 해답을 '커닝'하는 것이 비용 대비 편익에서 당장은 유리할지 모른다. 하지만 신재생에너지의 복잡한 함수에 앞장서 도전하면, 우리도 '과제선진국'이 될 수 있다. 1등은 표준을 만들고, 2등은 베낀다. 베끼기만 해서는 항상 2등이다. (2011.4.6)

오차(誤差)

시인 김지하가 "밥이 하늘이다"고 외쳤지만, 중국의 요(堯)임금도 밥이 정치의 요체임을 일찌감치 알았다. 백성들이 잘 먹고 배를 두드리는 모습으로 선정(善政)을 확인했던 것이다. 태평성대를 뜻하는 함포고복(含哺鼓腹)의 유래다. 그런 요 임금도 오차(誤差) 때문에 고심

했다. 1년의 길이와 월력(月曆)이 맞지 않았던 것이다. 마침내 1년을 366일로 계산해 354일인 음력에 윤달을 넣어 해결했다. 요 임금 최대의 치적으로 꼽힌다. 물론 여기에도 오차가 있어 한(漢) 무제(武帝)가 19년에 7번 윤달을 두는 태음력을 완성하게 된다.

태양력도 오차를 피할 수 없다. 4년에 한 번 윤년을 둔 율리우스력(曆)도, 여기에 400년 동안 세 번의 윤년을 평년으로 한 그레고리력도 완전하지 않다. 1년 길이가 회귀년(回歸年)으론 365.2422일, 항성년(恒星年)으론 365.2564일이다. 이 또한 중력의 영향으로 조금씩 느려진다. 보정이 필요한 이유다. 본디 '스스로 그러한' 자연(自然)에는 오차가 없지만, 이를 재는 인간의 한계가 오차를 만드는 것인가. 마치 디지털이 '0'과 '1'로 아무리 미분(微分)해도 아날로그에 접할 수 없듯이.

오차의 법칙을 발견한 이는 "그래도 지구는 돈다"고 한 이탈리아의 과학자 갈릴레이다. '근삿값'에 대해 '참값'이 좌우대칭으로 분포한다는 사실을 깨달은 것이다. 그가 태엽보다 정밀한 진자시계를 발명한 것도 역법(曆法)에 밝았기 때문인데, 하늘을 살피는 과정에서 자연스럽게 '오차'를 발견한 셈이랄까.

이런 오차가 선거판에 뛰어들었다. 여론조사에서 '95% 신뢰도에 오차범위 ±3.4%' 식이다. 전수(全數)가 아니라 일정한 표본을 추출하다보니 오차가 발생하는 것이다. 발표된 지지율은 '근삿값'으로, '참값'은 오차범위 안 어딘가에 있다. 따라서 '오차범위 내 혼전'이란 말은 '지지율 수치가 의미 없다'는 뜻이다. 그런데도 후보들은 일희일비(一喜一悲)한다.

투표를 마친 표심(票心)도 진정한 민심(民心)과는 오차가 있다. 유권자 모두가 투표하지 않는 한 말이다. 투표율이 낮으면 그만큼 오차범위도 커진다. 투표로 승부는 났지만, 진정 민심을 대변하느냐는 알 수 없게 되는 것이다. 민심이 '하늘의 뜻'이 되려면 오차범위를 최대한 줄여야 한다. 이를 위해서는 표본을 늘려야 하는데 바로 투표에 적극 참여하는 것이다. 오늘 전국 38곳에서 재·보선이 치러진다. (2011.4.27)

장학금

광학보(廣學寶)는 고려 시대 장학재단이다. 정종이 불법(佛法)을 장려하기 위해 설립했다. 무상(無償)은 아니다. 미곡 15두(斗)에 연 이자가 5두다. 연리 33%로, 사실상 고리대금업이다. 가난한 학생이 무슨 돈이 있으랴. 결국 집단으로 신용불량자가 되고, '배째라' 식의 모라토리엄을 선언한다. 이에 '모자정식법(母子停息法)'을 만든다. 이자가 원금을 넘지 못하게 한 것이다.

세월이 흘러도 양상은 그대로다. 마치 한국장학재단의 원형(原型) 같다. 학자금대출로 신용불량 대학생이 급증할 판이란다. 연리 4.9%로 낮다지만, 그거야 돈놀이하는 입장에서다. 그냥 주는 '대장금(대통령장학금)'을 내세우나 일반 학생에겐 언감생심(焉敢生心)이다.

지식정보화 시대 글로벌 두뇌 유치 전쟁이 치열하다. 바야흐로 학력(學力)이 국력이다. 세계 최강 미국의 힘도 교육이 원천이다. 미국 대학이 각종 평가에서 상위권을 휩쓰는 이면에는 탄탄한 장학금이 있다. 돈으로 세계의 두뇌를 진공청소기처럼 빨아들이는 것이다. 풀브라이트 장학금이 대표적이다. 제2차 세계대전이 끝나고 1946년 설립됐다. 저개발국에 잉여농산물을 판 수익금으로 120개국 10만여 명을 미국에유학시켰다. 한국도 이현재·조순 등 1000여 명이 미국의 지적(知的)자산 증식에 기여했다. 점심도, 장학금도 공짜는 없다.

최근 대학의 '반값 등록금'이 화두다. 우리대학의 학비가 경제협력개발기구(OECD) 회원국 중 미국에 이어 둘째로 비싸단다. 틀렸다.명목 학비는 그래도 실제는 우리가 더 든다. 미국에서 '아이비리그 장학생'은 아이는 똑똑한데 부모는 가난하다는 뜻이다. 성적이 아니라 학부모의 부담 능력에 따라 재정보조를 주기 때문이다. 예일대의 지난해 학비는 3만8300달러다. 재학생 57%가 1인당 평균 3만5400달러를 받았다. 이들의 실제 학비 부담은 2900달러로, 330만원쯤이다. 다트머스대는 46.3%가 평균 3만5504달러를 받았다. 하버드대는 70%가 사실상 무상교육이다. 학생들이 돈 때문에 공부를 못 한다는 말이 없도록 한다는 명문사학(私學)으로서의 자부심이다.

반면 서울대·고려대·연세대 등 서울 시내 15개 대학의 2009년 평균 등록금은 785만6000원이다. 장학금은 수혜자 1인당 평균 166만5000원이란다. 따라서 실질 학비는 619만1000원이다. 아이비리그보다 오히려 비싼 셈이다. 장학금 아껴 건물이나 짓는다. 그러니 대학이 등록금 장사치란 말을 듣는 것 아닌가. (2011.6.1)

미봉책

소크라테스는 논쟁의 달인이었다. 문답 형식으로 상대를 자기모순에 빠지도록 한다. 그럼으로써 스스로 성찰하게 만든다. 바로 '산파술'이다. 인간이 아는 것은 오직 '모른다'는 사실뿐이다. 그리스 델포이의 아폴론 신전에 새겨진 '너 자신을 알라'는 경구의 함의(含意)다. 하지만 변론의 귀재 소크라테스도 '악법(惡法)도 법'이라며 죽음의 독배를 피하지 못한다.

소진(蘇秦)과 장의(張儀)는 설득의 달인이었다. 전국시대 강력한 진(秦)에 맞서 초·연·제·한·위·조 6국이 동맹을 맺도록 한 것이 소진의 '합종(合從)'이다. 그런데 이를 깨고 6국이 각각 진(秦)과 횡적 동맹을 맺게 한 것이 장의의 연횡(連衡)이다. 서로 창과 방패, 모순(矛盾)의 논리를 편 셈이다. 서양식 접근으로는 '통일전선'과 '분할통치'의 대결이다. 역사는 변증법이 그렇듯이 '합(合)'으로 귀결됐다. 진시황이 천하를 통합한 것이다.

쇼펜하우어는 토론의 달인이었다. 저서 '토론의 법칙'에서 논쟁과 토론에서 이기는 38가지 기술을 제시한다. 강하게 공격하려면 "자신의 권위를 최대한 활용하라"고 조언한다. 더불어 '예'라는 대답을 얻어낼 수 있는 질문을 던지라고 한다. 반박 기술로 "상대방 주장을 최대한 넓게 해석해서 과장하라"고 한다. 위기에 빠지면 "이론상으로는 맞지만 실제는 다르다"고 억지를 쓰며, 그래도 안 되면 "인신공격을 하라"고 한다.

최근 검찰과 경찰이 수사권 조정을 놓고 갈등을 빚었다. 서로 논쟁과 토론, 설득전을 펼치다 높은 분 한마디에 어정쩡하게 봉합된 모양새다. 그런데 검찰의 전략이 어쩐지 쇼펜하우어와 닮았다. 기득권 활용이나 현실론, 인권보호와 자질론을 내세운 우회적 인신공격까지. 더욱이 '예'와 '아니요'로만 대답하도록 하며 허점을 짚는 것은 검찰의 전문분야 아닌가.

그런 점에서 서강대 손호철 교수의 통찰이 번뜩인다. "검찰의 탐욕을 경찰의 탐욕으로, 경찰의 탐욕을 검찰의 탐욕으로 견제하는 것이 답이다." 하지만 현실 정치권은 미봉책(彌縫策)을 택했다. 임시변통으로 적당히 꿰맨 것이다. 연암 박지원은 만년에 '인순고식(因循姑息) 구차미봉(苟且彌縫)' 여덟 자를 병풍에 썼다. 낡은 습관을 따르고 편안함만 좇으면서 잘못된 것을 고치지 않고 임시변통으로 둘러댄다는 뜻이다. 그러면서 "천하만사가 이로부터 잘못된다"고 경계했다. '미봉(彌縫)'이 '책(策)'이어서는 안 되는 이유다. (2011.6.22)

알바 지옥

외국어를 축약하는 데 일본이 으뜸이다. 편의점이란 뜻의 '콤비니'는 영어 '컨비니언트 스토어'를 줄인 것이다. 빌딩은 '비루'다. '딩'이란 발음은 아예 뺐다. 종종 맥주를 뜻하는 '비루'와 헷갈리는 이유다. '바이토'는 노동을 뜻하는 독일어 '아르바이트(Arbeit)'를 줄인 거다. 이것만은 우리가 더 간명하다. 바로 '알바'다.

'아르바이트'는 전후 독일에서 학비를 버는 일이란 뜻으로도 쓰이게 됐다. 폐허 속에서 제대로 공부할 수 있겠나. 휴학하는 학생이 늘자 대학과 정부가 시간제 일자리를 구해준다. 교육은 국가의 백년대계인 것이다. '라인강의 기적' 이후 시간제 용돈벌이로까지 의미가 확장됐지만.

우리에겐 고학(苦學)이다. 학비를 스스로 벌면서 고생해 배운다는 뜻이다. 일본 강점기에 성행했나. 1923년 신문에 '고학을 목적하고 일본으로 오시려 하시는 여러 형님께'란 글이 보인다. 내용인즉, "신문배달은 조석간을 배달하고 이십원 내외. 밥 사먹고 나면 오륙원으로 근근이 학비는 조달할 수 있다. 우유배달은 먹고 6~7원이지만 아침저녁으로 일하니 복습이나 예습할 시간이 없다. 변소소제는 집마다 10~50전을 주지만 창피와 모욕이 말로 다할 수 없다"는 것이다. 인력거는 한 달에 10여 차 하면 학비는 되나 "단잠을 못 자고 학교에 간들 강의가 뇌(腦)에 들어갈 이치가 있겠느냐"고 했다. 그러면서 "고학(苦學)에 고(苦)는 있어도 학(學)은 없다"고 했다.

6·25전쟁 이후도 마찬가지다. 당시 신문에 1959년 입학해 1965년 고려대 법학과를 졸업한 전쟁고아 이야기가 실렸다. 신문팔이·구두닦이를 전전하다 고려대에 입학해 서대문 호떡집에서 빵을 굽고 점심은 굶어가며 졸업했다는 감동스토리다. 1969년 미국의 국제교육연구소가 파악한 한국 유학생 수는 3765명. 이 가운데 64%가 대부분 '접시닦이' 고학생으로 파악됐다.

'알바 천국'이란 구직 알선업체가 호황이란다. 하지만 실제는 '알바 지옥'이다. 구하기도 어렵지만 시간급도 짜다. 등록금 충당하기조차 어려워 '청년 백수, 만년 빚쟁이' 신세다. 여전히 고(苦)는 있지만 학(學)은 어렵다. 독일 아우슈비츠는 '아르바이트는 자유를 준다(Arbeit Macht Frei)'고 했지만, 자유는 없었다. 젊음에게 주경야독(晝耕夜讀)이 아니면 야경주독(夜耕晝讀)의 의지가 필요하다. 하지만 '알바'가 희망 없는 '젊음의 수용소'가 돼선 곤란하다. (2011.7.6)

꿈꾸는 쪽방

"단칸 쪽방에 식구들이 살을 붙여 포개어 살다, 창문 달린 집으로 이사한 날 밤 하늘이 참 예쁘고 넓다는 걸 알았다." 시인 장시아의 '까치집 사람들' 중 한 대목이다. '까치집'은 산동네에 위치한 쪽방의 별칭이다. 말 그대로 쪼갠 방이 쪽방이다. 넓이는 한 평 남짓. 최저 주거기준 9.9㎡에 못 미친다. 두 명이면 새우잠을 자야 한다.

서울 돈의동은 쪽방촌으로 유명하다. 일제강점기에는 땔감을 팔던 시장이었다. 해방과 6·25를 거치며 '종삼'이 된다. 도심 사창가다. 1968년 속칭 '나비작전'으로 된서리를 맞고, 품팔이 노동자가 자리를 대신한다. "늘어 처진 육신에 또다시 다가올 내일의 노동을 위하여"(박노해 '노동의 새벽') 기어드는 노숙 직전 마지막 주거 양식이다. 서울 종로·용산·영등포·중구에 아직도 쪽방 3508가구가 몰려 있다.

조개의 상처가 진주를 맺고, 진흙에서 연꽃이 피는가. 조세희의 소설에서 난쟁이가 작은 공을 쏘아 올린 '낙원구 행복동'도 쪽방촌이다. 소설가 신경숙이 10대 후반의 아픈 영혼을 추스른 '외딴 방' 역시 구로공단의 쪽방이다. 비록 손수건만 한 햇볕이 아쉬운 공간이지만, 꿈만은 세상을 덮는 보자기만 했던 셈이다. '꿈꾸는 쪽방'이랄까.

다락은 부엌 위에 이층을 만들어 물건을 두는 곳이다. 확장된 개념이 다락방이다. 그래도 여기는 좀 낫다. 밖으로 난 창이 있다. 소설 '소공녀'에서 하녀로 전락한 주인공 사라의 다락방. 창문은 행복한 꿈이 실제로 이뤄지는 통로다. 그래선지 소녀들은 유난히 다락방을 좋아한다. 노래도 있다. "우리 집 제일 높은 곳, 조그만 다락방. 난 그곳이 좋아요." 그 바람에 다락방을 낸 아파트가 유행이고, 다락방 인테리어도 성업이다.

이런 쪽방과 다락방이 요즘 품귀란다. 대학가 월세대란 때문이다. 서울 홍제동 노인요양시설을 개조한 대학생 임대주택 '꿈꾸는 다락방'에 8대1의 입주 경쟁이 벌어졌다. 고려대 근처의 월세 15만원짜리 '쪽방'은 방학인데도 꽉 차 있다고 한다. 쪽방의 주역이 노동자에서 등록금 빚에 몰린 대학생으로 교체된 것인가.

이지성씨는 저서 '꿈꾸는 다락방'에서 'R=VD'란 공식을 주장했다. 생생하게(Vivid) 꿈꾸면(Dream) 현실화(Realization)한다는 것이다. 등록금 장사에 혈안이 된 대학들이 그대들을 쪽방으로 내몰았어도 꿈마저 쪼가리일 수는 없지 않은가. 드넓은 쪽방의 꿈, 하늘 높은 다락방의 꿈을 위하여. (2011.7.20)

제노포비아(xenophobia)

끊어질 듯 이어지는 것이 '선(線)'이다. 생명선은 숨을 잇고, 전화선은 사랑을 잇는다. 이처럼 선의 속성은 본디 '이음'이다. 그런데 지금의 선은 '단절'이다. 너와 나, 여기와 저기를 가른다. '선을 긋다' '선을 넘는다'고 할 때 선은 '금(禁)'이다. 이 때문일까. 선과 선이 만나는 접선(接線)은 오히려 은밀하고 비밀스럽다.

다른 종족에 선을 그은 대표적인 민족이 유대인이다. '이방인'이란 말도 여기서 나왔다. 물리적 공간뿐 아니라 정신적으로도 선을 그었다. 이방인과는 통혼(通婚)조차 꺼렸다. '제노포비아(xenophobia)'의 원조 격이다. 이방인과 낯선 이를 뜻하는 그리스어 '제노(xeno)'에 공포와 혐오란 뜻의 '포비아(phobia)'가 붙었다.

우리도 비슷하다. 고대 동예(東濊) 역시 지독한 이방인 기피증이 있었다. 부족끼리도 경계선을 넘으면 노예나 말로 벌금을 물어야 했다. 바로 책화(責禍)다. 그래도 족외혼(族外婚)을 했다. 종족의 번성을 위해서는 선을 넘어야 했던것일까. 외국인을 기피하면서도 다문화 가정이 늘어나는 현실과 어쩐지 맥이 닿아 있다.

최근 노르웨이에서 저질러진 반(反)다문화 극우주의자의 테러에 세계가 전율하고 있다. '노동력의 대이동' 시대 음울한 이면(裏面)이기 때문이다. 지난해 러시아에서 '스킨헤드'로 불리는 인종주의자들이 공연장에서 테러를 저질러 10여 명이 죽거나 다쳤다. 관용이란 뜻의 '톨레랑스'로 유명한 프랑스도 근래 이주민에게 강경한 정책으로 돌아섰다. 터키 이주민에 대한 반감을 바탕으로 독일에 '네오 나치'가 등장하고 있다. 근본 배경은 '일자리'다.

진(秦)의 천하통일에 초석을 놓은 이사(李斯)도 '객경(客卿)'과 '축객(逐客)'을 오갔다. 외국인에게 일자리를 빼앗긴 신하들이 "외국인은 믿을 수 없다"고 왕을 충동질한 것이다. 이사는 초(楚)나라 사람이었다. 그의 항변은 광고 문구로도 유명하다. '하해불택세류(河海不擇細流)'다. 황하와 바다는 작은 물줄기도 가리지 않고 받아들여 깊다는 얘기다. 왕 역시 뭇 백성을 물리치지 않아 덕(德)을 밝힐 수 있었다고 주장한다. 현대적으로 보면 대국(大國)은 외국인을 배척하지 않아서 이뤄진다고 할까.

우리도 외국인 126만 명 시대다. 그가 이방인이면 나 역시 그에게 이방인이다. 모두가 모두에게 이방인이면 우리는 사막 위 낯선 존재가 된다. 내 안에 '제노포비아'는 없는지 체크할 일이다.

(2011.7.27)

박종률(朴鍾律·1966)

記者 : 1992~2018 현재

學歷
연세대학교 철학과 졸업
연세대학교 언론홍보대학원 신문학과 석사
연세대학교 언론홍보대학원 최고위과정 수료
성균관대학교 일반대학원 신문방송학과 박사

經歷
CBS 기자(1992)
      아침종합뉴스 앵커(2007)
      워싱턴특파원(2007~2010)
      논설위원(2016)
      논설위원실장(2018 현재)

한국기자협회 제43대, 44대 회장(2012~2015)
국제기자연맹 집행위원(2013~2016)
한국언론진흥재단 이사(2012)
한국신문윤리위원회 이사(2012)
언론개혁시민연대 운영위원(2012)
한국신문방송편집인협회 이사(2018)

賞勳
한국기자협회 제26회 한국기자상(1994)
한국기자협회 제37회 이달의 기자상(1993)
한국기자협회 제182회 이달의 기자상(2005)
한국방송기자클럽 올해의 방송기자상·논평부문(2016)

著書
정치하는 기자 취재하는 기자(2007)
화이트 하우스의 블랙 프레지던트(2011)

記者 박종률 편

365개 빈 칸과 두 글자의 소망

해넘이로 정유년을 보내고 해돋이로 무술년을 만났다. 당장 오늘부터 우리는 다시 365개의 빈 칸을 채우는 일을 시작했다. 빈 칸은 꿈꾸고 땀 흘린 만큼 결실의 기쁨으로 가득해질 수 있다. 불과 하루 사이지만 해넘이의 역광(逆光)에 비친 지난해의 그림자 달력에서 우리는 빈 칸을 메운 기억에도 생생한 두 글자들을 찾을 수 있다.

가장 먼저 눈에 들어온 두 글자는 '탄핵'이다. 박근혜 전 대통령의 파면은 비선(秘線)이 개입된 농단(壟斷)의 비극이다. 그럼에도 그는 사죄는 고사하고 보복 운운하며 무죄를 항변하고 있다. 하지만 세월호는 그가 정치적으로 가라앉자 시소(seesaw)처럼 바다 위로 올라왔다.

또 하나의 두 글자는 '촛불'이다. 열린 광장의 '촛불'은 문재인 정부의 출범을 견인했고, 참여와 소통의 민주주의적 가치를 새삼 확인시켰다. '촛불'은 동시에 부정과 불의의 어둠 속에 켜켜이 쌓였던 '적폐'의 실상을 드러냈다. 문화·예술계의 블랙리스트, 국정원의 검은 댓글, 굴욕적인 위안부 합의 등은 그나마 드러난 적폐 빙산의 일각이다. 다행히도 영화 〈택시운전사〉와 〈1987〉은 '적폐' 더미들의 역겨운 곰팡내에도 코 끝 찡한 감동의 소름을 선사했다.

두 글자로 포항을 덮친 '지진'은 수능 연기라는 초유의 사태를 불러왔지만, 1%를 위해 99%가 양보하는 시민 의식의 전기(轉機)를 마련했다. 해법을 찾지 못한 '북핵' 수수께끼, 디지털 미디어 시대를 좀 먹는 '가짜' 뉴스의 횡행도 지난해 달력의 빈 칸들을 채웠다.

이처럼 2017년 그림자 달력의 빈 칸을 메운 두 글자들은 탄핵, 적폐, 가짜 등과 같이 대부분 부정적이다. 대학 교수들이 '사악하고 그릇된 것을 깨고 바른 것을 드러낸다'는 의미의 '파사현정(破邪顯正)'을 지난해의 사자성어로 꼽은 것과 같은 맥락이다. 물론 올바름을 추구하는 일을 멈출 수는 없는 만큼 '파사현정'의 시한(時限)은 없다. 다만 지난해의 두 글자를 '파사(破邪)'로 상징한다면 올해의 두 글자는 '현정(顯正)'이었으면 싶다.

암 덩어리와도 같은 거짓과 불의, 특권과 반칙, 갑질과 독점을 말끔히 도려내고 그 자리에 '정의'와 '진실', '평화'와 '소통'의 새 살을 돋게 해야 한다. 문재인 대통령이 신년사에서 국민의 삶의 질 '개선'을 강조하며 '공정'과 '정의'를, 정세균 국회의장이 '헌법 개정'의 토대를 마련하겠다며 '정의'와 '상식'을, 김명수 대법원장이 '사법부 혁신'을 언급하며 '투명'과 '정의'를 역설한 것은 모두 '정의'가 지닌 시대적 가치를 반영한 것이다.

또한 다가오는 평창 동계올림픽의 성공적 개최를 통해 '평화'의 '평창'으로 승화시키는 노력도 경주해야 한다. 이와 관련해 북한 김정은 노동당 위원장이 신년사를 통해 이례적으로 남북 대화의 메시지를 내놓은 것은 북한의 도발 중단을 전제로 일단 긍정 평가할 수 있는 대목이다.

그러나 '책상 위의 핵 단추'라는 표현으로 미국에 대한 위협 강도를 높인 만큼 굳건한 한미 공조를 바탕으로 북한의 진의를 파악하는 작업도 병행해야 한다. 새해 첫날을 맞아 우리는 각자의 자리에서 365개 빈 칸의 맨 처음을 성심(誠心)을 다해 채웠다. 앞으로 하루하루 만나게 될 빈 칸들이 우리의 삶을 나누고 빼는 것이 아니라 더하고 곱하는 두 글자들로 채워지길 소망해 본다. (2018.1.1)

남북 해빙을 위한 '평화의 평창'

새해가 시작되면서부터 꽁꽁 얼어붙었던 남북 관계에 해빙 무드가 조성되고 있다. 평창 동계올림픽 참가와 남북 대화 용의를 밝힌 북한 김정은 노동당 위원장의 파격적 신년사가 단초가 됐다. 문재인 대통령은 올해 첫 국무회의와 신년 인사회에서 김 위원장의 메시지를 긍정적으로 평가하며 환영한다는 입장을 내놓았다. 그러면서 남북 대화 복원과 북한 대표단의 올림픽 참가 성사, 또 북핵 문제 해결을 위한 우방국과의 긴밀한 협의 등 후속 방안을 마련하라고 관계 부처에 지시했다.

문 대통령이 김 위원장의 메시지에 즉각 화답하면서 남북 관계 복원을 위한 정부의 대응도 '속도전'에 돌입했다. 당장 통일부는 오는 9일 판문점 평화의 집에서 남북 당국간 고위급 회담을 갖자고 전격 제안했다. 조명균 통일부 장관은 이날 기자회견에서 북한의 올림픽 참가문제와 남북관계 개선을 위한 상호 관심사를 허심탄회하게 논의하자며 중단된 판문점 채널의 조속한 정상화를 촉구했다. 사실 정부의 적극적 움직임은 문재인 대통령이 한반도 평화를 강조하며 내놓은 '평창 구상'의 연장선이다. 평창 올림픽이 '평화 올림픽'으로 치러지면 남북관계 개선의 획기적 전환점이 마련될 수 있다는 구상인 것이다.

특히 북한이 올림픽에 참가하게 되면 대회 안전에 대한 국제적 우려도 해소시킬 수 있다. 기대감에 들뜬 올림픽 조직위원회 내부에서는 북한 선수단의 금강산 육로를 통한 입국, 개·폐회식 동시 입장, 피겨 단체전의 남북 단일팀 구성 문제와 같은 실무적인 얘기들이 흘러나오고 있다.

문재인 정부 출범 이후 첫 당국 회담이 될 우리의 제안을 북한이 받아들여 양측의 구체적 합의가 도출되길 바란다. 정부가 북한 김정은의 메시지에 즉각 반응한 것은 평창 올림픽 개최가 임박한 데다 모처럼의 남북 해빙 기회를 놓쳐서는 안 된다는 판단이 작용한 것으로 보인다.

설사 '핵무장 완성'을 선언한 북한이 미국과의 대화를 관철하기 위한 목적으로 이른바 '통남봉미(通南封美)' 전술을 선택했다 하더라도, 또 김정은이 '책상 앞의 핵 단추'를 언급하며 한미 공조의 균열과 남남 갈등을 유발할 의도를 갖고 있다 하더라도 평창 올림픽이 한반도 평화의 전기(轉機)로 승화될 수 있는 돌파구가 된다면 북한이 내놓은 카드에 적극적으로 대응할 필요가 있다.

다만 올림픽 기간 동안 한미 연합 군사훈련의 일시 중단 등과 같은 사안에 대해서는 미국과 긴밀하고도 구체적인 조율이 필수적이다. 정치와 스포츠가 별개이듯 북한의 올림픽 참가와 북핵 문제는 별개이다. 냉철한 현실 인식 아래 한반도 비핵화 실현을 위한 국제 사회와의 공조에 흔들림이 있어서는 안 된다. (2018.1.2)

위풍당당한 '강남 불패'

서울 강남의 집값이 미쳐 날뛰고 있다. 자고 나면 1억 원씩 오를 정도로 억(億) 소리가 난다. 말 그대로 천정부지(天井不知)다. 입주한 지 1년 반 만에 집값이 분양가의 2배 가깝게 치솟은 아파트까지 등장했다. 그런데도 강남권 아파트를 사겠다는 수요는 넘쳐나면서 부르는 게 값이 됐다. 값이 오르는데도 수요가 줄지 않고 되레 늘어나는 것이다. 이는 강남 아파트로 자산을 증식하려는 '로또' 정서에 기인한 측면이 크다.

정부가 세금·대출·청약규제를 한꺼번에 꺼내 '강남 옥죄기'에 나서고, 투기세력과의 무기한 전면전을 선포하며 고강도 세무조사로 압박을 해도 백약(百藥)이 무효(無效)다. 결국 지난해 말부터 나타난 부동산 시장의 급격한 이상과열 속에 '강남 불패(不敗)'에 대한 믿음은 콘크리트처럼 더욱 단단해졌다. 무패(無敗)가 아닌 불패(不敗)는 이제 깨지지 않는 절대적 신화(神話)가 돼버렸다.

위풍당당한 강남은 마치 해볼 테면 해보라는 식으로 문재인 정부의 부동산 정책을 비웃고, 허탈한 비(非)강남은 분노와 상실감에 빠지는 초(超)양극화의 대조를 보이고 있다. 시장에서는 '참여정부 시즌2', '어게인 노무현'이라는 비아냥으로 현 정부의 부동산 정책에 대한 불신을 드러내고 있다. '두 번의 실패는 없다'는 청와대의 강변, "더 강력한 부동산 대책들이 주머니 속에 많다"는 문재인 대통령의 발언에도 국민들은 미덥지 않다는 분위기다.

청와대 게시판에 올라온 부동산 관련 국민청원은 이미 7백건을 넘어섰다. "제발 더 이상 아무 것도 하지 말라"는 조롱 글에서부터 관련 부처 장관들을 즉각 해임하라는 비판 글, 심지어 "노무현 대통령 임기동안 5억 원이 올랐는데, 문재인 정부 반년 만에 5억 원이 올랐다"는 한탄 글까지 이어지고 있다.

실제로 참여정부 당시 노무현 대통령 임기 5년 동안 모두 12차례의 부동산 대책에도 불구하고 서울 아파트 값은 56% 폭등했다. 문재인 정부에서도 출범 반년 새 무려 여섯 번의 부동산 관련 대책(6·19대책, 8·2대책, 9·5대책, 임대주택 등록활성화 방안, 10·24 가계부채 대책, 주거복지 로드맵)이 발표됐지만 고비 풀린 집값을 잡지 못하고 있는 것이다. 참여정부의 트라우마에서 벗어나려는 안간힘에도 '강남 4구'는 아파트 값 상승을 주도했고, 급기야 지난 주 서울 아파트 매매가는 2008년 글로벌 금융위기 이후 가장 높은 상승폭을 기록했다.

강남을 중심으로 한 '미친 집값'의 원인은 기본적으로 수요와 공급의 불균형에서 비롯된다. 전문가들은 문재인 정부가 부동산 정책의 방향을 '공급 확대'가 아닌 다주택자에 대한 규제를 강화하는 '수요 억제'에 치중한 점을 지적한다. 즉, 투기 수요를 억제하자 시세

차익이 기대되는 이른바 '똑똑한 한 채'로 투자가 집중되고, 분양권 전매 제한에 따른 유통물량 감소는 공급 부족으로 이어지면서 집값 상승을 부채질하고 말았다. 여기에 특목고와 자사고의 학생 우선선발권 폐지도 오히려 '강남 8학군'의 집값만 높이는 결과를 초래했다.

정부가 강남 집값을 잡겠다며 아파트 재건축 연한을 40년으로 다시 되돌리는 방안을 검토하기로 한 데 대해서도 재산권 피해를 주장하는 강남 이외 지역 주민들의 반발과 함께 장기적으로 공급 위축의 부작용을 낳을 것이라는 전망이 나온다. 그런가 하면 부동산 규제의 '마지막 카드'로 여겨지는 보유세 인상 문제를 놓고서도 여권 내부에서 통일된 목소리가 나오지 않고 있다.

강남과 다주택자를 겨냥한 고강도 '핀셋 규제'가 실질적인 효과를 거두지 못한다면 정부의 부동산 정책에 대한 시장의 불신과 냉소는 더욱 깊어질 것이다. '그래도 강남', '강남 아파트는 어차피 오른다'는 '강남 불패'가 더 이상 신화여서는 안 된다. 더불어 사는 사회에서 '강남 불패'에 대한 믿음도 이제는 청산돼야 할 적폐 아닐까. (2018.1.19)

해직 사슬 끊어낸 언론인들의 다짐

공영방송 MBC의 해직 언론인들이 오늘 회사에 정식으로 다시 출근했다. 녹슨 해직의 사슬을 끊어내기까지 무려 5년이 넘는 시간이 흘렀다. 마치 꿈만 같은 가슴 뭉클한 복직 언론인들의 출근길에는 레드카펫이 깔렸다. 뜨거운 함성과 환영의 박수 속에 사원증과 꽃다발을 건네받은 이들은 정말로 오랜만에 온 몸으로 환하게 웃을 수 있었다. 하지만 이내 눈가는 촉촉해졌다.

갑작스런 해직 통보 이후 지나온 세월은 직장인으로서 남편으로서 아빠로서 말로는 표현 못할 고통 그 자체였으리라. 그럼에도 분노와 울분의 피눈물을 감춘 채 어금니를 꽉 깨물었다. 두 주먹 불끈 쥐고 부르튼 입술로 '정의로운 언론'을 외쳤다.

이들은 지난 2012년 방송의 공공성 회복을 내걸고 파업을 주도했다는 이유로 회사에서 쫓겨났지만 1·2심 재판부는 모두 사측의 부당 해고라고 판결했다. 불의에 침묵하지 않고 바른 말을 한 진정한 언론인이라는 점을 재판부가 인정한 결과다. 사실 언론인 해직 사태는 그동안 국제 언론단체들로부터도 강력한 비난을 받은 그야말로 비정상적인 일이었다.

이제 어두운 터널을 빠져나온 공영방송 MBC는 이명박·박근혜 정부를 거치면서 녹이 슬대로 슨 부끄러운 떼를 말끔히 걷어내고 국민과 좋은 친구가 돼야 한다. 암 투병으로 휠체어를 타고 출근한 이용마 기자는 복직 일성으로 바로 1년 전 엄동설한에 촛불을 들고 나왔던 시민들의 목소리를 잊지 말자고 했다.

앞서 지난 8월에는 YTN의 해직기자 3명이 자그마치 9년 만에 복직돼 마이크 앞에 설 수 있게 됐다. 지난 2008년 이명박 정권 당시 낙하산 사장 반대와 공정방송을 외쳤다는 이유로 해직된 뒤 상상하기조차 힘든 3225일이 흐른 것이다. 다만 YTN은 신임 사장의 적폐청산 의지가 시험대에 오르며 현재 방송 정상화의 문턱에서 파열음을 낳고 있다.

한국방송 KBS의 경우는 사장 퇴진과 공영방송 정상화를 요구하며 시작된 노조 파업이 12일로 100일째를 맞는다. 지난달 감사원 감사에서 일부 KBS 이사들의 비리 혐의가 드러났는데도 탄핵된 박근혜 전 대통령이 임명한 경영진과 이사진이 줄곧 버티면서 해결의 실마리를 찾지 못하고 있는 것이다. 국가기간뉴스통신사인 연합뉴스 노조도 공정보도 쟁취와 사장 퇴진을 요구하며 한 달 째 농성을 계속하고 있다.

역설적이지만 YTN과 MBC 해직 언론인들이 복직되기까지 지난(至難)한 과정이 있었던 것은 그만큼 적폐청산의 어려움을 반증한다. 문재인 정부 출범 이후 이뤄진 해직 언론인의 복직은 다행스런 일이 아닐 수 없지만 정말로 중요한 점은 이제부터 시작이라는 사실이다.

공영방송의 잘못이자 언론의 적폐는 바로 불의에 침묵하고 권력에 순종해 온 점이다. 국민의 신뢰를 받는 언론으로 거듭나는 저널리즘을 복원하는 길은 분노해야 할 때 당연히 분노하고, 비판해야 할 때 제대로 비판하는 것이다. 지금은 대한민국 모든 언론인들이 생각과 말이 아닌 행동과 실천으로 정의를 바로 세워야 할 때다

(2017.12.11)

'적폐청산'을 정치적으로 해석한 검찰총장

'적폐청산' 수사를 올해 안에 끝내겠다는 문무일 검찰총장의 발언이 파장을 낳고 있다. 문 총장은 오늘 기자간담회에서 무척 이례적으로 적폐청산 수사의 '데드라인'을 밝혔다. 각 정부 부처에서 수사를 의뢰한 적폐청산 건 가운데 중요 부분에 대한 수사를 연내에 끝마치겠다고 공개적으로 언급한 것이다. 그러면서 "같은 말도 여러 번 들으면 지친다. 사회 전체가 한 가지 이슈에만 매달려 너무 오래 지속되는 것은 사회 발전에 도움이 되지 않는다"고 나름의 이유를 설명하기까지 했다.

그러나 문 총장 발언에 대한 평가는 극명하게 나뉘었다. 보수 진영에서는 '시의적절한 올바른 판단'이라고 긍정 평가하면서 청와대 하명(下命)에 따른 수사 장기화의 피로감을 드러낸 것이라는 해석을 내놓았다. 반면 진보 진영에서는 시간을 정해 놓고 수사를 언제까지 한다 안 한다고 말하는 것은 대단히 부적절했다고 깎아내렸다.

노회찬 정의당 원내대표는 "무슨 식당 메뉴도 아니고…내년 1월 1일부터는 설렁탕을 팔지 않겠다고 말하는 거나 마찬가지"라고 일갈했다. 청와대 핵심 관계자는 문 총장의 발언에 대해 "속도를 높여 수사하겠다는 뜻으로 이해한다"며 마뜩치 않다는 반응을 나타냈다. 이 관계자는 "적폐청산 수사가 올해 안에 끝날 수 없다는 사실을 문 총장이 모르겠느냐"고 반문하면서 관련 피의자 소환조사도 아직 제대로 이뤄지지 않았음을 지적했다.

사실 적폐청산 수사를 올해 안에 끝내겠다는 문무일 검찰총장의 발언은 문재인 대통령의 입장과는 확연한 차이를 드러낸다. 문재인 대통령은 지난 10월 "적폐청산과 개혁은 사정(수사)이 아니라 전 분야에 걸쳐 누적돼온 잘못된 제도와 관행을 혁신하는 것"이고, "나라다운 나라, 정의로운 대한민국을 만드는 일"이라고 강조했다. 그러면서 원칙과 자신감을 가지고 속도감 있게 개혁 작업을 추진해 나갈 것을 각 정부 부처에 지시했다. 문 대통령의 이 같은 발언은 현 정부의 적폐청산 작업을 정치보복으로 규정한 보수 진영을 작심하고 비판한 것이기도 하다. 즉, 촛불 민심의 명령인 적폐청산과 개혁 작업을 계속하겠다는 의지를 명확히 한 것이다.

그런데 정작 검찰총장이 직접 나서 적폐청산 수사를 끝내겠다고 하니 의도했든 하지 않았든 불필요한 정치적 오해와 억측을 불러일으키면서 결과적으로 보수 진영의 손을 들어준 꼴이 됐다. 문 총장의 말을 곧이곧대로 대입하면 너무 오랜 적폐청산 수사는 마치 사회 발전에 도움이 안 되는 인적청산과 정치보복이 되는 것이다.

적폐청산 과정에서 드러난 범죄 혐의에 대해 검찰이 수사를 하는 것은 당연한 역할이고 의무다. 만일 내년 초에 중요한 범죄 사실이 추가로 드러나는 데도 수사를 하지 않겠다는 것인지 묻지 않을 수 없다. 국정원 댓글 공작 지시와 군 사이버사령부의 정치개입 의혹, 또 자동차 부품회사인 다스의 비자금 의혹 등 이명박 전 대통령을 향한 세간의 시선은 너무도 따갑다.

검찰이 과연 이 전 대통령을 성역 없이 조사할 의지를 갖고 있는지도 궁금하다. 사정의 칼을 쥐고 있다고 해서 언제 휘두르고 언제 내려놓을지를 검찰이 쉽게 자의적으로 판단하고 결정해서는 곤란하다.

정치 검찰이 아닌 다음에야 촛불의 명령이자 정의를 바로세우는 적폐청산에 사명감을 가져야 하는 것이다. '문무일 호(號)'의 검찰은 매서운 호랑이의 눈으로 똑바로 직시하면서 뚜벅뚜벅 소처럼 우직하게 걸어가는 호시우행(虎視牛行)을 보여주길 바란다. (2017.12.6)

청와대 국민청원과 공론화의 딜레마

문재인 정부 출범 100일째에 만들어진 '국민청원제'가 운영 100일을 맞았다. 국민 누구나 청와대 인터넷 홈페이지를 방문하면 '국민소통 광장'에서 청원과 제안이 가능하고, 동의 의사도 밝힐 수 있다. '국민소통 광장'은 이름에서처럼 촛불 시민혁명에 따른 광장민주주의와 직접민주주의, 그리고 쌍방향의 열린 소통이 연상된다. 청와대는 '국민이 물으면 정부가 답한다'는 철학이 담겨있다고 설명한다.

지난 100일 동안 올라온 청원은 하루 평균 5백여 건 씩 모두 5만여 건에 이른다. 국민들의 높은 참여 열기에 부응하는 차원에서 청와대는 한 달 동안 20만 명 이상의 동의가 이뤄진 청원에 대해서는 공식 답변을 하는 내부 기준까지 마련했다. 23만 명이 넘는 청원 동의가 이뤄진 낙태죄 폐지에 대해 26일 청와대가 입장을 표명한 것도 이 같은 취지에서다.

문재인 대통령은 한 발 더 나아가 기준에 미치지 못하는 청원이라도 국민적 관심이 높으면 적극적으로 답변할 것을 지시했다. '이국종 신드롬' 속에 역시 23만 여건의 청원이 몰린 권역외상센터 지원문제도 조만간 정부 차원의 답변이 뒤따를 것으로 전망된다.

문재인 정부의 청와대 인터넷 홈페이지가 사람들로 북적북적 거리는 모양새다. '국민소통 광장'이 다양한 국민적 관심사에 대한 '공론장(公論場·public sphere)'으로서의 역할을 톡톡히 하고 있는 셈이다. 독일의 철학자 하버마스는 '공론장'이야말로 국가와 시민을 매개하면서 여론을 형성하는 민주주의의 핵심 거점이라고 강조했다. 직접민주주의와 참여민주주의를 넘어 요즘 대세로 떠오른 숙의민주주의의 토대인 것이다.

아리스토텔레스의 말처럼 "비록 한 명 한 명은 훌륭한 사람이 아니더라도 함께 하는 다수는 가장 훌륭한 소수의 사람들보다 더 훌륭할 수 있다" 집단지성의 원천이기도 하다. 그러나 청와대의 '국민소통 광장'이 바람직한 공론장으로 기능하기 위한 두 가지의 전제조건이 있다. 하나는 국민들의 '성숙한 시민 의식'이고, 다른 하나는 정부 당국의 '엄중한 책임 의식'이다. 실제로 청와대 게시판에 올라온 국민청원 가운데는 막무가내 식의 함량미달 글이 수두룩하고, 진영 논리에 따른 이념 대결 글도 비일비재하다. 민의(民意)가 이성적으로 모아지고 투명한 과정을 통해 정책에 반영될 때 청원제도의 실효성이 높아지는 것이다. 공론화를 마치 '전가(傳家)의 보도(寶刀)'인 양 내세우는 정부 당국의 자세도 아쉬운 부분이다.

어제 청와대는 낙태 대신 임신중절이라는 표현을 사용했지만 폐지여부에 대해서는 명확한 입장을 밝히지 않은 채 공론화 필요성을 제기했다. 하지만 낙태 문제는 종교적, 윤리적으로 민감한 이슈인데다가 의료계 내에서도 찬반이 팽팽히 맞서 있다. 더욱이 낙태죄 재개정 여부의 관건은 현재 진행 중인 헌법재판소의 심리와 이후 국회의 입법 과정에 달려 있는 것이다.

앞서 신고리 원전 5·6호기 공론화위원회에 참여한 471명의 현자(賢者)들이 건설 재개 여부를 둘러싼 논란을 해결하자 제2, 제3의 공론화위원회가 등장할 태세다. 국회 헌법개정특별위원회 자문위원회가 개헌 논의를 위한 공론화위 구성을 권고했고, 청와대 직속의 조세재정개혁특별위원회도 부동산 보유세 인상 문제를 공론화 과정에 부치겠다는 계획이다.

너무 많은 공론화는 자칫 배를 산 위로 올려버리는 결과를 초래할 수도 있다. 정부 당국의 책임 있는 결정을 매번 국민들에게 돌릴 수는 없는 노릇이다. 공론화는 원칙적으로 정부 정책을 보완하는 데 초점이 맞춰져야 한다.

국민청원제를 만들며 청와대가 강조한 '국민이 물으면 정부가 답한다'는 문구에서 한 가지가 빠진 것 같다. '제대로'라는 말이다. 국민은 제대로 묻고 정부도 제대로 답해야 한다. 그래야만 쌍방향의 진정한 열린 소통민주주의가 실현될 수 있다. (2017.11.27)

촛불은 계속 타올라야 한다

어느새 1년이 흘렀다. 박근혜·최순실의 국정농단을 촛불로 심판한 시민혁명이 1년을 맞은 것이다. 세계적으로 유례를 찾을 수 없는 평화적이고 비폭력적인 촛불집회를 주도했던 '박근혜 정권퇴진 비상국민행동'의 기록기념위원회는 내일 광화문 광장에서 '촛불 1주년 대회'를 연다고 밝혔다.

돌이켜보면 촛불 하나가 무려 1700만개로 퍼져 나갈 것이라고는 그 누구도 상상하지 못했다. 너와 나를 넘어 우리가 함께 들었던 촛불은 춥고 어두웠던 지난해 겨울과 두 손 모아 내일을 염원했던 올해 봄까지 대한민국을 짜릿한 전율 속에 소름 돋게 했다.

분노와 실망에서 비롯된 촛불은 결국 대통령을 권좌에서 끌어내렸고, '촛불 시민혁명'이라는 명예로운 이름으로 광장 민주주의의 새 역사를 썼다. '촛불 시민혁명'은 부패하고 무능한 정권에 대한 심판인 동시에 국민이 나라의 주인이라는 너무나도 당연한 헌법적 가치를 실증한 자발적 항쟁이었던 것이다. 전국 각지에서 타오른 촛불은 켜켜이 쌓인 적폐를 일소하고 특권과 반칙을 배제하며 '나라다운 나라'를 만들라는 국민의 명령이자 변화의 갈망이었다. 그리고 촛불의 소망은 바다 밑에 가라앉았던 세월호까지 물 위로 올라올 수 있게 만들었다. 세계적 비영리 공익기관인 독일의 프리드리히 에버트 재단이 촛불시민을 '2017 에버트 인권상' 수상자로 선정한 배경은 바로 이 같은 이유들에서다.

사실 문재인 대통령의 대선 승리도 '촛불'에서 비롯됐다고 할 수 있다. '촛불'이 정권 교체의 주역인 셈이다. 문 대통령은 지난달 미국 뉴욕에서 열린 대서양협의회 주최 '2017 세계 시민상' 시상식에서 수상자로 선정된 뒤 스스로를 가리켜 "촛불혁명으로 태어난 대통령"이라고 언급한 바 있다. 문재인 정부가 내세운 적폐청산은 바로 촛불이 요구한 시대정신인 것이다.

그러나 촛불의 승리에도 불구하고 보수정권에서 진보정권으로 권력 주체만 바뀌었을 뿐 개혁 대상인 수구 기득권 세력의 저항과 반발은 오히려 거세지는 양상이다. 국가기관을 동원해 자행된 지난 정권의 적폐 실상들이 낱낱이 드러나고 있는데도 반성은커녕 정치보복 운운하며 지지층 결집을 통한 반격의 채비를 갖추고 있는 것이다.

수감 중인 박근혜 전 대통령은 구속영장 추가 발부에 '재판 보이콧'으로, 자유한국당은 현 정부의 MBC 보궐이사 임명에 '국정감사 보이콧'으로 맞서고 있다. 심지어 어제 열린 박정희 전 대통령 38주기 추도식에서 박근혜 정부의 초대 국무총리를 지낸 정홍원 전 총리는 법치 원칙이 제대로 지켜지지 않은 상태에서 박 전 대통령이 탄핵됐다는 황당한 주장을 폈다.

'촛불 시민혁명'이 승리한 지 1년을 맞았지만 촛불이 앞으로도 계속 타올라야 하는 이유가 여기에 있다. 그동안 국민을 속여 온 음습한 공작정치의 적폐들에 대한 철저한 진상규명과 함께 국정농단과 관련한 사법적 단죄가 이뤄져야 하며, 개혁 방해 세력을 향한 촛불 민심의 강력한 경고도 이어져야 한다.

촛불은 끝날 때까지 끝난 게 아니다. 여전히 현재진행형이며 새로

운 대한민국을 위해 또 다른 시작을 준비해야 한다. (2017.10.27)

CBS 뉴스부활의 언론사적 의미

　우리나라 최초의 민간방송 CBS가 '뉴스부활 30주년 감사 콘서트'를 마련했다. 어느덧 세월이 훌쩍 흘렀지만 1980년대는 암울한 시대만큼이나 CBS에게도 시린 아픔이 서려있다. 1980년 '광주의 피'로 권력을 찬탈한 전두환 신군부는 폭압적인 언론 통폐합 조치를 강행하며 CBS의 뉴스 보도와 광고 기능을 박탈했다. 보도와 광고가 중단된 7년의 시간은 CBS에 엄청난 기회 손실과 경쟁력 약화를 초래했다. CBS만의 차별화된 언론사로서의 위상은 물론이고 재산상으로도 막대한 피해를 입혔다.

　이후 1987년 6월 민주화 항쟁의 산물로, 그리고 CBS의 기능 정상화를 바라는 시민들과 교계의 성원으로 그해 10월 19일 CBS 뉴스는 재개됐다. CBS는 30년 전 그 날을 기억하고 시민들에게 고마움을 전하기 위해 '뉴스부활 30주년' 기념행사를 마련하게 된 것이다.

　더욱이 '촛불 혁명 1주년'을 앞두고 광화문 광장에서 감사 콘서트를 갖게 된 데 큰 의미가 있다. 광화문 광장은 열린 민주주의의 산실이자 소통과 화합의 장으로 새로운 대한민국을 만들어낸 상징적인 곳이기 때문이다. CBS는 바로 이 광화문 광장에서 열리는 뉴스

부활 기념행사를 계기로 어떠한 외압에도 굴하지 않는 '참 언론', '민주 언론'으로 거듭날 것을 다짐한다.

따지고 보면 1954년 12월 최초의 민간방송으로 개국해 올해로 창사 63년째를 맞은 CBS는 처음부터 종합편성 사업자 지위를 가졌다. 박정희 유신독재 정권 치하에서도 뉴스 보도를 포함해 아무런 제약 없이 방송을 했다. 그러나 전두환 신군부는 보도와 광고 기능 박탈에 더해 '종교방송'이라는 굴레까지 덧씌웠다. 뉴스 보도는 어렵사리 재개됐지만 종합편성 사업자로서의 온전한 지위가 회복되지 않은 채 오늘에 이르고 있는 것이다. 그 결과 1990년 서울지역 지상파TV 사업자 선정과 2005년 경인지역 민영TV 사업자 선정, 또 2009년 보도PP 사업자 선정 과정에서 이른바 '종교방송'이라는 이유로 대상에서 배제되는 차별의 억울함을 당해야만 했다.

특정 정권의 왜곡된 언론관은 급기야 CBS를 포함한 종교방송의 '유사(類似)보도' 논란으로 이어졌다. 최초의 민간방송인 CBS를 합법을 가장해 '종교방송'이라는 잘못된 틀에 가둬버린 나쁜 '적폐'가 아닐 수 없다. 이 같은 적폐의 실상은 CBS를 겨냥한 보수정권의 탄압에서 확연하게 드러난다. 이명박 정권에서 국가정보원은 CBS를 사찰하고 구성원 전체를 '좌편향'으로 매도했다. 박근혜 정권에서는 2014년 세월호 참사 당시 '조문(弔問) 연출' 보도와 관련해 김기춘 전 대통령비서실장등이 CBS를 상대로 소송을 제기하며 비판언론 재갈물리기를 시도하기도 했다.

반면 김대중, 노무현 전 대통령은 재임 당시 CBS 창사 기념식에 직접 참석해 CBS를 '진짜 언론'으로 치켜세웠다. 김 전 대통령은

"독재 치하에서도 위험을 무릅쓰고 국민에게 진실을 알린 언론"으로, 노 전 대통령은 "시대의 정의와 양심에 따라 정론을 편 참 언론"으로 평가했다. 문재인 대통령도 오늘 CBS 기념행사에 즈음한 축하 영상 메시지를 전한다.

물론 지금껏 CBS가 안팎으로 당당하게 올곧은 목소리만을 전해왔다고 자부하기에는 부족한 면이 있었음을 솔직히 고백하지 않을 수 없다. '침묵하면 돌들이 소리 지를 것'이라는 성경 구절을 마음에 새기면서, 불의에 침묵하지 않고 매의 눈으로 돈과 권력을 제대로 감시하며 따뜻한 가슴으로 사회적 약자를 보살피겠다는 다짐을 해본다.

'누구를 위하여, 무엇을 위하여 언론은 존재 하는가'에 대한 답은 명확하다. 국민을 위해, 정의를 위해 반성과 실천을 약속하는 저널리즘이어야 한다. 국민의 신뢰를 잃으면 더 이상 언론으로서 존재할 수 없다. 이런 의미에서 '뉴스부활 30주년' 기념행사는 참으로 '복된 소리'를 전하는 CBS로 거듭 나겠다는 대국민 서약의 장이다. 똑바로 서서 제대로 보고 당당히 말하며 바르게 쓰는 언론으로 다시 시작할 것임을 국민 앞에 엄숙히 약속한다. (2016.10.26)

태극기 사라진 부끄러운 한글날

한글날은 국경일(國慶日)이다. 3·1절, 제헌절, 광복절, 개천절과 함께 정부가 지정한 5대 국경일이다. 국경일은 국가적인 경사를 온 국민이 기념하기 위해 법으로 정한 날이다. 태극기를 게양하는 날이기도 하다. 그런데 571돌 한글날을 맞은 오늘 많은 국민들은 '태극기 달기'를 외면했다. 대규모 아파트 단지에서 펄럭이는 태극기를 만나는 건 여간 쉬운 일이 아니었다. 어쩌면 한글날이 태극기를 다는 날인지 모르는 국민들도 있을 것이다. 그저 아쉽게 끝나버린 황금연휴의 마지막 날이었을 수도 있다.

한글날이 태극기를 다는 국경일인데도 3·1절이나 광복절의 태극기 물결과는 비교가 되지 않는다. 이날 세종문화회관에서 열린 한글날 경축식에서 이낙연 국무총리를 비롯한 참석자 3천여 명이 태극기를 손에 쥐고 만세삼창을 한 정도다.

그러나 한글날에도 온 국민들이 태극기를 힘차게 흔들어야 하는 이유가 있다. 한글날이 '가갸날'이라는 이름으로 처음 제정된 때는 일제 강점기로 우리의 말과 글을 빼앗겼던 1926년으로 거슬러 올라간다. 일제가 우리말 사용을 금지하고 창씨개명과 황국신민화로 민족말살 통치를 자행했던 당시에 '조선어연구회' 선각자들이 중심이 돼 우리의 '한글'을 지켜냈던 것이다.

더욱이 우리의 글자를 만든 날을 국경일로 따로 정해 기념하는 나라는 지구상에 대한민국이 유일하다. 그것도 유네스코를 통해 인류의 가장 뛰어난 발명품으로 인정받은 세계 문화유산에 등재된 '한글'이다. 우리만의 말과 글을 가졌다는 민족적 자긍심을 세계만방에 당당하게 자랑해야 한다.

그럼에도 한글날이 국민들 마음에 국경일로서 자리 잡지 못한 원인은 정부 탓이 크다. 노태우 정권 시절이던 1990년 산업발전에 방해가 된다는 이유로 법정공휴일을 축소하면서부터 한글날은 '천덕꾸러기' 신세를 거듭했다. 1970년 대통령령으로 국경일이자 법정공휴일이었던 한글날은 1990년 법정공휴일이 아닌 단순 기념일로 격하된 뒤 2005년 단순 기념일에서 국경일로 격상됐고, 2013년에 이르러서야 마침내 제자리를 찾아 국경일이자 법정공휴일이 됐다.

한 때나마 정부의 그릇된 역사문화 인식으로 말미암아 한글날의 위상이 떨어지고, 인터넷 시대에 따른 외래어와 신조어가 난무하면서 어느새 한글은 '외계어'가 되고 말았다. 1020세대를 중심으로 모양이 비슷한 단어를 바꿔 표기하는 일명 '야민정음'이 유행하면서 한글은 시나브로 파괴되고 있다. 젊은 세대들의 '또래 문화'라든가 '언어적 유희'라고만 단순히 간주할 문제는 아닌 것이다.

571년 전인 1446년 세종대왕이 반포한 훈민정음은 말 그대로 '백성을 가르치는(訓民) 올바른 소리(正音)'다. 표음문자로서 '올바른 소리'인 한글을 바르게 사용하고 제대로 보존해야 하는 것이다.

문재인 대통령은 "한글의 가장 위대한 점은 사람을 위하고 생각하는 마음"이라며 "한글 창제의 뜻은 오늘날의 민주주의 정신과 통한다"고 강조했다. 말은 마음의 소리요, 글은 마음의 그림이다. 상대를 사랑하고 존중하는 '소통 정신'이 바탕에 있어야만 곧은 말과 바른 글이 나오는 법이다. 한글날을 맞아 훈민정음과 태극기, 소통과 민주주의의 의미를 새삼 되새겨 본다. (2017.10.9)

박근혜 구속 연장이 당연한 이유

박근혜 전 대통령이 구치소에서 홀로 민족 최대 명절인 추석을 보냈다. 연휴 기간 동안 변호사의 접견이 제한된 데다 박 전 대통령 스스로 가족 면회를 거부한 때문이다. 그렇다면 과연 박 전 대통령은 이번 추석 연휴가 끝나면 석방될 수 있을까? 피고인인 박 전 대통령의 1심 구속 만기일은 오는 16일이다. 형사소송법은 기소 시점부터 6개월 안에 1심 공판을 마치도록 하고 있다. 6개월 안에 1심 선고가 내려지지 않으면 불구속 상태에서 재판을 받도록 한 것이다.

최근 박 전 대통령은 변호사를 통해 새로 이사한 자택에 능소화와 배롱나무를 심어달라고 부탁했다는 확인되지 않은 소문이 나돌기도 했다. 능소화의 꽃말은 그리움, 기다림, 명예다. 그리고 선친인 박정희 전 대통령 생가에 심어진 배롱나무도 떠나간 벗을 그리워한다는 꽃말을 지니고 있다. 능소화와 배롱나무 소문은 박 전 대통령 측의 '석방 기대감'이 반영된 얘기로 들린다.

그러나 현실은 박 전 대통령 측의 기대를 무색케 한다. 오히려 구속기간이 추가로 연장될 가능성이 크다는 게 법조계의 대체적인 시각이다. 선친인 박정희 전 대통령이 태어난 지 100년이 되는 다음 달에도 박근혜 전 대통령은 영어(囹圄)의 신세를 면치 못할 수 있다는 것이다.

검찰은 지난주 박 전 대통령의 일부 뇌물수수 혐의에 대해 구속영장을 발부해줄 것을 재판부에 요청했다. 재판부는 구속영장에 기재되지 않았더라도 기소단계에서 새롭게 적용된 혐의에 대해 추가로 구속영장을 발부할 수 있다. 또 검찰의 요청이 없더라도 직권으로 구속기간을 연장할 수 있다.

박 전 대통령의 경우 당초 구속영장에는 13가지 혐의가 기재됐는데, 이후 검찰 조사를 거쳐 기소되면서는 일부 혐의가 추가됐다. SK와 관련한 제3자 뇌물요구 혐의, 그리고 롯데와 관련한 제3자 뇌물수수 혐의가 그것이다.

재판부인 서울중앙지법 형사합의 22부는 추석 연휴 직후에 열리는 공판에서 구속 전 심문(영장실질심사) 절차와 같은 청문 절차를 거쳐 검찰과 피고인 측의 의견을 들은 뒤 영장 추가 발부 여부를 결정한다. 검찰의 입장은 박 전 대통령이 혐의를 전면 부인하는 상황에서 만일 석방되면 증거인멸과 증거조작, 그리고 재판에 불출석할 가능성을 배제할 수 없다는 논리를 펴고 있다. 이에 맞서 박 전 대통령의 변호인은 추가 구속영장 발부는 불필요하다고 강력히 반발하고 있다. 롯데와 SK 관련 뇌물 혐의의 핵심 사안은 이미 재판부 심리가 끝났다는 주장이다. 친박계 의원들도 추가 구속영장 발부는 "피고인의 방어권을 지나치게 제한하는 전례 없는 명백한 편법"이라고 재판부를 압박했다.

그러나 지난해 특검 수사와 헌재의 탄핵 결정, 그리고 이후 재판과정에서 보여준 박 전 대통령 측의 법률 경시 태도는 구속기간의 연장 필요성에 힘을 실어 준다. 주지하다시피 박 전 대통령은 특검 수사 때는 대면조사에 불응했고, 헌재 탄핵심판 때는 불출석했다. 헌재의 파면 결정에도 불복하는 태도로 일관하고 있다. 검찰 수사

때는 영상녹화나 녹음을 반대했고, 변호인 입회 아래 작성한 진술조서도 법정 증거로 사용하는 데 동의하지 않았다.

지금까지의 수사와 탄핵, 구속과 재판 과정에서 보여준 박 전 대통령의 행태는 실망스러움을 넘어선다. 불응, 불복, 불출석, 부동의, 반대, 거부 등으로 일관했다. 물론 박 전 대통령 측이 내세우는 '피고인의 인권과 방어권 보장', '무죄 추정의 원칙'도 나름의 법적 근거를 갖고 있다. 또 도주의 우려가 없는 만큼 추가 구속 사유가 충분치 않다는 반론도 있다.

그럼에도 불구하고 대통령 탄핵을 불러온 국가적 중대 사건에 대한 명확한 진실 규명과 그에 따른 사법적 단죄는 반드시 이뤄져야 한다. 박 전 대통령의 구속 기간 연장이 논란거리가 될 수 없는 이유다. (2017.10.5)

한가위 추석과 '둥근 보름달' 정치

미국의 전직 대통령 세 명이 어깨동무를 하고 활짝 웃고 있는 사진이 최근 외신을 통해 전해졌다. 주인공은 버락 오바마, 조지 W. 부시, 그리고 빌 클린턴이다. 세 사람은 모두 연임(連任)에 성공해 8년씩 미국을 이끈 정치 지도자들이다. 이들은 지난주 프레지던츠컵 골프대회 개막에 맞춰 행사장에 함께 등장했다.

민주당과 공화당 출신 대통령들이지만 이들이 연출한 '사이좋은 어깨동무'에는 그 어떤 이념이나 정당도 없어 보였다. 밝은 미소를 지으며 손을 흔들어 인사를 건네는 전직 대통령들에게 관중들은 뜨거운 박수로 환호했다. 한마디로 부러운 모습이다. 태평양 건너편에 있는 우리 정치권과는 너무도 대조적이기 때문이다. '적폐청산'과 '정치보복'으로 갈라진 여야 간의 갈등과 대립을 두고 하는 얘기다.

이제는 자유한국당이 노무현 전 대통령까지 정쟁에 끌어들이면서 정치 시계바늘을 10여 년 전으로 돌려놓았다. 전전(前前) 정권과 전전전(前前前) 정권의 격돌로 확전되는 양상이다. 흩어져 있던 가족들이 한 데 모이는 민족 최대 명절 추석 한가위에도 민심은 보수와 진보로 나뉘어 서로에게 아픔을 던진다. 더하고 곱하기는 고사하고 빼기와 나누기에만 혈안이 된 우리 정치판이다.

문재인 대통령은 추석연휴 첫날 국민들에게 보내는 추석인사 영상 메시지를 통해 이해인 수녀의 시집 '달빛기도'를 낭독했다. '모난 미움과 편견을 버리고 좀 더 둥글어지기를 두 손 모아 기도한다'는 내용이 담겼다. 그런데 문 대통령이 추석을 앞두고 관례에 따라 전직 대통령과 영부인 등에게 보낸 선물에 조금은 아쉬움이 남는다. 사법처리로 전직 대통령 예우를 박탈당한 전두환·노태우 전 대통령과 현재 구치소에 수감 중인 박근혜 전 대통령에게는 선물을 보내지 않은 것이다. 관례는 관례일 뿐이다. 바뀔 수 없는 철칙이 아닌 것이다. 일부 야당 의원들은 문 대통령의 추석 선물을 반송했다고 한다.

박근혜 정부의 국정농단과 이명박 정부의 국기문란 의혹에 대한 진상규명은 반드시 이뤄져야 한다. 필요하다면 법적 책임도 물어야 한다. 그러나 동시에 정치의 영역에서는 협치(協治)를 위한 문재인 대통령의 포용 리더십도 필요한 덕목이다.

사실 전직 대통령들이 함께하는 모습은 우리 정치에서도 다반사였다. 2006년 10월 북한이 핵실험 발표를 하자 당시 노무현 대통령은 김대중·김영삼·전두환 전 대통령을 청와대로 초청해 조언을 구했다. 2010년 4월 천안함 사고 때에는 이명박 대통령이 김영삼·전두환 두 전직 대통령을 청와대로 초청해 대책을 의논했다. 거슬러 올라가면 1998년 김대중 대통령 재임 시절에는 김영삼·전두환·노태우·최규하 전 대통령 내외의 만찬 회동이 있었다. 1994년 김영삼 대통령 재임 때에는 전두환·노태우·최규하 전 대통령이 함께 국정운영 전반을 논의한 적도 있다.

이제 시간이 흘러 박근혜 전 대통령의 탄핵과 촛불 혁명에 힘입은 문재인 정부가 출범하면서 보수와 진보 진영의 갈등이 첨예해지고 있다. 전·현직 대통령이 함께하기는 쉽지 않은 현실이 된 것이다. 추석 명절을 맞아 우리 정치권이 한가위의 의미를 한 번 되새겨봤으면 싶다.

한가위의 '한'은 '크다'는 뜻이고, '가위'는 '가운데'를 뜻한다. 둥근 원은 시작점으로 다시 돌아와야 원이 될 수 있고, 작은 눈뭉치는 앞으로 굴려야 큰 눈덩이로 커질 수 있다. 지난 과거를 성찰하면서 앞으로의 미래를 꿈꿀 때 지금의 중심을 잡을 수 있는 것이다. 더도 말고 덜도 말고 한가위 보름달처럼 '크고 둥근 마음', '크고 둥근 정치'가 필요한 우리다. (2017.10.2)

'무릎 호소'와 집값 이기주의

무릎은 패배를 상징하지 않는다. 설사 패했더라도 무릎을 꿇지 않을 수 있기 때문이다. 무릎은 간절한 바람이다. 눈물의 기도이며 소원이다. 요즘 인터넷 포털 검색 창에 '무릎'을 치면 장애 아이를 둔 엄마들의 눈물을 볼 수 있다. 이 영상은 '무릎 호소'라는 이름으로 지금도 인터넷을 뜨겁게 달구고 있다.

장애인 특수학교인 '서진학교' 건립을 둘러싸고 주민 갈등을 빚고 있는 서울 강서구의 얘기다. 며칠 전 열렸던 주민 토론회는 시작부터 분위기가 험악했다. 찬성과 반대로 나뉜 주민들은 서로 고성과 야유를 주고받았다. 장애 아이를 키우는 엄마들은 무릎을 꿇고 눈물로 호소했다. 장애인 특수학교를 짓게 해달라고. 이날 무릎을 꿇은 20여명의 엄마들 대부분은 자녀가 이미 고학년이어서 나중에 특수학교가 세워진다 해도 아이들이 그 학교에 다니게 되는 것은 아니다. 그동안 장애 아이를 키우며 감당해야만 했던 서러운 고통을 비슷한 처지의 다른 엄마들이 더 이상 겪지 않도록 하려는 마음에서 무릎을 꿇었던 것이다.

무릎 꿇은 엄마들의 모습은 SNS를 통해 퍼져나갔고 많은 사람들이 공감했다. 특수학교 설립을 찬성하는 서명운동에 수만 명이 동참했다. 청와대 게시판에는 청원 글이 잇따랐다.

특수학교 건립 논란은 비단 서울 강서구만의 문제는 아니다. 서초구의 '나래학교', 중랑구의 '동진학교'도 주민들의 반대 벽에 막혀 있다. 지난 15년 동안 서울에 공립 특수학교가 단 한 곳도 신설되지 못한 이유다. 이 결과 서울의 8개 자치구에는 아예 공립 특수학교가 없는 실정이다. 전국적으로도 19개 공립 특수학교가 건립에 난항을 겪고 있다. 장애 학생들에게 학습권을 보장하는 것은 민주사회의 당연한 의무다. 그러나 장애 학생과 학부모들에게 교육의 현실은 너무도 가혹하다. 장애 학생 수에 비해 특수학교가 턱없이 부족하기 때문이다. 대략 장애 학생 3분의 2가 일반학교에 다니고 있다. 그렇다 보니 교육과정을 따라가기도, 학교생활에 적응하기도 어렵다. 그나마 있는 특수학교도 거리가 멀어 등교할 때까지 매일 2~3시간이 소요된다.

조희연 서울시교육감은 "장애 학생들에게 특수학교는 생존권이자 인간의 기본권"이라며 건립 강행 의지를 분명히 하고 있다. 그럼에도 일부 주민들은 '혐오시설'이 들어오면 집값이 떨어진다며 반대를 고집한다. 부끄러운 지역이기주의(NIMBY·Not in My Back Yard)고, 천박한 집값 이기주의다. 지난해 완공된 서울 동대문구의 발달장애인 직업 개발 훈련센터도 건립 초기에 '집값'이 반대 논리였고, 장애인 자녀를 둔 부모들은 무릎을 꿇어야만 했다.

하지만 특수학교 건립이 집값 하락과 직접 관련이 없다는 조사결과도 발표됐다. 세계 10위권의 경제 대국으로 성장한 만큼 우리의 시민의식도 성숙해져야 한다. 장애인이 아닌 사람을 '정상인'이 아니라 '비장애인'으로 불러야 한다는 목소리가 높다. 장애인은 비정상인이 아니기 때문이다. 장애는 죄가 아니다. 단지 다르다는 '차이'가 '차별'의 고통으로 이어져서는 안 된다. 장애 아이를 둔 엄마들의

'무릎 호소'가 우리들의 메마른 이기심을 일깨우는 계기가 돼야 한다. 또한 건립에 어려움을 겪고 있는 전국의 모든 특수학교들이 완고한 반대의 벽을 허물고 하루라도 빨리 튼튼히 세워지길 소망한다.

(2017.9.11)

국정원의 '검은 손가락'

소문은 무성했지만 베일에 가려져 왔던 국가정보원의 여론조작 실체가 드러났다. 이명박 정부 당시 국정원이 2012년 대통령 선거를 앞두고 민간인들을 대규모로 동원해 인터넷 여론조작을 벌인 사실이 확인된 것이다. 국정원 개혁발전위원회가 3일 공개한 내용은 가히 충격적이다.

원세훈 원장 시절이던 2009년부터 2012년까지 국정원은 '사이버 외곽팀' 또는 '알파팀'으로 불리는 '댓글 조직'을 비밀리에 운영했다. 조직의 운영 관리는 인터넷상에서 북한 공작에 대응하는 임무를 수행하는 심리전단이 맡았다. 규모는 30여 개 팀에 민간인 3천5백여 명. 보수·친여 성향의 예비역 군인, 회사원, 주부, 학생, 자영업자들이 조직원으로 활동했다. 국정원은 이들의 인건비로 한 달에 3억 원을 지출했고, 대선이 치러진 2012년 한 해에만 30억 원의 예산을 쏟아 부었다.

'사이버 외곽팀'의 역할은 주요 포털과 트위터에 친정부 성향의 글을 잇달아 게재함으로써 국정지지 여론을 확대하는 것이었다. 동시에 정부를 비판하는 글에 대해서는 '종북(從北) 세력의 국정방해 책동'으로 규정하면서 반정부 여론을 제압하려 했다고 국정원 개혁위원회는 밝혔다.

이제야 비로소 '국정원 댓글 사건'의 성격이 명확해졌다. 박근혜 정권의 정통성 논란과 직결되는 '국정원의 불법 대선 개입 사건'으로 명명돼야 한다. 이명박 정부의 국정원은 정권의 통치 기구이자 해결사를 자처하는 흥신소로 전락하고 말았다. 국정원의 조직과 예산을 국가 안보가 아닌 정권의 안녕을 위해 활용한 것이다.

국정원은 청와대의 지시에 따라 여당의 선거승리를 위한 전략 보고서를 만들고, 야당 정치인에 대한 사찰 내용을 수시로 청와대에 보고했다. 박원순 시장이 서울시장에 당선됐던 2011년 10.26 재보선 당시 국정원이 청와대에 보고한 문건 내용을 보면 기가 막힌다. "야당 후보자와 지지자들을 대상으로만 검경지휘부에 신속하고 엄정한 수사를 독려했다"는 내용이 그것이다. 이밖에도 삭제됐다 복구된 원세훈 전 원장의 지시사항 녹취록에는 보수단체 결성과 지원, 언론보도 통제, 전교조 압박과 소속 교사 처벌 등이 포함돼 있었다.

국정원 적폐청산 태스크포스(TF) 활동을 통해 앞으로도 국정원의 추악한 민낯이 양파껍질처럼 계속 드러나겠지만 당장은 여론조작 사실과 관련한 검찰 수사가 불가피할 전망이다. 인터넷 댓글로 여론을 조작한 국정원의 '검은 손가락'은 열린 민주주의에 대한 부정이다.

이명박 정부에서 국정원의 원훈(院訓)은 '자유와 진리를 향한 무명

(無名)의 헌신'이었다. 그러나 결과적으로 '이름 없는 헌신'은 인터넷 상에서 '익명의 가면'을 쓴 댓글 충성으로 변질되고 말았다. 이번에 드러난 국정원의 적폐는 빙산의 일각이다. 실제로 '국정원 댓글 사건'은 적폐청산 TF가 과거 국정원의 잘못된 정치개입 사건의 진상을 밝히기 위해 선정한 13개 항목 가운데 하나일 뿐이다. 국정원 적폐의 진상을 규명하고 관련자들에게 헌정 질서를 유린한 책임을 묻는 것은 당연한 수순이다. 보수 야당이 과거 정부에 대한 정치보복으로 규정하는 것은 본질 왜곡이다. (2017.8.4)

추다르크의 뚝심 정치와 돌출 발언

더불어민주당 추미애 대표의 별명은 '추다르크'다. 단단한 뚝심과 곧은 소신이 연상된다. '추다르크'라는 별명을 얻게 된 것은 20년 전인 1997년 대선 때로 거슬러 올라간다. 반(反) 호남 정서가 강했던 대구로 내려가 〈잔다르크 유세단〉을 이끈 데서 연유한다. 이후 김대중 대통령 시대가 열리면서 정치인 추미애는 '추다르크'로 불리게 됐다. 20년이 흘렀다. 헌정 사상 여성 최초의 지역구 5선인 추미애 의원은 지금 집권여당의 대표다.

집권당 대표의 말 한마디 행동 하나 하나에는 남다른 정치적 무게가 실린다. 소신과 원칙 못지 않은 안목과 포용이 필요한 이유다. 더욱이 여소야대 정국에서는 생산적 협치(協治)를 위한 여당 대표의 정치력이 요구된다. 그런데 추미애 대표의 말 한마디에 국민의당이 발끈하면서 정국이 꼬여버리는 상황이 연출됐다. 국민의당 제보 조작사건과 관련한 추 대표의 '머리 자르기' 발언으로 사달이 난 것이다.

국민의당은 '국민의당 죽이기', '패자에 대한 정치보복'으로 규정하고 추 대표의 사퇴와 청와대 배후론을 꺼내 들면서 '국회 전면 보이콧'을 선언했다. 당장 한 달째 국회에 계류 중인 추가경정 예산안과 문재인 정부 출범 후 두 달이 지나도록 통과되지 않고 있는 정부조직 개편안 심사가 영향을 받게 됐다. 또 국무위원 인사청문회와 인사 청문보고서 채택도 차질이 불가피해졌다.

일단 정세균 국회의장이 오늘 여야 4당 원내대표 회동을 가진 뒤 추경안을 국회 예결위에 회부했지만 오는 18일에 종료되는 7월 임시국회 회기 안에 추경 처리가 이뤄질 지는 미지수다.

국민의당이 추경안 심사에 참여하지 않는다는 방침이고, 자유한국당과 바른 정당은 부적격 후보자들의 임명 강행 여부에 따라 예결위 참여를 결정한다는 입장이기 때문이다. 더불어민주당 입장에서는 국민의당의 협조가 절실한 상황인데 추미애 대표와 국민의당의 감정싸움이 격화되면서 난감한 처지에 놓이게 됐다.

민주당 원내 지도부는 '추 대표의 개인적 발언'이라고 선을 그으며 진화에 나섰지만 오히려 추 대표는 비난의 수위를 더욱 높였다. 추 대표는 사퇴 요구를 일축하며 "국민의당 대선 조작 게이트는 형사법적으로 미필적 고의에 해당되며, 북풍 조작에 버금가는 것"이라고 날을 세웠다. 국민의당은 "사과는커녕 불난 집에 기름을 붓는 어처구니없는 발언을 또 쏟아냈다"며 분을 삭이지 못하는 표정이 역력하다.

한 때나마 같이 한솥밥을 먹었던 사이치고는 주고받는 언사에 강한 적대감이 묻어난다. 물론 국민의당은 입이 열 개라도 할 말이 없는 처지이지만 검찰 수사 결과에 당의 명운이 달린 만큼 극도로 민감해 있다. 이런 상황에서 검찰 수사에 영향을 미칠 수 있는 추미애 대표의 돌출 발언은 적절하지 않다.

민주당은 정당지지율 1위로 고공 행진 중이고, 국민의당은 내부 동요를 단속해야할 판이지만 지금은 정치적 이해관계를 떠나 검찰 수사를 지켜보는 것이 현명한 자세다. 소수 여당의 한계를 극복하기 위해서는 아무리 추다르크라고 해도 잔다르크처럼 앞장서기만 해서는 곤란하다. 다수 야당과의 원내 협상력을 높이기 위해 한 발 물러나 있을 때를 알아야 하는 것이다.

문재인 대통령은 미국, 중국, 일본, 러시아 정상들과의 연쇄 회담을 비롯한 다자외교 행보로 '바쁘다 바빠'를 연발하고 있는데, 국내 정치권은 말싸움·감정싸움으로 '제자리걸음'만 하고 있으니 답답할 따름이다. (2017.7.7)

'레드 라인'과 북핵 대화

 북한 김정은 앞에 붙는 수식어가 있다. '예측 불가능하다'는 것이다. 김정은의 무모한 도발적 행동을 두고 하는 말이다. 하지만 언제부턴가 북한 김정은 정권은 예측 가능해졌다. 국제사회의 경고에도 결코 핵개발을 포기하지 않으리라는 예상이 그것이다. 북한은 그들이 공언한 대로, 또 우리가 예상한 대로 오늘 대륙간탄도미사일(ICBM)을 또 쏘아 올렸다. 6차 핵실험 강행 가능성도 배제할 수 없게 됐다. 핵보유국 지위를 인정받아 미국과 직접 대화를 하겠다는 북한의 전략기조가 그대로 유지되고 있는 것이다.

 이론상 북한의 ICBM이 미국 본토를 타격할 수 있는 수준이 확인됨으로써, 북한은 미국, 러시아, 중국, 인도, 이스라엘이 이어 사실상 세계 6번째 ICBM 보유국 반열에 오른 셈이다. 이는 한반도 안보 지형에 중대 변화를 의미한다. 대북 정책에 대한 전면 재검토가 필요하다는 주장에서부터 대화 보다는 제재와 압박, 당근이 아닌 채찍으로 대응해야 한다는 강경론이 힘을 얻을 전망이다.

 미국 국무부는 공식 성명을 통해 "더욱 강경한 조치로 북한의 ICBM 발사 책임을 묻겠다"며 전 세계적 행동을 요구하고 나섰다. 이에 따라 유엔 안전보장이사회는 내일 긴급회의를 열고 북한의 도발에 따른 대응방안을 논의한다. 북한에 대화의 손을 내밀었다가 곤혹스런 입장에 처하게 된 문재인 대통령도 "성명으로만 대응할 상황이 아니다"며, G20 정상회의 참석차 출국하기에 앞서 한·미 미사일 연합 무력시위를 지시했다. 양국은 오늘 오전 동해상에서 탄도미사일 사격을 실시했다.

앞으로의 핵심 관건은 '북핵 고차 방정식'을 어떻게 풀 것인가에 있다. 무모함으로만 일관하는 북한을 어떻게 다뤄야 할 것인지의 숙제인 것이다. 그렇다면 대외 협상력을 극대화하려는 북한은 과연 '레드 라인(red line:금지선)'을 넘을 것인가. 그동안 트럼프 미국 행정부는 북한의 6차 핵실험과 ICBM 발사를 절대 넘어서는 안 되는 '레드 라인'으로 간주해 왔다. 즉, 북한이 '레드 라인'을 넘는다면 군사적 옵션을 포함한 초강경 대응이 뒤따를 것이라는 경고 메시지다.

반면 우리가 운전석에 앉아 남북문제를 주도하겠다며 '한반도 운전자론'을 강조한 문재인 대통령은 '레드 라인'에 대해 신중하다. 문 대통령은 "북한이 '레드 라인'을 넘어설 경우 우리가 어떻게 대응할지 알 수 없다. (그러니) 북한이 돌아올 수 없는 다리를 건너지 않길 바란다"고 언급했다. 이는 '더 나가지 말라. 인내의 한계를 시험하지 말라'는 식으로 북한의 태도 변화를 촉구하는 데 방점이 찍혀 있는 것이다.

따라서 미국의 '레드 라인'이 경고성이라면 우리의 '레드 라인'은 촉구성이다. 즉, 북한이 '레드 라인'을 넘어설 경우를 가정한 대북 옵션을 검토하기보다 '레드 라인'을 넘지 않도록 관여하고 설득하는 인내와 노력이 중요한 것이다. 이를 위해서는 중국의 역할을 통해 북한의 추가 도발을 막는 제재와 압박을 가하면서도 대화의 끈을 놓지 않는 투트랙 전략을 병행해야 한다.

또한 이른바 미국의 대북 '선제 타격론'이라든가 '북폭설' 등의 근거 없는 소문으로 한반도 안보 리스크를 높이지 않도록 상황을 관리하는 외교적 지혜가 필요하다. (2017.7.5)

'가감승제(加減乘除)' 리더십

　정의로운 나라, 통합의 나라, 원칙과 상식이 통하는 나라다운 나라를 만들기 위해 함께 해주신 위대한 국민의 위대한 승리입니다." "저를 지지하지 않았던 분들도 섬기는 통합 대통령, 국민 모두의 대통령이 되겠습니다."

　대한민국의 제19대 대통령 당선을 사실상 확정짓고 광화문 광장으로 나선 문재인 당선인의 공식적인 첫 일성(一聲)이다. 그의 말에는 '개혁과 통합'을 이뤄내겠다는 강한 의지가 내포돼 있다. 카메라 플래시 세례 속에 문재인 당선인은 정장 상의 왼쪽과 오른쪽 옷깃에 세월호를 잊지 않겠다는 의미의 노란색 리본을 나란히 달고 특설무대에 올랐다. 이는 불의(不義)와 부정(不正)을 일소한다는 개혁의 표식이자 겨울 추위를 이겨내고 봄의 장미를 피워낸 '촛불'의 또 다른 상징인 것이다.

　그러나 그가 내건 개혁과 통합은 동시 양립이 어려운 '역설의 화두'이기도 하다. 즉, 개혁적 통합이나 통합적 개혁은 '뜨거운 얼음', '보수적 진보'와 같은 형용모순에 가깝다. 따라서 문재인식 화법을 적용한다면, 하드웨어는 통합이고 소프트웨어는 개혁이며 섬기는 겸손함이 양자의 매개체 역할을 하는 것으로 해석할 수 있다. 통합을 위한 개혁, 개혁을 위한 통합에 국정운영의 방점이 찍힌 셈이다. 문 당선인이 평소 강조한 바대로 기회는 균등하고 과정은 공정하며 결과는 정의로운 나라다운 나라를 만들기 위한 리더십이 절실히 요구되는 것이다.

이제 문재인 당선인은 더하고 빼고 곱하고 나누는 '가감승제(加減乘除)' 리더십을 위대한 국민 앞에 펼쳐 보여야 한다. 개혁에는 빼기(-)와 나누기(÷)가 수반되며, 통합에는 더하기(+)와 곱하기(×)가 필요하다.

첫째, 빼기(-)는 덜어내 없애는 개혁이다. 우선 '친문패권(親文覇權)'으로 일컬어지는 당선인 주변의 '인의 장막'부터 걷어내는 솔선을 보여줘야 한다. 그래야만 오랜 기간 우리 사회에 뿌리 내려온 각종 부조리의 적폐(積弊)를 해소하고, 부정부패를 척결하는 과정에서 갈등과 분열을 야기할 수 있는 파열음을 최소화할 수 있다. 탈권위주의 차원에서의 제왕적 대통령제 폐해를 극복하고, 권력기관의 권한을 대폭 축소하며 정경유착을 근절하는 것도 빼기(-)의 영역이다.

둘째, 나누기(÷)는 평등 원칙에 따른 분배적 정의다. 가진 자와 못 가진 자의 빈부 양극화 해소, 차별과 특혜를 근절하는 경제민주화는 시급한 개혁과제다. 다만 나누기의 과정에서 불의(不義)와 불평등(inequality)의 근절은 당연하지만 무엇이든지 무조건 평등하게 하는 맹목적 평등, 일명 '악평등(blind equality)'은 경계해야 한다.

셋째, 더하기(+)는 협치(協治)의 구현이다. 더불어민주당이 집권여당이 됐지만 여소야대 정국인 만큼 야당을 국정의 동반자로 인식하고 대하는 양보와 타협은 필수적이다. 더욱이 북핵문제, 사드(THAAD·고고도미사일방어체계)와 위안부 합의 문제 등 안보와 외교차원에서의 현안을 해결을 위한 문재인 당선인과 더불어민주당의 협치 노력은 아무리 강조해도 지나치지 않다.

넷째, 곱하기(×)는 대승적 차원의 화해와 통합이다. 문 당선인은 이번 대선에서 함께 경쟁했던 후보들에게 따뜻한 위로와 감사를 전하고, 국회와 함께 한다는 메시지를 실천에 옮겨야 한다.

박근혜 전 대통령의 탄핵과정에서 드러난 지역·세대·이념 간 갈등을 극복하는 탕평(蕩平) 인사도 단행해야 한다. 그리고 자신을 지지하지 않은 60% 가까운 국민들이 뒤로 물러나 팔짱을 끼는 일이 없도록 모두를 섬기고 끌어안는 대통령이 돼야 한다.

광화문(光化門)은 '빛(光)으로 어두운 세상을 밝게 비춰 태평스러운 날이 이어진다(化)'는 뜻을 담고 있고, 광장(廣場)은 넓음이며 열려 있음이다. 문재인 당선인은 바로 조선시대 정궁(正宮)으로 경복궁의 정문(正門)인 광화문 앞 광장에서 당선의 일성을 밝혔다. 문 당선인이 가졌던 간절한 초심은 앞으로는 현명한 뚝심으로 바뀌어야 하며, 소통과 공감의 '가감승제' 리더십으로 국민의 성원에 응답해야 한다.

(2017.5.10)

'깜깜이 선거' 바꿔야 한다

　'장미대선', '탄핵대선'으로 불리는 제19대 대통령선거가 꼭 엿새 앞으로 다가왔다. 그런데 선거일이 엿새 남은 날부터 달라지는 게 한 가지 있다. 여론조사 결과를 공표할 수 없다는 점이다. 이는 현행 공직선거법 제108조 1항의 규정에 따른 것이다.

　즉, 선거일 전 6일부터 선거일 투표마감 시각까지 정당 지지도나 당선인을 예상케 하는 여론조사의 경위와 그 결과를 공표하거나 인용해 보도할 수 없도록 한 것이다. 위반하면 2년 이하의 징역이나 400만 원 이하의 벌금에 처하게 된다. 때문에 선거일 전 엿새 동안을 '블랙박스 기간'으로 부르고, 이런 선거 관행을 빗대 '깜깜이 선거', '블랙아웃 선거'라고 일컫는다.

　하루가 멀다 하고 홍수처럼 쏟아졌던 각종 여론조사 수치가 하루아침에 사라지게 된 것이다. 더욱이 2일로 대선후보 TV토론도 끝이 나면서 앞으로 유권자들로 하여금 후보들을 비교, 평가, 판단할 수 있는 정보들이 차단된 것이나 마찬가지다.

　따라서 문재인 더불어민주당 후보의 독주체제가 계속될지, 홍준표 자유한국당 후보와 안철수 국민의당 후보의 막판 뒤집기가 이뤄질지, 부동층과 보수층 표심은 어떻게 변할지, 그리고 바른정당 의원들의 집단탈당에 따른 파급영향과 막판 후보 단일화 가능성에 따른 선거 판세를 유권자들이 가늠하기는 사실상 불가능하게 됐다. 결론적으로 여론조사 공표금지 규정은 '국민의 알 권리'를 일정 부분

침해하는 문제점을 지니고 있다.

이런 이유로 지난 1999년 헌법소원이 제기되기도 했지만 헌법재판소는 이른바 '밴드왜건 효과(bandwagon effect)'와 '언더독 효과(underdog effect)'로 선거의 공정성을 저해할 우려가 있다며 합헌 결정을 내렸다. 여론조사 결과가 공표되면 당선 가능성이 큰 후보에게 표가 쏠리거나 열세후보에게 동정표가 몰리는 영향이 나타나 표심이 왜곡될 수 있고, 선거일이 임박해 부정확한 여론조사 결과가 공표되면 이를 반박하거나 시정할 수 있는 물리적 시간이 부족하다는 논리다. 헌재는 따라서 여론조사 공표금지 기간이 지나치게 길지 않는 한 금지 자체를 위헌이라고 할 수 없다고 판결했다.

그러나 거의 20년 전의 헌재 판결 논리는 인터넷과 SNS를 통한 '가짜뉴스'가 횡행하는 지금의 시대상을 충분히 담아내지는 못한다. 실제로 박근혜 전 대통령 탄핵 당시에도 보듯 불의와 거짓의 가면을 쓴 '가짜뉴스'는 건강한 여론 형성에 엄청난 장애물이 되고 있다. 그런가 하면 각 정당과 후보 선거캠프, 언론사들은 결과만 발표하지 않을 뿐 선거 전략을 세우고 판세의 흐름을 파악하기 위해 내부적으로 여론조사를 실시하고 있다. 이런 내부 정보들이 '찌라시' 등의 형태로 스마트폰에 무차별 유포되면서 거짓말이 난무하고 결과적으로 유권자들의 올바른 판단을 방해하는 부작용이 반복되는 것이다.

선관위와 관계 당국은 여론조사 공표금지 기간 동안 활개를 치는 '가짜뉴스'의 위법행위에 대한 단속 역량을 대폭 강화해야 한다. 다만 미국, 독일, 일본 등 선진국은 선거의 주인공인 유권자들의 알 권리 보장 차원에서 선거와 관련한 여론조사에 대해 별도의 제한규정을 두지 않고 있다. 프랑스는 지난 2002년 여론조사 공표금지 기간을 선거 1주일 전에서 2일로 줄였다. 반면 한국의 경우 6일이라는 '블랙박스 기간'은 상대적으로 너무 길다고 본다. '깜깜이 선거'에 대한 부작용을 면밀히 검토해 개선책을 마련할 때가 됐다.
(2017.5.3)

피의자 박근혜의 '생즉사 사즉생'

옷 색깔은 같았지만 표정은 달랐다. 엷은 미소는 굳은 얼굴로 변했다. 아무런 말도 하지 않았다. 전직 대통령으로는 헌정 사상 처음으로 구속 전 피의자 심문(영장실질심사)을 받기 위해 법원에 출석한 박근혜 전 대통령의 모습이다. 가깝고도 먼 검찰과 법원의 간극 차이를 실감한 때문일 것이다.

박 전 대통령은 지난번 검찰 조사를 받을 때와 똑같이 짙은 남색 옷을 착용했다. 탄핵으로 파면돼 청와대를 떠나올 때도 역시 남색 옷차림이었다. 일명 '전투복'으로 불리는 남색 드레스 코드는 '흔들리지 않겠다'는 자기 암시이자 무언의 메시지다.

실제로 청와대를 나와 집으로 돌아온 날 "진실은 반드시 밝혀진다"는 입장 발표로 헌법재판소의 파면 결정에 대한 불복 의지를 드러내고, 검찰 조사에서 혐의 사실을 완강히 부인하며 무려 7시간 동안이나 피의자 신문 조서를 검토할 때도 '전투복' 차림이었다. 어쩌면 박 전 대통령에게 짙은 남색은 '삶에 대한 강한 의지'의 상징이다. 하지만 그를 옥죄는 녹록지 않은 상황은 그의 얼굴에서 미소를 사라지게 만들었다. 결국 '운명의 날'에 법원으로 들어선 그의 모습은 초점 잃은 눈빛과 긴장된 침묵이 전부였다.

돌이켜 보면 지난해 비선실세 최순실의 국정농단 사건이 불거진 이후 박 전 대통령은 거짓과 변명의 '생(生)'을 택했다. 결정적 패착(敗着)이었다. 그는 진정한 참회와 반성의 '사(死)'를 잡았어야 했다.

실제로 박 전 대통령은 탄핵소추안의 국회 본회의 통과 여부, 헌법재판소의 탄핵 인용 여부, 검찰의 구속영장 청구 여부, 그리고 법원의 영장 발부 여부에까지 이르는 동안 그러함과 그러하지 아니함의 '여부(與否)' 사이에서 줄곧 잘못된 선택을 해왔다. 특히나 검찰 수사가 진행되는 동안에도 박 전 대통령은 관련자들에게 허위 진술을 요구하고, 해외로 도피한 최순실과 차명전화로 수 백 차례 통화하며 증거인멸을 시도했고, 끝까지 진솔한 사과를 하지 않았다. 70%가 넘는 국민들이 전직 대통령의 구속이 마땅하다고 응답하는 이유다.

즉, 박 전 대통령이 "살고자 하면 죽을 것이고, 죽고자 하면 살 것이다"는 '생즉사 사즉생(生則死 死則生)'의 소중한 가르침을 믿고 따랐다면 탄핵 파면에도 불구하고 구속 직전까지 몰리는 신세는 피할 수 있었을 것이다. 스위스의 정신의학자 엘리자베스 퀴블러 로스(Elizabeth Kubler-Ross)는 상실의 아픔을 부정-분노-타협-우울-수용의 다섯 단계로 설명한다. 여기에 비춰보면 박 전 대통령은 여전히 부정과 분노 단계에 머물러 있는 듯하다.

시인 강은교는 "가장 큰 하늘은 언제나 등 뒤에 있다"고 했는데, 박 전 대통령은 지금껏 두 눈에 들어온 작은 하늘만 봐 온 것은 아닌지, 그리고 이제 그 하늘마저도 자유롭게 보지 못할 수 있는 또 다른 고독 앞에 직면해 있다. 박 전 대통령의 영장실질심사가 진행되는 서울중앙지법 321호 법정의 '숫자'에 주목해 본다. 이 '숫자'는 탄핵 소용돌이의 마침표를 찍을 때가 도래했음을 의미하는 것은 아닌지···. 지난해 12월 국회의 탄핵 표결 당시 기권 1표, 찬성 234표, 반대 56표, 무효 7표로 시작돼 인터넷 상에서 1~12까지 완성된 '탄핵 숫자'가 이제 321호 법정의 결정을 끝으로 3,2,1로 매듭되는 형국이다.

자유, 평등, 정의. 대법원 청사 전면의 장식 벽에 굵게 새겨진 글씨다. 전직 대통령에 대한 구속 여부를 결정짓는 것도 오로지 법과 원칙에 따라야 한다. 대한민국은 만인이 법 앞에 평등한 법치주의 민주국가다. 이날 법원에 출석한 피의자 박 전 대통령은 엘리베이터 이용 요청을 거부당한 뒤 계단을 하나씩 밟으며 법정을 향했다. 사법부의 엄격하고도 공정한 판단을 기대한다. (2017.3.30)

세월호와 함께 떠올라야 할 것들

사망자 295명···. 너무도 소중한 생명들을 어둡고 차가운 바다 속에 수장시킨 세월호. 정말로 밉고 보기 싫은 그러나 반드시 봐야만 하는 세월호였다. 그런 세월호가 1073일의 기다림 끝에 드디어 바닷물 위로 올라왔다.

검붉게 녹슬고 금이 가고 찌그러진 몰골은 3년 동안의 한숨과 기도 속에 가슴이 갈기갈기 찢어지고 심장이 까맣게 타버린 미수습자 가족들의 모습 그 자체였다. 서럽고 원통하고 분해서 억장이 무너지지만 미수습자 가족들은 눈물로 감사를 표시했고, 국민들도 두 손을 모은 채로 밤새 TV 앞을 지켰다.

이렇게 쉽게 올라오는 것을…. 왜 3년의 세월이 속절없이 흘러갔는지 모든 게 물음표 투성이다. 하지만 지금은 선체 인양작업이 순조롭게 진행되고 있는 만큼 완벽한 인양성공을 위해 온 신경을 집중해야 할 때다. 바다 밑에 가라앉았던 선체를 수면 위로 올리고, 그 다음은 반잠수선 위로, 또 그 다음은 육상으로…. 계속되는 '올리는 작업'을 통해 세월호의 진실을 밝혀내야 하는 것이다.

곰곰이 생각해보면 세월호는 인양(引揚)된 것이 아니라 부상(浮上)했다는 느낌이다. '진실은 더디지만 언젠가는 반드시 모습을 드러낸다'는 말처럼 끌어 올린 것이 아니라 스스로 물 위로 떠오른 것 같다. 즉, 떠오른 세월호처럼 바다 밑 어둠 속에 가라앉았던 진실도 함께 떠올라야 하는 것이다.

실제로 박근혜 전 대통령의 '세월호 7시간' 행적을 비롯해 침몰 과정과 원인, 인양 시기의 거듭된 지연 등 여러 의혹이 꼬리를 물고 있다. 박 전 대통령과 관련된 '세월호 7시간'의 경우는 헌법재판소의 탄핵결정 당시 재판관 두 명이 보충의견을 통해 재난대응에 소홀했던 박 전 대통령의 책임을 강하게 질타했다. 이는 '위기 때 최고의 배는 리더십이다(The best ship in times of crisis is leadership)'라는 교훈에서 알 수 있듯 '세월호 침몰이 곧 박근혜 리더십의 침몰'이었음을 입증하는 사례다.

침몰 원인을 두고서도 검찰의 수사결과 발표에도 불구하고 선박 자체의 구조적 결함 이외에 잠수함 충돌설, 제주해군기지로 운반되는 철근의 적재 여부 등이 줄곧 논란거리가 돼왔다.

인양 시기를 둘러싸고는 당초 지난해 8월로 예정된 이래 세 차례 연기를 거듭하다 박 전 대통령의 탄핵 결정 이후 해수부가 인양 방침을 '깜짝 발표'함으로써 정부가 세월호 인양을 의도적으로 늦춘 게 아닌가 하는 의혹이 증폭됐다.

마치 놀이기구 '시소(seesaw)'의 양 끝에 박 전 대통령과 세월호가 위치한 양상이다. 한쪽이 내려가면 다른 한쪽이 올라가는 것처럼, 결과적으로 박근혜 전 대통령이 몰락해야 세월호가 떠오른 형국이 됐다.

이제 세월호의 인양이 성공한 이후에는 최근 국회에서 통과된 '세월호 선체조사특별법'에 따라 이른 시일 안에 선체조사위원회를 출범시켜 선체 조사 등을 통한 진실 규명, 미수습자 수습을 포함한 유가족들의 상처 치유책 마련이 이뤄져야 한다.

3년 만에 모습을 드러낸 세월호의 의미는 지금까지 은폐됐던 부정과 불의에 대한 심판의 시작인 것이다. (2017.3.28)

한국의 검찰총장과 미국의 FBI 국장

살아있는 권력의 최고봉은 대통령이다. 정권 출범 초기라면 대통령의 힘은 더욱 막강하다. 그것도 미국 대통령이라면 두말 할 나위가 없다. 그런데 취임 두 달 밖에 안 된 '기세 등등'한 트럼프 미국 대통령에게 진검을 겨누고 나선 사람이 있어 화제다. 주인공은 제임스 코미 美 연방수사국(FBI) 국장이다.

코미 국장은 지난해 미국 대선을 불과 11일 앞두고 힐러리 클린턴의 '이메일 스캔들'에 대한 재수사 방침을 밝혀 결과적으로 트럼프 승리의 1등 공신이 된 인물이다. 그런 그가 이번에는 미국 대통령이 된 트럼프를 궁지에 몰아넣었다. 이틀 전 하원 청문회에서 밝힌 그의 폭탄 발언 때문이다.

트럼프가 제기했던 오바마 행정부의 도청 의혹에 대해 근거가 없다고 일축한 반면, 트럼프가 부인했던 러시아와의 내통설에 대해서는 끝까지 수사하겠다는 입장을 분명히 한 것이다. 트럼프 핵심 측근들의 줄줄이 소환이 예고되면서 수사 결과에 따라서는 트럼프 정권이 출범 두 달 만에 뿌리째 흔들릴 수도 있게 됐다. 법과 원칙 앞에 떳떳한 코미 국장의 굳건한 소신을 확인할 수 있다. 살아있는 권력, 대통령이라도 예외일 수 없다는 것이다.

이제 시선을 우리 쪽으로 돌려보자. 트럼프의 정치적 위기에 코미 국장이 있다면 박근혜 전 대통령의 사법처리 운명은 김수남 검찰총장의 손에 달려 있다. 관심은 김수남 검찰총장이 과연 코미 국장과 같은 행보를 보일 것인 지 여부다. 많은 국민들은 박 전 대통령에 대한 검찰의 지나친 예우와 특혜에 의심과 우려의 시선을 보내고 있다.

박 전 대통령은 더 이상 살아있는 권력이 아니다. 그것도 중대 범죄 피의자로 대통령에서 파면된 자연인이다. 그런데 국민들의 눈에 비친 일련의 검찰 모습은 마치 살아있는 권력을 대하는 착각에 빠지게 만들었다. 청와대와 사저에 대한 압수수색을 실시하지 않더니 소환조사에서는 서울중앙지검 정문 통과를 허용하고, 침대가 비치된 특별 휴게실을 만들었으며, '대통령님'으로 호칭하고, 박 전 대통령의 빠른 귀가를 위해 출근시간 올림픽대로를 통제하기까지 했다.

압권은 피의자 신문조사에서 영상 녹화를 알아서 생략한 점이다. 일반적으로는 피의자에게 "영상 녹화 하겠습니다"라고 고지한 뒤 녹화를 하는데, 박 전 대통령에게는 "영상녹화를 해도 됩니까?"라고 사전에 동의를 구한 것이다. 앞으로 검찰은 모든 피의자들에게 사전에 의견을 물어야 할 판이 됐다.

물론 박 전 대통령으로부터 실질적인 진술을 이끌어 내기 위한 판단 때문으로 이해된다. 그럼에도 故 노무현 전 대통령 조사 때 검찰 수뇌부가 영상녹화 화면을 지켜보며 대응했던 것과 비교하면 봐주기 수사, 밀실 수사라는 오해를 피할 수는 없다. 또 박 전 대통령에 대한 조사 시간이 21시간 30분으로 노태우 전 대통령 16시간 37분, 故 노무현 전 대통령 12시간 40분보다 길었다고 하지만 21시간 30분은 사실 검찰청사에 머문 시간일 뿐이다. 피의자 신문조서 검토 7시간과 식사, 휴식 시간 등을 제외하면 검찰에 출두한 역대 대통령 가운데 가장 극진한 예우를 받은 셈이다.

그런가 하면 검찰 조사에 임하는 박 전 대통령의 모습도 실망스럽기 짝이 없었다. 일국의 최고 통수권을 가졌던 지도자다운 의연함을 찾아 볼 수가 없다. 13가지 혐의에 대한 일관된 부인(否認)이야 예상했던 바이지만, 피의자 신문조서를 무려 7시간동안 꼼꼼하게 열람하고 수정을 요구했다니 한마디로 어이상실이다. 구속을 피하기 위해 지푸라기라도 잡으려는 살기 위한 몸부림이겠지만 말이다.

7시간 동안 밤을 새워가며 신문조서를 검토했다는 사실을 접하며 '세월호 7시간'이 떠오른다. 공교롭게도 22일은 바다 밑에 가라앉은 세월호의 시험인양이 1072일 만에 개시된 날이다.

세월호가 침몰하면서 어린 학생들이 살기 위해 몸부림을 쳤을 때, 박 전 대통령은 청와대 관저에서 7시간 동안 도대체 뭘 했는지…. 그리고 이제는 구속을 피하기 위해 7시간 동안 신문조서를 검토했다고 하니 슬플 뿐이다.

일각에서는 김수남 검찰총장이 박 전 대통령으로부터 임명장을 받은 사실에 주목한다. 오죽하면 박 전 대통령 측 손범규 변호사가 "진실을 밝히기 위해 애쓰신 검사님들과 검찰가족에게 경의를 표한다"는 소감을 밝혔을까. 국민들의 고개를 갸우뚱하게 만든 손 변호사의 메시지는 어쩌면 결과적으로 운신의 폭이 좁아진 검찰로 하여금 엄격한 사법처리를 결정할 자충수가 될 수도 있다.

이제 김수남 검찰총장이 결정해야 한다. 법과 원칙에 따른 사법정의를 바로 세워야 한다. '장미 대선'에 따른 정치적 고려를 할 이유도 없다. 검찰과 특검 수사로 공범들도 모두 구속돼 있는 상황이다.

피의자 박 전 대통령에 대한 영장청구가 원칙에 맞는 일이다.

(2017.3.22)

대통령 파면과 적폐 청산

"피청구인 대통령 박근혜를 파면한다". 헌법재판소가 재판관 8명 전원 일치로 박근혜 대통령의 파면을 결정했다. 대한민국 헌정 사상 최초의 여성 대통령이 사상 처음으로 탄핵 파면된 것이다. 헌재의 선고와 동시에 그동안 직무정지 상태였던 박 대통령은 자연인 신분의 전직 대통령이 됐다.

그러나 박 전 대통령은 오늘 삼성동 사저로 복귀하지 않았다. 대통령이 아닌 자연인이 청와대에 머물고 있는 상황이 연출된 것이다. 그것도 모자라 박 전 대통령은 탄핵 파면에 대해서도 아무런 입장을 밝히지 않은 채 침묵을 지켰다.

이날 헌재가 밝힌 핵심적인 탄핵 사유는 '은폐와 훼손'이다. 박 전 대통령이 최순실 국정농단 사실을 철저히 은폐했고, 검찰과 특검 수사 회피는 물론 청와대 압수수색 거부 등으로 대의민주제 원리와 법치주의 정신을 훼손했다는 것이다. 취임 선서를 통해 대통령으로서의 직책을 성실히 수행하겠다는 국민과의 약속을 저버린 데 대해 엄중한 책임을 물은 결정문이라고 할 수 있다.

박 전 대통령의 18년 정치 역정을 상징했던 수식어 '원칙과 신뢰'가 거짓을 감춘 한낱 가면(假面)이었던 것인가. 사실 국회의 탄핵 소추 의결과 헌재의 탄핵 파면 결정은 민심(民心)이 천심(天心)이라는 교훈을 새삼 확인한 것이다.

거짓은 진실을 이길 수 없고 어둠은 빛을 가릴 수 없음을 보여준 것이자, '대한민국의 주인은 국민이고, 모든 권력은 국민으로부터 나온다'는 헌법 1조의 숭고한 가치를 재확인한 것이다.

더욱이 '시민명예혁명의 날'로 기록될 1500만 촛불 민심에 따른 대통령 탄핵은 가짜와 거짓, 불의(不義)와 불통(不通), 부정과 부패, 반칙과 차별에 대한 준엄한 심판이자 단죄로서, 지금껏 대한민국을 흔들어 놓았던 수많은 적폐(積弊)들을 해소하는 계기가 돼야 한다.

그러나 대통령 탄핵을 둘러싸고 갈등을 야기하는 진영 논리에 따른 이분법적 시각은 지양돼야 한다. 박 전 대통령 탄핵은 진보의 승리도 보수의 패배도 아니다. 굳이 표현하자면 비정상(非正常)에 대한 정상(正常)의 승리요, 정의와 진실 앞에 굴복한 거짓과 가짜의 패배일 뿐이다. 때문에 박 전 대통령에 대한 헌재의 탄핵 결정으로 법치주의가 흔들린다거나 국론이 분열되고 혼란이 증폭될 이유가 없다.

'미국 헌법의 아버지'로 불리는 미국의 4대 대통령 제임스 메디슨은 "갈등은 제거될 수 없고 오직 조정될 수밖에 없다"고 말했다. 이는 상대방을 적(敵)이 아니라 나름의 관점을 가진 반대자로 인정하면서 민주적 절차인 선거와 투표를 통해 갈등을 해결하는 데 방점을 둔 것이다. 즉, 다름을 틀림으로 인식하는 잘못을 경계해야 한다.

탄핵 찬성파와 반대파가 그동안 뜨거운 가슴으로 나뉘어 목소리를 높였다면 이제는 차가운 이성을 회복하고 제 자리로 돌아가야 한다. 새로운 대한민국의 봄은 국민 모두의 것이어야 한다.

(2007.3.10)

'3몰'에 빠진 박근혜 사람들

'3몰(三沒)'이다. 박근혜 전 대통령과 그를 따르는 사람들의 행태가 그렇다. 몰염치(沒廉恥), 몰이성(沒理性), 몰지각(沒知覺)이다. 돌이켜보면 '3몰(三沒)'은 박 전 대통령의 정치적 몰락(沒落)을 초래한 원인이다. 그런데 탄핵으로 파면된 이후에도 그들은 여전히 '3몰(三沒)'의 늪에서 허우적대고 있다. 사나운 꼴의 가관(可觀)이 아닐 수 없다.

헌법재판소의 탄핵 결정에 대한 승복(承服)과 불복(不服) 사이에서 탈출구를 모색하는 박 전 대통령의 칩거정치는 몰염치의 극(極)이다. "모든 결과를 안고 가겠다"와 "진실은 밝혀질 것으로 믿고 있다"는 앞뒤 맥락이 서로 다른 박 전 대통령의 비정상(非正常) 화법이 안타까울 따름이다.

검찰은 내일 박 전 대통령에게 소환날짜를 통보한다는 방침이지만, 들은 척이나 할 지 두고 볼 일이다. 여기에 '친박(親朴)'으로 불리는 자유한국당 김진태 의원도 한 몫을 거들고 나섰다. 그는 자유한국당 내에서 여덟 번째로 대선 출마를 선언했다. "박 전 대통령을 끝까지 지키겠다"는 것이 출마의 변(辯)이었다. 중대한 범죄 혐의로 기소된 피의자를 지키겠다니 정말로 염치가 없는 인사다.

박 전 대통령의 탄핵으로 자유한국당내 친박계가 이른바 '폐족(廢族)'으로 몰리자 이번에는 김태흠 의원이 몰이성적 언사를 쏟아냈다. 그는 "문재인 전 더불어민주당 대표나 안희정 충남지사도 노무현 전 대통령이 죽었을 때 자기들이 죽든지 폐족이 돼야 했다"고 날을 세웠다. 상대를 포용하는 금도(襟度)가 없는 적대적 정치의 한 단면이다. 그런가 하면 강성(强性) 친박계 의원들은 박 전 대통령의 호위무사를 자처하며 각각 총괄·정무·법률·수행·의전 등의 비서진 역할을 분담하기로 했다고 한다.

한마디로 어이상실이다. 국회의원으로서 품위를 모르는 몰지각한 행태가 아닐 수 없다. 박 전 대통령의 탄핵을 불러 온 헌정유린과 국정농단의 책임에서 자유로울 수 없는 친박계 인사들의 막장 정치는 대다수 국민들을 분노하게 만들고 있다. 조용한 겸손과 처절한 반성은 뒷전인 채 '박근혜 마케팅'으로 정치 세력화를 도모하겠다는 이들의 행태는 저급한 정치에 다름 아니다.

만일 자유한국당이 보수정당으로서의 면모를 일신하려 한다면 몰염치·몰이성·몰지각으로 국민들을 답답하게 만드는 '박근혜 사람들'에 대한 강력한 징계 조처에 나서야 한다.

앞서 인명진 자유한국당 비상대책위원장은 국민 마음에 걱정을 끼치고 화합을 저해하는 언행에 대한 단호한 조치를 강구하겠다는 입장을 밝힌 바 있다. 국민의 눈과 귀를 흐리게 만드는 일부 친박계 인사들의 불복 정치, 막장 정치, 선동 정치에 대한 따끔한 경고가

필요한 시점이다. (2017.3.14)

'촛불'과 '태극기'의 역설

　박근혜 대통령 탄핵안이 국회를 통과한 뒤 대통령의 직무는 정지됐고 탄핵열차는 출발했다. 탄핵열차는 지금 헌법재판소의 최종 결정이 내려지는 종착역을 향해 달려가고 있다. 시간은 흘러 흘러 이제 달력 한 장만 넘기면 종착역에 다다를 것이라는 전망이 나온다.

　그런데 종착역이 가시권에 들어오면서 안절부절못하는 사람들이 점점 늘어나고 있다. 탄핵 당사자이자 최순실 게이트의 피의자인 박근혜 대통령과 '박근혜 사람들'이다. 이들은 갖은 수단과 방법으로 탄핵열차의 속도를 늦추거나 멈추게 하려 애쓴다. 심지어는 열차의 탈선까지 염두에 둔 듯 행동한다. 특검의 대면조사를 받겠다던 대통령은 막무가내 생떼쓰기로 조사를 거부하고, 대리인단은 시간 끌기 지연전술로 헌재 심판을 농락하고 있다.

　급기야 박 대통령 측 대리인인 손범규 변호사는 CBS 인터뷰에서 본색을 드러냈다. "(박 대통령이) 특검 조사에 처음부터 응하지 않았어야 정답이고, 지금이라도 (특검) 조사에 응하지 않는 게 최선의 길"이라고 말이다. 그는 한 토론회에서는 아예 한 술을 더 떠 "탄핵 기각을 확신하며, 헌재 심판은 비이성적 마녀사냥 여론재판"이라고 목소리를 높였다. "바람 불면 촛불이 꺼진다"고 말했던 새누리당 김진태 의원도 같은 행사에서 "촛불은 이미 태극기 바람에 꺼졌다"고 주장했다.

앞서 박 대통령은 보수 성향 인터넷 1인 매체와의 인터뷰에서 태극기 집회를 가리켜 자유민주주의와 법치의 수호라고 강조하기도 했다. 새누리당에서 당명을 바꾼 자유한국당은 당 로고를 태극기를 연상시키는 모양으로 만든다는 계획이다.

국정농단과 헌법유린으로 민주주의를 파괴한 장본인과 부역자들이 '태극기'를 앞세워 탄핵기각 운운하며 보수층 결집을 시도하면서, 동시에 1000만 촛불에는 종북(從北) 좌파의 프레임을 씌워 공격하는 양상이다. 결과적으로 대한민국의 국가 상징물인 태극기가 '박근혜 살리기'를 위한 목적으로 온당치 못하게 이용되고 있는 셈이다.

태극기와 애국가는 특정 개인이나 집단, 세력의 전유물이 아니다. 대한민국을 사랑하는 모든 국민의 것이다. 지금까지 촛불을 들어왔던 전국의 수많은 국민들은 태극기를 사랑하는 것이고 이용하려 하지 않을 뿐이다. 많은 국민들이 손에 든 촛불은 어둠을 밝히는 빛이고, 비폭력을 상징하는 평화이며, 화합과 단결을 소망하는 기도(祈禱)이다. 그리고 촛농은 새벽을 기다리는 간절한 눈물이다. 그 누구를 배척하려는 이념적 갈라치기의 촛불이 아닌 것이다.

지난해 11월 4차 촛불 집회 때 가수 전인권이 처절하게 불렀던 애국가에 많은 사람들은 전율했고, 눈물을 흘리며 우리가 하나임을 확인했다. 태극기와 애국가는 촛불 시위나 태극기 집회에서 모두 등장할 수 있는 것이다.

그러나 탄핵정국이 길어지면서 이른바 '촛불'과 '태극기'로 양분된 민심의 분열상이 회복 불능 상태로 변질될 우려가 커지고 있다. 특히 양측의 힘겨루기가 고조되면서 이번 주말 집회에 '촛불'과 '태극기'의 일대 회전(會戰)이 예상된다. 차제에 언론에서도 '촛불'과 '태극기' 대신에 탄핵 찬성 집회, 탄핵 반대 집회로 고쳐 부르는 게 낫지 않을까 싶다. (2017.2.9)

'원망과 핑계'로 끝난 반기문의 꿈

태산명동서일필(太山鳴動鼠一匹). 시작은 요란했지만 결과는 보잘 것 없음을 의미한다. 반기문 전 유엔 사무총장의 전격적인 대선 불출마 선언을 두고 하는 말이다. 크든 작든 텐트는커녕 천막 한 번 쳐보지 못한 채 반 전 총장의 정치실험은 정치입문 20일 만에 허망하게 끝이 났다.

귀국 이후 3주 동안 "바쁘다 바빠"를 연발하며 숨 가쁘게 이 곳 저 곳을 돌아다녔지만 국민적 지지를 얻지 못한 채 발품만 팔았다. 보수와 진보를 모두 아우르겠다며 화두로 내건 '진보적 보수'는 말 따로 행동 따로 메아리 없는 공허한 구호에 그치고 말았다. 여기에 여론조사 지지율도 하락세를 면치 못하면서 결국 보수층마저 등을 돌렸고, 마지막 승부수였던 개헌협의체 구성 제안은 정치권의 싸늘

한 반응 속에 뒷전으로 밀렸다. 또 불법자금 수수 의혹과 친인척 비리, 위안부 협상 관련 과거 발언 등 언론과 야권의 전방위 검증 공세도 정치적 부담이 됐을 것이다.

반 전 총장은 야당의 대선 주자인 이재명 성남시장과 국민의당 안철수 전 대표를 '예언가'로 만들었다. 이 시장과 안 전 대표는 지난달 반 전 총장의 대선 불출마와 중도포기 가능성을 공개적으로 언급한 바 있다.

반 전 총장이 불출마를 선언하면서 질책을 달게 받겠다고 한 만큼 냉혹한 평가를 하자면, 정치적 지향과 노선, 행보에서 '반반(半半)'으로 애매모호했던 그가 중도하차한 근본 원인은 대통령 준비를 제대로 하지 못한 때문이다. '준비에 실패하면 실패를 준비할 수밖에 없다(If you fail to plan, you plan to fail)'는 격언이 새삼스럽다.

어쩌면 반 전 총장은 10년 만에 한국으로 돌아오면서 '꽃가마'를 기대했을 수 있다. 그러나 정치교체와 국민통합의 구현을 위한 자신의 '플러스 알파'를 보여주지 못한 것은 온전히 그의 몫이다. 그는 자신의 대선 행보를 "순수한 뜻"이라고 표현했지만, 국민은 탄핵 정국으로 빚어진 초(超)불확실성의 시대에서 진정성보다는 능력을 원했다.

'세계 대통령'이라는 타이틀 보유자로서 자존심과 명예에 큰 상처를 입었겠지만, 현실정치의 벽을 넘지 못한 반 전 총장은 대선 불출마를 선언하면서 원망과 핑계에 방점을 찍었다. 인격 살해, 가짜 뉴스, 정치권의 유아독존 태도, 일부 정치인의 구태의연한 이기주의 등등. 그의 말대로 그의 꿈이 순수했다면 '내 탓이오'라고 말하는 게 그나마 연민을 불러 올 수 있다고 본다.

이제 정치권은 범여권 후보 가운데 1위를 달렸던 반 전 총장의 하차라는 돌발변수가 불러올 파장에 주목할 것이다. 그러나 반 전 총장의 대선 포기는 '민심은 천심'이라는 교훈을 다시금 깨닫게 한다. 국민의 마음은 그저 얻어지는 것이 아니다. 국가 지도자의 탁월한 능력은 겸손한 준비를 바탕으로 해야 하는 것이다. (2017.2.1)

오바마의 눈물과 박근혜의 눈물

오바마 미국 대통령의 연설에는 카타르시스가 있다. 코끝이 찡해지는 뭉클한 공명(共鳴,resonance)이다. 오바마의 젖은 눈시울에 지지자들은 눈물로 화답한다. 이내 서로는 포용과 화합, 약속과 다짐이 어우러진 우리(We)를 확인한다. '연설의 귀재'이기도 하지만 그의 연설에는 소통 리더십이 물씬 풍겨나는 진정성이 있다. 눈물은 어쩌면 본질이 아니다.

조만간 백악관을 떠나는 오바마의 고별 연설도 마찬가지였다. '4년 더! 4년 더! (four more years!)'를 연호하는 지지자들에게 오바마는 엄지손가락을 치켜세우며 "미국을 바꾼 주인공은 바로 여러분"이라고 답했다. 그러면서 자신은 매일 국민들로부터 배웠고, 국민들이 자신을 더 나은 대통령, 더 좋은 사람으로 만들었다고 감사를 표했다.

새까맣던 머리카락이 반백이 된 오바마는 국민들에게 마지막 인사를 전하는 장소로 백악관이 아닌 자신의 '정치적 고향' 시카고를 선택했다. 시카고는 오바마가 8년 전 변화와 희망을 꿈꾸며 '우리는 할 수 있다', 'Yes, we can'을 외쳤던 곳이다. 오바마는 바로 그 곳에서 '우리는 할 수 있다(Yes, we can)'의 시작점과 '우리는 해냈다(Yes, we did)'의 끝점을 찍고 '민주주의에서 가장 중요한 직분'인 시민으로의 복귀를 신고했다.

미국 언론들은 오바마의 고별 연설을 '민주주의에 바치는 헌사(獻辭)'라고 극찬했다. 마지막까지 국민적 인기를 유감없이 보여준 '화이트 하우스의 블랙 프레지던트' 오바마였다. 물러나는 오바마의 지지율은 55%로 트럼프 대통령 당선인의 지지율(37%)보다 높다. 오바마의 고별 연설을 접하면서 남의 나라 일이지만 부러움과 아쉬움이 교차된다.

박근혜-최순실 게이트로 온 나라가 혼돈에 빠진 우리의 오늘과 너무 대비되기 때문이다. 청와대 관저에 유폐(幽閉)된 박근혜 대통령은 과연 오바마의 마지막 연설을 시청했을까? 만일에 봤다면 무슨 생각을 했을지 정말 궁금하다. 박 대통령은 최순실 국정농단 사태와 관련한 지난해 세 차례 담화에서 눈물을 흘리지 않았다. 그리고 새해 첫날에는 마치 무죄를 강변이라도 하듯 흰색 정장 상의를 입고 비교적 밝은 표정을 선보였다.

'이럴려고 대통령 했나'라는 자괴감은 어느새 자신감으로, 부끄러움은 뻔뻔함으로, 대국민 약속은 말 바꾸기와 모르쇠로, 헌법재판소의 탄핵심판에는 시간끌기로 대응하고 있는 박 대통령이다. 헌재의 탄핵 심판 피청구인이자 최순실 게이트의 피의자 신분으로 특검 수사를 받아야 하는 박 대통령에게 주어진 기회는 그리 많을 것 같지 않다. 진정성 있는 사과와 반성, 그리고 솔직한 고백만이 그나마 남아 있는 박 대통령의 명예를 잃지 않는 길이다.

오바마는 마지막 연설에서 국민들을 섬겼던 것이 자기 인생의 영광이었다고 고백했다. 섬김과 소통의 리더십까지는 아니더라도 최소한 박 대통령에게 양심의 떨림은 있어야 하는 것이 아닌가 묻고 싶다. (2017.1.12)

폐기돼야 할 위안부 합의

칼바람이 부는 매서운 한파 속에서도 1천여 명의 시민들이 서울 종로구 옛 일본대사관 건물 맞은 편 '평화의 소녀상' 앞에 모였다. 일본군 위안부 문제 해결을 위한 수요 집회에 참석하기 위해서다. 매주 수요일에 열리는 어제 집회는 1992년 1월부터 시작돼 25년째가 된 올해의 마지막이자 1263번째 집회였다. 특히 이날은 꼭 1년 전인 지난해 12월 28일 한일 양국 정부가 피해자 할머니들과 아무런 동의나 협의 절차도 없이 일방적으로 위안부 문제 합의를 했던 날이기도 하다.

일본 정부의 진심어린 공식 사죄도 없고, 법적인 책임도 명시되지 않았는데 우리 정부는 최선의 결과라고 자평한 위안부 합의 1년이 지나는 사이 피해자 할머니 7명이 세상을 떠났다. 무려 20만 명의 앳된 소녀들이 일본군에 강제로 끌려간 뒤 238명이 가까스로 목숨을 건져 돌아왔지만, 지난 세월 동안 위안부 문제의 근본적인 해결이 이뤄지지 못한 가운데 많은 피해자들이 유명을 달리했고, 이제는 39명(국내 37명, 국외 2명)의 피해자 할머니들이 가슴에 맺힌 한(恨)을 풀지 못한 채 피눈물을 흘리고 있는 것이다.

이날 수요 집회를 주관한 한국정신대문제대책협의회(정대협)는 "2016년은 피해자 할머니들이 전에 없던 아픔과 슬픔을 겪었던 최악의 해였다"고 평가하면서, 양국 합의의 즉각 폐기를 거듭 촉구했다. 정대협은 앞으로도 수요 집회는 계속될 것이라고 강조했다. 수요 집회가 끝나지 않는 이유는 위안부 문제의 근본적 해결이 이뤄지지 않았기 때문이다. 이는 한일 양국 정부가 주장하는 대로 지난해 합의가 최종적이거나 불가역적이지 않다는 의미인 것이다. 일본의 공식 사죄와 법적 배상, 재발 방지 대책이 반드시 이뤄져야 하는 이유가 여기에 있다. 사실 대다수 국민들은 굴욕적으로 이뤄진 한일양국 정부 간 위안부 합의 내용이 피해 당사자들의 상처를 치유하거나 명예를 회복시키지 못한 것으로 판단하고 있다.

한국갤럽의 9월 조사를 보면 '일본이 사과하지 않은 것으로 본다'는 응답이 84%, '재협상해야 한다'는 응답은 63%로 나타났다. 28일자 한겨레에 따르면 여야 정치권의 차기 대선주자들은 모두 지난해 체결된 한일 위안부 합의에 부정적 입장을 피력하면서 재협상이나 폐기돼야 한다는 견해를 밝혔다. 이는 박근혜 대통령의 탄핵을 이끌었던 촛불 민심에 힘입어 만일 조기에 차기 대선이 이뤄지게 될 경우 위안부 합의와 같이 졸속으로 이뤄진 결과물에 대한 심판이 불가피할 것이라는 점을 시사한다. 이와 관련해 더불어민주당과 국민의당, 개혁보수신당, 정의당은 이날 일제히 논평을 통해 위안부 합의의 즉각 폐기나 재협상, 그리고 화해·치유재단의 해체 등을 촉구했다.

그러나 10억 엔을 출연한 일본 정부는 한국의 차기 대선 결과와 무관하게 위안부 재협상은 불가하다는 입장을 고수하고 있다. 가해자인 일본이 반성은커녕 오히려 큰 소리를 치는 형국이다. 사실 일본은 변하지 않았다. 27일(현지시간) 75년 전에 일본군이 공습한 진주만을 찾은 아베 신조 일본 총리가 전쟁에 대한 사죄나 반성의 뜻을 전혀 언급하지 않은 것만 봐도 알 수 있다. 이 같은 굴욕적인 결과를 불러온 장본인은 취임 이후 한 번도 일본을 방문하지 못했던 박근혜 대통령의 위안부 졸속 합의 때문이다. 박 대통령은 위안부 합의 이후 여러 차례 일본 방문 의향을 보였지만 최순실 게이트의 피의자 신세로 탄핵까지 되면서 결국 물거품이 되고 말았다. 피해자 할머니들의 눈물이 마르고 수요 집회가 끝나야 진정 위안부 문제는 해결되는 것이다. (2016.12.28)

'내부 고발자'와 '모르쇠'

　무려 1만 명에 가까운 문화예술계 블랙리스트의 존재가 일부 사실로 확인되면서 과연 진실이 밝혀질 지 관심이 집중되고 있다. 청와대가 작성하고 문체부과 관리했다는 '살생부' 격의 블랙리스트는 박근혜 정부에 비판적인 진보 성향의 문화 예술인들을 한 데 묶어 표현과 창작의 자유를 억압하고 차별을 가한 반민주적 유신의 잔재가 아닐 수 없다. 그런데 블랙리스트 건이 최순실 국정농단 사건을 다루는 박영수 특검팀의 우선 수사선상에 오르면서 이미 문화예술단체들로부터 고발을 당한 김기춘 전 청와대 비서실장과 조윤선 문체부 장관이 궁지에 몰리고 있다.

　특히 유진룡 전 문체부 장관이 CBS 인터뷰에서 "블랙리스트를 직접 봤다"고 작심한 듯 김기춘 전 실장을 거명하며 그동안 꾹꾹 참아왔던 속내를 털어놓았다. 유 전 장관은 "(청문회에서) 김기춘 전 실장의 뻔뻔한 위증을 보면서 진실을 밝혀야겠다는 생각을 했다"고 침묵을 깬 이유를 설명했다. 그러면서 "청문회에 출석했다면 김 전 실장의 따귀를 때리는 사고를 일으킬 수 있겠다 하는 걱정을 했다"며 "내부 고발자들을 보호하고, 그들을 백안시하지 않는 풍토가 마련돼야 한다"고 강조했다. 유 전 장관의 말처럼 최순실 국정농단의 진실을 규명하는 과정에서 '내부 고발자'의 역할은 실제로 엄청난 힘을 발휘했다. 조직 내 불의와 부조리를 호루라기를 불어 외부에 알리는 사람으로 '휘슬 블로어(Whistle-blower), 또는 공익 제보자' 등으로 불리는 '내부 고발자'는 용기있는 정의의 파수꾼이지 결코 조직의 배신자가 아니다.

앞서 K스포츠 재단의 노승일 부장은 최순실의 증거 인멸 지시와 일부 새누리당 친박계 국정조사 특위 위원들의 위증 교사 의혹을 폭로했고, K스포츠 재단의 박헌영 과장은 "박근혜 대통령이 나중에 K스포츠 재단의 이사장으로 온다는 얘기를 들었다"고 증언했다. 그런가 하면 고영태 전 더블루K 대표이사, 이성한 전 미르재단 사무총장, 우병우 전 수석을 검찰에 수사 의뢰했던 이석수 전 특별감찰관 등도 최순실 게이트를 풀어낼 핵심 퍼즐을 제공했다.

거슬러 올라가면 박근혜 정부의 치부를 담은 비망록을 남긴 故 김영한 전 민정수석, 정윤회 문건 당시 유서를 남기고 목숨을 끊어야만 했던 故 최경락 경위도 최순실 게이트에서 잊혀질 수 없는 인물이다. 이와는 대조적으로 일부 정부 부처 장차관과 고위 공무원 등 엘리트 공직자들은 최순실 국정농단으로부터 자유롭지 못한 부역자로 낙인 찍혔다. 책임 있는 공직자들이 민간인 최순실의 국정농단에 관여했는데도 대한민국의 거대한 공직사회는 눈과 귀를 닫고 침묵하고 있다. 지금은 용기와 능력, 양심을 가진 젊은 공직자들이 더 크게 '휘슬'을 불어야 하는 상황이다. 호루라기가 있는데도 불지 않는다면 양심을 거스른 '거짓 침묵'이 되기 때문이다. 물론 언론과 정치권은 '휘슬 블로어'들을 철저히 보호해야 한다.

전대 미문의 국정농단 사건에서 비선실세 최순실과 김기춘 전 청와대 비서실장, 우병우 전 청와대 민정수석은 '핵심 3인방'이자 '모르쇠 3인방'이다. 이들은 혐의 사실에 대해 '아니다'로 부인하는 것을 넘어 아예 '모른다'로 일관하고 있다. 서로가 서로를 모르며, 알아도 이름 정도만을 들었다는 식의 잘 짜여진 모르쇠 각본대로 입을 맞추고 있는 것이다. 박근혜 대통령도 앞서 헌법재판소에 제출한 탄핵심판 답변서에서 국회가 제시한 13가지 탄핵 사유를 모두 부인했다. 관련 당사자들의 '아니다', '모른다'는 말과 행동은 국민을 우습게 보기 때문이다.

국민의 뜻을 잘 읽겠다는 박영수 특검팀은 '아니다', '모른다'로 버티고 있는 뻔뻔한 관련자들 앞에 빼도 박도 못할 증거들을 들이밀어야 한다. 이른바 '박근혜-최순실 게이트'와 관련해 침묵을 깨고 용기를 낸 '내부 고발자'들이 배신자 신세로 취급 받아서는 안 되며, 범죄 혐의를 부인하는 '모르쇠'들이 면죄부를 받아서도 안 되기 때문이다. (2016.12.27)

'입안의 혀'를 다스리지 못한 집권당 대표

한 지붕 두 가족으로 쪼개진 사실상 '반쪽짜리' 새누리당 이정현 대표가 갑작스레 고개를 숙였다. 하루 전까지만 해도 비박계를 겨냥해 막말과 폭언을 쏟아 부었던 터라 고개를 숙이고 나온 배경에 궁금증을 불러 일으켰다. 이 대표는 오늘 의원총회에서 "입안의 혀를 다스리지 못해 큰 죄를 지었다"며, "주적(主敵)이고 죄인인 자신에게 돌팔매를 던지고 제발 당을 나간다는 말은 하지 말아 달라"고 비박계 의원들에게 읍소하다시피 했다. 또 너무도 부족한 자신이 감당할 수 없는 당 대표를 맡아 많은 심려를 끼쳤다면서 '거위의 꿈'을 접고 오는 21일 대표직에서 물러나겠다고 약속했다.

그러나 이정현 대표의 예측할 수 없는 '돌발 행동'에 비박계 의원들은 믿음이 가지 않는다는 눈치다. 왜냐하면 새누리당 윤리의원회가 박근혜 대통령에 대한 징계로 '제명'이나 '탈당 권유'를 결정할 가능성이 커지자 친박 인사들을 대거 임명하는 것으로 기존 윤리위를 붕괴시킨 장본인이기 때문이다. 이 대표는 이날 발언에서도 민주주의의 원칙과 상식을 내팽개친 윤리위원회 파동에 대해서는 일언반구(一言半句)도 하지 않았다. 사실 이정현 대표가 '입안의 혀'를 얘기했는데, "인간은 세 치 혀 때문에 죽고 곰은 쓸개 때문에 죽는다"는 말이 있듯 정치인은 특히 입을 조심해야 한다.

많은 사람들이 동의하듯이 정치인 이정현은 말이 많다. 다변(多辯)이다. 목소리도 크다. 그러나 너무 많음은 역설적이게도 '결핍'을 의미한다. 멋과 품격이 없고, 경박해서 신뢰성이 떨어지고, 어디로 튈지 갈피를 잡을 수 없다. 운동화와 점퍼, 밀짚모자를 썼을 때 하는 말과 넥타이, 양복 정장 차림일 때의 말은 달라야 한다. 더욱이 집권당 대표의 말과 행동에는 국민적 신뢰와 정비례하는 정치적 무게가 있어야 하는 것이다. "박근혜 대통령이 탄핵되면 손에 장을 지지겠다"(11월 30일), "지지율을 합쳐 10%도 안 되는 대선주자들이 당에 먹칠을 하고 있다"(11월 15일), "(비박계를 향해) 가소롭다 못해 뻔뻔하다"(12월 12일), "(비박계 처럼) 비겁한 정치, 배신의 정치를 하지 않겠다"(12월

13일) 는 등 이 대표의 말에서는 품격이나 권위를 찾아볼 수가 없다.

이 대표는 이날 의총 발언에서 "전라도 놈이 3선까지 했고, 청와 대 수석 두 번에 당 대표까지 해서 원(願)도 없고 한(恨)도 없다"고도 언급했다. '전라도 놈'이라는 말로 자기를 비하할 수는 있어도 지역 차별과 호남정서를 조금도 감안하지 않은 정말로 저급하고도 수준 이하의 막말이 아닐 수 없다. 자신을 지지하고 표로서 성원해준 전 남 순천 곡성 지역주민들에게 무릎 꿇고 사죄해야 한다.

따지고 보면 박근혜 대통령에 대한 탄핵소추안이 국회를 통과하기 이전에 이미 국민들은 박 대통령을 탄핵했고, 친박계로 불리는 '박근 혜 사람들'도 모두 탄핵했다. 그런데도 이 대표를 중심으로 한 친박 계는 당권을 빼앗기지 않으려 안간힘을 쓰고 있다. 몰염치의 꼴불견 이다. 최소한의 양심이라도 남아 있다면 국민을 배신한 '박근혜 사람 들'은 입안의 혀를 다스리며 반성의 침묵을 해야 한다. (2016.12.14)

국민의 위대한 승리, 새로운 대한민국의 시작

박근혜 대통령에 대한 탄핵 소추안이 마침내 국회를 통과했다. 재 적 의원 300명 가운데 '친박 핵심'인 새누리당 최경환 의원을 제외 하고, 299명이 투표에 참여해 찬성 234표, 반대 56표, 기권 2표, 무 효 7표로 가결된 것이다. 이로써 최순실 게이트의 공범이자 피의자인 박 대통령은 국회의 탄핵소추의결서가 청와대에 전달되는 즉시 대통령으로서의 직무가 정지된다.

박 대통령에 대한 탄핵은 故노무현 전 대통령에 이어 헌정 사상 두 번째 불행한 일이지만 국민의 믿음을 저버리고 헌법을 유린한 데 대한 국민의 엄중한 심판이자 단죄다. 민간인 최순실이 청와대를 제 집 드나들 듯 하면서 전대미문의 국정농단과 국기문란을 자행하는데도 이를 묵인 방조했고, 세월호가 침몰하는 순간에도 '나 몰라라' 하며 국민을 참담하게 만든 잘못과 책임이 온전히 박 대통령에게 있기 때문이다.

그런데도 박 대통령은 진정한 사과와 반성보다는 말 바꾸기와 거짓말, 꼼수카드를 선택해 국민들로부터 용서 받을 기회를 스스로 걷어찼고, 조기 퇴진이 아닌 헌재 심판을 기다리겠다는 뻔뻔함으로 국민적 기대를 거슬렀다. 또 이날 탄핵 표결에 앞서 국민에 대한 예의 차원에서라도 대국민 메시지를 발표하는 겸손함도 보이지 않았다.

지난 2004년 당시 노무현 전 대통령의 탄핵 소추안이 가결된 뒤 열린우리당 의원들의 울부짖음을 뒤로 한 채 만면에 웃음을 지어 보였던 박 대통령이다. 어쩌면 이번 탄핵에도 불구하고 박 대통령은 회한의 눈물보다는 어금니를 물고 정치적 재기(再起)에 골몰할 것 같다. 어찌됐건 박 대통령에 대한 국회의 탄핵 가결은 '대한민국의 주인은 국민이고, 모든 권력은 국민으로부터 나온다'는 헌법 1조의 정신을 재확인한 동시에 국민을 이기는 권력은 없다는 사실을 새삼 각인시키는 민주주의적 의미를 갖는다. 또한 박근혜 정권 4년 동안 어둠에 가려졌던 온갖 불의(不義)와 불통(不通), 부정과 부패, 특혜와

차별, 반칙과 욕심, 그리고 '앙시랭 레짐(Ancien régime)', 이른바 '구(舊) 체제'와의 단절이자 응징이며 탄핵인 것이다. 누적 인원 640만 명의 남녀노소가 함께 들고 외쳤던 '촛불 함성'은 뜨거운 가슴과 냉철한 머리가 없는 나약한 정치권에 휘두른 채찍이었다.

여야 정치권은 앞으로 정국 혼돈과 국정 공백의 최소화를 위한 '포스트 탄핵'에 지혜를 모아야 한다. 헌법재판소 역시 박 대통령의 탄핵이 압도적으로 가결된 만큼 정치적 불확실성을 빨리 해소하는 차원에서 가급적 결정을 서둘러야 한다. 박 대통령은 2017년 신년사 담화를 할 수 없다. 희망에 찬 새해는 '광장 민주주의' 정신에 근거한 헌법 질서의 회복으로부터 시작돼야 한다. 광장(廣場)은 넓음이고 열려 있음이다. 차별이 아닌 평등, 불의가 아닌 공정, 너와 내가 아닌 우리가 함께 하는 공간이다. 그리고 매서운 겨울 추위 속에서도 촉촉한 눈빛과 따스한 체온으로 우리가 서로를 확인했던 곳은 광화문 광장이었다.

조선시대 정궁(正宮)인 경복궁의 정문(正門)으로서 광화문(光化門)은 '빛(光)으로 어두운 세상을 밝게 비춰 태평스러운 날이 이어진다(化)'는 뜻을 담고 있다. 즉, 국민들은 광화문 광장에서 촛불로 어둠을 이겨냈고, 박 대통령에 대한 탄핵을 통해 새로운 대한민국을 만드는 출발점에 서 있게 됐다.

'아! 대한민국'이라는 노래 가사에 이런 대목이 있다. "원하는 것은 무엇이든 얻을 수 있고 뜻하는 것은 무엇이건 될 수가 있어. 이렇게 우린 은혜로운 이 땅을 위해 이렇게 우린 이 강산을 노래 부르네 아 아 우리 대한민국…" 노래 가사가 멋있을지 모르겠지만 이 노래는 서슬 퍼렇던 전두환 군사정권 당시인 1983년 정권홍보용 '건전가요'로 만들어진 것이다.

어쩌면 비선실세 국정농단의 주역 최순실은 이 노래 가사에 공감했는지도 모를 일이다. 그러나 돈과 권력을 갖고 전횡을 부리는 소수의 특권과 반칙은 박근혜 대통령이 탄핵된 2016년 12월 9일자로 대한민국에서 온전히 사라져야 한다. 공정한 원칙과 합리적 상식에 기초한 소통과 공감 리더십으로 국민을 통합하는 대한민국을 만들어야 한다는 시대적 소명이 바로 박 대통령의 탄핵이 갖는 헌법적 의의인 것이다. (2016.12.9)

'기춘 대원군'과 '유신의 잔재'

국정농단의 주역 최순실을 모른다고 잡아떼다 거짓말이 들통 난 김기춘 전 청와대 비서실장이 궁지로 내몰리고 있다. 벗겨도 끝이 없는 양파껍질처럼 김 전 실장의 음습한 공작정치와 권모술수의 실상이 연일 드러나고 있기 때문이다.

야 3당은 직권남용 혐의로 피의자 신분이 된 김 전 실장을 최순실 게이트의 공범으로 규정하고 구속 수사를 촉구하고 나섰다. 내일 최순실 국정농단 사건에 대한 국정조사 특위 청문회에 출석하지 않는다면 별도로 일정을 정해 이른바 '김기춘 청문회'도 추진하기로

했다. 박근혜 정부의 최고 실세로 '기춘 대원군'이라는 별명까지 얻었던 김 전 실장이 천 길 낭떠러지 위에 서 있는 신세가 된 것이다.

더욱이 故 김영한 전 청와대 민정수석이 남긴 비망록을 통해 김 전 실장이 휘둘렀던 반민주적인 권력 행태가 적나라하게 드러나면서 국민적 지탄을 받고 있다. 2014년 6月부터 2015년 1月까지 7개월 동안 김 전 실장의 지시 내용을 적어 놓은 비망록은 그야말로 내편이 아니면 모두 적으로 몰아세워 탄압하고 말살해 버리는 유신의 잔재 그 자체. 실제로 5·16 장학회의 장학생이었던 김 전 실장은 1970년대 유신헌법 초안을 작성하고 중앙정보부의 대공수사국장을 지낸 인물이다.

그런데 비망록에 따르면 김 전 실장은 2014년 헌법재판소의 통합진보당 해산 결정 당시 이틀 전에 미리 결과를 알고 있었던 것으로 드러났다. 이는 김 전 실장이 헌재를 좌지우지했다는 명백한 증거인 동시에 박한철 헌재소장과 통진당 해산 결정을 조율했다는 의미여서 헌재의 정치적 독립성도 큰 상처를 입게 됐다.

당장 박근혜 대통령에 대한 탄핵소추안이 이번 주 국회를 통과해 헌재로 넘어갈 경우 과연 헌재가 국민의 의사를 존중하는 결정을 내릴 지 여부에 관심이 배가될 전망이다. 비망록에는 또 세월호 참사를 유병언 일당의 탐욕으로 몰아가고, 공영방송 KBS를 통제하며, 정윤회 문건 유출 사건을 축소 은폐하고, 문화예술계 블랙리스트를 작성하고, 문화체육관광부 1급 공무원의 교체를 지시한 내용도 빼곡하게 적혀 있다.

그런가 하면 전국교직원노동조합의 법외 노조화에 청와대가 개입하고, 국정원 댓글 사건과 관련해 원세훈 전 국정원장에게 무죄를 선고한 1심 판결을 비판한 현직 판사를 직무에서 배제하는 등 어디하나 김 전 실장의 손이 가지 않은 곳이 없을 정도다.

이미 김 전 실장은 과거 검찰총장 때 전두환 5공 비리를 졸속으로 수사하고, 법무부장관 때는 지역감정을 조장한 초원 복집 사건을 일으켰으며, 2004년에는 국회 법사위원장으로 노무현 전 대통령의 탄핵을 주도하는 등 다분히 음모적인 인물이다.

최순실 게이트의 또 다른 열쇠를 쥔 김기춘 전 실장의 별명은 이제 대원군에서 법률 미꾸라지로 전락했다. 철저하고도 완벽한 특검 수사를 통해 김 전 실장이 무소불위로 휘둘렀던 유신의 잔재들이 말끔히 청산되어야 하는 것도 국민의 명령인 것이다. (2016.12.6)

'샤이 박근혜'는 없다

대통령의 국정 지지도는 국민의 믿음 정도를 가리킨다. 지지도가 한 자리수라면 사실상 국민의 마음속에서 탄핵된 것이나 마찬가지다. 권위를 인정받는 국가수반으로서의 역할을 할 수 없는 것이다.

논어(論語)의 안연편(顏淵篇)에 '민무신불립(民無信不立)'이라는 구절이 나온다. 국민의 신뢰가 없으면 나라가 바로 설 수 없다는 뜻이다. 최순실 게이트로 '이게 나라냐!'는 국민적 탄식에 박근혜 대통령이 책임을 져야 하는 것이다.

박 대통령의 국정지지도가 고작 5%로 2주 연속 역대 최저치를 이어갔다는 한국갤럽의 여론조사 결과가 발표됐다. 그의 정치적 지지 기반인 대구-경북지역에서조차 한 자리수인 9%로 떨어졌고, 전국 29세 이하 연령층에서는 지지율이 0%였다. 대통령에 대한 부정적인 평가도 전주보다 1% 포인트 더 오른 90%를 기록했다. 대통령 취임 이후 최고치를 다시 갈아치운 것이다. 새누리당의 지지도 역시 박근혜 정부 출범 이후 가장 낮은 17%로 내려앉았다. 박 대통령과 집권여당의 날개 잃은 동반 추락이다.

그런데도 박 대통령과 새누리당 친박 지도부는 민심에 등을 돌린 채 눈과 귀를 닫고 있다. 심지어 트럼프의 미국 대통령 당선이 무슨 호재(好材)나 되는 듯 목소리를 높이며 국면전환을 꾀하려는 모습에 기가 찰 노릇이다. 혹시나 트럼프의 당선을 견인한 '샤이 트럼프(숨어있는 트럼프 지지자)'처럼 '샤이 박근혜'를 내심 바라고 있다면 한심한 착각이다.

"대통령을 지킬 수 있는 시간을 달라"며 사퇴를 거부하고 있는 이정현 새누리당 대표의 경우는 이제는 국민의당 박지원 비대위원장에게 보낸 '충성, 사랑합니다'라는 전화문자 메시지까지 공개돼 새삼 그의 가벼운 처신이 구설(口舌)에 오르고 있다.

대통령 지지도 5%는 단단하고 촘촘했던 지지층이 부스러기 조각이 됐음을 의미한다. 정치인 박근혜를 대통령으로 만들었던 콘크리트의 견고성(堅固性)과 찰흙의 점성(粘性)이 사라지면서 복원 불가능의 상태가 됐음을 뜻하는 것이다.

배의 무게중심을 잡아주는 '평형수', 기구(氣球)나 비행선의 부력(浮力)을 조정하는 모래주머니와 같은 '바닥짐'이 모두 새어 나간 것이다. 박 대통령의 정치적 복원을 가능케 하는 평형수와 바닥짐은 바로 국민의 믿음인데, 지금 국민의 믿음은 사실상 제로(0)인 상황이다. '믿으면 설명이 불필요하고 믿지 않으면 설명이 불가능하다'는 말이 있다. 즉, 대통령이 앞으로도 수차례 더 해명이나 사과를 한다 해도 국민이 믿지 않으면 아무런 소용이 없는 것이다.

전국 각지에서 국민들이 들고 일어선 촛불의 열기와 분노의 함성에 박 대통령은 진솔하게 대답해야 한다. 박 대통령은 하야(下野)하라는 국민의 외침을 귀로 들으며 눈으로는 취임 선서문을 조용히 읽어 보길 권한다. 본인 스스로 국민 앞에 엄숙히 선서한 것처럼 '헌법을 준수하고 국가를 보위하며 조국의 평화적 통일과 국민의 자유와 복리의 증진 및 민족문화의 창달에 노력해 대통령으로서의 직책을 성실히 수행했는지'를 말이다. 대통령 취임 선서문에 답이 있다. (2016.11.11)

아집(我執)과 미련(未練)

박근혜 대통령이 '촛불민심'을 심각하게 생각하지 않는 것 같다. 그의 명쾌하지 않은 말(言)과 이해할 수 없는 행동 때문이다. 박 대통령은 오늘 국회 현관에 들어서면서 야당 의원들의 '하야(下野) 피켓'을 마주해야만 했다. 그런데 대통령은 알 듯 모를 듯 엷은 미소를 지어보였다.

빨간색 옷차림을 한 대통령은 정세균 국회의장을 만나서는 국정 정상화에 대한 의지까지 피력했다. "대통령으로서 책임을 다하고 국정을 정상화시키는 것이 가장 큰 책무"라면서 어려운 경제를 살리고 서민생활의 안정이 필요하다는 말도 덧붙였다. 어두운 무채색 옷차림으로 두 번씩 대국민 사과를 하며 "이러려고 대통령을 했나 자괴감이 든다"고 말했던 바로 며칠 전 모습과는 사뭇 달랐다.

"여야 합의로 후보를 추천하면 총리로 임명해서 실질적으로 내각을 통할하도록 하겠다"는 말도 여러 해석을 낳고 있다. 김병준 총리 내정자에 대한 지명절차에 문제가 있었음을 시인하면서도 잘못을 인정하는 '지명철회'라는 표현을 끝내 사용하지 않았고, 국회가 추천하는 총리의 권한이 어디까지인지도 명확한 설명이 없어 2선으로 후퇴를 하겠다는 것인지도 알쏭달쏭이다. '총리가 내각을 통할한다'는 말은 그저 헌법에 적혀 있는 내용일 뿐이다.

대통령과 국회의장의 단독 면담을 두고도 뒷말이 무성하다. 정세균 국회의장이 박 대통령에게 야당 대표들부터 만날 것을 주문했는데도 한사코 무조건 만나겠다고 해놓고서는 뒤늦게 청와대는 대통령과 국회의장의 회동 때 야당 대표들도 같이 만날 수 있게 되길 바란다는 속내를 넌지시 언론에 흘렸다. 그렇게 국회의장을 만나겠다던 대통령은 고작 13분 동안 할 말만 하고서는 마치 정해진 스케줄을 소화했다는 듯 국회를 떠났다. 말 그대로 보여주기 용에 다름 아니다.

대통령의 이런 모습은 마이웨이 식 아집(我執)과 권력에 대한 미련(未練)을 버리지 못했다는 반증이다. 아집은 '자기중심의 좁은 생각에 집착해 타인의 입장을 고려하지 않는 것'이요, 미련은 '깨끗이 잊지 못하고 끌리는 데가 남아 있는 마음'이다. 잔여임기로는 너무도 긴 1년 3개월에 대한 욕심을 버리지 못하면서 퇴진과 하야를 요구하는 촛불민심과 국민적 분노에 눈과 귀를 닫고 만 것이다.

비선실세의 농단에 경계의 담장을 낮춰 국정을 비정상적으로 만들었으면 벌(罰)을 받아 마땅할 텐데 국정을 정상화하는 책무를 다하겠다니 어안이 벙벙할 따름이다. 이는 끝이 보이지 않는 캄캄한 '최순실 터널'에서 빠져 나오려는 얄팍한 몸부림이자 시간벌기 꼼수일 뿐이다.

종교계 지도자들을 만나서 무슨 얘기를 들었는지 궁금하지만 이 또한 사이비 종교, 청와대 굿판과의 고리를 끊으려는 명분 쌓기 그 이상도 이하도 아니다. 오늘의 신문과 방송만 보더라도 민심의 소재는 금방 알 수 있는 노릇이다.

대통령은 오늘 여의도 국회로 오는 길에 촛불민심의 현장인 광화문 광장을 지났을 것이다. 광화문 광장에는 이번 주말에 또다시 거대한 촛불이 피어오른다. '기계는 멈추지 않는 게 능력이지만 사람은 멈출 줄 아는 것이 능력'이라는 말이 있다. 박 대통령에게 능력이 있다면 이제 아집과 미련을 멈추는 모습을 국민들에게 보여줘야 한다. (2016.11.18)

1257조원의 재앙

한동안 주춤했던 서울 아파트 값이 다시 뛰기 시작하면서 부동산 시장의 과열 현상이 위험 수위로 치닫고 있다. 서울 강남 3구 재건축 아파트의 3.3㎡당 평균 가격이 사상 처음으로 4천만원을 넘어섰다. 또 분양권에 수천만 원 이상의 프리미엄이 붙으면서 서초구 한 아파트의 청약 경쟁률은 올해 서울지역 최고치인 306대 1을 기록하기도 했다.

뛰어 오른 강남권 재건축 아파트 가격은 서울 지역 전체 집값을 밀어 올리면서 9월 마지막 주 서울 아파트 매매가는 0.35%로 10년래 최대 주간 상승 폭을 나타냈다. 서울 강남의 부동산 과열 양상은 이제는 강북과 신도시를 넘어 수도권 집값마저 꿈틀거리게 만들고 있다.

이 같은 갑작스런 부동산 과열 양상은 정부의 '8·25 가계부채 대책'에서 비롯된 측면이 크다. 금융위원회, 기획재정부, 국토교통부 등이 발표한 '8·25 대책'은 가계 부채를 잡기 위해 신규 아파트 공급 물량을 축소하는 내용을 골자로 한다. 그런데 '8·25 대책'이 정작 아파트 공급 축소로 인해 집값이 오를 것이라는 기대심리를 낳으면서 신규 아파트 분양과 청약 시장이 급등하는 부작용을 초래했다.

가계 부채를 잡겠다는 대책이 엉뚱하게도 시장에 부동산 부양책이라는 잘못된 신호를 주면서 부동산 과열을 촉발시킨 셈이 된 것이다. 그런데도 정부는 부동산 과열 양상에 대한 위기의식이 없는 듯 특단의 대책을 검토하지 않고 있다.

유일호 경제부총리 겸 기획재정부 장관은 "부동산 가격이 비교적 안정세를 유지하고 있어 가격 급등은 아니라고 생각한다"고 말했다. 임종룡 금융위원장도 수도권과 전국 평균 집값 상승 폭의 양극화를 거론하며 '8·25 대책'과 부동산 과열 양상은 별개라는 입장을 분명히 했다. 강남 등 일부 지역에 한정돼 나타나는 부동산 과열 현상일 뿐이라는 것이다. 그는 또 인위적인 총량관리로 가계부채를 억제하게 되면 경제전반에 부작용이 생긴다면서 주택담보대출비율(LTV : Loan To Value ratio)의 환원 계획도 없다고 강조했다. 이주열 한은 총재도 국정감사 답변에서 가계부채가 늘긴 했지만 시스템 위기를 초래할 상황은 아니다는 입장을 밝혔다.

그러나 더불어민주당 윤호중 정책위의장과 국민의당 김성식 정책위의장은 오늘 약속이나 한 것처럼 정부의 허술한 가계부채 대책을 질타했다. 윤호중 정책위의장은 "가계부채 대책을 세우라고 했더니 담보물인 부동산 가치를 높이는 대책을 세웠다"고 비판했고, 김성식 정책위의장은 "정부가 경기부양을 위해 부동산 과열을 방치하고 있는 것 아닌가 하는 의심이 든다"고 꼬집었다.

실제로 박근혜 정부의 이른바 '빚내서 집사라' 정책은 부동산 거품을 조장해 결과적으로 서민들만 빚더미에 앉게 만들었다는 비판을 받는다. 최경환 전 경제팀이 들어선 이후 저금리 기조 속에 부동산 부양을 통한 경제 활성화 차원에서 주택담보대출비율(LTV : Loan To Value ratio), 총부채상환비율(DTI : Debt To Income) 완화 등 적극적인 부동산 경기부양책을 펼치면서 가계부채 규모는 눈덩이처럼 불어났다.

저금리 정책이 소비를 진작시키기는커녕 부동산 가격만 부추기면서 가계부채를 더 늘린 것이다.

올 2분기 말 현재 가계부채 총액은 1257조3천억 원으로 내년도 우리나라 예산(400조7천억 원)의 3배가 넘는 것이자 가구당 평균 6428만원의 부채를 안고 있는 셈이다.

이명박 정권 마지막 해인 2012년 말 963조8천억 원이었던 것과 비교하면 박근혜 정권 4년 동안 294조원이 폭등했다. 더욱이 노무현 정부 마지막 해의 665조3천억 원 이후 이명박, 박근혜 정부에서 9년 동안 가계 부채가 591조원 급증한 것이다. 이 같은 부채규모는 이미 국민이 감당할 수 있는 임계점을 넘은 것이라는 분석이 대체적이다.

가계부채 누적에 따른 원리금 상환뿐만 아니라 이자부담까지 더하면 가계부채 시한폭탄은 가히 재앙 수준이라는 데 이견이 없다. 당장은 한국은행의 초저금리 정책기조가 유지되고 있지만 미국의 금리 인상 가능성과 급증한 가계부채에 대한 우려는 한국 경제의 심각한 위협요인이 아닐 수 없다.

무려 1257조원에 이르는 가계부채는 결국 다음 정권에 재앙을 떠넘기는 것이라는 지적이 나오는 것도 무리는 아니다. 만일 정부가 경기부양만을 위해 지금의 부동산 과열 현상을 지켜보고만 있다면 너무도 무책임한 처사가 아닐 수 없다. 가계부채 해결을 위해 LTV, DTI 규제를 강화하는 등 고강도 부동산 규제 대책이 필요한 때인 것이다. (2016.10.11)

'노벨상 강국' 일본에 대한 부러움과 부끄러움

3년 연속 노벨상 수상 쾌거에 일본 열도가 축제 분위기다. 영광의 주인공은 오스미 요시노리(71) 도쿄공업대 명예교수다. 오스미 교수는 세포 내 노폐물을 세포 스스로 잡아먹는 오토파지 (Autophagy·자가포식) 현상의 메커니즘을 밝혀낸 공로를 인정받았다. 암과 퇴행성 질환, 파킨슨병 등의 치료제 개발에 활용된 그의 연구 성과는 50년 가깝게 자가포식 분야라는 한 우물만을 판 결과다.

이로써 일본의 노벨상 수상자는 25명(미국 국적 취득자 2명 포함)으로 늘었다. 물리학상 11명, 화학상 7명, 생리의학상 4명, 문학상 2명, 평화상 1명이다. 특히 22명의 노벨상 수상자를 배출한 기초과학 분야의 약진이 두드러진다. 이 분야에서는 2001년 이후로만 16명의 노벨상 수상자가 나왔고, 2014년 물리학상, 2015년 생리의학상과 물리학상에 이은 2016년 생리의학상까지 3년 연속 수상이다.

기초과학분야에서 '노벨상 강국'의 면모를 여실히 보여준 일본의 저력 앞에 우리는 부러움과 부끄러움을 동시에 느낀다. 물론 일본이 노벨상 수상자를 배출했다고 해서 우리도 꼭 받아야 하는 것은 아니다. 그러나 사실상 못 받는 것이라고 한다면 그 이유를 들여다 볼 필요가 있는 것이다. 사실 중국도 지난해 생리의학상을 비롯해 역대 11차례(대만, 미국 국적 취득자 포함) 노벨상을 받았다. 우리는 김대중 전 대통령의 노벨평화상이 고작일 뿐 과학 분야에서는 꿈도 꾸지 못하는 게 현실이다. 해마다 돌아오는 노벨상 시즌만 되면 한없이 작아지는 우리의 모습이다. 기초과학분야에서는 아예 후보자 명단에 이름조차 올리지 못하는 창피한 수준이다.

한국의 국내총생산(GDP) 대비 연구개발 투자비중은 4.15%로 G20 국가 중 1위를 달리고 있지만 기초과학분야의 노벨상 수상자는 단 한 명도 없다. 실제로 정부의 연구개발 예산 19조원 가운데 기초과학 연구과제에 배정된 비율은 6%에 불과하다. 따지고 보면 단독 정부 부처로 편제됐던 '과학기술부'가 사라진 지도 오래 됐다. 과거 김대중 정부 때는 과학기술처가 부로 확대 승격됐고, 노무현 정부 때는 과학기술부 장관이 부총리로 격상됐다. 그러나 이명박 정부 때 과학기술부가 사라지면서 교육과학기술부와 지식경제부로 흡수된 이래 오늘에 이르고 있다.

노벨상을 받기 위해서가 아니라 과학기술 입국을 위해 국가 차원의 장기적인 미래 전략을 구축해야 한다. 이를 위해서는 기초과학 분야에 대한 냉철한 현실 진단과 구체적이고도 장기적인 계획을 마련해야 한다. 이세돌과 알파고의 세기의 바둑 대결 이후 인공지능 개발을 위해 5년간 1조원을 투자하겠다는 식의 즉흥적이고도 근시안적인 안목으로는 기초과학의 선진국이 될 수 없다. 일본이 노벨상 강국이 되기까지에는 기초과학 분야에 대한 오랜 관심과 지속적인 투자가 수반됐다. 1868년 메이지 유신 때부터 100년이 넘도록 기초과학에 대한 투자가 계속된 것이다. 우리도 이제는 기초과학을 홀대하고 단기적인 연구 성과에 집착하는 과학계 풍토를 일신해야 하며, 젊은 과학자들이 연구에만 전념할 수 있도록 하는 장기적인 지원 체계를 조성해야 한다.

오스미 교수는 아사히 신문과의 인터뷰에서 "노벨상 상금(10억 3800만원)을 젊은 연구자들을 지원하는 데 쓰겠다"고 밝혔다. 일본 언론들도 연속된 노벨상 수상의 쾌거를 다음 세대로 계승하자며 분위기 띄우기에 나서고 있다. 노벨상에서 만큼은 앞서가도 한참 앞서가는 일본의 모습이 아닐 수 없다. 남의 잔치를 부러워하고 우리 스스로를 부끄러워하고만 있을 때가 아니다. 이제는 우리도 '노벨상 콤플렉스'에서 벗어나야 한다. (2016.10.5)

'정의의 여신상'과 법조 비리

또 다시 불거진 법조비리로 사법 정의가 흔들리고 있다. 현직 부장판사는 뇌물수수 혐의로 구속되고, 현직 부장검사는 스폰서 파문으로 감찰을 받고 있다. 구속된 부장판사의 경우는 구속기소된 정운호 전 네이처리퍼블릭 대표로부터 로비 명목으로 1억7천만 원 상당의 뇌물을 받은 것으로 드러났다. 결국 양승태 대법원장이 전국 법원장회의를 소집해 대국민 사과성명을 발표하기에 이르렀다.

양승태 원장은 "청렴성을 의심받는 법관이 양심을 가질 수 없고, 양심이 없는 법관이 공정한 재판을 할 수 없다"고 강조했다. 대법원장이 법관비리와 관련해 대국민사과를 발표한 것은 이번이 세 번째이며, 10년 만의 부끄러운 일이기도 하다. 1995년에는 윤관 전 대법원장, 2006년에는 이용훈 전 대법원장이 국민 앞에 고개를 숙였다. 양 원장은 또 이날 사과성명에서 "일부 법관의 일탈행위에 불과한 것이라고 치부해서는 안 된다"며 파문의 심각성을 분명하게 꼬집었다.

양 원장의 지적처럼 법조비리는 일부의 일탈이 아니다. 지난해에는 지방법원 판사가 사건 무마청탁으로 뒷돈을 받아 구속됐고, 바로 지난달에는 현직 부장판사가 성매매 현장에서 적발되기도 했다. 여기에 검사장 최초로 구속된 진경준 전 검사장 파문에 이어 홍만표, 최유정 변호사 사건 등도 꼬리를 물었다.

이제 세간의 관심은 대법원장의 대국민사과 발표를 앞두고 드러난 현직 부장검사의 비리 의혹에 집중되고 있다. 이번에 불거진 스폰서 파문은 부장검사와 구속영장이 청구된 피의자 사이의 부적절한 돈 거래 뿐만 아니라 사건의 조작·은폐 시도, 수사 무마 청탁에 이어 룸살롱과 내연녀가 등장하고 다수의 검사도 연루된 것으로 전해지고 있다.

파문 확대를 우려한 대검찰청이 제 식구 감싸기 행태를 보이다 언론의 취재가 잇따르자 뒤늦게 감찰에 착수한 배경 아닌가 하는 의구심이 드는 대목이다. 실제로 대검찰청의 직접 감찰조사는 서울서부지검이 문제의 부장검사에 대한 의혹을 보고한 지 넉 달 뒤에 이뤄졌다. 문제를 일으킨 부장검사는 여권의 전직 유력 정치인의 사위이기도 하다.

현직 부장판사와 부장검사의 비리를 접하면서 과연 사법 정의가 바로 설 수 있을지 국민의 믿음은 흔들리고 있다. 양승태 대법원장에 이어 김수남 검찰총장도 대국민사과를 해야 하는 것 아닌가 싶다.

정의가 상처 난 법조비리를 접하면서 그리스 로마 신화에 나오는 디케(Dike), 유스티치아(Justitia)로 불리는 '정의의 여신'을 떠올려 본다. 정의의 여신상은 각 국 마다 다른 모습이지만 대체적으로는 헝겊으로 눈을 가린 채 오른손에는 칼, 왼손에는 천칭 저울을 들고 서 있는 모습이다. 눈을 가린 것은 주관적 편견과 선입견을 배제함이요, 칼은 엄격한 법과 정의의 집행, 천칭 저울은 공평하고 공정한 재판을 의미한다고 한다.

그런데 우리 대법원에 있는 정의의 여신상은 한국적으로 형상화한 모습을 하고 있다. 전통 한복 차림에 앉은 자세로 눈은 가리지 않은 채 오른손에는 칼이 아닌 법전, 왼손에는 저울을 들고 있다. 반면에 사법연수원에 있는 정의의 여신상은 눈을 뜨고 서 있는 모습으로 법전이 아닌 칼과 저울을 들고 있다. 혹자는 눈을 가리지 않은 정의의 여신상을 가리켜 눈을 더 크게 뜨고 정의와 진실을 구현하려는 의도라고 해석하기도 한다.

그러나 우리나라 사법기관에 있는 정의의 여신상이 모두 다른 모습인 것은 아이러니컬하다. 법과 정의조차도 때와 장소에 따라 달라질 수 있음을 의미하지는 않겠지만 말이다. 스멀스멀 피어나는 곰팡이처럼 잊을 만하면 불거지는 법조비리를 보면서 돈과 재물을 탐하는 욕심이 사법부의 청렴과 양심, 정의를 송두리째 앗아가고 있다는 느낌마저 든다.

올해 97세인 연세대 김형석 명예교수의 '백년을 살아보니'에 이런 구절이 있다. "신은 인간에게 시련을 주지만 악마는 우리를 유혹한다. 특히 돈과 재물은 우리에게 더 많이 가지라고 속삭이며, 혼자 가지라고 유혹하고, 남의 것까지 빼앗아 가지라고….” 법이 정의요, 정의가 법이다. 정의가 흔들리면 법이 무너지게 된다. (2016.9.6)

그의, 그에 의한, 그를 위한 청와대

여기서 그는 대통령도 국민도 아니다. 특정인 한 사람을 가리킨다. 그는 ‘막강 실세’로 불리는 우병우 청와대 민정수석이다. 적어도 우 수석 거취와 관련해 대통령의 사람들은 분명하고도 확고한 입장을 견지한다. ‘우병우를 흠집내는 것은 박근혜 대통령을 흔드는 것’이라고.

한 달이 넘도록 각종 의혹을 제기하는 언론, 경질이나 자진 사퇴를 촉구하는 정치권 분위기, 해도 너무한 것 아니냐는 민심 등은 전혀 청와대의 고려 대상이 아닌 듯하다. 집권 4년차 레임덕을 걱정하는 대통령의 사람들은 오로지 내 편과 네 편으로 나눠 우 수석 관련 사안을 해석하고 규정짓는다. 내 편이라고 생각했던 대통령직속 특별감찰관도 우 수석을 곤경에 빠트리면 그 순간 네 편이 되고 만다. 임기 3년이 보장되고 직무상 독립적 지위를 갖고 있는 특별감찰관이라도 예외일 수 없다는 식이다.

청와대는 ‘국기 문란’, ‘중대한 위법행위’라는 가시 돋친 수식어를 동원하며 우 수석을 검찰에 수사의뢰한 이석수 특감(特監)을 몰아붙였다. 이석수 감찰관이 한 언론사 기자와 나눈 대화가 특별감찰관법 22조, 누설금지 조항을 위반했다는 판단에 따른 것인데, 사실상 검찰에 수사 가이드라인을 제시한 셈이다. 그러면서도 청와대는 앞으로 피의자 신분으로 검찰 수사를 받게 될 우병우 수석의 거취에 대해서는 일언반구(一言半句)도 하지 않았다.

'견월망지(見月忘指)'라는 말이 있다. 직역하면 달을 보기 위해서는 손가락은 잊으라는 뜻. 즉 손가락은 달을 가리키고 있는데 달은 쳐다보지 않고 정작 손가락만 보면서 '손가락에 대해 이러쿵저러쿵'하는 꼴이다. 우 수석의 각종 비리 혐의보다 이 특감의 발언내용이 더 큰 문제라는 식으로 '우병우 살리기'를 위해 '이석수 흔들기'에 나선 청와대의 우격다짐에 어안이 벙벙할 따름이다. 처음부터 독자적인 판단에 따라 감찰에 착수한 이석수 특감은 '우병우 살리기'에 나선 사람들의 집요한 방해 때문인지 우 수석의 직권 남용과 횡령 혐의에 대해 고발이 아닌 수사의뢰 조처를 하는데 그쳤다.

실제로 이 특감이 한 언론사 기자와 나눈 대화내용에 따르면 감찰활동에 많은 어려움이 실재했음을 토로하고 있다. "경찰에 자료를 달라고 하면 하늘 쳐다보고 딴소리를 한다. 경찰은 민정(수석) 눈치 보는 건데 민정에서 목을 비틀어 놨는지 꼼짝도 못한다. 우 수석이 아직 힘이 있다. 검찰이든 경찰이든 째려보면, 까라면 까니까..."

만일 이 특감의 말이 사실이라면 청와대의 특감 업무 방해는 명백한 위법행위가 된다. 이 특감과 한 언론사 기자의 대화 내용이 어떤 경로를 통해 다른 언론사에 전해졌는지, 또 이 특감의 발언내용이 과연 위법적인 것인지는 앞으로 검찰 수사를 통해 밝혀지게 되겠지만 우 수석의 비리 의혹보다 더 중요하지는 않다.

따라서 지금 당장 이뤄져야 할 일은 대통령을 보좌하는 참모로서 우 수석이 도덕적 책임을 지고 자리에서 물러나 검찰수사를 받는 것이다. 그렇지 않아도 우 수석 의혹 파문은 시간이 지나면서 권력 내부의 현재와 미래 세력간 대립과 충돌에 따른 이른바 '리크 게이트(leak gate)'로 변질되는 양상이다. 최근 새누리당 전당대회를 앞두고 불거졌던 김성회 녹취록 파문이나 정윤회 문건 파동 당시 K-Y 수첩 사건 등은 음습한 공작의 냄새를 풍기며 집권세력 내부의 파열음을 낳았다.

이번 우 수석의 거취 논란도 똑같은 전철을 밟으면서 새누리당내 친박과 비박의 대립구도로 치닫고 있다. 결국 우 수석의 버티기는 현 정권에 마이너스가 되고 있는 것이다. (2016.8.19)

송로버섯과 탕평채

박근혜 대통령이 문화체육관광부와 농림축산식품부, 환경부 등 3개 부처에 대해 소폭 개각을 단행했다. 박 대통령이 청와대와 관료 출신 인사를 중용한 것은 집권 후반기 안정적인 국정운영 기조를 유지함으로써 자칫 느슨해질 수 있는 공직사회를 다잡으려는 의도로 해석된다.

그러나 여소야대(與小野大)를 불러온 4·13 총선 이후의 개각이라고 말하기에는 국민 눈높이에 한참 모자라는 인사라고 하지 않을 수 없다. 야권은 일제히 '불통개각', '돌려막기 찔끔개각', '오기개각'이라고 꼬집었다. 특히 각종 의혹의 중심에 서 있는 우병우 청와대 민정수석이 사퇴하지 않은 상황에서 그에 의한 검증을 통해 개각이 단행된 데 야권은 어이없다는 반응이다. 그도 그럴 것이 우 수석은 현재 대통령 직속 특별감찰관으로부터 조사를 받고 있는 처지다.

따라서 특별감찰관의 조사 결과에 따라 우 수석이 실추된 명예를 회복하든 아니면 스스로 물러나든 거취 결정이 이뤄진 뒤 개각을 하는 게 순서에 맞는 일이다. 그런가 하면 우 수석 교체와 함께 중폭으로 예상됐던 개각 규모도 소폭에 그친데다 교체요구가 비등했던 윤병세 외교장관, 박승춘 국가보훈처장 등이 유임된 것도 국민의 기대와는 동떨어진 것이다. 문체부 장관으로 내정된 조윤선 전 새누리당 의원은 현 정부에서만 세 번째 발탁된 경우로 아무리 능력이 출중하다 하더라도 '내 사람 챙기기'에 불과할 따름이다.

이정현 새누리당 대표가 최근 청와대 오찬회동에서 개각과 관련해 박 대통령에게 탕평과 균형인사를 건의했는데, 결과적으로 이번 개각은 박 대통령이 이 대표의 건의를 묵살한 셈이 됐다. 광복군 출신의 독립운동가인 92세의 김영관 옹이 지난 12일 대통령 면전에서 건국절이 잘못됐음을 지적했는데도 불구하고 박 대통령이 8·15 광복절 경축사에서 그에 아랑곳하지 않고 '건국 68주년'을 언급해 논란을 야기한 것처럼 말이다.

적어도 이번 개각은 민심을 전혀 헤아리지 않는 '송로버섯 개각'이라고 하겠다. '땅 속의 다이아몬드'로 불리는 송로버섯은 지난주 청와대 오찬메뉴로 올랐는데, 세계 3대 식재료 가운데 하나로 값이 비싸 일반 국민이 느끼는 정서와는 너무 동떨어진 호화 식단이라는 비난을 받았다.

당시 청와대 오찬에서 값비싼 송로버섯보다 서민들이 즐겨먹는 '조화와 화합의 음식' 탕평채가 식단으로 올라왔다면 어땠을까. '청포묵무침'으로 불리는 탕평채(蕩平菜)는 녹두묵, 고기볶음, 데친 미나리, 구운 김 등을 섞은 묵무침인데, 조선시대 영조대왕의 당파척결 의지를 담고 있다. 녹두묵의 흰색은 서인, 볶은 고기의 붉은 색은 남인, 미나리의 푸른색은 동인, 구운 김의 검은색은 북인을 대표하는 색깔로, 이른바 '4색 붕당'을 한 데 섞은 탕평책을 통해 인재를 고루 등용하려는 불편부당(不偏不黨)의 인사정책인 것이다.

친박과 비박, 주류와 비주류, 영남과 호남을 고루 아우르는 '탕평채 개각'을 박 대통령에게 기대하는 것은 진정 불가능한 일인 것인가. (2016.8.16)

친일파가 받은 '대한민국 훈장'

광복 70주년이었던 지난해 8.15 광복절을 앞두고 영화 '암살'이 개봉됐다. 일제 치하에서 독립운동가들과 임시정부 요원들의 항일 무장 운동을 다룬 '암살'은 1000만 관객을 돌파했고, 많은 사람들은 조국 독립의 절절함과 함께 '친일파'의 민낯을 새삼 확인할 수 있었다.

올해는 71주년 광복절을 앞두고 일제 강점기 '대한제국 마지막 황녀'의 비극적인 삶을 그린 영화 '덕혜옹주'가 개봉돼 관객들의 입소문을 타고 있다. '덕혜옹주' 역시 일제 식민지하의 시대적 아픔을 그리고 있다. 황실에서 태어났다는 이유만으로 고종황제 후궁의 딸인 덕혜옹주는 조선 황실의 흔적을 지우려는 일제의 볼모가 됐고, 1945년 해방 이후 고국으로 돌아오려 했지만 이승만 정부의 거부로 입국 좌절을 경험해야만 했다.

두 영화에는 똑같이 친일파가 등장한다. 암살에서는 강인국·염석진, 덕혜옹주에서는 친일파 이완용의 수하 한택수가 그들이다. 1919년 4월 13일 상해에서 임시정부를 수립하고 1945년 8월 15일 독립을 쟁취한 뒤 1948년 8월 15일 대한민국 정부가 세워져 오늘에 이르고 있지만 친일파 문제는 여전히 우리 사회에 불편한 진실로 남아 있다.

최근에는 한 기관장급 인사가 공개적인 장소에서 '천황폐하 만세'를 삼창해 국민적 공분을 사는 황당한 사건이 발생하기도 했다. 더욱이 친일파 문제는 아직도 불씨가 사라지지 않은 뉴라이트發 '건국절' 논란의 원인으로 작용하고 있다. 일제에 부역했던 친일파들로서는 1919년 상해 임시정부의 정통성을 인정할 경우 민족 반역자임을 자인하는 셈이 되기 때문에 1948년 8월 15일을 '건국절'로 삼으려 한다.

그러나 광복 3년 뒤인 1948년 8월 15일은 대한민국 정부가 수립된 날 그 이상의 의미는 없다. 대한민국 국호는 이미 1919년 임시정부 때 정해진 만큼 굳이 정한다면 건국절은 1919년 4월 13일이어야 하고, 일제와 맞서 싸워 독립을 쟁취한 1945년 8월 15일이 마땅히 광복절인 것이다. 그런데도 박근혜 대통령은 지난해 8.15 광복절 기념사에서 "오늘은 광복 70주년이자 건국 67주년을 맞는 역사적인 날"이라고 언급해 또다시 논란을 촉발시켰다.

다만 올해는 광복절을 앞두고 '건국절' 논란이 일기 보다는 친일파들이 받았던 '훈장(勳章)'이 관심사로 떠오를 것 같다. 인터넷 독립 언론인 〈뉴스타파〉가 4일 1948년 대한민국 정부 수립 이후 지난 68년 동안 친일파 222명이 대한민국 훈장 440건을 받은 것으로 확인됐다고 보도했다. 이 같은 사실은 친일반민족행위진상규명위원회가 확정한 친일파 1,006명과 민족문제연구소의 친일인명사전에 수록된 4,700여명의 서훈 내역 72만건을 비교 분석한 결과다.

친일파들이 받은 서훈의 전체 건수를 보면 전체 440건 중 84%인 368건이 이승만, 박정희 전 대통령 집권기에 집중된 것으로 나타났다. 전두환, 노태우 전 대통령 때에도 50건의 훈장이 수여됐다. 직군별로는 군인이 53명에 180건으로 가장 많았고, 이어 문화예술계 43명에 66건, 관료, 종교계, 법조계, 경찰인사 순이었다. 특히 일제 강점기 독립운동가를 체포·고문해 '친일 경찰'의 대명사로 꼽히는 노덕술(1899~1968)은 이승만 정권 때 3건의 훈장을 받은 사실이 처음으로 밝혀지기도 했다.

쿠데타로 집권한 박정희 전 대통령은 무려 14개의 훈포장을 받았고, 12·12 군사 반란으로 집권한 전두환 등 신군부도 훈포장을 받았다. 〈뉴스타파〉는 "대한민국 훈장의 역사는 대한민국의 굴곡진 자화상을 고스란히 보여준다"고 지적했다.

71년 전인 1945년 8월 15일. 우리는 잃었던 나라와 주권을 되찾았지만, 대한민국은 아직도 일제의 잔재 속에 되돌려 놓지 못한 많은 것들과 함께 하고 있다. (2016.8.5)

고독(孤獨)과 고립(孤立)

박근혜 대통령이 짧은 닷새간의 여름휴가를 마친다. 청와대 홈페이지에는 어제 울산지역을 깜짝 방문한 박 대통령의 사진이 여섯 장 올라와 있다. 찰나의 순간을 포착한 것이지만 대통령의 사진은 국민들에게 다양한 이미지를 공유하게 만든다. 청와대가 공개한 박 대통령의 여름휴가 사진은 권위주의와 불통(不通) 이미지를 탈피하지 못한다는 비난을 잠시나마 무색케 하는 소탈하고 인간적인 모습을 담고 있다.

대나무가 태화강을 따라 10리가 넘게(4.3km) 숲을 이룬 '십리대숲'에서 찍은 사진 석 장, 죽어서도 나라를 지키겠다던 문무대왕비가 묻혀있다는 전설을 간직한 대왕암에서 한 장, 울산 남구 봉월로 신정시장에서 상인들과 함박웃음을 짓고 인사를 나누는 사진 두 장이다. 여기에 선글라스와 평소 매지 않던 크로스백, 흰 블라우스와 검정 치마의 편안한 차림, 그리고 돼지국밥 점심까지. "고난을 벗 삼는다"는 박 대통령일진데 굳이 '서민 코스프레'로 깎아내리고 싶진 않다.

박 대통령이 여름휴가 기간 청와대를 떠나기는 취임 첫 해인 2013년 7월 이후 처음이다. 3년 전 여름 휴가지는 어린 시절 부모와 함께 휴가를 보냈던 경남 거제시 저도였다. 작년과 재작년에는 각각 메르스 사태와 세월로 참사 여파로 청와대 관저에서 여름휴가를 보냈다. 그런데 3년 전이나 올해나 청와대가 공개한 대통령의 휴가 사진을 보면 대부분이 혼자 있는 모습들이다. 올해의 경우는 그나마 시장 상인들과 문화해설사가 등장하지만 나머지는 홀로 사색하거나 먼 곳을 응시하는 사진 일색이다.

각계의 수많은 사람들이 등장하는 오바마 미국 대통령의 사진과는 너무 대조적이다. 이제는 관심거리가 아니라 평범한 일상이 되다시피 한 오바마의 사진은 미국인들이 대통령과 소통하는 체감거리를 단축시키는 데 기여했다.

물론 대통령이 혼자 있는 사진은 사람들로 하여금 대통령의 휴가를 '고뇌에 찬 정국구상'의 기회로 인식하게 만드는 효과가 있다. 마치 고독으로 고난과 고통을 이겨내겠다는 것처럼 말이다. 그러나 고독이 자칫 고립의 이미지로 비춰질 수도 있다. 고독(孤獨. solitude)이 자율 의지의 선택이라면, 고립(孤立. isolation)은 자신으로부터 연유된 소외다. 실제로 박 대통령의 휴가 기간 동안 발표된 낮은 여론 지지율은 고독이 아닌 고립에 가깝다.

여론조사 전문기관 리얼미터에 따르면 박 대통령의 지지율이 취임 후 최저치인 30.4%로 급락했고, 갤럽 여론조사에서도 긍정평가가 31%에 불과했다. 정치적 고향인 대구·경북지역에서도 하락 추세는 마찬가지다. 우병우 청와대 민정수석 의혹, 사드 배치 논란, 친박 실세들의 공천개입 녹취록 파문 등이 엎치고 덮친 데 따른 결과로 분석된다.

임기 마지막 해인 오바마는 취임 초와 맞먹는 56%의 지지율 고공행진을 거듭하며 '강한 오리'라는 '마이티덕(mighty duck)'의 별명까지 얻었다. '임기말 권력누수'를 뜻하는 '레임덕(lame duck)'은 오바마에게는 남의 얘기다.

박 대통령이 올해 여름 휴가지로 찾았던 십리대숲은 '바람이 묻고 숲이 답하는 곳'이라고 한다. 그래서 걸음을 멈추면 마치 시간이 멈춘 듯 보이는 것은 곧게 뻗은 녹색 대나무 군락이고, 들리는 것은 댓잎을 타고 부는 바람 소리 뿐이라고들 하는 모양이다.

지도자의 덕목 가운데 하나는 민심을 헤아리는 경청(傾聽)이다. 이제 휴가를 마치고 공식 업무에 복귀하는 만큼 박 대통령은 국민의 목소리를 십리대숲 바람의 소리로 듣고 답을 내놓아야 한다. (2016.7.29)

'평형수'가 새고 있다

대통령은 큰 배를 총괄 지휘하는 선장에 비유된다. 박근혜 대통령은 '대한민국호의 선장'이다. 최고 권력인 대통령에게 가장 필요한 덕목은 지도력이다. 지도력을 뜻하는 '리더십(leadership)'에 '배(ship)'가 들어있는 이유일지 모른다. 그런데 대한민국호가 흔들리고 있다. 임기 4년차를 맞은 박근혜 정부의 조기 레임덕 징후들이 여기저기서 나타나고 있는 것이다.

선장의 고민을 아는지 모르는지 항해사, 조타수, 기관사, 승무원들은 모두 따로 노는 것 같다. 기획재정부, 외교부, 국방부, 교육부, 문화체육관광부 등 정부 부처에서 잇단 파열음이 불거지고 있다.

무려 4조3천억 원의 분담금을 내고 어렵게 한국 몫으로 확보한 아시아인프라투자은행(AIIB)부총재 자리가 하루아침에 날아갔는데도 기획재정부는 꿀 먹은 벙어리다. 산업은행 회장을 지낸 홍기택 부총재가 대우조선해양 부실과 관련한 청와대 서별관 회의 인터뷰로 파문을 일으킨 뒤 돌연 휴직계를 내고 잠적했는데도 책임지는 사람이 아무도 없다. 금융 경험이 전혀 없는 인사를 주요 직책에 임명한 탓으로 빚어진 국제적 망신에 대한 철저한 진상 규명이 이뤄져야 한다.

중국의 경제보복 우려와 남남 갈등에 따른 국론 분열을 초래한 사드(THAAD·Terminal High Altitude Area Defense·종말단계 고고도 미사일방어체계)의 배치 결정을 두고 국방부는 국민의 불안감은 뒤로 한 채 '안보 지상주의'를 내세우며 연일 강공 모드로 일관하고 있다. 한미 양국 정부의 사드 배치 발표 당일 백화점 쇼핑에 나선 윤병세 외교장관의 '블랙 코미디'는 어이가 없어 말이 나오질 않는다.

파면 조치를 당하게 된 교육부 나향욱 전 정책기획관의 '민중은 개·돼지' 발언 파문은 그렇지 않아도 후텁지근한 여름 날씨에 국민을 더욱 열 받게 만들었다. 문화체육관광부의 국가브랜드 표절 의혹 논란도 마찬가지다.

오죽하면 더불어민주당 우상호 원내대표는 "사고치는 엉망진창 내각"이라면서 "전면적인 개각 없이는 국민의 분노와 민심 이탈을 막을 수 없을 것"이라고 비판했다.

박근혜 대통령은 어제 수석비서관회의에서 '희망의 전기(轉機)', '재기(再起)의 기회'라는 문구를 꺼내 들었다. 경제 위기 극복과 특별 사면의 필요성을 강조하면서 언급한 표현이지만, 역설적으로 현 정부에 그 어느 때보다 '희망'과 '재기'가 절박한 상황임을 반증한다. 지역 이기주의 논란에도 불구하고 박 대통령이 대구 신공항 추진 방침을 직접 밝히기까지 했을 정도니 말이다.

그러나 흔들리는 대한민국호가 균형을 잡고 순항할 수 있기 위해서는 '복원력'이 핵심이다. 배가 기울어졌을 때 무게중심을 잡아주는 '평형수', 기구(氣球)나 비행선의 부력(浮力)을 조정하는 모래주머니 같은 '바닥짐'이 그것이다.

즉, 너무 많지도 적지도 않은 평형수와 바닥짐이 제대로 기능할 때 임기 말 권력누수를 막을 수 있다. 그런데 현 정부를 지탱하는 평형수의 물과 바닥짐 모래주머니의 모래가 줄줄 새고 있는 것이다. 복원을 위한 평형수와 바닥짐은 '국정 리더십'과 '국민의 믿음'이다. 일회성 민심 달래기가 아니라 민심의 소재를 제대로 읽고 거기에 부응할 때야말로 현 정부는 희망의 전기이자 재기의 기회를 맞을 수 있다. (2016.7.12)

면책(免責) 특권과 면피(免避) 특권

　면책특권(免責特權)을 풀어 쓰면 '책임을 면하는 특별한 권리'다. 그런데 영어식 표현은 'privilege of speech'이다. '발언할 특별한 권리', 또는 '말할 자유'인 것이다. 자유와 책임이 동전의 양면이지만 면책특권의 본래적 의미는 '책임을 면하는 권리'라기 보다는 '말할 수 있는 자유'에 방점이 찍혀 있다고 하겠다. 즉, 면책특권은 1689년 영국의 권리장전에서 비롯된 의회가 갖는 언론자유의 특권이자 '정치는 말(言)로 하는 것'임을 상징한다. 한국의 민주주의 역사에서는 과거 권위주의 시절 '할 말 하는' 야당 정치인들을 위한 보호막이 되기도 했다.

　우리 헌법 제45조에서도 '국회의원이 국회에서 직무상 행한 발언과 표결에 관해 국회 밖에서 책임을 지지 않는다'고 규정하고 있다. 면책특권은 의회 민주주의를 위한 헌법적 권리인 것이다.

　그런데 요즘 우리 정치권에 때 아닌 면책특권 폐지론이 제기되고 있다. 사태의 발단은 더불어민주당 조응천 의원의 '헛발질'에서 비롯됐다. 사실이 아닌 잘못된 주장을 한 책임으로 발언 하루 만에 사과했고, 김종인 더불어민주당 대표의 공개 경고를 받기도 했다. 하지만 김희옥 새누리당 혁신비상대책위원장이 "국회의원 면책특권도 헌법규정과 충돌하지 않는 범위 내에서 (제한을) 적극 검토해야 한다"고 언급하면서 여야 공방으로 변질됐다. 새누리당은 면책특권을 제한적으로 축소할 필요가 있다는 입장이고, 야당은 한마디로 어불

성설이라고 맞서고 있다.

결론부터 말하자면 면책특권은 친인척 보좌진 채용 등과 같은 국회의원의 '갑질'이나 '특권'과는 차원이 다르다. 이른바 국회의원의 '특권 내려놓기' 연장선에서 논의될 사안이 아닌 것이다. 즉, '면책(免責)특권'의 본래적 의미인 '말할 수 있는 특권'이 아니라 사전적 의미로 마치 '책임을 피한다'는 뜻의 '면피(免避)특권'인 것처럼 오도해서는 안 될 일이다. 또한 면책특권 축소나 폐지는 헌법 개정 사안이고, 더욱이 여소야대(與小野大)국회에서 야당이 반대하는 데 물리적으로도 불가능하다.

그럼에도 불구하고 새누리당이 면책특권을 문제 삼고 나선 까닭은 현 정부의 실정에 대한 야당 의원들의 폭로성 공세를 염두에 둔 때문으로 보인다. 실제로 대우조선해양의 분식회계 의혹에도 추가 자금지원을 결정한 청와대 서별관 회의 문건은 야당 의원의 대정부질문을 통해 드러났다. 거슬러 올라가면 21년 전 당시 초선이던 박계동 의원이 대정부질문을 통해 노태우 전 대통령의 비자금 4천억원을 폭로해 일대 파문을 일으키기도 했다.

물론 '아니면 말고'식의 '묻지마' 의혹 제기나 막말 등은 정치적, 윤리적으로 책임을 묻고 징계나 제재를 가해야 마땅하다. 그러나 발언의 책임에 앞서 국회의원 개개인의 품격과 양심이 먼저여야 한다. 그리고 행정부와 사법부를 견제하는 국회의원 면책특권은 여야의 입장이 아닌 입법부 차원에서 논의될 사안인 것이다. (2016.7.5)

인터넷 없던 시대의 헌법이라면…

"30년이면 강산이 세 번이나 변했는데", "아파트 재건축 연한도 30년으로 완화됐는데", "30년 전에 입었던 옷이 과연 지금 몸에 맞겠나" 내년으로 30년째를 맞는 이른바 '1987년 체제'의 변화 필요성이 또다시 제기되고 있다. 제20대 국회 개원에 맞춰 정세균 국회의장이 공개리에 개헌론 불씨를 지피고 나선 때문이다.

정 의장은 "개헌은 가볍게 꺼낼 문제도 아니지만 누군가는 반드시 담당해야 할 일"이라면서 "개헌의 주체는 권력이 아니라 국민이고, 목표는 국민통합과 더 큰 대한민국"이라고 말했다. 현행 헌법의 근간이 된 '1987년 체제'는 대통령 간선제를 고수한 전두환 군사정권에 맞서 '호헌철폐, 독재타도'를 외치며 대통령 직선제 개헌을 이끌어낸 '6월 민주항쟁'의 기념비적인 성과물이다.

그러나 지난 30년간 우리 사회는 1인당 국민소득이 10배 가까이 증가하는 등 양적, 질적으로 큰 폭의 발전적 변화를 거듭했다. 더욱이 1980년대는 '월드와이드웹(world wide web)'이 등장하기 이전 시기다. 즉 '1987년 체제'로는 인터넷 세상인 2016년의 정치적, 사회적, 이념적 토대를 담아낼 수 없는 것이다.

때문에 그동안 정치권을 중심으로 개헌 필요성이 꾸준히 제기돼 왔다. 하지만 집권 가능성을 둘러싼 여야의 이해관계가 엇갈리면서 개헌론은 '말잔치'로 끝나곤 했다. 특히 '현재 권력'인 대통령이 권력구조 개편을 비롯한 논의에 참여하지 않는 한 개헌의 실현 가능성이 크지는 않다는 게 중론이다. 더욱이 임기 후반기에 접어든 대통령이 개헌을 추진할 경우 권력 연장 의도로 비춰질 수 있는 만큼 추진동력이 떨어질 수밖에 없다.

이와 관련해 청와대는 국회발(發) 개헌론에 대해 부정적 입장을 견지하고 있다. 박근혜 대통령은 4·13 총선이 끝난 뒤 가진 언론사 보도·편집국장 간담회에서 관련 질문에 "개헌의 '개'자도 안 나왔다"고 일축했다. 그는 올해 초 신년 기자회견에서도 '블랙홀론(論)'을 펴며 "지금 우리 상황이 (개헌논의로) 블랙홀 같이 모든 것을 빨아들여도 상관없는 그런 정도로 여유가 있느냐"고 반대 입장을 분명히 했다. 2014년 김무성 당시 새누리당 대표가 분권형 개헌론을 제기했을 때에도 노골적으로 불만을 드러냈던 청와대였다.

실제로 그동안 개헌론이 수차례 정치권에 등장했지만 구체적 공론화에 이르지 못한 데는 정치적 불신이 자리하고 있다. 1990년 노태우 민정당 대표와 김영삼 통일민주당 총재, 김종필 신민주공화당 총재가 3당 합당을 선언하며 내각제 개헌 합의 각서를 썼지만 YS가 대통령 출마를 고집하면서 유야무야됐고, 1997년 대선을 앞두고 김대중 새정치국민회의 총재와 김종필 자유민주연합 총재가 내각제 개헌을 고리로 DJP연합을 성사시켰지만 약속은 지켜지지 않았다.

2007년에는 노무현 대통령이 1월 대국민담화를 통해 대통령 5년 단임제를 4년 연임제로 바꾸는 원포인트 개헌을 제안했지만 한나라당의 반대로 성사되지 못했다. 그런가 하면 2007년 한나라당 대선 후보 경선에서 이명박, 박근혜 후보도 집권 후 개헌을 공약했지만 역시 흐지부지됐다.

그러나 최근 여야의 대선 잠룡들이 개헌 필요성에 공감을 표시하고 나서 눈길을 끈다. 새누리당의 대권 주자로 거론되는 김무성 전 대표, 남경필 경기지사, 원희룡 제주지사, 오세훈 전 서울시장, 그리고 야권 주자인 더불어민주당 문재인 전 대표, 손학규 전 상임고문, 국민의당 안철수 대표, 박원순 서울시장, 안희정 충남지사 등은 수시로 개헌 필요성을 제기해왔다.

이들의 견해는 대체로 대통령 4년 중임제와 분권형 이원집정부제로 모아진다. 주목할 점은 20대 국회 개원과 함께 등장한 개헌론이 지금까지와는 다른 정치적 의미가 크다는 사실이다.

새누리당의 참패로 귀결된 올해 4·13 총선은 '20년만의 3당 체제', '16년만의 여소야대(與小野大)'를 불러왔다. 이는 협치(協治)의 필요성으로 이어지면서 대통령 5년 단임제와 소선거구제로 상징되는 '1987년 체제'를 바꿔야 한다는 정치권 새판 짜기의 명분이 됐다.

승자독식(勝者獨食)의 제왕적 대통령제 폐해를 청산하고 민의를 제대로 반영할 수 있는 권력구조 개편 논의가 필요한 시점이 된 것이다. 개헌 문제는 결국 국회가 주도하는 것인 만큼 여야가 개헌특위를 구성해 '몸에 맞는 옷'을 만드는 논의에 착수해야 한다. (2016.6.14)

'한국사람' 반기문의 '한국어 실력'

　말꼬리를 잡으려는 게 아니다. 반기문 유엔사무총장의 발언이 적절하지 못했음을 지적하려 한다. 반 총장은 1년여 만에 한국을 찾은 어제 세간의 예상을 깨고 공개리에 대권 도전을 시사했다. 그러면서 이렇게 말했다. "내년 1월 1일 한국 사람이 되니까 한국 시민으로서 어떤 일을 해야 하느냐를 그때 가서 고민하고 결심 하겠다"고.

　그럼 지금은 한국 사람이 아니라는 말인가? 반기문 총장의 국적은 대한민국으로 그는 엄연한 한국 사람이다. '세계 대통령'으로 불리는 유엔사무총장으로서의 역할에 마지막까지 충실하겠다는 의미일 것이다. 그렇다면 '한국 대통령' 얘기는 그의 말대로 유엔 사무총장직을 마치고 귀국한 뒤에 했어야 옳다. 그리고 이번 방문에서는 1년 전에 자신이 했던 발언 수위를 유지하는 게 나았다.

　반 총장은 지난해 5월 한국을 방문해 가진 기자회견에서 자신의 대권 출마설에 대해 자신의 정치적 행보나 여론조사 등을 자제해 달라면서 다음부터는 여론조사기관에서 자신을 포함시키지 않았으면 좋겠다고 말했다. 그런데 1년 만에 그의 말과 행동은 180도 바뀌었다. 국내 정치 상황과 구도가 변하면서 자신의 생각이 바뀐 것인지 아니면 그동안 겸손 속에 권력 의지를 숨기고 있었던 것인지 아무런 해명이 없다.

　유엔 사무총장 퇴임을 7개월 앞둔 시점에서 영국 이코노미스트가 반 총장을 "가장 우둔하며 최악의 사무총장 가운데 하나(the dullest-and among the worst)"라고 비난한 것은 지극히 편향적인 보도라고 본다. 그러나 법적 구속력은 없다 하더라도 '유엔 사무총장은 퇴임 직후 정부 내 직책을 삼가야 한다'는 1946년 유엔 총회 결의안의 정신에 대해서는 곰곰이 생각할 필요가 있다.

'버터 발음'이 아닌 '한국식 토종 발음'의 반기문 영어는 외국 현지인들에게 진정성으로 받아들여진다고 한다. 하지만 그가 구사하는 한국어에는 '기름 바른 장어'처럼 솔직함이 결여돼 있다는 평가가 나온다. 평생 외교관으로서 다져진 수사(修辭)일 수 있지만 대통령을 하겠다면 그의 한국어에는 그의 영어 억양처럼 '어눌한 진정성'이 필요한 것이다. 반 총장은 이날 "대권후보로 거론되는 데 자부심을 느낀다"면서 국가통합을 위한 정치 지도자의 역할을 강조해놓고 정작 하루가 지난 뒤에는 "(언론이) 과잉, 확대해석 했다"고 슬쩍 한 발을 뺐다. 전두환 군사정권 당시 미국에 망명 중이던 김대중 전 대통령의 동향을 국내에 최초 보고했다는 외교문서 내용에 대한 언론보도에는 "기가 막힌다. 제 인격에 비춰 말도 안 된다"고 적극 부인했다.

지난해 말 체결된 한일 위안부 문제 합의에 대해서는 환영 입장을 발표해 논란을 야기해 놓고 석 달 뒤 유엔본부를 찾은 몇몇 위안부 피해자 할머니들에게는 "오해가 있었다", "위안부 문제 해결을 위한 양국 정부의 노력에 대해 환영한 것이지 합의내용을 환영한 것은 아니다"고 해명했다. 그렇다면 박근혜 대통령과의 1월 1일 전화통화에서 "박 대통령이 올바른 용단을 내린 데 역사가 높게 평가할 것"이라고 했던 말은 어떻게 설명할 것인가.

유엔 사무총장직을 수행하는 데 있어 한국 사람이라는 이유로 오해를 살 행동은 피해야겠지만 한국을 사랑하는 마음은 차원이 다른 문제다. '국가 우선주의'를 지향하는 보수주의를 강조하려는 게 아니라, 한국인으로서 그는 한국 국민들이 갖는 정서를 헤아려야 하는 것이다.

유엔 사무총장으로서 질병과 기아로 허덕이는 어려운 나라를 수차례 위로 방문했지만 한국을 찾아 제주, 서울, 경기, 경북을 도는 이번 5박 6일의 '광폭행보'에는 고통에 힘겨워하는 사람들을 만나는 일정은 없다. 위안부 피해자 할머니나 세월호 유가족들을 만나지는 않는다. '국민 통합'의 실현을 위해 대통령을 꿈꾸는 정치 지도자들에게 요구되는 리더십은 '공감 리더십'이다. '공감 리더십'은 비를 맞는 사람들에게 우산을 건네주는 게 아니라 함께 비를 맞는 것을 말한다.

한국의 대통령 선거가 치러지는 내년은 '나를 믿고 따르라(trust me, follow me)'는 식으로 말할 때가 아닌 '내게 보여주시오(show me)'의 시기이다. 여기서 나는 국민을 지칭한다. 반기문 총장은 내년에 한국으로 돌아온 뒤 왜 자신을 믿고 따라야 하는지를 국민들이 납득할 수 있도록 보여줘야 하는 것이다. (2016.5.26)

5·18의 진실을 외면한 전두환의 '궤변'

　내일은 5.18 광주민주화운동 36주년이 되는 날이다. 눈이 부시게 푸르른 5월의 '빛고을' 광주에는 두 개의 5.18 묘역이 있다. 하나는 국립 5.18 민주묘지이고, 다른 하나는 망월동 묘역이다. 두 개의 묘역에는 사람들의 시선을 끄는 것이 하나씩 있다. 국립 5.18 민주묘지의 '그것'은 '눈을 들어 올려다봐야 하는 것'이고, 망월동 묘역의 '그것'은 '밟고 지나가는 것'이다.

　'눈을 들어 올려다봐야 하는 것'은 높이 40미터의 추모탑으로 탑신 중간 부분에 알 모양의 조형물이다. 알 모양의 조형물은 5.18 영령들의 혼이 새 생명으로 태어나길 바라는 염원을 담고 있다. 반면에 '밟고 지나가는 것'은 이른바 '전두환 민박 기념비'라는 이름이 붙여진 비석이다. '전두환 대통령 각하 내외분 민박 마을'이라는 글씨가 새겨진 이 비문은 땅바닥에 박혀 있어 망월동 묘역을 찾는 사람들은 누구나 밟고 지나간다.

　전두환 비문이 땅바닥에 박힌 사연은 이렇다. 1982년 3월 당시 전두환 대통령 내외가 광주를 직접 방문하지는 못하고 인근에 있는 담양군 성산마을을 찾아 민박집에서 하루를 보냈는데 그 기념으로 비석을 세웠다. 그러나 분노와 수치심을 떨칠 수 없었던 광주-전남 민주동지회는 1989년 1월 이 비석을 부순 뒤 5.18 영령들의 원혼을 달래는 마음으로 망월동 묘역으로 가져와 땅바닥에 박은 것이다. 1980년 전두환 신군부 세력이 광주를 무참히 짓밟았던 것처럼 지금은 세상이 그들을 밟고 있는 셈이다.

'임을 위한 행진곡을 제창하면 국론분열'이라는 몰이성적 황당 논리에 '5월의 양심'이 한숨짓는 사이에 전두환 그 마저도 궤변을 늘어놓고 있다. 올해 안에 자신의 회고록을 출간할 예정이라는 그는 지난달 연희동 자택에서 몇몇 측근 인사들과 만남의 자리를 가졌는데 이 자리에 월간 신동아 기자 2명도 동석했다.

신동아 최신호 보도에 따르면 그는 "광주 사태와 아무런 관계가 없다"면서 발포책임을 전면 부인했다. 그는 "어느 누가 국민에게 총을 쏘라고 하겠어. 바보 같은 소리 하지 말라고 그래"라고 말했고, 이순자 여사도 "목에 칼이 들어와도 아닌 건 아닌 건데..."라며 거들었다고 한다.

그런가 하면 조선일보에는 '전두환의 뿌리'라는 제목의 외부 칼럼리스트 글이 실렸다. 내용은 전두환의 뿌리는 전라도인데, 왜 그는 광주와 악연을 맺게 되었을까?라는 도발적인 내용을 담고 있다. 조선일보는 또 "전두환은 12.12와는 상관있지만 5.18과는 무관하다"는 이희성 당시 계엄사령관(92)의 인터뷰 내용을 실었다가 데스킹 과정에서 삭제했다.

그러나 삭제되기 이전 PDF 스크랩서비스에 올라온 기사를 보면 이희성 전 사령관은 "발포명령을 내린 지휘관은 없다"면서 "전두환 당시 보안사령관은 5.18에 책임이 없으며, 광주가 수습되고 3개월 뒤 그가 대통령이 됐기 때문에 책임자로 지목됐다"고 말했다.

전두환 측의 해명만을 전달하는 일부 보수언론의 편향적 접근법이 불편하다. 그러나 무엇보다도 전두환 전 대통령의 책임회피 발언은 5.18 영령들을 모독하는 망언이 아닐 수 없다. 5.18 당시 신군부의 최고 실제였던 그는 5.18 영령 앞에 사죄는 하지 못할망정 발포 명령을 부인하는 것은 손바닥으로 하늘을 가리는 파렴치한 행위이다.

대법원은 지난 1997년 4월 17일 재판에서 피고인 전두환에게 "내란목적 살인의 책임을 져야 한다"며 무기징역을 확정했다. 당시 대법원은 시위대의 학살을 불러온 광주재진입작전(상무충정작전)과 관련해 "전두환 등이 사상자가 생기게 되는 사정을 알면서 작전 실시를 강행하기로 하고 이를 명령한 데에는 살상행위를 지시 내지 용인하는 의사가 있었음이 분명하다"고 판결문에 적시했다.

민간인 165명이 숨지고 1,600여명이 부상당한 참담한 비극을 불러온 최초 발포 명령자가 누구인지 확인되지 않고 있다는 이유로 전두환 그의 책임이 면탈되는 것은 아니다. 전두환 씨는 양심이 있어야 한다. 소설가 한강이 맨부커 상을 받으면서 그가 1980년 광주민주화운동을 배경으로 3년 전에 출간한 '소년이 온다'에 새삼 관심이 모아지고 있다.

당시 열 세 살이던 한강은 "아버지가 보여준 광주민주화운동에서 학살된 사람들의 모습이 담긴 사진첩이 인간에 대한 근원적인 질문을 하게 된 비밀스러운 계기가 됐다"고 말한 바 있다. 그는 '소년이 온다'에서 말했다. "양심. 그래요, 양심. 세상에서 가장 무서운 게 그 겁니다"라고. (2016.5.17)

달갑지 않은 오바마의 히로시마 방문

일본은 제2차 세계대전의 엄연한 가해국인 동시에 패전국이다. 때문에 인류 최초의 핵무기인 '리틀 보이(Little Boy)'는 일본 군국주의에 대한 심판으로 받아들여진다. 미국은 1945년 8월 6일 일본 히로시마에 원자폭탄을 투하했다. 그래도 일본이 패배를 선언하지 않자 사흘 뒤 나가사키에 두 번째 원자폭탄을 투하했다. 결국 8월 15일 일본 천황은 연합군에 무조건 항복을 선언했다. 기나긴 전쟁이 막을 내렸다. 그러나 원폭투하는 미국과 일본의 민감한 과거사로 남았다.

종전 70년이 지난 지금 원폭 투하에 대한 정당성 여부 평가는 분분하다. 조기에 전쟁을 끝내기 위한 수단으로 원폭투하가 당연했다는 지지 입장과 무고한 원폭 희생자들이 너무 많았다는 비판 입장이 혼재한다. 갤럽 여론조사에 따르면 1945년 당시만 해도 미국인의 85%가 원폭 투하를 지지했지만 2005년에는 찬성 비율이 57%로 떨어졌다. 원폭투하의 전략적 가치를 중요시하는 차원에서 점차 인적 피해문제로 인식이 변화된 때문으로 해석된다. 하지만 일본이 세계 유일의 피폭국이라도 해서 전쟁의 피해국이라고 주장할 수는 없다. 한국은 일본의 식민 지배를 받았고, 중국은 일본군에 난징대학살을 당했다.

그런데 오바마 미국 대통령이 조만간 히로시마를 방문하기로 하면서 '사과 외교' 논란이 제기되고 있다. 히로시마는 최초로 핵무기가 투하된 곳인데, 원폭 투하를 결정한 미국의 대통령이 최초로 그

곳을 찾아 헌화하는 것이다. 이 때문에 세계대전의 가해국인 일본이 오바마의 방문을 계기로 마치 피해국인 것처럼 '코스프레'하는 것 아니냐는 지적이 나오고 있다.

당장 미국 내에서조차 참전용사와 전쟁포로 단체들을 중심으로 오바마의 히로시마 방문을 반대하고 나섰다. 반면에 일본 신문들은 오바마의 히로시마 방문 결정 발표를 대서특필했다. 오바마가 지혜 롭고 용기 있는 결단을 내렸다며 '오바마의 영단(英斷)'이라고까지 치켜세웠다.

특히 오바마와 아베 일본 총리가 함께 히로시마 평화기념공원을 찾기로 한 것은 미국과 일본의 신밀월관계를 더욱 돈독하게 하는 역사적 계기가 된다고 강조했다. 일본 국민 70%가 오바마의 히로 시마 방문을 원한다는 여론조사 결과도 발표됐다.

지난 2009년, 2010년, 2014년 일본을 방문했던 오바마로서는 이 번이 마지막 기회였는데, 오바마가 퇴임을 8개월여 앞두고 아베 총 리에게 '큰 선물'을 안겨준 셈이 됐다. 오바마는 2009년 일본을 처 음 방문했을 때 "대통령 재임 기간 중에 히로시마와 나가사키를 방 문할 수 있다면 영광이겠다"고 말했었다. 그리고 오바마의 히로시 마 방문 '예고편'으로 캐롤라인 케네디 주일 미국대사가 지난해 8월 히로시마 평화기념공원에서 열린 원폭 희생자 위령식에 참석했고, 존 케리 국무장관도 지난달 11일 히로시마를 찾았다.

다만 백악관은 오바마의 히로시마 방문이 1945년 원폭 투하에 대한 사과가 아니라는 점을 거듭 강조하고 있다. 그러면서 오바마 대통령의 히로시마 방문은 "핵무기 없는 세계의 평화와 안정을 이루기 위한 노력의 일환"이라고 확대해석을 경계했다. 대통령 취임 이래 줄곧 '핵무기 없는 세상'을 주창해온 오바마 입장에서는 퇴임을 앞두고 핵과 관련한 '화룡점정의 이벤트'로 히로시마를 선택한 것이다. 오바마는 취임 첫해인 2009년 4월 체코 프라하에서 핵 없는 세상을 주제로 연설한 이후 핵안보정상회의를 주최하는 등의 공로로 노벨평화상을 수상하는 영예를 안기도 했다.

그러나 일본 군국주의의 피해를 당한 한국과 중국인들에게 오바마의 히로시마 방문은 달갑지 않다. 무엇보다도 일본이 제2차 세계대전에 대해 아직도 진정성 있는 사죄를 하지 않고 있기 때문이다. 더욱이 아베 총리는 침략의 역사마저 부인하며 평화헌법 개정을 밀어붙이고 있다. 히로시마 원폭 문제만 놓고 보더라도 당시 징용으로 끌려간 4만 명의 한국인들이 희생됐다.

많은 논란에도 불구하고 오바마가 히로시마를 방문하기로 한 배경 가운데 하나는 중국을 견제하려는 미국의 동북아 전략과 맞닿아 있다. 오바마는 중요한 안보파트너인 일본을 '코너스톤(cornerstone, 주춧돌)'이라고 지칭했다. 가깝게는 올해 초 북한이 4차 핵실험을 도발하자 오바마는 제일 먼저 아베 총리에게 전화를 걸었다. 박근혜 대통령이 아니었다. 지난해 아베 총리의 미국 방문에서는 미국 의회가 사상 처음으로 아베에게 상하원 합동연설을 허용하기도 했다. 니혼게이자이신문은 아베 총리가 오바마의 히로시마 방문에 대한 '답방' 형식으로 오는 11월 미국 하와이에 있는 진주만 방문을 검토하고 있다고 보도했다.

오바마의 히로시마 방문은 단지 미국과 일본의 외교적 이벤트로 끝날 사안이 아니다. 일본의 군국주의 과거사를 두고 한국과 중국에는 여전히 씻기지 않은 상처가 남아있기 때문이다. 아베 총리가 하와이 진주만을 방문한다면 일본군에 피해를 당한 한국의 위안부 할머니들에게 진솔한 사죄를 해야 하고, 대학살의 흔적이 선연한 중국 난징도 찾아야 하는 것이다. (2016.5.11)

4黨 4色이 불러온 '블랙(black)' 정치

4·13 총선을 앞두고 오늘부터 공식선거운동이 시작됐다. 선거운동 개시에 맞춰 여야 정당과 후보자들은 각자의 '색깔'로 무장했다. 새누리당은 빨간색, 더불어민주당은 파란색, 국민의당은 녹색, 정의당은 노란색, 무소속 후보들은 흰색으로 갈아입었다. '4黨 4色'이라는 말처럼 각 당이 차별화된 색깔을 선택한 것이다.

일반적으로 빨강은 열정, 파랑은 진실, 녹색은 평화, 노랑은 희망, 흰색은 순결의 이미지로 받아들여진다. 그렇다고 각 당의 정체성과 색깔의 이미지가 직접적인 연관이 있는 것은 아니다. 각 당의 정체성은 변하지 않지만 당을 상징하는 색깔은 시대와 상황에 따라 바뀌어 왔다.

새누리당은 지난 2012년 당의 상징색을 파란색에서 빨간색으로 바꿨다. 당시에는 이른바 '레드 콤플렉스'의 보수 정당에게 빨간색은 충격이었다. 그러나 새누리당의 '좌 클릭' 파격행보는 19대 총선 승리와 대선 승리를 견인하는 데 일조했다. 더욱이 새누리당의 빨간 옷은 그동안 선거 때만 되면 우리 사회를 갈라놓았던 색깔론과 북풍(北風)을 잠재우는 데 나름의 역할을 했다.

더불어민주당도 김대중, 노무현의 색깔로 불렸던 노란색을 버렸다. 그 대신 '우 클릭'으로 보수적 이미지인 파란색을 선택했다. 국민의당은 올해 창당하면서 녹색으로, 정의당은 지난 2014년 자주색과 녹색에서 노란색으로 변경했다.

이처럼 당의 색깔 이미지는 선거를 앞두고 표심을 사로잡는 유용한 선거 전략이다. 비주얼 시대를 반영하듯 색깔 정치의 효용성을 실증하는 것이다. 이번 4·13 총선에 출마한 전국 253개 지역구에서 944명의 후보자들도 형형색색의 모자를 쓰고 점퍼를 입고 유권자들과 시선을 맞춘다.

바야흐로 4월이 시작되는 내일부터 전국이 울긋불긋 봄꽃의 향연에 취하게 될 텐데, 각 당의 색깔까지 봄꽃 축제에 가세한 형국이다. 그러나 색깔 꽃에는 향기와 느낌이 있지만 각 당의 색깔에는 감동이 없다. 실제로 각 당이 보여준 '막장 드라마'를 방불케 하는 공천파동, 야권연대를 둘러싼 신경전, '빈 수레' 선거공약 등은 유권자들의 정치혐오만 키웠다. 또한 각 당이 모두 '한지붕 두가족'의 권력싸움에 치중하면서 국민과 민생은 뒷전으로 밀려났다.

4당 4색인 빨강, 파랑, 녹색, 노랑은 공교롭게도 자홍(Magenta), 청록(Cyan), 노랑(Yellow)이라는 '색의 3원색'을 포함하고 있다. 빨강과 파랑을 섞으면 보라, 빨강과 노랑을 합치면 주황, 파랑과 노랑을 섞으면 녹색이 된다. 그러나 빨강, 파랑, 노랑을 모두 섞으면 검정색이 되고 만다. 마치 감동이 없는 오늘의 '무채색' 정치처럼 말이다.

우리의 정치가 무채색에서 벗어나기 위해서라도 유권자들은 각 당과 후보자들이 입고 있는 색깔 이미지에 현혹되지 말고 겉 색깔이 감추고 있는 사실을 정확히 가려내 심판해야 한다. 정치혐오가 클수록 투표에 참여해 진정한 색깔이 있는 정치를 만들어 내야 한다. (2016.3.31)

위안부 피해자들의 '귀향(鬼鄕)'

"집에 가자"(영희), "내 곧 따라간대이"(정민).

영화 '귀향(鬼鄕-Spirits' Homecoming)'에서 영희와 정민이 생사의 갈림길에서 나눈 마지막 대화다. 영희와 정민은 일제강점기 군 위안부 피해를 당했던 우리의 딸이다. 일본군 총탄에 스러져가는 열네 살 정민. 독립군 손길에 삶을 찾은 한 살 터울 영희.

끝내 정민은 집으로 돌아오지 못했다. 다른 수많은 소녀들과 함께 정민은 차디찬 전장 터에 버려지고 태워졌다. 그러나 정민의 넋은 나비가 되어 푸른 바다를 건너고 푸른 하늘을 날아서 고향으로 돌아왔다.

'귀향'은 구천을 떠돌고 있을 위안부 피해자들의 넋을 고향으로 불러오는 소원을 담았다. 그도 그럴 것이 일본군에 강제로 끌려간 우리 소녀들은 무려 20만 명. 살아 돌아온 사람은 고작 238명. 그리고 지난달 김경순 할머니가 향년 90세로 눈을 감았다. 피해자들의 한 맺힌 세월이 너무도 길다. 제 97주년 3.1절을 앞두고 영화관을 찾았다. 영화 주인공인 영희와 정민의 나이가 14살, 15살이어서인지 관객 가운데는 중고등학교 여학생들이 많이 눈에 띄었다.

강제로 끌려온 소녀들은 일본군의 벌거벗은 야만에 비명 지르고, 피 묻은 총부리 앞에 통곡했다. 영화 속 장면에 시선을 고정한 관객들은 터져 나오는 한숨과 울분으로 공명했다. '귀향'은 슬프고 아프고 화나고 불편한 영화다. 슬픔과 아픔, 분노는 대다수 관객들의 반응이자 우리 국민들의 정서일 것이다.

이는 지난해 12월 28일 한일 양국 정부의 위안부 합의가 최종적이지도 불가역적이지도 않다는 점을 실증하는 것이다. 더욱이 피해 할머니들은 양국 정부 간 합의를 도저히 받아들일 수 없다는 입장에 변함이 없다.

위안부 피해자 후원시설인 '나눔의 집' 강일출 할머니(88)의 그림 '태워지는 처녀들'을 모티브로 하고, 피해자 증언을 토대로 한 '귀향'의 첫 시나리오는 지난 2002년에 완성됐지만 투자 거부와 상업성 결여 등의 이유로 제작에 난항을 겪다 마침내 14년 만에 빛을 보게 됐다. 7만5270명의 국내외 후원자들이 클라우드 펀딩으로 제작비의 절반이 넘는 12억 원을 마련했고, 배우와 제작진들이 재능기부로 참여한 것이다. '귀향'은 개봉 닷새 만에 전국 769개 상영관에서 100만 관객을 돌파하며 박스오피스 1위를 달리고 있다.

영화 '귀향'을 통해 우리는 새삼 위안부 피해자 할머니들이 남몰래 겪어야만 했던 질곡의 세월을 끌어안아야 한다. '정말로 이대로는 세상과 이별할 수 없다'는 위안부 피해자 할머니들의 원한을 씻어줘야 한다.

그런데 우리 초등학생들이 배우는 교과서에는 일본군 '위안부'라는 표현을 찾을 수 없다. 내일부터 초등학교 6학년생이 공부하게 되는 국정 새 사회(역사) 교과서에는 "강제로 전쟁터에 끌려간 젊은 여성들은 일본군에게 많은 고통을 당했다"고만 기술돼 있다.이 같은 표현만으로는 영화 '귀향'에서 느낄 수 있는 울분과 분노, 아픔과 슬픔의 역사를 가슴 속에 새길 수 없다. 또 2014년 실험본에 실렸던 임신한 위안부 옆에서 웃고 있는 일본군 사진도 빠졌다.

정부는 "위안부와 성노예라는 표현을 초등학생이 학습하는 것은 적절하지 않다는 의견이 있어 빠졌다"고 설명하지만 군색할 따름이다. 위안부 문제는 과거회귀가 아닌 미래를 위한 현재진행형이다. 민주화를 위한 변호사모임(민변)은 한일 양국 정부가 체결한 위안부 합의의 실체를 규명하기 위해 지난해 12.28 합의문서에 대한 정보공개 청구소송을 어제 서울행정법원에 제기했다.

일본 정부가 합의 이후에도 여전히 '위안부 강제연행의 증거가 없다'는 거짓 주장을 고수하고 있기 때문이다. 국력이 약해 일본에 강점되고 그 결과 아무런 죄도 없는 꽃다운 소녀들이 일제의 군화에 무참히 짓밟혀야만 했던 아픈 역사를 3.1절인 오늘 우리는 다시 한 번 똑똑히 기억해야 한다. (2016.3.1)

통일부장관의 부르튼 입술

　홍용표 통일부장관의 부르튼 입술 위 상처가 인구(人口)에 회자(膾炙)되고 있다. "얼마나 신경 썼으면…", "제대로 잠도 못 자겠지…", "정말 고생이 많네'. 홍 장관이 등장하는 인터넷 뉴스 기사에 붙은 격려와 동정의 댓글들이다. 그도 그럴 것이 지난주 북한의 장거리 미사일 발사 도발 이후 홍 장관은 거의 매일이다시피 언론에 등장하며 스포트라이트를 한 몸에 받았다.

　북한의 도발 다음날은 '설날'이었지만 국회 외교통일위원회 긴급 현안보고에 참석했고, 이어 개성공단 전면중단 조치 발표, 입주기업 피해 지원 대책 발표, 언론 인터뷰, 국회 본회의와 상임위 출석까지…. 통일부가 개성공단 관련 정책을 담당한 때문이지만 공교롭게도 부르튼 홍 장관의 입술 위 상처는 더 붉은 색으로 변하며 꼬일 대로 꼬여버린 남북관계처럼 쉽게 낫지 않았다. 오늘 국회 본회의장에서는 정의화 국회의장이 홍 장관의 입술 상처를 손가락으로 가리키며 안부를 묻는 모습이 사진기자의 렌즈에 포착되기도 했다.

　그런데 우리가 주목하는 것은 그의 입술 상처가 아니다. 그의 입을 통해 드러난 정부의 입장이다. 홍 장관은 정부가 개성공단 가동을 전면중단하는 불가피한 결단을 내린 이유로 개성공단 임금의 70%정도가 북한 노동당으로 들어가 핵과 미사일 개발에 사용됐기 때문이라고 밝혔다. 다만 "정보자료들이기 때문에 국민에게 공개하기 어렵다"고 덧붙였다. 홍 장관의 발언은 '개성공단이 김정은의 돈

줄'이라는 자금 전용의 확인된 근거로 제시된 것이다.

그러나 먼저 관심 사안에 대한 통일부 장관의 발언이 일요일 오전 특정 TV매체와의 인터뷰를 통해 나온 점은 이해하기 힘들다. 당연히 공식적인 기자회견 등의 방식을 통해 투명하게 발표했어야 옳았다. 더욱이 그 발언도 하나하나 따지고 들어가면 거짓말 논란으로 비화될 소지마저 있다.

정부는 그동안 개성공단은 정상적 임금으로 핵, 미사일 개발과는 관련이 없다는 입장을 견지해왔고, 이 같은 우리 정부의 입장에 따라 유엔은 개성공단을 대북 제재에서 예외로 인정했던 것이다. 즉, 우리 정부가 만일 개성공단의 자금이 핵개발에 전용된 자료를 확보하고 있으면서도 개성공단을 유지해왔다면 유엔 안보리 대북 제재 결의안 2094호를 위반한 셈이 된다.

유엔 안보리는 지난 2013년 2월 12일 북한이 제3차 핵실험을 강행하자 다음달 7일 '핵이나 미사일 개발에 사용할 가능성이 있는 현금 등 금융자산의 이동이나 금융서비스 제공을 금지하도록 의무화'한다는 내용이 포함된 결의안을 만장일치로 채택했다.

그런가 하면 통일부는 올해 초 북한의 4차 핵실험(1월 6일) 이후인 지난달 신년업무보고에서조차 개성공단을 안정적으로 운영하겠다고 강조했다. 물론 북한의 핵실험에 이은 장거리 미사일 발사라는 돌출변수로 정부의 대북 입장이 변화된 때문으로 해석될 수 있다.

그러나 한미일 3국 정상의 연쇄 전화접촉 이후 청와대가 예상 밖의 개성공단 전면중단이라는 초강경 방침을 결정한 데 따른 명분과 근거를 무리하게 제시하려다 자기모순에 빠져 버린 것 아니냐는 지적이 나오고 있는 것이다.

그렇지 않아도 남북관계가 강 대 강으로 치달으면서 이른바 '남남갈등'의 국론분열 가능성에 대한 우려가 높아지고 있다. 북한의 핵 야욕이 노골화하면서 '평화통일'이라는 단어가 아예 사라져 버린 상황을 맞았지만 세계 유일한 분단국가로서 '평화'와 '통일'을 포기할 수는 없다.

우리 정부조직에 통일부가 존재하는 이유는 분단국의 특성을 반영해야만 하는 역사적 의미를 지니고 있기 때문이다. 또 헌법 제69조는 대통령으로 하여금 다음과 같은 취임선서를 하도록 규정하고 있다. '나는 헌법을 준수하고 국가를 보위하며 조국의 평화적 통일과 국민의 자유와 복리의 증진 및 민족문화의 창달에 노력하여 대통령으로서의 직책을 성실히 수행할 것을 국민 앞에 엄숙히 선서합니다'. 취임선서의 내용처럼 대통령은 국가를 보위하기 위해 북한의 도발에 맞서는 강력한 대응체계를 갖춰야 하며 동시에 조국의 평화적 통일을 위해 대화의 끈을 놓지 않는 노력을 포기해서도 안 된다.

때문에 박근혜 대통령은 내일로 예정된 국회 연설에서 국내외적으로 변화된 상황에 맞는 대북 통일정책의 새로운 패러다임을 제시하면서 개성공단 전면중단 조치에 대한 투명하고도 명확한 정부 방침을 국민 앞에 소상히 설명해야 한다. 안보위기를 극복하기 위한 국민단합을 호소하고 국민에게 희망을 주는 메시지는 그 다음이다.

(2016.2.15)

'남북단절'과 '남남분열'

통(通), 통(統), 통(痛). 서로 소통(通)해야 통일(統)도 이뤄질 텐데 정면대립으로 아프기만(痛) 하다. 개성공단 폐쇄를 둘러싼 남북한의 치킨게임이 극단으로 치닫고 있다. 개성공단 가동 전면중단(南) → 공단폐쇄와 남측인원 추방(北) → 단전 단수 조치(南) → 군 통신선 차단(北).

남북이 서로 하나씩 힘겨루기 카드를 던지면서 으름장으로 맞서고 있다. 이판사판식의 파국 국면은 놀랍게도 하루 사이에 이뤄졌다. 머지않아 개성공단 부지에는 북한 군부대가 다시 배치될 것으로 보인다. 현재 남북한을 연결하는 통신선은 모두 차단된 상태다. 고조되는 북한의 예측 불가성에 비례해 군사적 충돌 가능성에 대한 우려도 커지는 상황이다.

안보이슈 블랙홀은 모든 것을 빨아들이며 국민들의 불안감을 증폭시키고 있다. 어제 늦은 밤까지 개성공단에 남아있던 우리 국민 280명 전원이 무사 귀환한 뒤에야 가슴을 쓸어 내렸던 안도감이 이를 반증한다.

개성공단 폐쇄를 둘러싼 '남북단절'의 불똥은 '남남분열'로 확산되고 있다. 공단 입주기업과 협력업체들은 발을 동동 구르며 국가를 상대로 소송도 불사한다는 입장이다. 총선을 앞두고 여론 향배에 민감해진 여야 정치권은 마치 남북한 당국의 성명전처럼 전혀 다른 주장으로 상대를 겨냥하고 있다.

오늘 새누리당 원내대책회의, 더불어민주당의 선대위·비대위연석회의, 국민의당 최고위원회의에서 나온 주요당직자들의 발언록을 살펴보면 달라도 너무 다르다. 여당은 '모든 게 북한 책임', '개성공단 폐쇄는 불가피한 결단', '햇볕정책의 실패'를 강조한다. 야당은 '총선용 북풍(北風) 전략', '현 정부의 통일 대박론 실패', '즉흥적이고 실효성 없는 조치'라고 반박한다. 언론도 마찬가지다. 주요 신문과 방송매체는 각기 보수와 진보로 갈라져 박근혜 정부에 대한 지지와 비판을 쏟아내고 있다.

한 가지 분명한 사실은 이 모든 불안과 대립의 원인 제공자는 북한이라는 점이다. 북한은 국제사회의 거듭된 경고를 무시한 채 핵(核) 야욕을 포기하지 않고 있다. 특히 올해 들어 4차 핵실험과 장거리 미사일 발사까지 연쇄도발을 감행한 만큼 더욱 강력하고도 실효성 있는 대북 제재가 그 어느 때보다 필요한 시점이 됐다.

대북 제재의 경우 우리의 독자적인 조치로는 한계가 있다. 국제사회 공동의 협력이 필요충분조건이다. 미국을 중심으로 한 동북아 전략에 민감한 중국과 러시아를 상대로 효과적인 외교역량 추진을 병행해야 하는 것이다.

그런데 대북 제재의 시기보다 더 중요한 것이 제재의 내용이다. 이 때문에 북한을 견제할 수 있는 '레버리지'로서 개성공단 카드를 너무 쉽게 던져버린 것 아닌가 하는 아쉬움과 의문이 든다. '어떠한 경우에도 정세의 영향을 받지 않고 개성공단의 정상적 운영을 보장한다'는 2013년 8·14 합의를 우리가 먼저 일방적으로 거스른 부메랑의 결과는 이제 아무도 예측할 수 없는 상황이 됐다.

개성공단 폐쇄가 사실상 '최종적이고 불가역적'이 되면서 지난해 한일 정부 간에 체결된 28 위안부 합의의 전철(前轍)을 밟는 것은 아닌지 우려스럽다. 남북이 서로 총부리를 겨누고 있는 세계 유일의 분단국가 한반도에서 개성공단의 의미는 너무도 중차대하다. 남북 화해와 협력의 상징인 동시에 평화를 위한 안전판 역할을 해왔기 때문이다.

'마지막 안전판'이 하루아침에 사라져 버린 지금 국민은 걱정과 불안, 혼란스러움을 경험하고 있다. 박 대통령의 잔여 임기동안 북한의 핵 야욕과 한반도의 지정학적 리스크에 따른 '남북단절'과 '남남분열'이 거듭될 수는 없다. 더욱이 '남남분열'은 북한이 바라는 모습일 것이다.

때문에 이제는 국가의 안위를 책임진 박근혜 대통령이 직접 나서서 개성공단 폐쇄에 따른 우리 사회 내부의 분열, 대립, 걱정, 혼란을 해소하기 위해 국민에게 소상한 설명을 해야 한다. 개성공단의 불은 꺼졌지만 먹구름 겨울비에도 통일 기원의 촛불은 꺼지지 않아야 한다. (2016.2.12)

신영복의 '감옥'과 우리들의 '감옥'

1991년 가을쯤으로 기억된다. 당시는 언론사 입사시험 응시자격에 연령제한이 있을 때였다. 조급한 마음으로 하루하루를 버티던 어느 날. 한 신문사의 '독후감 공모' 광고가 눈에 들어왔다. 작문능력도 시험해볼 겸 스무 권 남짓한 독후감 대상 서적 목록을 훑어보다 '감옥으로부터의 사색'을 발견했다. 기뻤다. 한 번 읽었던 책이었기 때문이다.

잊었던 감동이 되살아났다. 똑같은 곳에 겹겹이 두 번째 밑줄을 그을 수밖에 없었다. 우편으로 200자 원고지에 글을 담아 보냈지만 좋은 소식은 들려오지 않았다. 그러나 신영복 선생만이 말하고 쓸 수 있는 그의 '언어'를 접하면서 또 한 번 진한 감동을 느꼈다. 참 감사했다. 선생께 많은 빚을 졌다.

안타깝게도 신영복 선생이 향년 75세를 일기로 별세했다는 소식에 떨리는 손과 슬픈 눈으로 누렇게 변한 '감옥으로부터의 사색'을 만지고 또 만지며 읽었다. 필자가 가진 선생의 책은 1988년 9월 5일 발행된 3,500원짜리 단행본으로 그 해 8월 14일 가석방된 뒤 첫 출판물이다.

신영복 선생은 우리 곁을 떠났지만 그의 모든 것은 우리의 기억 속에 또렷하게 남아있다. 신영복의 '2020'은 '감옥 삶의 더미'인 20년 20일이다. 과연 그에게 '감옥'은 무엇이었을까? 조금이나마 선생께 '감사의 빛'을 갚기 위함으로 감히 '신영복의 감옥'을 생각해 본다. '신영복의 감옥'은 계수씨에게 보내는 편지, 형수님에게 보내는 편지, 어머님 아버님께 보내는 편지를 통해 가늠할 수 있다.

그의 말대로 '편지'가 아무려면 '만남'에 비길 수 있으련마는 그의 감옥은 말라버린 눈물의 승화이며 간절한 삶의 소망이다. 봄을 그리

위하며 겨울을 받아들이는 숭고함이다. 부정이 아닌 긍정이며, 빼기가 아닌 더하기이며, 혼자가 아닌 함께의 꿈이다.

무엇보다 '(ㅇ)로부터'는 출발이고 비롯됨이다. 벽으로 갇히지 않은 넓은 사랑을 만들어가는 과정의 공간이다. 모든 것을 근본적인 지점에서 다시금 생각하게 만들며 그것을 위해 우선 자기 자신부터 돌아보게 하는 계기의 장소다.

'신영복의 감옥'은 오늘을 사는 우리에게 숙제를 안겨준다. 우리 스스로가 만든 '닫힌 감옥'에서 벗어나라고 말이다. 우리는 사람을 사랑하는가? 욕심과 이기심에 매몰된 우리는 과연 열린 삶을 살고 있는가?

어쩌면 우리는 지금 그가 경험했던 '여름 징역'에 갇혀 있는지 모른다. 바로 옆 사람을 단지 섭씨 37도의 열 덩어리로만 느끼고 증오하게 만드는 감옥 말이다. 옆 사람의 체온으로 추위를 이기는 겨울철의 원시적 우정이라도 필요한 때가 아닐까.

신영복 선생은 "사람은 그림처럼 벽에 걸어놓고 바라볼 수 있는 정적평면(靜的平面)이 아니라 '관계'를 통해 비로소 발휘되는 가능성의 총체"라고 강조했다. 20년 20일을 어둠속에 갇혀 지냈지만 선생은 그 누구보다 환하고 열린 삶을 꿈꾸고 또 그렇게 살았다. 넓은 세상에서는 크게 살아야 한다. 혼자 빨리 가기보다 함께 멀리 가는 게 어떨까….

신영복 선생은 겨울철 추운 냉기 속에서도 자신의 숨결로 스스로를 데우며 봄을 기다렸다고 말했다. 또 자신이 교도소에서 자살하지 않은 이유는 신문지 크기 만한 '겨울 독방' 햇볕의 따스함이었다고도 했다.

어쩌면 그는 '겨울'을 사랑했을 것이다. 그는 그가 사랑한 겨울에 세상을 떠났다. 한 해 가장 춥다는 소한(小寒)과 대한(大寒) 사이에서.

(2016.1.17)

'변호인'과 언론인

"이런 기 어디 있어요? 이라믄 안 되는 거잖아요!". "바위는 아무리 단단하나 죽은 것이고, 계란은 아무리 약하다 해도 살아 있는 겁니다.". "대한민국의 주권은 국민에게 있고 모든 권력은 국민으로부터 나온다. 국가란 국민입니다."

누적 관객 1000만 명을 훌쩍 뛰어넘은 영화 '변호인.' 15세 이상 관람가인 영화등급을 감안하면 한국인 4명 가운데 1명꼴로 '변호인'을 본 셈이다. 주인공 송우석 변호사와 고문 피해를 당한 대학생 진우가 남긴 명대사는 지금도 인터넷상에서 진한 감동과 여운을 드리우고 있다.

3년여 전 하버드대 마이클 샌델 교수의 '정의란 무엇인가'라는 번역서가 베스트셀러로 부상하면서 正義에 대한 대중적 담론을 촉발한 적이 있었다. 당시 많은 학자들은 정의라는 개념 자체보다 정의라는 단어가 갖고 있는 힘이 대중을 끌어 들였다고 분석하면서 한국 사회가 그만큼 정의롭지 못하다는 역설이라고 지적했다.

3년여가 흘러 이번에는 영화로 옷을 갈아입은 '옳음'과 '의로움.' 여전히 한국 사회에 절실하게 필요한 그 무엇인 것이다. 특히 영화 '변호인'은 이 시대를 사는 언론인들에게 새삼 반성과 실천을 요구하고 있다. '불의에 침묵하거나 외면해서는 안 된다'는 당연하면서도 묵직한 과제를 던지고 있는 것이다.

기자의 한 사람으로서 '변호인'을 관람한 뒤 과연 저널리즘은 어떻게 해야 하는가를 또 다시 고민하지 않을 수 없었다. 영화 제목은 왜 변호인일까? 내항의 곱과 외항의 곱이 항상 같아야 하는 비례식을 상상해봤다. '변호사 : 기자 = 변호인 : 언론인.' 변호사와 기자가 직업적 명칭이라면 변호인과 언론인은 그 역할에 무게중심을 둔 표현이 아닐까.

실제로 죄의 유무나 형량을 판가름하는 형사재판에서는 변호사 자격증이 없는 사람이라도 변호인에 선임될 수 있다. 마찬가지로 불의와 왜곡이 용인되는 사회라면 기자 신분증보다는 저널리즘을 구현하려는 언론인으로서의 자세와 역할이 더 중요하지 않겠는가.

요체는 자격증과 신분증이 아닌 열정과 끈기의 실천에 있다. 언론은 국민의 편에 서서 권력을 감시하고 불의에 침묵하지 않으며 진실을 알리는 의무를 이행해야 한다. 송우석 변호사는 인권과 현실에 눈을 뜨기 전 "방송과 신문에 나오는 것을 믿지 모하면 뭘 믿느냐"고 친구인 '부산신보' 기자에게 소리친다.

그러나 영화에서의 현실은 권력층과 신문사 간부의 검은 거래 속에 기자의 원고는 버려지고 사실을 왜곡한 큼지막한 기사가 신문지면을 채운다. '변호인'은 시작과 함께 이 영화가 실화를 바탕으로 한 허구라는 점을 자막에 적시했지만 언론의 창피한 모습이 30년 전의 일이라고만 말할 수는 없는 노릇이다.

靑馬의 해가 밝자마자 벽두부터 언론과 관련한 이슈들이 줄을 잇고 있다. 박근혜 대통령의 취임 1년 만에 처음 이뤄진 신년 기자회견에서는 매서운 질문 한 번 던지지 못한 '나약한 저널리즘'이 여론의 따가운 뭇매를 맞았다. 이른바 '不通' 논란이 제기됐던 만큼 기자들은 정치권력의 감시자로서 국민의 궁금증을 풀어줄 수 있도록 당당한 자세와 철저한 준비를 했어야 옳았다. 송우석 변호사가 일갈한 대로 헌법 1조 2항, 대한민국의 주권은 국민에게 있고 모든 권력은 국민으로부터 나오기 때문이다.

그런가 하면 '세기의 재판'으로 불리는 이건희 삼성회장과 이맹희 씨의 상속 소송과 관련해서는 언론계 안팎에서 '고개 숙인 저널리즘'이라는 자조 섞인 말들이 나오고 있다. 항소심 결심공판에서 이맹희 씨가 변호인을 통해 최후 진술로 대신한 '해원상생(解冤相生)'의 화해 편지는 수십여 군데 언론들이 전문을 온라인상에 기사화했지만 하루도 안 돼 대부분 자취를 감추고 말았다. "버티기 힘들었다."는 한 언론사 고위 관계자의 말을 접하며 자본권력에 흔들리는 언론의 현주소를 씁쓸히 헤아려본다.

그러나 기쁨과 희망의 소식도 들려 왔다. 법원이 MBC 노조원들에 대한 사측의 징계처분을 전부 무효라고 판결한 것이다. 법원이 해직자 6명을 포함해 정직 처분을 받았던 우리의 자랑스러운 동료 44명 모두의 손을 들어준 것이다. 더욱이 이번 판결의 의의는 노조가 방송의 공정성을 요구하는 것을 정당한 근로조건으로 판단한 데 있다. 이는 '변호인'에서 보듯 단순한 변호사와 기자가 아니라 권력에 대한 비판과 불의에 침묵하지 않는 변호인과 언론인으로서의 역할이 사화의 공공성을 실현하는데 훨씬 중요하다는 점을 확인해 준다.

그럼에도 재판부의 판결을 반박하고 있는 MBC 사측의 행태는 不義라 아니할 수 없다. 이제 우리 언론은 반성과 실천으로 국민과 함께 해야 한다. 대한민국의 주권을 가진 국민의 신뢰를 잃어버리면 모든 것을 잃게 되기 때문이다. 국민의 손을 잡고 같은 곳을 바라보며 힘차게 달리면서 언론의 역할과 기자의 소명을 되새겨야 할 때다. (2014.1.22)

가벼운 언론, 무거운 반성

세월호의 슬픈 아픔에 서해훼리호의 기억이 떠오른다. 2년차 신참 기자였던 1993년 10월의 가을. 수십여 대의 각 언론사 취재차량들은 사이렌을 켜고 꼬리에 꼬리를 문 채 경부고속도로 하행선 갓길을 내달렸다. 어서 빨리 전북 부안에 도착해 사고가 난 위도로 들어가야 했기 때문이다.

위도항 방파제 인근에 위치한 조그마한 상점 2층은 서울에서 내려간 취재진들이 한꺼번에 몰려들면서 이내 '기자실'이 됐다. 292명의 소중한 생명이 숨진 대참사의 悲報를 전하는 데 기자들은 정신 차릴 겨를이 없었다.

그런데 사흘쯤 지났을까. 서해훼리호의 백운두 선장이 사고 당시 혼자 탈출해 인근 섬이나 육지로 도망갔다는 밑도 끝도 없는 얘기가 나돌기 시작했다. 백 선장을 보지 못했다는 일부 생존자들의 진술이 나오는가 하면 사고 직후 인근 항구에서 백 선장과 비슷한 사람을 봤다는 제보까지 이어지면서 경찰은 그를 지명수배하기에 이르렀다.

구조작업과 관련된 뉴스기사는 어느새 선장 추적기사로 돌변했다. 그래도 일부 언론은 평정심을 잃지 않고 '과연 그럴까'하는 신중한 의심을 가졌지만 상당수 언론은 경쟁적으로 '선장 찾아내기'에 뛰어들었다. 하지만 백 선장의 차가운 시신은 며칠 지나지 않아 침몰 선박 2층 통신실 안에서 발견됐다. 당시 무책임한 언론 보도로 백 선장의 가족들이 겪어야 했던 상상할 수 없는 고통의 더미를 생각하면 부끄러움에 고개를 들 수가 없다.

경찰 조사 결과 백 선장은 배가 침몰하는 위급한 상황에서도 구조 요청을 위해 조타실에서 뛰어나와 통신실로 건너간 것이었다. 세월호의 이준석 선장과는 정반대로 마지막까지 승객의 목숨을 구하려다 의로운 죽음을 맞은 백운두 선장이었다. 세월호 침몰사고 이전까지 서해훼리호 사고가 최악의 해상 참사였다면 '백운두 선장 이야기'는 언론의 가장 부끄러운 誤報 가운데 하나로 남아 있다.

기자에게 오보의 위험은 항상 따라 다닌다. 아무리 확인을 거듭했다 하더라도 취재원의 잘못을 포함해 다양한 오보의 원인이 있다.

그러나 기자의 섣부른 판단이나 때와 장소를 가리지 못한 가벼움이 오보의 빌미가 됐다면 또 그로 인해 희생자 가족들에게 슬픔과 충격, 혼돈을 야기했다면 변명의 여지가 없다. 공적 기능을 수행해야 하는 언론의 무한 책임 때문이다.

특히 재난보도의 경우 뉴스의 무게중심은 시청자나 독자가 아니라 희생자와 그 가족들에게 맞춰져야 한다. 이번 세월호 참사보도와 관련해 방송사들이 연이어 시청자들에게 고개 숙여 사과한 것도 희생자와 실종자 가족들의 마음을 헤아리지 못해서다. 설거지를 하다 보면 그릇을 깨뜨릴 수 있다. 그러나 너무 자주 깨뜨리면 그건 실수가 아니라 잘못이고 크게 혼쭐이 나게 된다. 국가적 재난에 온 국민이 슬픔과 분노에 빠져 있는 지금은 언론이 그릇을 깨뜨려서는 안 되는 때다. 아무리 닦은 그릇이 많아도 용서받기 어렵다. '기레기' 소리를 듣게 된 우리의 가벼움을 무겁게 반성하는 오늘이어야 한다. (2014.4.23)

국민통합의 화개장터

가수 조영남이 부른 노래 「화개장터」 가사 말미에 경상도는 '경라도', 전라도는 '전상도'로 표현돼 있다. 뿌리 깊은 지역감정의 망령 속에 전라도와 경상도의 이름이 갈등과 분열을 내포한다면 화개장터가 꿈꾸는 전상도와 경라도는 통합과 희망의 상징이다.

어제 버락 오바마를 태운 '국민통합 열차'가 힘찬 기적소리와 함께 새로운 변화와 희망을 품고 필라델피아에서 워싱턴D.C까지 225km를 질주했다. 오바마는 출발지인 필라델피아, 중간 기착지인 볼티모어, 최종 도착지인 워싱턴D.C까지 9시간의 대장정을 마무리하면서 "우리는 하나(We Are One)"라고 국민통합을 역설했다.

그는 "지금 우리에게 요구되는 것은 이념과 편견을 넘어선 단합의 새로운 독립선언"이라면서 미국의 위기를 헤쳐 나가기 위한 일치단결을 호소했다. 또 "미국의 변화를 위해 우리가 해야 할 일은 지난 대선을 통해 끝난 것이 아니라 지금부터가 시작이며, 미국 역사의 자부심과 미래에 대한 희망을 가지고 함께 새로운 미래를 만들어 가자"고 말했다.

오바마의 '국민통합 열차'에는 노동운동가, 참전용사, 실직자 등 '보통 사람' 41명이 동승했고, 열차가 멈추는 역에는 수많은 인파가 몰려들어 뜨거운 감동 속에 'Yes We Can'을 연호했다.필라델피아, 볼티모어, 워싱턴D.C가 '미국판 화개장터'로 탈바꿈되는 순간이었다. 영국으로부터 독립해 자유를 쟁취한 건국 당시 미국의 수도 필라델피아, 독립선언 이후 영국의 공격에 맞서 미국을 지켜내며 국가를 탄생시킨 곳 볼티모어, 대공황 이후 최악의 경제위기 속에 미국을 재건할 중심지 워싱턴D.C까지…. 미국의 역사를 상징하는 세 도시가 오바마 시대에 맞춰 새로운 변화를 약속한 것이다.

변화와 희망, 통합을 기치로 내건 오바마의 꿈은 어쩌면 미국을 흑백남녀의 차별과 이념의 대립이 사라진 거대한 화개장터로 만드는 것이 아닐까. 미국 역사상 최초로 흑인 대통령인 오바마에게 더 이상 '너와 나'는 존재하지 않는다. 오로지 '우리'만이 있을 뿐이다. 오바마는 이날 세 차례 연설에서 '우리', '함께'를 수차례 반복하며 국민들에게 두 손을 내밀었다.

　오바마의 '국민통합 열차'는 분열과 갈등을 치유한 통합의 지도자로 불리는 에이브러햄 링컨의 취임식 행사를 벤치마킹한 것이지만 단순한 이벤트를 뛰어넘는 큰 감동을 선사했다. 링컨이 게티스버그에서 강조했던 '국민의, 국민에 의한, 국민을 위한'의 문구는 이날 오바마를 통해 변화와 희망의 주체로서 '우리의, 우리에 의한, 우리를 위한'으로 승화됐다. 만일 부시 대통령이 '우리'의 정치적 의미를 조금이라도 일찍 깨달았다면 역사상 최저인 20%대의 낮은 지지율의 불명예는 피할 수 있지 않았을까 싶다.

　부시는 고별연설에서까지 '테러와의 전쟁'에 대한 정당성을 강조하며 "미국은 패배하지 않을 것"이라고 말했지만 일각에서는 "나는 패배하지 않을 것"이라는 자기 합리화일 뿐이라고 혹독하게 비판했다. 네오콘이 주도하는 강경 일변도의 하드파워 노선을 고수했던 부시 행정부의 철학이 '너와 나'였다면 오바마의 '우리'는 스마트파워(하드파워+소프트파워) 정책노선의 또 다른 모습인 것이다. 바야흐로 미국이 오바마 시대에 발 맞춰 갈등과 분열을 극복하는 '통합의 화개장터' 실현에 나섰다. 이는 태평양 건너에 있는 먼 나라의 얘기로 치부할 일이 아니다. 하동과 구례 주민들이 이미 오래 전에 일궈놓은 섬진강 화개장터의 정신을 한국의 정치 지도자들이 다시 되살려야 하는 것이다. 이명박 대통령이 설을 맞아 전남 장흥의 표고버섯과 대구 달성의 가래떡을 선물로 마련했다. 의당 국민통합의 뜻이 담겨져 있을 것이다. 그러나 한국 사회는 여전히 지역감정과 국론분열, 여야 대립이라는 '너와 나'의 악순환이 거듭되고 있다.

대통령의 공감 정치와 이에 화답하는 국민 통합은 진정 우리에게 요원할 것인가. 국민통합 열차에 올라 단합을 호소하고, 이에 미국인들은 눈물과 박수로 호응하는 오바마의 공감 정치, 통합 행보가 너무도 부럽다. (2009.1.19)

빌러리의 '따로 또 같이'

힐러리 클린턴이 국무장관 취임식에서 좌중의 폭소를 자아낸 적이 있다. "그동안 살아오면서 나에게 '모든 종류의 경험'을 준 남편에게 정말 고맙게 생각한다."고 말한 것이다. 순간 빌 클린턴의 '섹스 스캔들'을 기억하고 있는 참석자들은 웃음을 참지 못했고, 힐러리는 뒤에 서있는 남편에게 고개를 돌려 살짝 미소를 지어 보였다.

올해 초 터키를 방문했던 힐러리는 현지 언론과의 인터뷰에서 '남편의 섹스 스캔들을 어떻게 극복했는가?'라는 갑작스런 질문에 "모든 삶에는 굴곡이 있기 마련이다. 사랑과 용서, 우정, 가족의 힘 덕분이었다."고 답했다. 그런데 최근 아프리카 콩고에서 사달이 났다. "미국의 국무장관은 남편이 아니고 바로 나다. 나는 더 이상 남편의 대변자가 아니다"는 힐러리의 돌출 발언 때문이다. 통역관의 실수가 빚은 해프닝이었지만 미국 언론들은 힐러리의 이례적인 표정과 반응을 그냥 넘어가지 않았다.

북한에 억류됐던 여기자들의 석방을 이끌어내며 국제무대에 자신의 존재를 각인시킨 빌의 '부활'과 남편의 화려한 스포트라이트에 가려진 힐러리의 '추락'을 대비시킨 것. 외교 사령탑으로서 힐러리의 자질을 문제 삼는 언론 보도에서부터 힐러리가 콩고에서 발끈한 그 날 남편은 라스베이거스에서 성대한 생일파티를 열었다는 뉴스도 등장했다. 여론조사 기관 라스무센은 두 사람의 호감도 조사까지 실시래 빌(58%)이 힐러리(53%)를 앞섰다고 보도했다.

공교롭게도 빌 클린턴은 최근 부쩍 각종 행사에 참석하는 빈도를 높이며 정치적 보폭을 넓히고 있는 반면 힐러리 클린턴은 언론의 큰 관심을 이끌어내지 못한 채 야심차게 준비했던 아프리카 7개국 순방은 상처만 남긴 채 흐지부지 끝이 났다. 힐러리의 팔꿈치 골절상을 '외교적 타박상'으로 칭했던 언론의 비판도 시각도 당분간 지속될 전망이다.

이처럼 힐러리에게는 항상 남편의 얘기가 따라 다닌다. 부부이면서 정치적 동반자인 때문이겠지만 세간의 관심은 유독 '빌러리(Billary=Bill+Hillary)'의 정치적 부침(浮沈), 그리고 두 사람사이의 미묘한 역학관계에 주목한다. 사실 남편이 대통령에서 퇴임한 뒤 사람들의 기억에서 사라질 무렵 힐러리는 퍼스트레이디의 국정경험을 내세우며 뉴욕 주 연방 상원의원으로 정치무대에 데뷔했지만 '남편의 후광'을 완전히 떨쳐내지는 못했다. 지난해 오바마와의 치열했던 대선 후보 경선 과정에서도 한국 특파원들은 한국인들의 혼돈을 감안해

'클린턴'이라는 이름 대신 '힐러리'로 지칭하곤 했다.

그러나 힐러리는 1천8백만 표의 지지를 받는 저력을 보여주며 확실하게 정치적 입지를 구축했고, 오바마 행정부의 초대 외교수장에 올랐다. 이후 자연스럽게 '힐러리'라는 이름은 자취를 감추고 명실상부한 '클린턴' 국무장관으로 불리웠다. 그런데 최근 남편이 다시 떠오르면서 그녀의 이름이 '힐러리' 장관으로 바뀌는 분위기다. 이름 하나를 놓고도 '빌러리'의 미묘한 관계를 느끼게 하는 대목이다.

물론 미국 역사상 최초의 부부 대통령이자 여성 대통령의 '문턱'까지 갔던 힐러리의 오늘은 빌의 외조가 없었다면 상상하기 힘들다. 또 남편의 성공을 가능케 한 힐러리의 인내와 내조는 두말 할 나위가 없다. 제니퍼 플라워스(1992), 폴라 존스(1994), 모니카 르윈스키(1998)와의 섹스 스캔들로 이어지는 이른바 '지퍼 게이트'를 극복하면서 역설적이지만 힐러리는 대중 정치인으로 탈바꿈하게 됐다. 정치적 야망을 위해 아내의 자존심을 버렸다는 비판에도 말이다.

몇 차례 이혼의 위기도 있었지만 두 사람은 똑같이 출간한 자서전 서문에서 서로에게 고마움을 표시했다. 빌은 "삶에 대한 사랑을 준 어머니, 사랑의 삶을 준 힐러리, 모든 것에 기쁨과 의미를 준 첼시에게."로 표현했고, 힐러리는 "부모님과 남편, 딸, 그리고 전 세계 모든 선한 영혼들에게 책을 바친다."고 적었다.

전 세계적인 '뉴스메이커'로 활약하고 있는 클린턴 부부를 바라보면서 '따로 또 같이'라는 말이 떠오른다. 특히 자신의 정치적 야망이 현재 진행형이라고 한다면 '따로 또 같이'는 힐러리에게 더 들어맞는 듯하다. 마라톤 경주하듯 아프리카 순방으로 피곤에 지친 힐러리

의 무사 귀국을 가장 따뜻하게 맞아줄 사람은 그래도 남편 빌이 아닐까. (2009.8.17)

벚꽃 축제에 가려진 슬픈 역사

포토맥 강변이 어느새 하얀색 꽃길이 됐다. 어제 개막된 워싱턴 D.C의 '내셔널 벚꽃축제'가 올해로 96회를 맞았다. 축제가 끝나는 4월 중순까지 최대 1백만 명의 인파가 몰려들 것이라고 한다. 포토맥 강변의 호수공원인 타이들 베이슨을 따라 3.2km에 줄지어 늘어선 3천7백여 그루의 벚나무 행렬은 가히 장관이다. 링컨 기념관을 시작으로 제퍼슨 기념관, 워싱턴 모뉴먼트, 스미소니언 박물관, 국회의사당, 그리고 백악관까지 이어지는 관광코스도 볼거리를 제공한다. 미국의 수도 한복판이 온통 벚꽃세상이 됐다.

워싱턴D.C 뿐만 아니라 서울도 마찬가지다. 여의도 국회의사당은 조만간 벚꽃으로 둘러싸인다. 공교롭게도 미국과 한국의 정치 1번지를 벚꽃이 감싸고 있는 모습이다. 사실 우리나라 사람들에게는 벚꽃에 대한 정서적 알레르기가 있다. '사쿠라'로 불리는 벚꽃이 일본의 국화(國花)라는 논란에서부터 일제 치하에서 식민 지배를 받았던 우리가 벚꽃축제를 하는 게 타당하냐는 주장도 있다.

물론 벚꽃이 일본의 국화(國花)는 아니다. 다만 일본 황실의 상징

꽃이 가을에 피는 국화(菊花)인 것이고, 벚꽃은 일본 사람들이 좋아하는 군이 말하면 '국민 꽃'이라 할 수 있다. 식민 지배를 받은 우리에게 벚꽃이 그저 보고 즐기는 꽃일 수만은 없는 이유다. 이 때문일까. 축제 개막일 워싱턴 D.C의 벚꽃 길을 걷는 필자의 마음은 봄을 시샘하는 차가운 바람 속에 그리 가볍지만은 않았다.

타이들 베이슨 초입에서부터 일본의 석등과 '요시노' 벚나무가 미국 사람들의 시선을 사로잡았고, 중간 지점에는 일본식 석탑도 있었다. 일본의 흔적들이 미국의 중심부에 확실하게 자리하고 있는 것이다. 과연 포토맥의 벚나무들은 언제 어떻게 심어지게 된 것일까. 워싱턴D.C의 벚나무 역사에는 우리에게 슬픈 과거를 안겨준 인물이 등장한다. 헬렌 태프트 여사다.

태프트 여사는 1905년 을사늑약을 앞두고 미국과 일본이 각각 필리핀과 한국의 보호권을 인정하는 내용으로 체결한 가쓰라-태프트 밀약의 당사자인 미 육군장관 윌리엄 태프트의 부인이다. 태프트 여사는 퍼스트레이디가 된 뒤 1912년 일본으로부터 선린 우호의 표시로 3천스무 그루의 벚나무를 전달받아 오늘에 이르게 된 것이다. 그러나 1941년 일본이 진주만을 공격하자 항의의 표시로 일부 벚나무들이 잘려지기도 했다. 오늘의 벚꽃 축제가 있기까지 워싱턴 D.C에 심어진 '일본의 벚나무'에는 지난 20세기를 흘러온 역사의 편린들이 묻어있는 것이다.

눈에 띄는 것은 미국의 수도 한복판에 심어진 일본 벚나무를 보기 위해 몰려든 일본 관광객들이 모습이다. 적절한 비유는 아닐지 몰라도 미국과 일본은 벚나무로 연결된 '특별한' 관계 속에 이미 20

년 전인 1988년부터 비자면제 협정을 맺었다. 반면 우리의 경우는 한미 양국관계의 복원을 강조하는 지금까지도 감감무소식이다.

한미정상회담을 위해 4월 중순 미국을 찾는 이명박 대통령은 '요시노 벚나무'의 꽃들이 모두 떨어진 뒤에 워싱턴D.C에 도착한다. 만일 캠프 데이비드 정상회담에서 벚꽃이 화제에 오른다면 '요시노 벚나무'가 원래는 한라산이 원산지인 '제주도 왕벚나무'라는 학설도 소개했으면 싶다. (2008.3.31)

유학 열풍과 '기러기 아빠'

경기침체에도 불구하고 해마다 늘어만 가는 우리나라의 미국 유학. 과연 얼마나 많은 우리나라 돈이 미국으로 들어가는 것일까. 미국 상무부는 외국 유학생들이 미국에서 생활하면서 소비하는 돈의 규모를 연간 178억 달러로 추산하고 있다. 최근 미 고등교육 연구기관 국제교육연구소(IIE)가 발표한 통계에 따르면 2008/2009년 학기 미국 대학에 유학중인 한국 학생 수는 7만5천여 명으로 전체의 11.2%를 차지한다. 대충 계산해도 연간 2조원이 넘는 우리 돈이 유학 관련 비용으로 미국에 보내지고 있는 셈이다.

그런데 올해 초 미 국토안보부의 非이민비자 입국 통계를 보면 학생비자(F1) 신분으로 미국 대학에 재학 중인 한국 유학생 수는 12

만7천185명으로 출신국가별 1위를 기록했다. 여기에 조기 유학생까지 포함하면 미국을 살찌우는 우리 돈의 규모를 짐작할 수 있다. 더욱이 미국을 비롯해 캐나다, 호주, 뉴질랜드 등 등 영어권 국가로의 유학 열풍을 감안하면 우리의 유학 관련 비용은 상상을 뛰어 넘는다. 이 엄청난 돈이 낭비가 아닌 투자로 승화된다면 그나마 조금의 위안이 될 수 있겠다.

그러나 우리의 미국 유학 열풍과는 대조적으로 미국 학생들은 정작 한국을 해외 유학지로 선택하는 것을 꺼리는 것으로 조사됐다. IIE에 따르면 지난 학기 미국의 3천여 개 정규 대학 학생 가운데 외국으로 유학을 간 학생은 26만여 명이다. 가장 많이 유학을 가는 국가는 영국이었고, 이어서 이탈리아, 스페인, 프랑스, 중국 순이다. 아시아권 가운데 중국(1만3천165명), 일본(5천710명)으로 유학을 떠난 미국 학생 수는 각각 전년 대비 19%p와 14%p의 증가추세를 보였다. 반면 미국 대학생들이 유학을 가는 국가별 순위 25위 가운데 한국은 포함되지 않았다. 우리나라는 미국에 엄청난 돈을 쏟아 부으며 유학을 떠나지만 미국 학생들은 한국을 외면하고 있는 것이다.

지난달 영국 일간지 더 타임스와 대학평가기관 QS(Quacquarelli Symonds)가 공동 발표한 2009년 세계대학평가 순위에서 100위권에 포함된 한국 대학은 서울대(49위)와 KAIST(69위) 두 곳 뿐이었다. 같은 달 중국 상하이 교통대학이 선정한 세계대학 순위에서는 100위권 안에 우리나라 대학은 단 한 곳도 없었다. 지나치다 싶을 정도인 우리의 유학 열기도 문제일 수 있지만 국내 대학의 경쟁력 제고가 필요함을 보여주는 실증적 사례들이다.

초등학생으로까지 번진 우리의 조기 유학 열풍은 공교육에 대한 불만과 경제력 증대, 여성의 사회적 지위 향상 등이 복합적으로 작용한 때문이다. 한편으로는 자녀들의 외국 유학에 따른 경제적 부담이 가중되면서 우리나라의 출산율(1.22명)은 세계 최하위로 떨어졌고, 많은 가정들이 생이별을 경험하고 있다.

지난해 뉴욕타임스는 우리의 조기유학 열풍을 전하면서 한국에는 가족들을 외국으로 떠나보내고 홀로 남은 '기러기 아빠', '독수리 아빠', '펭귄 아빠'가 있다고 소개했다. 1년에 한두 번 아내와 자녀를 만나기 위해 외국으로 나가는 기러기 아빠(wild geese fathers), 상대적으로 여유가 많아 수시로 외국에 나가는 독수리 아빠(eagle fathers), 그리고 돈이 없어 아예 외국 방문을 포기하는 펭귄 아빠(penguin fathers)가 그들이다. 어제 오늘의 얘기는 아니지만 우리의 유학 열풍은 국가 차원에서 고민해야 할 숙제가 되고 있다. (2009.11.23)

한국 대통령이 먼저 미국을 방문하는 이유

"제 개인 생각으로는 이명박 대통령이 먼저 미국을 방문해 오바마 대통령을 만나는 게 바람직하다고 생각합니다." 지난 주 미국을 방문한 정부 고위 당국자가 한국 특파원들과의 간담회에서 언급한 발언이다. 이 당국자의 말대로 한국 정부는 가급적 이른 시일 안에 이명박 대통령의 미국 방문을 추진하는 모양이다. 북한이 오바마 행정부 출범에 맞춰 미사일 발사 위협 등 의도적 도발로 한반도의 긴장을 고조시키고 있는 상황도 우리 정부가 한미정상회담의 조기 개최를 추진하는 배경이다.

때문에 두 정상의 만남에서는 강력한 대북 경고 메시지와 함께 북핵 폐기를 전제로 한 대화를 제안할 것으로 보인다. 또 대북 정책 전반을 재검토하고 있는 오바마 행정부와 '햇볕정책'을 사실상 포기한 이명박 정부의 대북 접근법에 대한 입장 조율도 이뤄질 전망이다. 이미 양 정상은 두 차례 전화통화에서 두터운 신뢰관계를 확인한 바 있다.

이처럼 한미정상회담은 양국의 전략적 동맹관계 구축과 한반도 비핵화 실현, 글로벌 경제위기 대처 등을 위한 필수적 과정이다. 정부 수립 이후 지금까지 한미 정상이 상대국이나 제3국에서 모두 49차례 만남을 가진 것은 이를 실증한다. 이명박 대통령은 지난해 4월부터 11월까지 7개월 동안 부시 대통령을 4차례나 만나는 '기록'을 세웠고, 김대중 전 대통령과 노무현 전 대통령도 재임 기간 10차례와 8차례 한미정상회담을 가졌다.

그런데 역대 한미 정상간의 만남을 들여다보면 김영삼 전 대통령을 제외하고는 '특이하게도' 우리 대통령들이 항상 먼저 미국을 방문했다는 점이 눈길을 끈다. 한국의 정권이 교체되거나 미국의 정부가 바뀌더라도 이런 관행은 '불문율'처럼 이어져 내려왔다. 마치 '신고식'처럼….

실제로 박정희 전 대통령은 취임하기 이전인 1961년 국가재건회의 의장 시절에 먼저 미국을 방문해 존 F. 케네디를 만났고, 대통령이 된 다음인 1965년에도 먼저 태평양을 건너가 린든 존슨 대통령과 회담을 가졌다. 박 전 대통령은 또 1969년 닉슨이 취임하자 역시 먼저 미국을 방문했지만 닉슨의 한국 답방은 이뤄지지 않았다.

전두환 전 대통령은 1981년 먼저 미국으로 건너가 레이건을 만났고, 노태우 전 대통령도 취임 첫 해인 1988년 먼저 미국을 방문했다. 반면 김영삼 전 대통령 재임 시절에는 빌 클린턴이 1993년 7월에 먼저 한국을 찾았고, 이어 YS의 미국 답방이 이뤄졌다. 그러다 다시 김대중 전 대통령도 취임 첫해인 1998년 6월에 먼저 미국으로 건너가 빌 클린턴과 정상회담을 가졌고, 노무현 전 대통령도 취임 첫해인 2003년 5월 미국에서 부시와 만났다. 이명박 대통령도 취임 첫해인 2008년 4월 캠프 데이비드에서 부시와 만났고, 올해 미국 대통령에 취임한 오바마를 만나기 위해 지금 미국행을 준비하고 있다. 우리나라를 먼저 방문한 미국 대통령은 포드(1974년 11월), 카터(1979년 7월), 아버지 부시(1989년 2월), 클린턴(1993년 7월) 등 4명이다.

우리나라 대통령들의 '취임 첫해 미국 방문'은 양국 간 수평적 동맹관계를 강화한다는 본래 취지에도 불구하고 경우에 따라서는 '저자세 외교'로 오해를 받기도 했고, 미국 대통령의 한국 답방도 마치 시혜(施惠)로 느껴지는 인상을 남기기도 했다.

가까운 예로 2008년 쇠고기 파동이 불거지면서 당초 7월로 예정됐던 부시의 한국 답방이 무산됐는데, 이 과정에서 백악관은 한국 정부와 사전 조율도 거치지 않고 일방적으로 발표하는 외교적 결례를 범하는 등 '잡음'이 불거졌다. 일각에서는 이명박 정부가 무리하게 부시의 답방을 '애원'하다시피한 결과물이라고 지적했다. 그런가 하면 노무현 전 대통령은 2001년 당시 민주당 대선후보 시절 "사진 찍으러 미국에 가지는 않을 것"이라고 돌출발언을 했지만 대통령이 된 뒤에는 태도를 바꾸었다. 노 전 대통령은 2003년 미국을 방문해 "만약 53년 전에 미국이 우리를 도와주지 않았더라면 저는 지금 (북한의) 정치범수용소에 있을지도 모른다는 생각을 하고 있다"고 말해 진보진영으로부터 저자세 외교라는 비판을 받았다. 이보다 앞서서는 부시 전 대통령이 미국을 찾은 김대중 전 대통령을 '디스 맨(this man)'으로 호칭해 국민적 자존심에 상처를 주기도 했다.

그렇다고 미국 언론들이 한국 대통령의 미국 방문에 큰 관심을 보인 것도 아니다. 정작 우리나라 대통령의 방미를 수행 취재하는 청와대 출입기자들이 엄청난 양의 기사를 '생산'하면서한국 내부에서만 떠들썩했던 것은 아닌지…. 지난 주 우리 정부 고위당국자로부터 한미정상회담을 희망한다는 의사를 전달받은 백악관 관리의 답변은 이랬다. "각 국 정상들이 모두 오바마 대통령을 따로 만나기를 원해 아직 (별도의 개별 정상회담에 대한) 구체적 계획을 세우지 못했다"라고. 이에 우리 정부 고위당국자는 "서로의 생각과 의견을 교환하는 자리였을 뿐"이라고 말꼬리를 내렸다. 거의 대부분 우리나라 대통령이 먼저 태평양을 건너가 미국 대통령을 만나는 '관행'. 이제는 바꿀 때도 됐다. (2009.2.16)

찰흙 정치와 끌 정치

입체 형상을 만들어 내는 방법으로 조각(彫刻·carving)과 소조(塑造·modeling)가 있다. 조각이 끌이나 정을 이용해 소재를 쪼개고 깎아 만드는 것이라면 소조는 찰흙을 이용해 붙여가는 것이다. 현재 진행형인 한국 정치의 여야 대립을 보면서 찰흙을 붙여가는 '소조 정치', 그리고 끌과 정, 망치가 동원되는 '조각 정치'를 떠올렸다.

찰흙을 빚는 소조 정치는 소리가 나지 않는 동양적 이미지가 풍기는 반면 조각 정치에는 끌과 정에 깎여 파열음이 동반되는 '서양적' 이미지가 내재돼 있다. 우리 고유의 문화유산인 상감청자와 조선백자는 모두 깎거나 쪼개지 않고 붙이는 소조의 기법이 활용됐다. '가장 작은 알갱이'를 뜻하는 원자(atom)는 '더 이상 쪼갤 수 없다'는 의미의 희랍어 'atomos'에서 유래했지만 동양철학에서는 원자를 '안(內)이 없다'는 뜻의 '무내(無內)'로 표현한다. '쪼개는 것'과 '붙이는 것'에 대한 동서양의 가치관 차이를 보여 준다.

그렇다면 오바마 미국 대통령 당선인과 이명박 대통령의 정치는 조각과 소조 가운데 어디에 더 가까울까. 적어도 변화와 희망을 내건 오바마는 '찰흙'을 선택한 것 같다. 자신의 정치적 라이벌인 힐러리 클린턴을 국무장관에 지명하고, 공화당 인사들을 내각에 기용하는 등 '링컨식 통합정치'를 구현하며 파열음을 찰흙으로 덮는 초당적 탕평인사를 단행했다. 또 적대국가인 북한과 이란의 지도자들과도 아무런 전제 조건 없이 만나 대화하겠다는 의지를 이미 여러 차례 밝혀온 오바마다.

반면 '불도저' 별명을 가진 이명박 대통령은 찰흙 대신 '끌과 정'을 잡은 듯 보인다. 출범 초기부터 이른바 '고소영 내각'으로 여론의 따가운 비판을 받았고, 박근혜 전 대표와의 서먹한 관계에서 비롯된 권력 내부의 갈등은 해결의 기미가 없다. 북한과의 관계도 악화일로를 걷고 있고, 개혁입법을 놓고는 여야가 서로 으르렁대면서 난장판 국회를 연출하기에 이르렀다.

거대 여당인 한나라당이 일방통행이 아니라 대화와 타협에 의한 찰흙 정치에 무게를 뒀다면 외신에까지 화제가 된 한국의 난장판 국회 모습은 보여주지 않았을 텐데 말이다.

미국의 빌 클린턴 전 대통령은 자서전 「나의 일생」에서 "정치에 성공하지 않으면 정책에서도 성공할 수 없다"고 강조했다. 정치는 말에 의한 대화와 타협을 의미한다. 이명박 대통령의 별명인 '불도저'가 경제 영역에서는 통할지 몰라도 정치영역에서는 불통(不通)으로 이어진 형국이다. 의석 분포에서 압도적 우위에 있는 한나라당은 두 팔의 존재 이유를 생각해 봐야 한다. 두 팔은 상대를 밀쳐내기 위해서가 아니라 끌어안기 위해 필요한 것이다. (2008.12.29)

부시와 MB의 '어깨동무'

어깨동무의 사전적 의미는 상패편의 어깨에 서로 팔을 얹어 끼고 나란히 섬, 또는 나이나 키가 비슷한 동무를 일컫는다. 사실 친근함을 표현하는 데 어깨동무는 제격이다. 그러나 국가 정상들 간의 만남에서 악수가 아닌 어깨동무는 파격(破格)에 가깝다.

그런데 유독 이명박 대통령과 부시 미국 대통령의 만남에서는 어깨동무가 빠지지 않는다. 올해 4월 캠프 데이비드 정상회담과 최근 일본 도야코 G8 정상회담에서 두 사람은 서로를 껴안고 파안대소하며 어깨에 손을 올리는 모습을 연출했다. 그러나 이 대통령과 부시는 후쿠다 일본 총리나 후진타오 중국 국가주석, 드미트리 메드베데프 러시아 대통령을 만났을 때 어깨동무를 하지 않았다.

기억을 되짚어보면 4월 만남에서는 이 대통령이 먼저 부시의 어깨에 손을 올리고 친근함을 대내외에 과시했다. 양국 관계의 복원을 강조한 이 대통령의 정치적 제스처인 셈이다. 그러나 대규모 촛불시위를 불러온 미국산 쇠고기 파동을 거치면서 81일 만에 다시 얼굴을 마주한 지난 7일 도야코에서의 어깨동무는 분위기가 사뭇 달랐다. 40분간의 짧은 만남을 서둘러 끝내고 일어서는 두 사람의 모습을 인터넷 동영상을 통해 꼼꼼히 살펴봤다. 이 대통령의 등을 대여섯 차례 다독이는 부시의 태도가 눈에 거슬렸다. 친근함의 표현이라기보다는 격려와 위로의 인상이 짙게 풍겼다. 청와대는 이날 만남에서 부시가 MB에게 "임기 초 어려움을 겪은 게 전화위복이 될 것"이라고 위로의 덕담을 건넸다고 밝혔다.

일국의 대통령은 국민은 섬기는 큰 머슴일 수 있지만 대외적으로는 한 나라를 대표하는 지위를 갖는다. 지난 일이지만 부시가 김대중 전 대통령을 가리켜 '디스 맨(this man)'으로 불러 논란이 된 것도 따지고 보면 국민의 자존심과 연관된 때문이다. 지난달 대규모 촛불시위가 전국적으로 확대됐을 때 뉴욕타임스는 '한국인들의 민족적 자존심이 촛불시위의 발로'라고 전했다. 즉, 이명박 대통령이 쇠고기 수입 전면 재개방에 합의하는 '정치적 선물'을 부시에게 안겨주며 양국관계의 복원을 과시했지만, 한국의 젊은 세대들은 미국과의 쇠고기 협상을 마치 과거 조선시대 왕들이 중국 황제에게 조공을 바친 것과 같이 받아들였다는 것이다.

미국 언론에서는 급기야 이 대통령을 '부시의 애완견'으로 빗대는 표현까지 등장했다. 워싱턴포스트는 MB를 부시의 공식 애완견인 토니 블레어 영국 총리를 대체할 '강력한 경쟁자'로 묘사했고, 금강산 관광객 피격 사망관련 기사에서는 '미국의 애완견'이라고 표현했다. 지난 7월 부시의 답방을 놓고 보여준 미국의 잇단 외교적 결례는 차치하고서라도 MB의 친미(親美) 행보가 푸대접을 받는다면 부시와의 '어깨동무'를 재고할 필요가 있다. 취임 초기인 만큼 이명박 정부가 미국과의 첫 단추를 제대로 꿰었는지 점검할 시간과 기회는 충분하다.

뉴욕타임스에 실린 '독도-동해 광고'의 비용을 가수 김장훈 씨가 쾌척한 사실이 알려지면서 수많은 네티즌들이 감동하고 있다. 추가 광고 게재를 위한 자발적 모금 운동까지 벌어지고 있다. 왜 한국인들은 김장훈에게 박수를 보냈을까. 부시와의 어깨동무에 앞서 한국인들의 움츠러든 어깨를 쫙 펼 수 있도록 만드는 이 대통령의 '통 큰' 리더십을 기대한다. (2008.7.14)

북한 지도자에게 보낸 미국 대통령의 친서

오바마 미국 대통령이 최근 북한을 방문한 스티븐 보즈워스 특사를 통해 김정일 국방위원장에게 친서를 보낸 사실이 확인되면서 편지 내용에 관심이 모아지고 있다. 일각에서는 오바마 대통령이 북한의 6자회담 복귀와 비핵화를 전제로 평양에 연락사무소를 개설할 의향이 있음을 친서에 담았을 것이라는 추측이 나오고 있지만 백악관은 이를 부인했다. 김정일 위원장에게 전달된 미국 대통령의 편지가 '관심 뉴스'인 이유는 무엇보다 양국이 수교관계를 맺지 않고 있기 때문이다.

과거 정상회담 문턱까지 간 적도 있었지만 양국 정상이 공식 대좌하는 '역사적 사건'이 이뤄질지는 여전히 미지수다. 지미 카터와 빌 클린턴이 김일성 주석과 김정일 위원장을 각기 면담한 것은 미국의 전직 대통령 신분이었다. 그리고 지금까지 세 차례 이뤄진 미국 대통령 특사의 평양 방문은 양국 지도자의 '간접 대화'인 셈이다. 따라서 미국 대통령이 북한 지도자에게 보내는 친서는 외교적 상징성을 넘어 정상간 '교신'이라는 의미를 부여할 수 있다.

　김정일 위원장은 빌 클린턴, 조지 W. 부시, 버락 오바마로 이어지는 3대에 걸쳐 친서를 전달받았다. 클린턴은 1999년 5월 미국의 첫 대북특사였던 윌리엄 페리 대북정책조정관을 통해 김정일 위원장에게 보내는 친서를 김영남 최고인민회의 상임위원장에게 전했고, 1994년과 2000년에도 김정일 위원장에게 친서를 썼다. 부시는 2007년 12월 당시 크리스토퍼 힐 국무부 차관보의 북한 방문 때 박의춘 외무상을 통해 김정일 위원장에게 친서를 전했다. 흥미로운 점은 부시는 집권 2기 임기 말에 가서야 친서를 보낸 반면 오바마는 취임 첫해에 친서를 전달한 것이다. 조속한 북핵 해법을 도출하려는 오바마의 의지가 반영된 대목이다.

　실제로 부시의 친서는 북한의 관영 언론들이 보도를 하면서 외부에 알려졌지만, 오바마의 친서는 미국 언론이 앞서 보도했고 북한이 나중에 확인하는 순서를 밟았다. 부시 행정부에 비해 오바마 행정부가 대북 설득에 더 주력하고 있음을 보여주는 것이다. 다만 부시와 오바마의 대북 친서에 대한 미국 언론의 평가는 사뭇 대조적이다. 북한을 '악의 축'으로 규정하고 김정일 위원장을 적대적으로 대했던 부시의 친서에 대해서는 '파격이자 거대한 도전'이라고 평가한 미국 언론은 오바마의 친서에는 큰 의미를 부여하지 않는 분위기다. 보즈워스 특사의 이번 방북이 후속 고위급 회담을 위한 '예비 만남'이었다는 점도 이와 무관치 않다.

　역시 관건은 북핵 해결의 열쇠를 쥐고 있는 김정일 위원장의 결정과 태도에 달려 있다. 오바마 대통령이 보즈워스 특사를 파견한 것은 김정일 위원장의 체면을 살려주고 명분을 제공하려는 측면이 강하다. 과거 클린턴의 친서 전달 때는 김정일 위원장이 이듬해 미국을 방문한 조명록 국방위원회 제1부위원장을 통해 클린턴에게 답신 형태의 친서를 보낸 바 있다. 특히 당시는 매들린 올브라이트 국무장관의 평양 방문까지 성사되면서 양국의 국교 정상화 논의가 진전되기도 했다.

보즈워스 특사의 말을 빌자면 미국은 오바마 대통령의 친서를 통해 "지금까지와는 상당히 다른 양국 관계의 진전을 위한 미래 비전을 전달했다"고 한다. 미국 대통령이 미수교국인 북한의 김정일 위원장에게 친서를 보낸 것은 그를 대화의 상대로 인정한다는 점을 의미한다. 물론 오바마의 편지 한통이 북핵 해법의 돌파구가 될 것이라는 데는 회의적 시각이 많다.

북한이 비핵화의 전제 조건으로 요구하고 있는 평화협정 체결과 북미관계 정상화, 대북 적대시 정책의 철폐는 지난(至難)한 의제들이기 때문이다. 앞으로도 얼마나 많은 인내와 노력, 힘겨루기와 묘수 찾기를 거듭해야 하는 것인지. 북핵 고차방정식을 풀어낼 요술 방망이는 없는 것인가. (2009.12.21)

불가근(不可近), 불가원(不可遠)

　미국 백악관 기자실은 오벌 오피스(대통령 집무실)가 있는 웨스트 윙(비서진 사무동)과 대통령 관저 사이에 위치한다. 출입기자들은 수시로 웨스트 윙 1층에 있는 대변인실을 들락거린다. 그런데 기자들의 목적지는 대변인실이 아니다. 대변인실과 건너편 캐비닛 룸(각료 회의실) 사이의 복도다. 캐비닛 룸이 대변인실과 인접한 관계로 오가면서 자연스럽게 각료들을 만나는 기회를 잡을 수 있기 때문이다. 이는 백악관 출입기자들의 오랜 취재 관행이기도 하다.

　하지만 빌 클린턴은 대통령에 취임한 뒤 기자들의 거센 반발을 무릅쓰고 '복도 통행'을 제한하는 조치를 단행했다. 정보통제와 기밀누설 방지가 이유였다. 그러나 클린턴은 훗날 자서전에서 "언론의 원한을 사면서까지 과연 했어야 했는지는 잘 모르겠다."는 말로 후회한 바 있다. 다만 클린턴은 복도 통행 제한 조치에도 불구하고 백악관은 마치 지붕과 벽에 구멍이 뚫린 것처럼 많은 얘기들이 오히려 더 심하게 밖으로 새나갔다고 회고했다.

　서로에게 필요한 존재이면서 그렇다고 가까워질 수도 멀어질 수도 없는 권력과 언론의 불가근(不可近), 불가원(不可遠) 관계를 보여주는 사례다. 최근 유대인 비하 발언으로 평생 천직을 그만 둔 '백악관의 살아있는 전설' 헬렌 토머스 기자는 타임과의 인터뷰에서 "부시나 오바마나 기자를 싫어하는 것은 똑같다"라고 꼬집었다.

　사실 권력과 정보를 가진 정권 담당자들은 공식 기자회견 등을 활용해 자신들이 '주체'로서 그들의 입장을 전달하는 방식을 선호한다. 반면 언론은 홍보의 역할을 수행하는 '객체'가 되는 것을 거부한다. 최소한 일문일답의 쌍방향 대화를 통해서라도 가공되지 않은 진실에 접근하려 하는 것이다.

타우슨대학교의 마서 쿠마 교수에 따르면 오바마는 대통령 취임 2년 6개월 동안 기자들과 67회의 일문일답을 가졌는데, 연임에 성공한 부시(205회)와 클린턴(356회)에 비해 월등한 것은 아니라는 것이다. 반면 오바마의 기자회견은 36회로 부시(36회), 클린턴(66회)에 비하면 훨씬 빈도가 높다. 쿠마 교수는 오바마가 '프레스 프렌들리'할 것 같지만 쌍방향 대화에 인색한 편이라고 지적했다.

실제로 오바마는 기자들과의 직접 대화보다는 주민들을 직접 만나는 '타운 홀 미팅'과 라디오-인터넷 주례연설, TV프로그램 출연을 선호한다.

오바마는 백악관 기자들의 불만(?)을 달래기 위해 지난 주 샌드위치 점심식사에 일부 기자들을 초대했다. 단 점심 대화는 '오프 더 레코드'라는 조건을 달았다. 이에 초청받은 기자들은 비보도 조건을 수용했고, 오바마의 발언은 어느 언론에도 보도되지 않았다. 그러자 인터넷 언론들은 백악관의 '샌드위치 미디어 전략'을 비판하면서 동시에 대통령과의 점심을 특권(?)으로 인식한 유력 언론사 기자들의 행태까지 꼬집었다. 오바마의 초청을 거부한 뉴욕타임스는 "투명성의 원칙에 맞지 않으며, NYT는 대통령과 공개적으로 대화를 갖기를 원한다."는 입장을 발표했다.

결과적으로 백악관의 샌드위치 점심은 오바마의 편협하고 경직된 언론관과 유력 언론의 특권의식이 함께 빚어낸 참사가 됐다. 오바마와 일부 언론이 '국민의 알 권리'를 외면한채 그들만의 만남을 즐길 것이다. 여론조사 기관 갤럽은 샌드위치 점심 다음날 미국인의 3/4 이상이 언론을 신뢰하지 않는다고 응답했다는 조사결과를 발표했다. 미국 신문의 신뢰도는 25%, TV뉴스의 신뢰도는 22%로 최근 20년 이래 가장 낮은 수치로 떨어졌다. (2010.8.16)

노무현의 유서와 담배 한 개비

노무현 전 대통령이 캄캄한 고독 속에서 써내려간 14줄 172자의 유서를 몇 번이고 꼼꼼히 읽어봤다. 마치 시 구절을 연상케 하는 짧은 단문이지만 결코 짧지 않은 길고 긴 여운이 행간마다 고스란히 드리워져 있었다. "삶과 죽음이 모두 자연의 한 조각"이라고 썼지만 살아있는 사람이 어찌 죽음을 선택한 그의 고통과 번민을 헤아릴 수 있겠는가. 역설적이지만 노 전 대통령의 죽음을 불러온 책임에서 자유로울 수 없는 검찰의 애도 성명처럼 정말로 형언할 수 없이 슬프고 또 슬프다.

생명의 고귀함은 지위 고하를 떠나 있는 것이지만 그래도 일국의 국가원수를 지낸 그의 힘겨운 유서는 오늘을 사는 우리를 슬프게 만든다. 적어도 노 전 대통령이 남긴 유서에 그 어떤 정치적 주석도 달아서는 안 되는 이유가 여기에 있다. '바보' 노무현을 지탱해 온 것은 자존심과 솔직함이었고, 대통령의 지위도 그의 자존심에 비할 바 아니었다. 때문에 자존심과 도덕성이 무너져 내린 현실에서 그는 더 이상의 또 다른 무엇을 선택할 수 없었던 것이다.

물론 그의 솔직함은 어떤 때는 가벼움으로 비판받았고, 그의 신념은 타협을 거부하는 아집으로 지탄받았으며, 독단적 권위주의를 배격하다 정작 대통령의 권위를 훼손했다는 질타도 꼬리표로 따라다녔다.

그러나 노무현 전 대통령은 고통과 번민, 자괴감과 분노를 억누르며 마지막으로 남긴 유서에서 고마움으로 말문을 열었다. "너무 많은 사람들에게 신세를 졌다"고. 그리고 "나로 말미암아 여러 사람이 받은 고통이 너무 크다"는 죄책감, "앞으로 받을 고통도 헤아릴 수가 없다"는 번민, "여생도 남에게 짐이 될 일밖에 없다"는 자괴감은 "건강이 좋지 않아서 아무 것도 할 수 없고, 책을 읽을 수도 글을 쓸 수도 없는" 존재감의 상실로 이어졌다.

'노무현'을 잃어버린 그는 이내 스스로를 다독이고 위로했다. "너무 슬퍼하지 마라"고. "삶과 죽음이 모두 자연의 한 조각 아니겠는가", "미안해하지도 누구를 원망하지도 마라"고. 그는 이 모든 것을 '운명'으로 받아들였다. 지인들에게 고마움과 미안함을 전한 뒤 떨리는 손으로 자신을 다독인 노 전 대통령은 유서 말미에 가족들에게 화장(火葬)을 부탁했다. 세파에 갈기갈기 찢겨진 고통의 더미인 육신(肉身)을 태워 자유를 찾아 날고 싶었던 것은 아니었을까.

그러나 남편이자 아버지로서 소중한 가족과 함께 하고 싶은 애틋한 마음은 어쩔 수 없었다. "집 가까운 곳에 아주 작은 비석 하나만 남겨 달라고". 유서 맨 마지막 줄에 남긴 "이 모든 것은 오래된 생각"이라는 문구는 그 누구도 상상하지 못할 고통의 시간을 함축하고 있다.

한국 정치의 풍운아로 삶을 살아온 노무현 전 대통령은 누구도 원망하지 않겠다면서 세상과 작별을 고했다. 안타까운 것은 마지막 산행에 동행했던 비서관이 담배 한 개비라도 가지고 있었으면 그나마 어땠을까 싶다. 가슴 깊은 곳의 딱딱한 응어리들을 담배 한 모금의 연기 속으로 훌훌 날려 보낼 수도 있었을 텐데 말이다.

그의 죽음은 우리의 비극이 아닐 수 없다. '노무현을 사랑하는 사람들'만의 슬픔이 아니다. 우리 모두는 지금 '노무현을 애도하는 사람들'이어야 한다. 그래서 노 전 대통령의 서거(逝去)를 우리의 분열과 갈등을 치유하는 계기로 승화시켜야 한다. 비라도 죽죽 내려 답답함을 씻어줬으면 좋겠다. (2009.5.25)

밝고 넓은 세상, 사람 사는 세상

다른 사람도 아닌 전직 대통령이 고뇌와 번민에 숨통이 막혀 절벽 아래로 몸을 던져 스스로 목숨을 끊는 나라. 다른 날도 아닌 바로 그 날 핵실험을 강행하고 7일 동안의 장례 기간에 여섯 발의 미사일을 쏘아대는 나라. 세계 유일의 분단국가인 한반도에서 벌어진 사건으로 단연 해외 토픽이었다.

미국 CNN방송은 故 노무현 전 대통령의 영결식 실황을 인터넷으로 생중계했고, 각 국의 주요 언론들은 서거 관련 소식을 연일 주요 뉴스로 보도했다. 또 북한의 핵실험으로 촉발된 한반도 긴장국면도 역시 국제적인 핫이슈로 떠올랐다. 그런데 이것만으로는 부족했던 모양이다.

영결식 당일에는 거대 기업 삼성의 경영권 편법승계에 대한 대법원의 무죄선고가 내려지면서 시민들의 거센 반발을 불러왔다. 그런가 하면 "소요사태가 우려된다"는 여권 중진 인사의 발언으로 결국은 듣도 보도 못한 PVC 만장(輓章)이 등장할 수밖에 없었고, 영결식이 끝나기가 무섭게 서울광장은 경찰버스로 두꺼운 벽이 쳐졌다. 야당인 민주당은 이명박 대통령의 대국민사과를 요구하면서 대여 전면전을 선포했다. 남북으로 갈리고, 동서로 나뉘고, 보수와 진보로 대립하고, 가진 사람과 못 가진 사람이 갈등하고, 여야 정치권은 서로를 믿지 못한다.

미국에서 고국의 소식을 듣노라면 정말로 '다이내믹 코리아'가 아니라 '불안한 한국'이다. '조용한 아침의 나라'를 벗어나 우리의 역동성을 부각시킨 '다이내믹 코리아'가 어느 순간 불안과 분열, 갈등과 대립의 온통 무채색 단어들로 바뀌고 말았다. 어둡고 칙칙한 장막을 걷어내고 '밝고 넓은 사람 사는 세상'을 만드는 일은 과연 불가능한 꿈일까.

노무현 전 대통령의 서거를 계기로 '화해와 통합'이 화두가 됐다.

분노와 슬픔을 억누르며 '바보 노무현'을 떠나보낸 많은 국민들은 이제 이명박 대통령을 바라보고 있다. 이 대통령은 가슴 한 구석이 뻥 뚫려버린 국민들의 슬픔을 다독이는 것부터 시작해야 한다. 이 대통령의 이름은 '밝을 명(明), 넓을 박(博)'이다. 모친이 큰 보름달을 품에 안은 태몽을 꾼 뒤 항렬을 따르지 않고 이름을 지었다고 한다. 이 대통령의 호(號)는 맑은 시냇물을 뜻하는 '청계(淸溪)'다.

바로 지금은 이 대통령의 이름과 호처럼 '밝고 넓고 맑은 정치'를 실천해야 할 때다. 거대 여당 한나라당도 '하나 되는 큰 나라'라는 당명에 걸맞게 '큰 정치'를 해야 한다. 잃어버린 10년의 맺힌 원한을 풀려는 '한(恨)나라당'은 아니지 않는가.

미국의 클린턴 전 대통령과 부시 전 대통령이 이틀 전 퇴임 이후 처음으로 한자리에 나와 "우리는 형제"라며 서로를 치켜세우는 모습을 연출했다. 민주당과 공화당 소속으로 정파는 다르지만 똑같이 대통령 연임에 성공하며 8년씩 미국을 이끌었던 두 사람의 악수는 전직 대통령의 자살과 정치보복이라는 극명한 대립으로 일그러진 우리의 정치 현실과 비교할 때 너무도 부럽다.

생각해보면 노무현 전 대통령이 꿈꿨던 '사람 사는 세상'은 이명박 대통령의 이름처럼 '밝고 넓은 세상'이 아닐까. 故 노무현 전 대통령의 노제(路祭)에 모인 많은 국민들은 슬프고 서러웠지만 검은색이 아닌 노란색 물결을 이루며 '밝게', 그리고 이명박 대통령이 서울시장 재임 때 조성됐던 서울광장을 더욱 '넓게' 만들었다. (2009.6.1)

무비자 시대의 부끄러운 '원정 출산'

 최근 미국 연방하원에 '원정 출산 금지법안'이 제출됐다. 이 법안은 신생아의 부모가 외국 국적자일 경우 신생아의 미국 시민권 자동취득을 제한하는 내용을 담고 있다. 법안을 주도한 켈리포니아주 벤투라 카운티의 공화당 소속 엘튼 갈레글리 의원이 공개적으로 한국인을 특정하지는 않았지만 마치 '도둑이 제 발 저리듯' 원정 출산을 계획 중인 한국인 임산부들에게는 법안 통과 여부가 관심사가 됐다.

 미국 현행법에 따르면 불법체류 외국인이라 하더라도 산모가 미국에서 아이를 출산하면 '속지주의'가 적용돼 해당 신생아에게 자동적으로 미국 시민권이 부여된다. 그러나 원정 출산에 대한 反이민 정서가 확산하면서 보수 성향 의원들을 중심으로 속지주의 원칙을 폐지하자는 법안이 수차례 마련됐다. 물론 그때마다 헌법 수정 등의 복잡한 문제 때문에 입법화 단계에는 이르지 못했지만 이번에 또다시 관련 법안이 제출되면서 원정 출산에 대한 미국 내부의 반감 기류를 읽을 수 있다.

 사실 '원정 출산'과 '기러기 아빠'로 상징되는 가족의 도구화 현상은 이제 우리 주변의 흔한 일이 돼버렸다. 원정 출산을 위해 태평양을 건너는 한국인 임산부가 한 해 평균 5천 명에 이르고, 미국 내 한국 유학생 수도 10만 명을 훌쩍 넘어섰다. 식을 줄 모르는 한국인들의 아메리칸 드림이다. 그런가 하면 원정 출산의 이면(裏面)에는 병역 기피와 해외 이민을 위한 사전 교두보 마련이라는 목적이 자리한다. 원정 출산으로 태어난 신생아의 경우 남아의 비율이 여아보다 훨씬 높다는 사실이 이를 입증한다. 또 미국에서 태어난 아이가 18세 이상의 성인이 된 뒤 부모를 이민 초청하면 부모들도 미국 시민권을 받을 수 있다.

문제는 2008년 11월 한국이 미국의 비자면제 프로그램(VWP) 대상국에 가입돼 단기 무비자 임국이 가능해지면서 다시 원정 출산이 급격히 늘고 있다는 사실에 있다. 원정 출산 러시는 환율 상승에도 아랑곳하지 않은 채 미국 LA현지에는 산후조리원이 우후죽순처럼 생겨나는 '무비자 특수'를 맞고 있다. LA현지 언론에 따르면 원정 출산을 목적으로 지난해 11월 한 달 동안에만 미국을 찾은 한국인 임산부가 예년보다 6배 이상 증가했다.

무비자 입국 이전에는 임산부들의 경우 정식으로 관광 비자를 받았다 하더라도 원정 출산에 대한 의심으로 체류기간이 30일로 제한되는 등 공항에서 까다로운 입국심사를 거쳐야 했다. 그런데 비자면제 프로그램이 시행되면서 전자여권 소지자는 특별한 결격사유가 없는 한 '90일 체류'가 보장돼 최대2~3개월이 소요되는 원정 출산에 안성맞춤이 됐다는 것이다. 다만 원정 출산을 위해 미국을 찾은 임산부들이 입국 목적을 '관광'으로 속이는 것 자체가 불법인 만큼 적발되면 공항에서 봉변을 당할 수 있다.

외교부 당국자는 "한국이 미국의 VWP에 가입됐지만 원정 출산과 불법 체류, 해외 성매매 등이 지속적으로 증가할 경우 수 년 후에 VWP 가입국 지위가 정지되는 불행한 사태가 발생할 수 있고, 이는 우리의 국제적 위상을 심각하게 훼손하는 결과를 초래하는 것"이라고 우려를 표명했다. 좋은 취지에서 시작된 비자면제 프로그램이 원정 출산의 편법으로 활용된다면 한국인의 이미지 실추는 물론이고 외교적 문제로도 비화될 수 있다.

지난해 괌 현지의 '퍼시픽 데일리 뉴스'는 한국인의 원정 출산 실태를 고발하면서 "적절하지 못한 시민권 취득 방법"이라고 비판했다. 당시 이 신문은 한국에서 태아검진, 미국 현지 병원에서 출산, 출산 1주일 내 여권과 사회보장번호 수령, 출산 2~3주 후 한국 귀국으로 이어지는 4단계 과정을 상세히 소개했다. 원정 출산을 위해 3개월 정도 미국에서 체류하는 비용은 최소 5천만 원을 넘는다. 미국 시민권 한 장 가격이 5천만 원 이상인 셈이다.

따가운 시선에도 불구하고 '눈 딱 감고' 원정 출산을 마음먹은 예비 임산부들이 있다면 태평양을 건너기 전에 자신의 선택이 가져올 부끄러운 결과를 곰곰이 생각해야 한다. (2009.1.12)

정치하는 기자, 취재하는 기자

여의도 사람들 가운데는 전직 기자 출신들이 많다. 정당인과 법조인 등 다른 직종 출신 인사들 못지않게 기자 출신도 많은 비중을 차지한다. 지난 14대와 15대 국회부터 기자 출신 국회의원들이 과거 군사정권 시절 군 출신 인사들의 자리를 대체하면서 숫자가 많아지기 시작했다. 전체 국회의원 299명 가운데 평균 10%인 30명 안팎의 기자 출신 의원의 비율이 이제는 고정화된 느낌마저 들 정도다.

전직 기자 출신 가운데는 국회의장을 비롯해 정당 대표, 대변인, 대선후보까지를 망라한다. 이만섭 전 국회의장과 김원기 전 국회의장에 이어 임채정 현 국회의장은 심지어 모두 같은 언론사 출신이다. 또 공교롭게도 신한국당과 민국당 대표를 지낸 故 김윤환 전 의원과 최병렬, 서청원 전 한나라당 대표도 역시 같은 언론사 기자 출신이다. 여기에 정동영 대통합민주신당 경선 후보는 방송사 기자 출신이고, 민주노동당 권영길 대선후보는 신문기자 출신이다. 그런가하면 대변인으로 자타가 공인했던 김 철 전 의원 등 이름만 대면 알 수 있는 유력 정치인들이 모두 언론계 출신이다. 그리고 각 언론사의 정치부 기자들은 국회와 정당을 출입하며 정치관련 기사를 생산하고 있다. '정치 1번지'로 불리는 여의도에 전직 기자, 현직 기자들이 진을 치고 있는 셈이다.

우리나라는 간접민주주의 형태의 대의정치를 표방하고 있다. 정치권력과 국민 사이에 언론이 존재하는 이유다. 이런 상황에서 정치인들은 국민을 직접 만나는 대신 언론인과 만난다. 경우에 따라서는 국회의원이 정치를 하는 게 아니라 언론이 정치를 한다는 비판을 듣기도 한다. 사실 이 같은 지적이 완전히 잘못된 것은 아니다. 언론의 순기능 못지않게 언론의 불신에 따른 역기능이 부작용으로 나타나기도 한다. 특히 올해처럼 대통령 선거와 지방선거가 실시되는 때는 언론의 힘이 유권자들의 선택에 직접적인 영향을 미친다.

문제는 정치의 계절이 오면 취재 현장에서 활동하던 기자들이 하루아침에 언론인의 옷을 벗고 특정 대선후보 캠프로 옮기면서 '폴리널리스트'라는 비판을 받는다는 점이다. 언론인의 정치 참여를 두고 직업 선택의 자유라는 주장과 언론인의 윤리 문제가 상충되는 것이다.

정치부 기자 출신으로 한 시대를 풍미했던 허주(虛舟) 김윤환 전 의원은 생전에 필자에게 "정치부 기자는 어제와 오늘의 얘기를 쓰는 게 아니라 미래를 쓰는 사람"이라고 강조한 바 있다. 지금 생각해보면 허주는 정치라는 무대를 조망할 수 있는 종합적 사고와 통찰력이 기자의 자질이라는 점을 말하려 했던 것 같다.

정치의 생명은 말과 글에 있다. 민주주의 국가에서 정치의 수단은 자본도 권력도 아닌 말과 글이다. 그래서 언변과 종합적 사고를 갖춘 기자들이 변화된 시대상에 맞춰 정치권으로 진출하는 비율이 높아진 것은 아닐까. 다만 '정치하는 기자'라는 필자의 표현은 일부 기자들의 정치적 행태를 지적하려는 차원일 뿐 대다수 언론인의 명예와 자존심을 훼손할 의도는 없음을 밝혀두고 싶다. (2007.9.30)

말조심 돈조심 술조심

국민의 정부 시절 여권의 한 핵심 실세는 정치인이 조심해야 할 세 가지를 강조했다. 바로 말조심, 돈조심, 술조심이다. 그리고 이 세 가지 중 가장 중요한 것은 말조심이라고 했다. 칼에는 두 개의 날이 있지만 사람의 혀에는 백 개의 날이 있다는 의미다. 민생을 책임진 정치인들의 세치 혀가 국민을 편안하게 할 수도 짜증나게 만들 수도 있다는 자신의 경험을 말한 것이다.

요즘 집권당인 열린우리당이 세치 혀 때문에 스스로 무덤을 파고 있다. 여기에 하루도 편한 날도 없다. 문희상 의장은 민생정치 구현을 위해 "국민들의 속을 확 풀어드리겠다"며 속풀이 해장국 정치를 선언했지만, 해장국은 오히려 열린우리당 사람들에게 필요할 것 같다. "당을 나가라고 대놓고 얘기는 못하겠지만 유시민 의원을 비롯한 개혁당 그룹이 나가 준다면 화장실에서 웃을 사람이 많을 것"이라는 안영근 의원의 발언이 당을 발칵 뒤집었다. 사실 이 발언은 염동연 의원의 전격적인 당직 사퇴로 아노미 상태에 빠진 열린우리당의 앞날이 그리 순탄치 않을 것임을 예고해 준다. 동전의 양면과도 같다며 한 가족을 강조한 여당 내부의 실용과 개혁노선. 그러나 동전의 양면이라고 말할 수 없는 대립과 갈등의 두 진영이다.

상임중앙위원직을 내던진 염동연 의원도 자신의 사퇴 이유가 유시민 의원 때문이라고 직격했다. 실제로 염 의원이 준비한 탈당의 변에는 개혁당 그룹을 가리켜 정치적 미숙아, 분열주의적 개혁론자

로 묘사돼 있다. 실용과 개혁진영이 서로 돌아올 수 없는 다리를 건
넌 듯 상대를 향해 탈당을 요구하는 사태로까지 악화된 것이다. 더
욱이 여권의 내분은 최근 신중식 의원이 제기한 고건 전 총리 중심
의 정계 개편론과 맞물리면서 총체적 난국으로 치닫고 있다. 문희상
의장은 지금 당장이라도 무거운 짐을 내려놓고 싶은 심정이 굴뚝같
다며 답답함을 토로한다.

　여권 인사들의 잇단 설화(舌禍)에는 이해찬 총리의 '대통령 허리
발언', 유시민 의원의 '청년 실업 관련 발언'도 한 몫을 거들었다.
4·30 재보선 참패에도 불구하고 집권당이 내부 노선 투쟁에만 정
신이 팔려 있다면 정말로 정신을 차리지 못한 것이다. 물론 열린우
리당내 실용과 개혁논쟁의 본질은 민주당과의 분당, 개혁당과의 합
당 과정에서 빚어진 '태생적 한계'다.

　과거 3당 합당으로 출범한 민자당이 끝내 계파 갈등을 극복하지 못
한 전례는 지금의 열린우리당에 시사하는 바가 크다. 실용과 개혁으로
포장된 열린우리당의 태생적 한계가 강력한 리더십을 통해 극복될지
아니면 새판 짜기 정계개편의 단초가 될지 지켜볼 일이다. (2005.6.13)

다시 살아난 김대중 죽이기

　지난 1995년 다소 도발적인 제목의 책이 세상에 모습을 나타냈

다. 「김대중 죽이기」다. 저자인 강준만 전북대 교수는 이 책을 통해 과거 군사독재 정권과 일부 보수언론이 결탁해 정치인 김대중을 탄압한 실상, 그리고 김대중의 긍정과 부정을 비교적 소상히 서술했다. 독자들은 「김대중 죽이기」를 접하는 것으로 지배 권력과 DJ의 긴장관계를 읽을 수 있었다. 강준만 교수는 2001년에는 「노무현과 국민사기극」을 펴냈다. 결과론적이지만 강 교수는 두 차례 대선에서 두 권의 책으로 센세이션을 일으키며 김대중, 노무현 대통령을 위한 킹메이커가 됐다.

지난 한 주는 마치 타임머신을 타고 10년 전으로 시계바늘을 돌려 「김대중 죽이기」의 속편 이자 미완결편의 책 한 권을 만난 듯했다. 세간의 관심이 온통 DJ의 숨겨진 딸에 모아진 탓이다. '진짜 딸인가 보다', '아니다. 가짜일거다'라는 추측에서부터 진승현 게이트와 국정원의 관련성 여부, 언론보도의 배경, 나아가 정치적 음모론까지 등장하면서 의혹은 부풀려졌다. 여기에 일부 언론은 DJ딸과 관련된 취재를 마쳤는데 기사화하지 않았다는 소문도 나돌았다. 김대중 전 대통령이 노벨평화상을 수상하는 과정에 모종의 거래의혹이 있다는 신문기사도 나왔다.

김 전 대통령 측은 언론이 보도한 내용이 완전히 사실무근이라며 강한 유감을 표명했다. 자연인 신분으로 돌아간 전직 대통령에게 일부 언론이 나서서 과거 사생활 얘기를 하도록 유무형의 압박을 가하는 것은 정도(正道)가 아니다. 더욱이 DJ와 그 가족들에게 아무런 도움이 되지 않는, 아니 씻을 수 없는 피해를 줄 수 있는 사생활 관련 보도는 언론의 폭력적 해악이다. 이미 DJ딸 관련 보도에 호남정서가 동요하는 분위기도 감지되고 있다.

그나마 다행스러운 점은 부산 출신의 한나라당 정의화 의원이 개인 성명을 통해 DJ의 사생활 문제를 정치 쟁점화하지 말 것을 촉구하고 나선 사실이다. 그는 전직 대통령의 사생활을 들추는 흥미 위주의 논란은 지역갈등과 감정대립을 초래할 것이라고 비판했다. 옳은 지적이라고 평가한다.

김대중 전 대통령에 대한 평가와 호오(好惡)는 개개인이 다를 수 있다. 그러나 딸 문제 하나만 가지고서 DJ의 정치 일생을 평가하거나 폄훼해서는 안 된다. 때마침 김 전 대통령은 부인 이희호 여사와 함께 어제 미국 방문길에 올랐다. 오래 전에 약속된 현지 특강 일정을 소화하기 위해서다. DJ가 귀국하는 시점에서는 더 이상 그의 사생활 얘기가 거론되지 않길 바란다. 적어도 김대중 전 대통령은 햇볕정책의 선구자로서 역사적인 남북정상회담을 이끌어 낸 장본인 아니던가. (2005.4.24)

멈춰버린 불도저

이명박 서울시장을 가리키는 수식어를 꼽으라면 단연 '불도저'다. 불도저는 강력한 추진력의 상징인 동시에 밀어붙이기의 부정적 의미로도 인식된다. 이명박 시장에 대한 평가도 불도저의 이중성처럼 긍정과 부정, 찬성과 반대로 엇갈려 있다. 그런데 추진력 하나 만큼은 자신의 확실한 상징으로 자부했던 이 시장이 요즘 어깨가 축 처져 있다.

그도 그럴 것이 대중교통체계의 혁명으로 내세웠던 버스개편이 '텔레토비 개편'으로 전락했다는 비웃음을 사면서 하루 수천 건에 이르는 불편민원이 쇄도하고 있기 때문이다. 다만 시간이 흐르면서 시민들의 적응도가 높아지고 서울시와 철도청이 어렵사리 반쪽 정기권 발행에 합의하면서 점차 안정을 찾아가는 모습이다.

그러나 이 시장에게 7월 1일의 상처는 여전히 치유되지 않은 것 같다. 말 수가 줄고 외부 인사들과의 만남도 뒤로 한 채 집무실만 고집하고 있다. 교통카드 단말기 고장과 버스교통 대란, 여기에 서울 봉헌 발언까지 악재가 잇따른 때문이다. 서울시는 보름째 심야대책회의가 이어지고 있다. 이명박 시장이 직접 주재하는 이 회의는 매일 밤 9시에 시작돼 자정을 넘기기 일쑤다.

서울시 관계자는 불도저 승부사이면서 완벽주의자인 이 시장이 대중교통 대란의 책임을 지고 고개 숙여 對시민 사과성명을 발표한 것은 결코 잊을 수 없는 아픈 기억일 것이라고 말했다. 하기야 노무현 대통령까지 국무회의에서 서울시 교통문제를 언급했던 만큼 이 시장의 수치심이 남달랐을 거라는 얘기도 나온다.

설상가상으로 시청 내부에서는 과유불급(過猶不及)을 우려하는 목소리도 나온다. 시민들의 교통 불편을 해소하기 위한 심야대책회의 이라고는 하지만 고위 간부들의 개인 일정이 모두 취소되고, 각 실국의 비상대기 상태가 계속되는 등 이 시장의 불편한 심기에만 너무 초점이 맞춰지는 것 아닌가하는 지적이 그것이다. 시청 직원들은 여름휴가라는 말을 입에 올리는 것조차 금기시할 정도다.

차기 대권주자의 한사람으로서 이명박 시장도 이번을 계기로 자신의 부족한 면을 반성하고 꼼꼼히 살펴야 한다. 말 한마디 행동 하나가 정치 역정의 걸림돌이 되기 때문이다. 지난 4·15 총선에서 홍역을 치렀던 정동영 전 열린우리당 의장의 노인폄하 발언은 좋은 사례다. 기독교가 아닌 다른 종교계의 집단 반발을 불러온 이 시장의 서울 봉헌 발언도 마찬가지다. 행정수도 이전문제의 해법이 헌법재판소로 옮겨진 상황에서 서울을 하나님께 봉헌하겠다는 발언은 많은 시민들의 걱정과 우려를 자아내기에 충분했다. 멈춰버린 불도저가 어떤 방식으로 시동을 걸고 나설지 주목된다. (2004.7.14)

清壹百年

초판 1쇄 펴낸 날 2018. 2. 28.

지은이 박규덕·박종권·박종률
발행인 양진호
발행처 도서출판 인문서원

등 록 2013년 5월 21일(제2014-000039호)
주 소 (121-893) 서울시 마포구 양화로 56 동양한강트레벨 718호
전 화 (02) 338-5951~2
팩 스 (02) 338-5953
이메일 inmunbook@hanmail.net

ISBN 979-11-86542-47-7 (03070)

이 도서의 국립중앙도서관 출판예정도서목록(CIP)은 서지정보유통지원시스템
홈페이지(http://seoji.nl.go.kr)와 국가자료공동목록시스템(http://www.nl.go.kr
/kolisnet)에서 이용하실 수 있습니다. (CIP제어번호: CIP2018005001)